REINHARD ZIMMERMANN

Richterliches Moderationsrecht oder Totalnichtigkeit?

Hamburger Rechtsstudien

herausgegeben von Mitgliedern des
Fachbereichs Rechtswissenschaft der Universität Hamburg

Heft 69

Richterliches Moderationsrecht oder Totalnichtigkeit?

Die rechtliche Behandlung anstößig-übermäßiger Verträge

Von

Dr. Reinhard Zimmermann

DUNCKER & HUMBLOT / BERLIN

Gedruckt 1979 bei Buchdruckerei Bruno Luck, Berlin 65
Printed in Germany
ISBN 3 428 04489 4

Vorwort

Die Arbeit hat dem Fachbereich Rechtswissenschaft I der Universität Hamburg als Dissertation vorgelegen; sie ist im Januar 1978 abgeschlossen worden. Danken möchte ich insbesondere Herrn Prof. Dr. Seiler für seine freundliche und verständnisvolle Förderung, der Studienstiftung des Deutschen Volkes für vielfältige Anregungen während meines Studiums und meinen Eltern.

Hamburg, Juli 1979

Reinhard Zimmermann

Inhaltsverzeichnis

Erster Teil

Die Probleme

I. Problemstellung und Überblick ... 19

1. Alles-oder-Nichts: Einführung ... 19
2. Die Ansatzpunkte für die Problembehandlung ... 21
3. Wucherische Mietverträge ... 21
   a) Zum Vergleich: der Kreditwucher ... 21
   b) Wucherische Mietverträge nach der h. L. ... 22
4. Bierlieferungsverträge mit überlanger Bezugsverpflichtung ... 23
   a) Anwendung des § 138 I BGB ... 23
   b) Der Bierlieferungsvertrag ... 25
   c) Die neuere Rechtsprechung des BGH zur Sittenwidrigkeit von Bierlieferungsverträgen ... 27
      aa) Die „Grenzformel“ ... 27
      bb) Reduktion ... 28
      cc) Die weiteren Entscheidungen ... 29
5. Überblick über den Gang der Darstellung ... 30

II. Wucherische Mietverträge ... 32

1. Die Mietwuchervorschriften und ihre Entstehung ... 33
2. Die Argumentation der h. L. ... 35
3. Nur Mietwuchervorschriften Verbotsgesetze? ... 36
4. Konkurrenzprobleme ... 37
5. Individualwucher und Sozialwucher ... 39
6. Dogmatische Konzeptlosigkeit ... 40
   a) Die Ansätze der h. L. ... 40
   b) § 134 BGB ... 42
   c) Schutzzweckerwägungen ... 42
   d) §§ 8 ff. WiStG ... 43
   e) § 139 BGB ... 43

III. Bierlieferungsverträge mit überlanger Bezugsverpflichtung ... 44

1. Methodische Bedenken ... 44
2. Die gespaltene Sittenwidrigkeitsprüfung ... 47
   a) Gesamtcharakter des Vertrages ... 47
   b) Die isolierte Würdigung der Dauer ... 48
   c) Die einzelnen Konstellationen der Sittenwidrigkeit ... 50

d) Warum isolierte Würdigung gerade der Dauer? 51
e) Berücksichtigung der Gegenleistung? 53

3. Die von der Rechtsprechung festgesetzte Obergrenze 53
a) Zwanzig Jahre 53
b) Handelt es sich tatsächlich um eine äußerste Mißbrauchsgrenze? 54

4. Das Ziel der Reduktion 56
a) konkret 56
b) abstrakt 57
c) § 138 I BGB noch dogmatischer Ansatzpunkt? 58

Zweiter Teil

Gesetzliche Anknüpfungspunkte

IV. Quantitative Teilnichtigkeit gem. § 139 BGB? 60

1. Teilweise Sittenwidrigkeit von Rechtsgeschäften 60
2. Die Arten der Teilbarkeit 61
3. Die Zerlegungsthese (Hellmann) 64
4. Die von Herzog vorgeschlagene Aufgliederung 65
a) Grund- und Ergänzungsabrede 65
b) Rechtsgeschäft als Regelung 66
c) Willenstheoretischer Ausgangspunkt 66
d) Keine entsprechenden Willenserklärungen 67
e) Rechtsfortbildung qua Fiktion 68
5. Einschränkung des Anwendungsbereichs des § 138 BGB? 69
a) Die sog. „unsittlichen inäquivalenten" Rechtsgeschäfte 69
b) „Gebotsberichtigung" 70
c) Nichtexistenz und Nichtgültigkeit als Nichtigkeitsgründe .. 71
d) Mittelbare Drittwirkung der Grundrechte 72
6. Die Regelung von Dauer und Entgelt 73
7. Der (abzutrennende) sittenwidrige „Teil" 76
8. Die Vorstellungen des Gesetzgebers („Bestimmungen") 77
9. Zum Vergleich: Art. 20 II OR und der „blue-pencil-test" 79

V. Das Moderationsrecht als richterliche Rechtsfortbildung: Anknüpfungspunkte und Legitimationsprobleme 80

1. Gem. § 139 BGB: Totalnichtigkeit 80
2. Teleologische Reduktion des § 138 I BGB? 81
a) Straffunktion des § 138 I BGB? 81
b) Vorwerfbarkeit des Handelns? 82
c) Einschränkungen 83
d) Zusammenfassung 83
3. Umdeutung gem. § 140 BGB 84
4. Die Lehre von den „faktischen" Vertragsverhältnissen 86
a) Die Fallgruppen 86
b) „Parkplatzfall" als Anknüpfungspunkt? 87
c) Faktische Gesellschaft, faktisches Arbeitsverhältnis 87

5. §§ 343, 655 BGB: Gesamtanalogie? ... 88
a) Die zit. Normen als „singularia“ ... 89
b) Angemessenheitskontrolle ... 90
c) Sittenwidrige Vertragsstrafenvereinbarungen ... 91
d) Modifikationsrecht in § 343 BGB „normfunktional“ ... 92

6. Rückgriff auf Treu und Glauben bzw. § 242 BGB ... 93
a) Zur „Karriere“ des § 242 BGB ... 94
b) Die „Eselsbrückenfunktion“ ... 96

7. Richterrecht und Verfassung ... 97
a) „Gesetz und Recht“ (Art. 20 III GG) ... 98
b) Die Gewaltenteilung ... 100

8. Zwischenergebnis ... 101

9. Gang der weiteren Untersuchung ... 104

Dritter Teil

Fortbildungsgesichtspunkte

VI. Die Überschreitung fester Verbotsgrenzen, insbesondere bei Höchstpreisvorschriften ... 105

1. Einführung ... 105

2. Die Rechtsprechung zu § 1822 Ziffer 5 BGB ... 105
a) RGZ 82, 124 ... 105
b) Die herrschende Meinung ... 107
c) Die Motive ... 107

3. Die Überschreitung einer rechtsgeschäftlich erteilten Vertretungsmacht ... 108
a) Die Unwirksamkeit des gesamten Vertrages ... 108
b) „ohne Vertretungsmacht“ ... 109

4. Die zivilrechtlichen Folgen der Verletzung von Höchstpreisvorschriften ... 110
a) Die Rechtsprechung des Reichsgerichts ... 110
b) Die Auslegung der Ausnahmeklausel des § 134 BGB ... 113
aa) Wortlaut ... 113
bb) Wille des Gesetzgebers ... 114
cc) Konstruktive Bedenklichkeiten der h. L. ... 114
dd) Systematisches ... 116
c) Der „positive“ Gesetzeszweck ... 117
d) Die Differenzierungen (z. B. nach Anlage- und Umlaufgeschäften) ... 118
e) Zusammenfassung ... 119

5. Ergebnis und Überleitung ... 120

VII. „Quantitative Teilunwirksamkeit“ im römischen Recht? ... 121

1. Rechtsgeschäfte „contra bonos mores“ ... 121

2. Zinswucher ... 123
a) Die gesetzlichen Zinsmaxima ... 123
b) Die privatrechtlichen Folgen des Verbotsverstoßes ... 124
aa) Keine Nichtigkeit ... 124
bb) Marci. D. 22, 1, 29 ... 125

cc) Paul. Sent. II XIV, 2 und 4 ... 126
dd) Ulp. D. 13, 7, 11, 3 ... 126

3. Zum Verbot der Schenkung unter Ehegatten ... 128
a) Der Freundeskauf unter Ehegatten (allgemein) ... 128
b) Ulp. D. 24, 1, 5, 5 ... 128

4. „in maiore minus inest“ ... 130
a) Pomp. D. 19, 2, 52 ... 130
b) „in maiore minus inest“ auch bei Stipulationen? ... 131
c) Pomp. D. 45, 1, 109 ... 131

5. „tot stipulationes quot res“ ... 132

6. Jav. D. 24, 3, 66, 4 ... 132

7. Zusammenfassung für das klassische Recht ... 133

8. Das Edikt „de pretiis rerum venalium“ Diocletians ... 134

VIII. Zivilrechtliche Folgen des Wuchers bis zum BGB ... 135

1. Die laesio enormis ... 135
a) C. 4, 44, 2 ... 135
aa) Historischer Kontext ... 135
bb) iustum pretium ... 137
b) Erweiterung des Anwendungsbereichs ... 138
c) Die laesio enormis in den Naturrechtskodifikationen ... 139
d) Die Stellungnahme des BGB-Gesetzgebers ... 141

2. Die Zinstaxenpolitik ... 142
a) Aufhebung des Zinsverbots ... 142
b) Wucher: die übermäßigen Zinsen ... 144
c) Die Freigabe des Zinsfußes ... 145

3. Das Reichsgesetz vom 24. 5. 1880 und seine Entstehung ... 146
a) Mißstände und Kritik ... 146
b) Strafbarkeit unabhängig von Höchstsatzüberschreitung ... 147
c) Die Anträge Reichensperger und v. Kleist-Retzow, v. Flottwell, Frh. v. Marschall ... 147
d) Primär strafrechtliche Lösung ... 148
e) Zivilrechtliche Konsequenzen des veränderten Wucherbegriffs ... 149

4. Die Ausdehnung auf den Sachwucher (Gesetz vom 19. 6. 1893) ... 151

5. Das BGB (§ 138 II) ... 153

6. Zum Vergleich: die Schweiz ... 154

7. Überlange Konkurrenzbeschränkungen in der Rechtsprechung des 19. Jahrhunderts ... 154

8. Zusammenfassung ... 156

IX. Die Totalnichtigkeit in ihren Konsequenzen ... 156

1. Einführung ... 156

2. Die spezifischen Interessenkonflikte ... 157

3. § 817, 2 BGB auch bei turpitudo solius dantis? ... 158

4. § 817, 2 BGB auch gegenüber der Vindikation? ... 159
a) Der Meinungsstreit ... 159
b) Teleologische Extension ... 160

5. Die Lehre Honsells: Restriktion des § 817, 2 BGB ... 163
6. Ablehnung dieser Ansicht ... 164
a) Flexible Handhabung der regulae ... 164
b) Die Anwendung des § 817, 2 BGB im Restbereich ... 164
c) Honsells Kritik an der h. L. ... 165
d) Verlagerung der Probleme ... 166
aa) Moderationsrecht ... 166
bb) venire contra factum proprium ... 166
cc) Ergebnis ... 168
e) Gebotsberichtigung ... 168
7. Die Leistung des Wucherers ... 170
8. Der Rückforderungsausschluß bei Mietverträgen ... 170
a) bei zeitlich unbegrenzten ... 170
b) bei befristet abgeschlossenen ... 171
9. Der Anspruch auf Rückzahlung des Mietzinses ... 171
10. Die Vergütungspflicht des Bewucherten ... 172
a) Ansätze in der Literatur ... 172
b) Bereicherung in sonstiger Weise ... 173
c) Konkurrenzprobleme nicht relevant ... 174
11. Die Abwicklung nichtiger Bierlieferungsverträge ... 175
12. Zusammenfassung ... 176

Vierter Teil

Das Ergebnis

X. Gesetz und richterliches Billigkeitsempfinden ... 177
1. Rechtsfortbildung contra legem ... 177
2. Merkmale mißglückter richterlicher Rechtsfortbildung ... 178
3. Die Gestaltungsprärogative des Gesetzgebers ... 181
4. Richterliche Wirtschaftspolitik ... 183
5. Die Berücksichtigung der Rechtssicherheit ... 186
6. Richterliche Regelbildung ... 188
7. Summum ius summa iniuria ... 189
8. Auswuchern von Billigkeitselementen ... 190
9. Noch einmal: die Rechtsfolgenseite ... 192
10. Der Wucherbegriff früher und heute ... 194
11. Die Reduktion bei praefixierter Grenze ... 195
12. Das Legitimitätsrisiko ... 197

Zusammenfassung ... 199

Literaturverzeichnis ... 203

Konkordanzenverzeichnis

Entscheidungen sind in dieser Arbeit möglichst (d. h. soweit eine entsprechende Fundstelle vorhanden ist) nach der „amtlichen“ Sammlung (BGHZ), der NJW oder der JZ zitiert. Eine Ausnahme gilt lediglich für die Entscheidungen des BGH zu den Bierlieferungsverträgen (vgl. Kap. III), da die Rechtsprechung hier vollständig nur in den Wertpapier-Mitteilungen dokumentiert ist. Für den Leser, der diese Zeitschrift nicht zur Hand hat, sei auf folgende Parallelfundstellen hingewiesen:

BGH WM 70, 99	=	LM BGB § 138 (Bb) Nr. 27; MDR 70, 213; BB 70, 11; Betr. 70, 45; GRUR 69, 473; WRP 70, 113; WuW 70, 227
BGH WM 70, 1188	=	BGHZ 54, 145; NJW 70, 2157; JZ 71, 179; MDR 70, 910; BB 70, 1190; GRUR 71, 42; WRP 70, 384; WuW 70, 745
BGH WM 70, 1402	=	NJW 70, 2243; LM BGB § 138 (Bb) Nr. 31; MDR 71, 125; BB 70, 1419; Betr. 70, 2167; WuW 71, 132
BGH WM 72, 1224	=	NJW 72, 1459; LM BGB § 138 (Bb) Nr. 34; MDR 73, 43; BB 72, 937; Betr. 72, 1475; WuW 73, 707
BGH WM 73, 357	=	BB 73, 637; WuW 73, 708
BGH WM 73, 924	=	Betr. 73, 1843
BGH WM 73, 1360	=	LM BGB § 138 (Bb) Nr. 35; MDR 74, 396; Betr. 74, 333; WuW 74, 422
BGH WM 74, 1042	=	NJW 74, 2089; LM BGB § 138 (Bb) Nr. 36; MDR 75, 748; BB 74, 1094; Betr. 74, 2048
BGH WM 75, 307	=	Betr. 75, 638
BGH WM 75, 623	=	BGHZ 64, 288; NJW 75, 1268; Betr. 75, 1215
BGH WM 76, 508	=	MDR 76, 834; Betr. 76, 1010; WuW 76, 791

Verzeichnis der verwendeten Abkürzungen

(außer den allgemein üblichen)

a	anno
Abg.	Abgeordneter
ABGB	Allgemeines Bürgerliches Gesetzbuch für Österreich
AbzG	Gesetz, betr. d. Abzahlungsgeschäfte
AC	Law Reports, Appeal Cases, House of Lords (vorgängig Jahr, nachfolgend Seitenzahl)
AcP	Archiv für die civilistische Praxis (Band, Seite)
ADB	Allgemeine Deutsche Biographie
ADHGB	Allgemeines Deutsches Handelsgesetzbuch
a. E.	am Ende
a. F.	alte Fassung
Afr.	Africanus
AGB	Allgemeine Geschäftbedingungen
AGBG	Gesetz zur Regelung des Rechts der Allgemeinen Geschäftsbedingungen
AHGZ	Allgemeine Hotel- und Gaststätten-Zeitung
AktG	Aktiengesetz
AllER	All England Law Reports Annotated seit 1936 (vorgängig Jahr, nachfolgend Seitenzahl)
Anh.	Anhang
AöR	Archiv des öffentlichen Rechts (Band, Seite)
AP	Nachschlagewerk des Bundesarbeitsgerichts. Arbeitsrechtliche Praxis (Gesetzesstelle, Entscheidungsnummer)
AppG	Appellationsgericht
ArchBürgR	Archiv für bürgerliches Recht (Band, Seite)
Arch. f. Rpfl.	Archiv für Rechtspflege in Sachsen, Thüringen und Anhalt (Jahr, Seite)
AS	Amtliche Sammlung der Bundesgesetze und Verordnungen der schweizerischen Eidgenossenschaft
AT	Allgemeiner Teil
BAG	Bundesarbeitsgericht
BAGE	Entscheidungen des Bundesarbeitsgerichts (Band, Seite)
BaiLO	Baierische Landesordnung
BB	Der Betriebsberater (Jahr, Seite)
BBauG	Bundesbaugesetz
Betr.	Der Betrieb (Jahr, Seite)
BG	Bundesgericht (Schweiz)
BGB	Bürgerliches Gesetzbuch
BGBl	Bundesgesetzblatt
BGE	Entscheidungen des Schweizerischen Bundesgerichts
BGH	Bundesgerichtshof
BGHSt	Entscheidungen des Bundesgerichtshofs in Strafsachen (Band, Seite)

BGHZ	Entscheidungen des Bundesgerichtshofs in Zivilsachen (Band, Seite)
BlGrBWr	Blätter für Grundstücks-, Bau- und Wohnungsrecht (Jahr, Seite)
Bolze	Die Praxis des Reichsgerichts in Zivilsachen, bearb. v. Albert Bolze (zit.: Band, Nr.)
BT	Besonderer Teil
BürgR	Bürgerliches Recht
BVerfG	Bundesverfassungsgericht
BVerfGE	Entscheidungen des Bundesverfassungsgerichts (Band, Seite)
C	Codex Iustinianus
cap	capitulus
cc	Code civil (Frankreich)
Cels	Celsus
Ch	Law Reports, Chancery Division (vorgängig Jahr, Band, nachfolgend Seitenzahl)
cod civ	Codice civile (Italien)
Cod Maximil Bav	Codex Maximilianeus Bavaricus civilis
Cod Theod	Codex Theodosianus
Cod Theres	Codex Theresianus juris civilis
CRL	Classical Roman Law
D	Digesta
DJT	Deutscher Juristentag
DJZ	Deutsche Juristenzeitung (Jahr, Seite)
DNotZ	Deutsche Notar-Zeitschrift (Jahr, Seite)
DÖV	Die Öffentliche Verwaltung (Jahr, Seite)
DR	Deutsches Recht (Jahr, Seite)
DRiZ	Deutsche Richterzeitung (Jahr, Seite)
DWW	Deutsche Wohnungswirtschaft (Jahr, Seite)
EvBl	Evidenzblatt der Rechtsmittelentscheidungen (Jahr, Seite)
EvStL	Evangelisches Staatslexikon
Fg.	Festgabe
FGG	Gesetz über die Angelegenheiten der freiwilligen Gerichtsbarkeit
FGO	Finanzgerichtsordnung
Fs.	Festschrift
Gai	Gaius
Gai Inst	Gai institutiones
GenG	Gesetz betr. die Erwerbs- und Wirtschaftsgenossenschaften
GesR	Gesellschaftsrecht
GG	Grundgesetz für die Bundesrepublik Deutschland
GmbHG	Gesetz betr. die Gesellschaften mit beschränkter Haftung
GR	Grundrechte (vgl. im Literaturverzeichnis unter Nipperdey)
Gruch	Beiträge zur Erläuterung des Deutschen Rechts, begr. v. Gruchot (zit.: Jahrgang, Seite)
GRUR	Gewerblicher Rechtsschutz und Urheberrecht (Jahr, Seite)
Gs.	Gedächtnisschrift, Gedenkschrift
GuN	Grundsatz und Norm in der richterlichen Fortbildung des Privatrechts (vgl. im Literaturverzeichnis unter Esser)
GWB	Gesetz gegen Wettbewerbsbeschränkungen
HDSt	Handbuch des Deutschen Staatsrechts
HGB	Handelsgesetzbuch

h. L.	herrschende Lehre
h. M.	herrschende Meinung
HRR	Höchstrichterliche Rechtsprechung (Jahr, Nummer)
I	Institutiones Iustiniani
i. S. d.	im Sinne des
I Itp	Index interpolationum
i. V. m.	in Verbindung mit
JA	Juristische Arbeitsblätter (Jahr, Seite)
Jav	Iavolenus
JBl	Juristische Blätter (Jahr, Seite)
JhJb	Jherings Jahrbücher der Dogmatik des bürgerlichen Rechts (Band, Seite)
JJP	The Journal of Juristic Papyrology (Band, Seite)
JR	Juristische Rundschau
JRA	Jüngster Reichsabschied
Jul	Iulianus
JurJb	Juristen-Jahrbuch (Band, Seite)
JuS	Juristische Schulung (Jahr, Seite)
JW	Juristische Wochenschrift (Jahr, Seite)
JZ	Juristenzeitung (Jahr, Seite)
Kap.	Kapitel
K B	Law Reports, King's Bench Division (vorgängig Jahr, Band, nachfolgend Seitenzahl)
KG	Kammergericht
Kom.-Ber.	Kommissionsbericht
LG	Landgericht
Lb.	Lehrbuch
lib	liber
LK	Leipziger Kommentar
LM	Nachschlagewerk des Bundesgerichtshofs, herausgegeben von Lindenmaier und Möhring (Paragraph, Nummer)
Lp.	Legislaturperiode
l. Sp.	linke Spalte
LZ	Leipziger Zeitschrift für Deutsches Recht (Jahr, Seite)
Marci	Marcianus
MDR	Monatsschrift für Deutsches Recht (Jahr, Seite)
m. N.	mit Nachweisen
Mot.	Motive
MRVerbG	Gesetz zur Verbesserung des Mietrechts und zur Begrenzung des Mietanstiegs sowie zur Regelung von Ingenieur- und Architektenleistungen
m. w. N.	mit weiteren Nachweisen
n. F.	neue Fassung
NJW	Neue Juristische Wochenschrift (Jahr, Seite)
NS	Neue und vollständigere Sammlung der Reichs-Abschiede (4 Teile, 1747)
OAG	Oberappellationsgericht
ObG	Obergericht
OGH	Oberster Gerichtshof
OGHBZ	Oberster Gerichtshof für die Britische Zone
OGH SZ	Entscheidungen des österreichischen Obersten Gerichtshofes in Zivil- und Justizverwaltungssachen (Band, Nummer)
OGHZ	Entscheidungen des Obersten Gerichtshofes für die Britische Zone in Zivilsachen (Band, Seite)

OLG	Oberlandesgericht
OR	Schweizerisches Obligationenrecht
Pap	Papinianus
Paul	Paulus
Paul Sent	Pauli sententiae
Pomp	Pomponius
pr	principium
PrALR	Allgemeines Landrecht für die preußischen Staaten
PrgNz	Privatrechtsgeschichte der Neuzeit (vgl. im Literaturverzeichnis unter Wieacker)
Prot.	Protokolle
QPR	Quellen zur Neueren Privatrechtsgeschichte Deutschlands
RabelsZ	Zeitschrift für ausländisches und internationales Privatrecht, begründet von Rabel (Jahr, Seite)
RAG	Reichsarbeitsgericht
RdA	Recht der Arbeit (Jahr, Seite)
RE	Paulys Realencyclopädie der classischen Altertumswissenschaft, neue Bearb. von G. Wissowa, W. Kroll, K. Mittelhaus, K. Ziegler
RG	Reichsgericht
RGBl	Reichsgesetzblatt
RGRK	Kommentar, herausgegeben von Reichsgerichtsräten und Bundesrichtern
RGZ	Entscheidungen des Reichsgerichts in Zivilsachen (Band, Seite)
RIDA	Revue internationale des droits de l'antiquité (Band, Seite)
ROHG	Reichsoberhandelsgericht
ROHGE	Entscheidungen des Reichsoberhandelsgerichts (Band, Seite)
RPO	Reichspolizeiordnung
RP	Römisches Privatrecht (vgl. im Literaturverzeichnis unter Kaser)
r. Sp.	rechte Spalte
Rspr.	Rechtsprechung
RT	Reichstag
SAE	Sammlung arbeitsrechtlicher Entscheidungen (Jahr, Seite)
SachsGothLO	Sachsen-Gothaische Landesordnung
SC	Senatusconsultum
SchlHA	Schleswig-Holsteinische Anzeigen (Jahr, Seite)
SeuffA	Seufferts Archiv für Entscheidungen der obersten Gerichte in den deutschen Staaten (Jahr, Nummer)
SJZ	Schweizerische Juristenzeitung (Band, Seite)
Sp.	Spalte
Stenogr. Ber.	Stenographische Berichte
StGB	Strafgesetzbuch
st. Rspr.	ständige Rechtsprechung
Südd. JZ	Süddeutsche Juristenzeitung (Jahr, Seite)
SZ	Zeitschrift der Savigny-Stiftung für Rechtsgeschichte, Romanistische Abteilung (zit.: Band, Seite)
TestG	Gesetz über die Errichtung von Testamenten und Erbverträgen
Tit.	Titel
UE	tituli ex corpore Ulpiani (Epitome Ulpiani)

u. li.	unten links
Ulp	Ulpian
Urt.	Urteil
VersR	Versicherungsrecht. Juristische Rundschau f. d. Individualversicherung (Jahr, Seite)
VVDStRL	Veröffentlichungen der Vereinigung der Deutschen Staatsrechtslehrer (zit.: Band, Seite)
VwGO	Verwaltungsgerichtsordnung
WarnRspr	Rechtsprechung des Reichsgerichts, soweit sie nicht in der amtlichen Sammlung der Entscheidungen des RG abgedruckt ist, hrsg. v. Warneyer (Jahr, Nummer)
WiKG	Gesetz zur Bekämpfung der Wirtschaftskriminalität
WiStG	Gesetz zur weiteren Vereinfachung des Wirtschaftsstrafrechts
WKSchG	Gesetz über den Kündigungsschutz für Mietverhältnisse über Wohnraum
WM	Wertpapier-Mitteilungen (Jahr, Seite)
w. N.	weitere Nachweise
WohnungsbindG	Gesetz zur Sicherung der Zweckbestimmung von Sozialwohnungen
WRP	Wettbewerb in Recht und Praxis (Jahr, Seite)
WürttLO	Württembergische Landesordnung
WuM	Wohnungswirtschaft und Mietrecht (Jahr, Seite)
WuW	Wirtschaft und Wettbewerb (zit.: Jahr, Seite)
ZAkDR	Zeitschrift der Akademie für Deutsches Recht (Jahr, Seite)
ZBJV	Zeitschrift des Bernischen Juristenvereins (Band, Seite)
ZBl	Zentralblatt für die juristische Praxis (Jahr Nummer)
ZGB	Schweizerisches Zivilgesetzbuch
ZGB-DDR	Zivilgesetzbuch der Deutschen Demokratischen Republik
ZHR	Zeitschrift für das gesamte Handelsrecht und Wirtschaftsrecht (Band, Seite)
ZMR	Zeitschrift für Miet- und Raumrecht (Jahr, Seite)
ZPO	Zivilprozeßordnung
ZS	Zivilsenat
ZSR	Zeitschrift für Schweizerisches Recht (Jahr, Seite)
ZStW	Zeitschrift für die gesamte Strafrechtswissenschaft (Band, Seite)

Erster Teil

Die Probleme

I. Problemstellung und Überblick

1. „Grausam" ist ein beliebtes Epitheton zur Charakterisierung des Alles-oder-Nichts-Prinzips[1]. Dessen möglichste Zurückdrängung könnte damit beinahe schon als dringlich wünschenswerter Schritt auf dem Wege zu einer durch Abkehr von unzeitgemäß-archaischen Strukturen[2] vermittelten Humanisierung der Rechtsordnung erscheinen.

Hauptschauplatz der Diskussion ist das Schadensersatzrecht[3]; hier hat das vom BGB statuierte Prinzip der Totalreparation[4] zu einigem Unbehagen Anlaß gegeben, das angesichts des im Zeitalter der Technik ungemein gewachsenen Schadenspotentials Ursache mancher Härten ist. Doch „hart" bedeutet nicht notwendig „grausam".

Nüchterne Betrachtung hat heute vielfach zu der Erkenntnis geführt, daß sich das Alles-oder-Nichts-Prinzip weitgehend bewährt habe[5]. Dabei ist auch zu berücksichtigen, daß sich gerade in diesem vom Gesetzgeber nur mit einigen groben Linien konturierten Rechtsgebiet manche Ansatzpunkte zur Haftungsbeschränkung haben finden und institutionell verfestigen lassen. Wichtig sind die Bemühungen der Rechtsprechung, die durch „logisch-naturwissenschaftliche" Kausalbeziehung noch erfaßten Schäden wertend einzugrenzen[6], weiterhin etwa die viele

---

[1] s. z. B. Möller, S. 135.

[2] Kaser, JuS 67, 342 f. bringt den „gewissen ‚Alles-oder-nichts'-Standpunkt", der manchen Teillösungen im Wege stehe, mit Gegebenheiten der römischen Prozeßordnung in Zusammenhang.

[3] Eingehend hierzu in jüngerer Zeit v. a. Bühnemann, Fg Möller, S. 135 ff.; Wadle, VersR 71, 485 ff.

[4] Überblick über andere Rechtsordnungen, nach denen der Schaden grundsätzlich voll zu ersetzen ist, bei Stoll, RabelsZ 1970, 486 ff.

[5] Hauss, S. C 38; Bühnemann, Fg Möller, S. 138 f. mwN.

[6] Zunächst durch die Adäquanzformel, dann, als dies Instrument durch harte Anforderungen an die Voraussehbarkeit immer stärker entwertet und damit zu dem angestrebten Zweck untauglich wurde (schon das RG hatte die „Tatbestandsvoraussetzungen" der Adäquanz einmal als „jene starken Ausdrücke" bezeichnet: RGZ 168, 86 [88]; der BGH hat des öfteren bekundet, daß die Adäquanzprüfung nicht ausreiche: vgl. BGHZ 27, 137 [139 f.]; BGH NJW

Fälle des technischen Berufslebens erfassenden Rechtsgrundsätze bei schadensgeneigter Arbeit[7] und die Rechtsprechung zur Beachtlichkeit von Reserveursachen[8]. Vor allem innerhalb des § 254 BGB, durch den der BGB-Gesetzgeber selbst bereits das Alles-oder-Nichts entscheidend eingeschränkt hat[9], finden sich vielfältige weitere Ansätze[10].

All dies ändert freilich nichts daran, daß der Schädiger auch bei leichter Fahrlässigkeit für den gesamten Schaden haftet. Streitig ist, ob hier für Fälle, in denen eine Totalhaftung grob unbillig erscheinen und dem Gerechtigkeitsempfinden widersprechen kann, de lege ferenda Abhilfe zu schaffen ist. Während zur Vermeidung von Rigorismen insofern vielfach die Einfügung einer Reduktionsklausel befürwortet wird[11], überwiegen bei anderen[12] die Bedenken gegen eine solche — auch bei Verwendung zurückhaltender Formeln — notwendig generalklauselartige[13] richterliche Gestaltungsermächtigung. Eine prinzipielle Abkehr vom Alles-oder-Nichts-Standpunkt[14] wird jedoch ganz überwiegend nicht in Betracht gezogen: weder in Form einer allgemeinen Proportionalitätsklausel[15], noch durch mechanistisch-willkürliche Abstufung des Haf-

---

68, 2287 [2288]), durch die Lehre vom Schutzzweck der Norm (BGHZ 27, 137 ff.; BGH NJW 68, 2287 f.; BGHZ 57, 137 (142); v. Caemmerer, Kausalzusammenhang, S. 402 ff.; w. N. bei Larenz, SchR I, § 27 III b 2 (S. 357 [8]).

[7] Beispiel: BGHZ 16, 111 (116 ff.); vgl. Hueck / Nipperdey I, § 35 II 4; Palandt / Heinrichs, § 276, 5 C; Palandt / Putzo, § 611, 14 b.

[8] Beispiel: BGHZ 29, 207 (215 f.); w. N. bei Palandt / Heinrichs, 5 f. vor § 249.

[9] Zur Lehre von der compensatio culpae im gemeinen Recht (Haftung entfällt, wenn Geschädigter durch eigenes Verschulden zum Erfolg beigetragen hat; Ausnahme: bei vorsätzlichem oder arglistigem Handeln des Schädigers): Windscheid / Kipp II, § 258 (Anm. 17); v. Gierke III, § 176 (S. 80, Fn. 69, 70); Enneccerus / Lehmann, § 16 pr.; vgl. weiterhin das bei Rother, S. 35, Fn. 2 zusammengestellte Entscheidungsmaterial.

[10] z. B. wirkt sich die allgemeine Ausdehnung des Verschuldenserfordernisses natürlich auch hier aus; weiterhin gehört hierher das Institut des Handelns auf eigene Gefahr: BGHZ 34, 355 (358 ff.); zu all dem vor allem Rother, S. 62 ff., 111 ff., 144 ff.

[11] Hermann Lange, S. 26 ff.; Wilburg, Referat, S. C 10 ff.; Hauss, S. C 39 ff.; Referentenentwurf I, Art. 1, 2 (Begründung: II, S. 29 ff.); Weitnauer, Karlsruher Forum 1961, S. 32 ff.

[12] Esser, SchR I, § 40 II 4; Flume und v. Godin in ihren Diskussionsbeiträgen auf dem 43. DJT, Verhandlungen II, S. C 80 ff., 103 ff.; jedenfalls für den jetzigen Zeitpunkt ablehnend auch Wadle, VersR 71, 492; Bühnemann, Fg Möller, S. 142 ff. (148, 154).

[13] Vgl. etwa Weitnauer, Karlsruher Forum 1961, 35; Analyse der Reduktionsklausel des Referentenentwurfs bei Stoll, RabelsZ 1970, 483 ff.

[14] Gegen den bezeichnenderweise am stärksten aus dem „Geist" des Nationalsozialismus heraus polemisiert wurde: vgl. Möller, S. 135 ff.; Heinrich Lange, S. 17, 23, 29 ff., 32, 34 ff.; Volkmar, ZAkDR 37, 635; für das Erbrecht vgl. z. B. die Bemerkungen von Thielmann, S. 180.

[15] Vgl. Art. 43 OR; offensichtlich ist die Praxis in der Anwendung dieser Klausel aber sehr zurückhaltend: vgl. Referentenentwurf, S. 35 f.; Stoll, RabelsZ 1970, 489 m. w. N.

tungsumfangs nach Verschuldensgraden, wie sie etwa das PrALR vorsah[16].

Nun ist es auch auf dem Gebiet des Bürgerlichen Rechts in einem engeren Sinne nicht nur das Schadensersatzrecht, in dem sich für eine Rechtsordnung die Regelungsalternative zwischen Alles-oder-Nichts und Reduktion, Modifikation, Moderation, Teilung oder Umschaffung stellt; sie ist jedoch in anderen Bereichen bislang weniger erörtert und problematisiert worden[17]. Insbesondere das Problem der Rechtsfolgen verbotener Rechtsgeschäfte ist vernachlässigt und dogmatisch nicht hinreichend durchleuchtet worden. Dies Defizit zu verkleinern, ist das Ziel der vorliegenden Untersuchung.

2. Ein Rechtsgeschäft kann beanstandet werden, weil es gegen ein gesetzliches Verbot verstößt (§ 134 BGB), weil es (speziell) wucherisch (§ 138 II BGB) oder weil es allgemein sittenwidrig ist (§ 138 I BGB). Im vorliegenden Zusammenhang von Interesse sind Fälle, in denen diese Beanstandung wegen des Übermaßes einer der Leistungsverpflichtungen erfolgt. Den Ausgangspunkt für die Problembehandlung bilden zwei derartige Fallgruppen, von denen die eine den Wuchernormen, die andere dem § 138 I BGB unterfällt. Sie sind zunächst kurz zu skizzieren[18].

3. a) Haben zwei Parteien einen Vertrag über die Gewährung eines zu 90 %[19] verzinslichen Darlehens abgeschlossen, so halten wir eine derartige Absprache für „wucherisch“. Der Richter, der einen derartigen Sachverhalt zu beurteilen hätte, würde einen Zinssatz in dieser Höhe als einen in einem auffälligen Mißverhältnis zur Leistung stehenden Vermögensvorteil ansehen[20]. Sofern er zusätzlich zu dem Ergebnis käme,

---

[16] 1 ff. I 6 PrALR (Vorsatz, grobes Versehen, mäßiges Versehen, geringes Versehen); vgl. in diesem Zusammenhang auch §§ 1323 f., 1331 f. ABGB.

[17] Gleichwohl hat der BGH erst unlängst lakonisch feststellen zu können geglaubt: „Es entspricht auch sonst der Rechtsentwicklung, das sog. ‚Alles-oder-nichts‘-Prinzip zurückzudrängen.“ (BGHZ 63, 189 [194]).

[18] Weitere, bei § 134 BGB einschlägige Fallgruppen, die etwas besonders gelagert sind, werden unten (Kap. VI) erörtert. Ausgeklammert werden kann im folgenden die Rechtsprechung zu den sog. „Mätressentestamenten“. Hier hat der BGH (NJW 69, 1343 [1346 f.]; FamRZ 63, 287 [289 f.]; zust. Speckmann, JZ 70, 401 ff.; w. N. bei Thielmann, S. 175, Fn. 17) die Einsetzung als Alleinerbin für aufspaltbar gehalten und damit bei § 138 I BGB die Teilnichtigkeit einer einheitlichen Einzelverfügung bejaht. Diese Rechtsprechung ist bereits mehrfach Gegenstand ebenso scharfer wie m. E. berechtigter Kritik gewesen (vgl. bes. Husmann, NJW 71, 409 ff.; Ramm, JZ 70, 129 ff.; D. Reinicke, NJW 69, 1345; Simshäuser, S. 46 ff.; im Ergebnis weitgehend übereinstimmend auch Thielmann, S. 173 ff.); sie ist mit dem geltenden Recht unvereinbar (anders noch nach § 48 II TestG; hierzu RGZ 168, 177 [182 f.]).

[19] Dies der Zinssatz in dem Fall BGH Betr. 67, 677.

[20] Die Frage, wann ein auffälliges Mißverhältnis zwischen Leistung und Gegenleistung gegeben ist, beurteilt die Rechtsprechung aufgrund umfassender Einzelfallbetrachtung; vgl. im einzelnen die Zusammenstellung der ein-

daß der Wucherer die Zwangslage, die Unerfahrenheit, den Mangel an Urteilsvermögen oder die erhebliche Willensschwäche seines Vertragspartners ausgebeutet hat[21], würde er unter Anwendung des § 138 II BGB den gesamten Vertrag für nichtig erklären[22]. Auf die Idee einer Aufrechterhaltung des Geschäfts zu einem angemessenen Zinssatz käme er vermutlich nicht; in jedem Falle würde ihn aber auch ein Blick in die gängige Lehrbuch- und Kommentarliteratur von der Richtigkeit seines Ergebnisses überzeugen.

b) Jahrhundertelang begrifflich vor allem auf diesen fixiert, bildet der Kreditwucher aber nur einen der beiden heute wirtschafts- und kriminalpolitisch besonders gewichtigen Fälle des Wuchers. Seit dem Abbau der Wohnungsbewirtschaftung und -Preisbindung[23] kommt der Bekämpfung des Mietwuchers eine erhebliche Bedeutung zu; die unbefriedigende Lage auf dem Wohnungsmarkt führte bis in die jüngste Zeit zu Änderungen der diesbezüglichen Gesetzesvorschriften. Wer nun die Erläuterungswerke zu den zivilrechtlichen Folgen des Mietwuchers befragt, findet die einschlägigen Ausführungen zumeist schon äußerlich von denen zum Kreditwucher getrennt placiert. Folgt man der dort vertretenen, auch im übrigen weitaus herrschenden Ansicht[24], bräuchte hier etwa der mit dem knappen Gut Wohnraum wuchernde Vermieter vom Richter nicht a limine mit seiner Mietzinsklage abgewiesen zu werden. Der wucherische Vertrag wäre vielmehr zu den angemessenen Bedingungen aufrechtzuerhalten.

---

schlägigen Judikate bei Erman / H. Westermann, § 138, Rdz. 64; Palandt / Heinrichs, § 138, 4 a aa.

[21] Diese subjektiven Tatbestandsmerkmale sind durch das 1. WiKG neugefaßt worden. Statt der „Zwangslage" hieß es früher „Notlage", der „Mangel an Urteilsvermögen" und die „erhebliche Willensschwäche" ersetzen den alten „Leichtsinn". Unverändert lediglich das Merkmal „Unerfahrenheit". Die Änderungen sind in Kraft seit dem 1. 9. 1976; Ziel: Koordinierung mit § 302 a StGB. Zu den Neuerungen vgl. R. Sturm, JZ 77, 86.

[22] So das heute fast einhellig vertretene Ergebnis: vgl. BGHZ 44, 158 (162); BGH NJW 58, 1772; BGH NJW 77, 1233 (1234); OLG Nürnberg, MDR 76, 399; KG BB 74, 1505; AG Hamburg, MDR 75, 662; Erman / H. Westermann, § 138, Rdz. 69; Palandt / Heinrichs, § 138, 4 b; Soergel / Hefermehl, § 138, Rdz. 29; Enneccerus / Nipperdey, § 192 III 3; Flume, AT, § 32, 2 d, § 18, 9; Krampe, JZ 75, 575; Lindacher, AcP 173, 130; a.A. in jüngerer Zeit v. a. Lehmann / Hübner, § 29 IV 4.

[23] Zur Situation zuvor vgl. Staudinger / Coing, § 138, Rdz. 43.

[24] OLG Hamburg, ZMR 68, 198; LG Düsseldorf, ZMR 62, 299; LG Köln, NJW 65, 157 (159); LG Hamburg, NJW 71, 1411 (1411 f.); LG Mannheim, WuM 75, 172 (173); LG Heidelberg, WuM 77, 32 (33); LG Mannheim, NJW 77, 1729 (1730); LG Hamburg, DWW 77, 164 f.; AG Münster (Westf.), WuM 69, 148 (149); AG Köln, ZMR 72, 189; Palandt / Heinrichs, § 138, 4 c; Soergel / Hefermehl, § 134, Rdz. 22; Anderegg, S. 76 ff.; Beitzke, Dauerrechtsverhältnisse, S. 49; Derleder, JA 77, 343; Glaser, ZMR 66, 98 f.; Hoppmann, BlGrBWr 65, 155; Lutz, DWW 63, 135; Schmidt-Futterer, Wohnraumschutzgesetze, D 18; ders.,

Diese unterschiedliche Behandlung ist ebenso merkwürdig, wie sie als scheinbar selbstverständlich hingenommen wird. Welches sind die Gründe, die die herrschende Lehre zu dieser Differenzierung bewegen? Vermögen insbesondere die für die Aufrechterhaltung wucherischer Mietverträge zu angemessenen Bedingungen vorgebrachten Argumente zu überzeugen? — Die Klärung dieser Fragen ist der eine Ansatzpunkt für die folgenden Erörterungen.

4. a) Stehen in einem Vertrag Leistung und Gegenleistung in einem auffälligen Mißverhältnis zueinander, so wird das Rechtsgeschäft doch nur dann von der Rechtsordnung nicht anerkannt, wenn zusätzlich bestimmte subjektive Voraussetzungen erfüllt sind: so ausdrücklich § 138 II BGB. Unter Berücksichtigung der vom BGB-Gesetzgeber intendierten systematischen Abstimmung der Normen untereinander[25] kann somit auch ein auffälliges Mißverhältnis allein nicht zu einer Beurteilung des Vertrags als sittenwidrig i. S. v. § 138 I BGB führen: würden dann doch die differenzierten Tatbestandsvoraussetzungen der Spezialregelung[26] durch die — die gleiche Rechtsfolge statuierende — lex generalis überspielt[27]. Gleichwohl gibt es auch im Bereich des § 138 I BGB Fälle, die für die vorliegende Untersuchung interessant sind. Dabei ist davon auszugehen, daß durch die Unausgewogenheit der beiderseitigen Verpflichtungen die Autonomie, die wirtschaftliche und persönliche Bewegungs- und Entfaltungsfreiheit des einen Vertragspartners soweit eingeengt werden kann, daß dies gegen das Anstandsgefühl aller billig und

---

Miete und Pacht, S. 315 f.; ders., Mietrecht, sub „Wuchermiete" (S. 387 f.); ders., JR 72, 136 f.; Sp. Simitis, Faktische Vertragsverhältnisse, S. 426, 460 f.; Sternel, II 24; Weimar, ZMR 63, 195; ders., Betr. 63, 439. A. A. Roquette, Rdz. 268 f.; teilweise anders Hans, Anh. zu § 535, B 7 (Unwirksamkeit des Mietvertrags in den Fällen des § 138 II, Wirksamkeit in allen anderen Fällen [also auch bei Verstoß nur gegen § 302 f StGB [a.F.] oder § 5 WiStG]).

[25] Zu den spezifischen Eigenschaften des BGB insoweit (begriffliche und systematische Disziplin, geistige Ökonomie, innere Folgerichtigkeit) v. a. Wieacker, PrgNz, S. 468 ff. (473, 477 f.).

[26] Vgl. § 138 II BGB a. A.: „insbesondere".

[27] Zu Recht wird deshalb in Fällen, in denen der eine Vertragspartner auffallend benachteiligt ist, zusätzlich eine sittliche Mißbilligung der Vorgehensweise des Bevorteilten gefordert: erst dann greift die Nichtigkeitsfolge wegen sittenwidriger Handlungsweise gegenüber dem Vertragspartner ein. Zu dieser Fallgruppe, insbesondere zur Rechtsprechung zur Ausnutzung einer Monopolstellung vgl. Larenz, AT, § 22 III b 3; Flume, AT, § 18, 2 b ee; Palandt / Heinrichs, § 138, 2 b, 5 u; Soergel / Hefermehl, § 138, Rdz. 57 ff. Zum Thema „Äquivalenzstörung und Sittenwidrigkeit" allgemein zuletzt Hackl, BB 77, 1412 ff. m. w. N., der selbst zwischen dem in § 138 II genannten „auffälligen" und einem „besonders krassen" Leistungsmißverhältnis unterscheiden will; in diesem letzteren Falle sei der Inhalt des Geschäfts auch ohne Berücksichtigung weiterer Umstände sittenwidrig. Als Anhaltspunkt schlägt Hackl eine Verkürzung über die Hälfte vor und nähert sich damit jedenfalls, was die Tatbestandsseite angeht, wieder stark dem vom BGB-Gesetzgeber aufgegebenen Gedanken der laesio enormis (hierzu näheres in Kap. VIII, 1).

gerecht Denkenden[28] verstößt[29, 30]. Dies ist etwa bei einer langjährigen ausschließlichen Bindung an den Vertrag denkbar. Hält man eine dauernde oder auch nur langjährige Bindung von einem gewissen Zeitpunkt an für nicht mehr sittenkonform, so stellt sich auch hier die Frage, ob dadurch das Rechtsverhältnis insgesamt zu Fall gebracht ist oder ob es nicht bei Reduktion der übermäßigen Dauer aufrechterhalten werden kann. — Als Beispiel[31] für derartige Fälle wird im folgenden der Bierlieferungsvertrag behandelt, mit dem sich der BGH in den letzten Jahren eingehend beschäftigt hat[32].

---

[28] Dies die seit RGZ 48, 114 (124); 55, 367 (373); 79, 415 (418); 80, 219 (221) (vgl. auch schon Mot. II, 727) altbekannte, immer wiederholte und abgeschliffene, allerdings zu einem guten Teil gerade dadurch erst zu der Leerformel, als die sie oft bezeichnet wird, herabgestufte Wendung. Ihr läßt sich immerhin entnehmen, daß ein Rechtsgeschäft nicht schon dann nichtig ist, wenn der „reasonable man" es als unangemessen, sondern erst, wenn er es als geradezu anstößig beurteilt. Vgl. zur Anstandsformel allgemein ausführlich und m. w. N. Portz, S. 26 ff.; Haberstumpf, S. 14 ff. Ob die Anstandsformel jeweils im Einzelfall tatsächlich beachtet und ernstgenommen oder nur als den richterlichen Entscheidungsspielraum verhüllende Scheinbegründung gebraucht wird, ist ein anderes Problem (zur „Anwendung" der Anstandsformel durch den BGH v. a. Haberstumpf, S. 42 ff.). Zumindest kommt ihr eine doch auch wieder das Bewußtsein des Rechtsanwenders prägende, richtungweisende Bedeutung zu. Würdigung von positiven Aspekten der Anstandsformel auch etwa bei Portz, S. 31; Flume, AT, § 18, 1 (S. 364 f.); Wieacker, Gesetz und Richterkunst, S. 13. Nicht entspricht es beispielsweise den Anforderungen der Anstandsformel, wenn das OLG Hamm in einer neueren Entscheidung (v. 3. 10. 1974; bei Zeller, S. 246 ff.) einen Bierlieferungsvertrag unter dem Aspekt des § 138 I BGB darauf prüft, ob die Vertragsbedingungen „den Anforderungen des reellen Geschäftsverkehrs" bzw. „den an das Wirtschaftsleben zu stellenden Anforderungen von dem was billig und gerecht ist", „entsprechen".

[29] Zu derartigen sog. Knebelungsverträgen (die im Unterschied zu den in Fn. 27 angesprochenen Fällen schon ihrem Inhalte nach sittenwidrig sind; gemeinsam ist beiden Fallgruppen, daß sich die unsittliche Handlung im Ergebnis gegen die andere Vertragspartei richtet) vgl. Larenz, AT, § 22 III b 2; Flume, AT, § 18, 2 b dd; Erman / H. Westermann, § 138, Rdz. 40; Oertmann, BGB, § 138 B 1 c γ (S. 493); Palandt / Heinrichs, § 138, 5 k; Larenz, JurJb VII, 110 f.; K. Simitis, S. 35 ff.

[30] Vgl. auch § 310 BGB.

[31] Zu den in den Zwanziger Jahren umstrittenen „Schuhmaschinenverträgen" (durch geschickte Vertragsgestaltung erreichte hier ein amerikanischer Konzern faktisch eine ewige Bindung seiner Vertragspartner) bes. Hedemann, Gutachten, S. 1 ff.

[32] Über die frühere, für die Betrachtung des geltenden Rechtszustandes nur noch historisch interessante Rechtsprechung zu diesem Punkte unterrichtet Künstler, S. 92 ff., 101 ff. Die Rechtsprechung seither (bis zum Neuansatz Ende der sechziger Jahre) ist für die Zwecke der vorliegenden Untersuchung nicht ergiebig. Nach der ursprünglichen Fassung des § 18 GWB war der Schutz der wirtschaftlichen Bewegungsfreiheit der Vertragsbeteiligten bei Ausschließlichkeitsverträgen (wenn auch in Verbindung mit einer gleichzeitig festzustellenden wesentlichen Beeinträchtigung des Wettbewerbs auf dem Markt) der Mißbrauchsaufsicht der Kartellbehörde unterstellt. Eine Anwendung des § 138 BGB auf derartige Verträge ist daneben kaum in Erwägung gezogen worden. Erst durch die Novelle vom 15. 9. 1965 (BGBl. I, 1363) wurde auf einen kartellrechtlichen Individualschutz verzichtet. In den Vordergrund trat das Ziel der Gewährleistung freien Zugangs zum Markt für dritte Unternehmen. Der

b) Was gerade den Bierlieferungsvertrag[33] dogmatisch so interessant macht, ist die auf den typischen Interessen von Gastwirt und Brauerei basierende[34], mehrere Vertragstypen zu einem neuen Ganzen[35] verquickende Vertragsgestaltung[36]. Um ihren meist kapitalschwachen Vertragspartnern die Einrichtung bzw. Fortführung einer Gastwirtschaft zu

---

Schutz des gebundenen Vertragspartners wurde nun ausdrücklich dem bürgerlichen Recht überlassen, zumal dieser die ihn beschwerende Bindung freiwillig auf sich genommen habe (hierzu Schwartz, Gemeinschaftskommentar, 3. A., 7. Lief. § 18, Rdz. 5 ff. [6, 11]; ders., Nachtrag zur 2. Aufl. des Gemeinschaftskommentars, Novelle 1965 zum GWB 1966, § 18 [S. 136 ff.]). Heute ist (durch die Novelle von 1973) ein Individualschutz in beschränktem Umfang wieder gewährleistet (vgl. § 18 I lit a): hierzu Schwartz, Gemeinschaftskommentar, 3. Aufl., § 18, Rdz. 70 ff.

[33] Zu seiner historischen Entwicklung vgl. Düstersiek, S. 21 ff.; ob eine Verbindung zu den zu Beginn des letzten Jahrhunderts allmählich aufgehobenen Zwangs- und Bannrechten besteht, ist umstritten.

[34] Zur Beurteilung des Verhältnisses zwischen Brauerei und Wirt in ökonomischer und wirtschaftspolitischer Sicht vgl. BGH WM 72, 1224 (1225) („verständliches Bemühen der Brauereien ..."); anders demgegenüber BGH NJW 69, 1293 (1296): „... darf nicht übersehen werden, daß an sich schon die ausschließlichen Bierlieferungsverträge den Interessen der Allgemeinheit insoweit zuwiderlaufen, als es ein nicht unerheblicher Teil der Verbraucher als lästig empfindet, in Gastwirtschaften nur ein einziges Bier vorzufinden ..." (dazu kritisch Limbach, NJW 69, 1810; Lehmpfuhl, GRUR 69, 477; Bernhard, Betr. 69, 2021; Schwartz, Gemeinschaftskommentar, 3. A., § 18, Rdz. 93); Bericht des Ausschusses für Wirtschaft (1973), zit. bei Schwartz, a.a.O., Rdz. 8: „... Bierlieferungsvertrag als solcher nach wie vor ... legitimes Instrument der Absatzpolitik der Brauwirtschaft"; Emmerich, WettbewerbsR, S. 107 ff., bes. 110 ff. m. w. N.; Düstersiek, S. 15 ff.; Hiddemann, WM 75, 942; Klaas, BB 74, 1099 r. Sp. („. . . Position des Gastwirtes . . . vielfach weitaus stärker als weithin angenommen wird"); Künstler, S. 1 ff.; Schwartz, a.a.O., Rdz. 40 ff. (m. w. N.); einseitig negative Beurteilung der wirtschaftlichen Bedeutung von Bierlieferungsverträgen als „Vermachtungserscheinung im tertiären Sektor" bei Schüller, Ordo XIX, S. 194 ff., der als Konsequenz u. a. ein gesetzliches Verbot aller Ausschließlichkeitsbindungen fordert (interessant hierzu die Notiz über den Bericht der von der Bundesregierung berufenen Kommission für wirtschaftlichen und sozialen Wandel in Brauwelt 1977, Nr. 1/2, S. 2); zu rigoros wohl auch Staudinger / Coing, § 138, Rdz. 18 ff. (der Gastwirt sehe sich einer Sperre des Zugangs zu dem erwählten Beruf gegenüber, wenn er nicht in die Bedingungen einwillige). Zur wirtschaftlichen Situation auf dem Bier- bzw. Getränkeabsatzmarkt vgl. Huber, Brauwelt 77, Nr. 6 (S. 172 f.); AHGZ v. 25. 12. 1976 (Nr. 52); Der Biergroßhandel 1976, Nr. 3, S. 37, Nr. 24, S. 749, 1977, Nr. 7, S. 163 ff.; zur wirtschaftlichen Situation im Gaststättengewerbe AHGZ vom 28. 8. 1976 (Nr. 35), S. 1/10; AHGZ v. 2. 10. 1976 (Nr. 40), S. 9/10.

[35] Der Bierlieferungsvertrag ist dabei als ein einheitlicher, untypischer, aus Darlehen und Kauf (letzterer in Form des Sukzessivlieferungsvertrags: vgl. Düstersiek, S. 4; Künstler, S. 8 ff. (12 ff.); Larenz, SchR I, § 2 VI; Palandt / Heinrichs, § 326, 13 i. V. m. Palandt / Putzo, 6 i vor § 607), mitunter jedoch auch aus weiteren Bestandteilen (Tausch, Pacht, Miete, Leihe, Schenkung) zusammengesetzter Vertrag anzusehen (vgl. Düstersiek, S. 5 f.; Künstler, S. 16 ff.; Palandt / Heinrichs, § 305, 6; OLG München, NJW 68, 1880 [1881]).

[36] Nicht behandelt wird im folgenden die Gestaltungsvariante, in der die Brauerei Eigentümerin der Gaststätte ist und diese an den Wirt nur verpachtet. Derartige brauereieigene Gaststätten sind vor allem im süddeutschen Raum nicht selten.

ermöglichen, übernehmen die Brauereien sehr häufig Bankfunktionen[37]. Dabei wird die Darlehensgewährung mit einem Bierlieferungsvertrag im engeren Sinne[38] verkoppelt, in dem sich über einen bestimmten Zeitraum hinweg der Wirt zur Abnahme, die Brauerei zur Lieferung von Bier[39], daneben oft weiteren nicht alkoholischen (Marken-)Getränken verpflichtet[40]. Diese Grundelemente finden sich in den einzelnen Verträgen in vielfacher Variation: so kann dem Wirt nebenher der Bezug von Spezialbieren gestattet und es können Mindestabnahmeverpflichtungen vereinbart werden. Die Darlehen erreichen oft eine nicht unbeträchtliche Höhe und können zinslos oder zu einem (erheblich) unter dem Bankzins liegenden Satz gewährt werden. Einem völligen Verzicht auf banktübliche Sicherheiten steht in anderen Verträgen die Bestellung von Grundschulden bzw. Hypotheken gegenüber[41].

Häufig finden sich Bestimmungen, daß die Bezugsbindung die Darlehensrückzahlung[42] überdauern kann[43] und daß die Bezugsbindung je-

[37] Den Brauereien, die faktisch in einem sehr weitgehenden Maße die Initiative zur Eröffnung neuer Gaststätten übernommen haben, kommt dabei das (trotz der notorischen Übersetzung großer Bereiche des Gaststättengewerbes: vgl. etwa Brauwelt 1976, Nr. 24, S. 765 [in NRW von 1965 - 1975 Zuwachsrate von 31,3 % hins. Zahl der Gast- und Speisewirtschaften]) offenbar immer noch weitgehend ungebrochene Streben vieler bisher unselbständig Tätiger an der Gründung einer „selbständigen Existenz“ zugute.

[38] Auch „reiner Bierlieferungsvertrag“: Düstersiek, S. 4 f., 8; Künstler, S. 8, 27 ff.

[39] Gesetzliche Anerkennung hat die Ausschließlichkeitsbindung bei Brauereiverträgen in Art. 13 I des bayerischen Ausführungsgesetzes zum BGB vom 9. 6. 1899 erlangt.

[40] Die Erstreckung der Abnahmeverpflichtung auch auf Mineralwasser- und Limonadenprodukte (mitunter in der Form eines ausschließlichen Lieferrechts bei einem von der Brauerei benannten Dritten) gewinnt ständig an Bedeutung; vgl. z. B. Schüller, Ordo XIX, 195: Zuwachsraten des Mineralwasser- und Limonadenverbrauchs übersteigen die des Bierverbrauchs; Markt für alkoholfreie Getränke gerät in Abhängigkeit zur Brauwirtschaft (vgl. auch schon Düstersiek, S. 12 f.). Die Justitiare der Brauindustrie bemerken dazu, es sei in der Vergangenheit sicherlich versäumt worden, deutlich zu machen, in welchem Umfang Brauereien Markenprodukte der Erfrischungsgetränkeindustrie herstellen und vertreiben (Der Biergroßhandel 1974, Heft 15, S. 457).

[41] Zu der (zumeist abgelehnten) Möglichkeit dinglicher Sicherung der Bierabnahmepflicht durch Eintragung einer Reallast, Grunddienstbarkeit oder persönlichen Dienstbarkeit vgl. Künstler, S. 166 ff.; vgl. hinsichtlich der Sicherung des Lieferrechts auch die bei Zeller, S. 329 ff. zusammengestellten Judikate, außerdem OLG Frankfurt, WM 77, 597 ff.

[42] Die oft durch einen Aufpreis auf das bezogene Bier erfolgt; diese Regelung kann sich vor allem, wenn der Gastwirt an keinen Mindestumsatz gebunden ist, als für ihn sehr günstig darstellen: vgl. BGH WM 74, 1042 (1943). Vgl. demgegenüber Schüller, Ordo XIX, 196 f. (sub 4 a), nach dessen Ansicht diese Methode der Darlehenstilgung im Ergebnis eine weit über den banküblichen Sätzen liegende Zinsbelastung bedeutet.

[43] Hierzu in diesem Zusammenhang z. B. OLG Düsseldorf, MDR 71, 840. Im Hamburger Raum besteht die — vom Kartellamt gebilligte — Praxis, bei vorzeitiger Rückzahlung des Darlehens die Restlaufzeit zu halbieren.

dem Rechtsnachfolger aufzuerlegen ist[44]. Eine indirekte Verlängerung der Bezugsdauer wird mitunter dadurch zu erreichen versucht, daß die Brauereien sich das Recht vorbehalten, die zur Tilgung des Darlehens bestimmten Raten auch gegen den Willen des Verpflichteten auf andere Forderungen zu verrechnen[45]. Finanzielle Unterstützung erfährt der Wirt über die Darlehensgewährung hinaus oft durch Übernahme einer Bürgschaft, Gewährung (verlorener) (Baukosten-)Zuschüsse etc. Sehr häufig überläßt die Brauerei dem Wirt auch Einrichtungsgegenstände und Wirtschaftsinventar: sei es in Form der Leihe, sei es zu einem günstigen Mietzins bzw. Kaufpreis[46].

c) aa) Erstmals durch Urteil vom 7. 10. 1970[47] hat der BGH ausgesprochen, daß eine zwanzigjährige Bindung in einem Bierlieferungsvertrag so außergewöhnlich lang sei, daß sie „bis an die äußerste Grenze des in einem Ausnahmefall noch Zulässigen" gehe[48]. Diese Formel wird in den seither zu diesem Komplex ergangenen Entscheidungen stets wiederholt[49]. Ebenso findet sich andererseits immer wieder die Beteuerung, im Hinblick auf die allgemeine Vertragsfreiheit verstießen zwar auch langfristige Bierlieferungsverträge grundsätzlich[50] nicht gegen die guten Sitten. Eine Sittenwidrigkeit i. S. d. § 138 I BGB liege vielmehr erst dann vor, wenn durch die Ausschließlichkeitsbindung die wirtschaft-

---

[44] Hierzu z. B. Hiddemann, WM 75, 944 m. w. N.

[45] Dagegen auch die Justitiare der Brauindustrie (Der Biergroßhandel 1974, Heft 15, 457) in einer Empfehlung.

[46] Zur Gestaltung von Bierlieferungsverträgen im einzelnen und zur Bedeutung der einzelnen Abreden vgl. v. a. Künstler, S. 27 ff.; Düstersiek, S. 8 ff.; Hiddemann, WM 75, 942; vgl. auch (wiederum sehr kritisch) Schüller, Ordo XIX, 195 ff.

[47] WM 70, 1402.

[48] Vgl. allerdings vorher schon BGH WM 70, 1188, wo ebenfalls eine Bezugsbindung von (mindestens) zwanzig Jahren zur Beurteilung stand. In den Anweisungen an das Berufungsgericht, an das zurückverwiesen wurde, gibt der BGH zu erkennen, daß bei gebührender Berücksichtigung der übrigen in dem Vertrag enthaltenen, für den Wirt recht harten Klauseln, die Bezugsbindung wohl eher als anstößig denn als noch sittenkonform beurteilt werden sollte.

[49] Neben den in Fn. 51 genannten Entscheidungen auch in BGH WM 73, 357; WM 73, 924 (925).

[50] Der (allzu) häufig wiederholte Gebrauch dieser salvatorischen Klausel wird insbesondere dann problematisch, wenn sie, wie in BGH WM 72, 1224 (1225 l. Sp.) der Fall, zwei Absätze später ganz offenbar in der anderen, bestärkend-affirmativen Bedeutung verwendet wird. Davon wird man jedenfalls bei unbefangener Lektüre des Passus: „... grundsätzlich bis an die Grenze des in einem Ausnahmefall noch Zulässigen geht ..." ausgehen. In BGH WM 73, 924 (925 r. Sp.) entpuppt sich dann freilich gerade die Einfügung dieses Wörtchens „grundsätzlich" (ursprünglich in WM 70, 1402 [1403] noch nicht enthalten!) als Hintertür zur Zulassung von Ausnahmen. Ähnlich in diesem Zusammenhang das LG Nürnberg/Fürth (v. 25. 1. 1974, bei Zeller, S. 240 f.): „Wenn, unabhängig vom Wert der Zuwendungen, ein Bierlieferungsvertrag in aller Regel zeitlich 20 Jahre nicht überschreiten darf, so ist dieser Zeitraum nicht in jedem Falle unüberschreitbar (BGH 23. 5. 1973)."

liche Bewegungsfreiheit und Selbständigkeit des Gastwirts in unvertretbarer Weise eingeengt werde und er dadurch in eine mit den Anschauungen des redlichen geschäftlichen Verkehrs nicht mehr zu vereinbarende Abhängigkeit zur Brauerei gerate[51].

bb) Diese Voraussetzungen hat der BGH dann in einem Fall als gegeben angesehen[52], in dem die Parteien zunächst eine Abnahmeverpflichtung auf die Dauer von zehn Jahren, mindestens aber bis zur Abnahme von 4 500 hl Bier vereinbart hatten. Wenn, wie vom Berufungsgericht festgestellt worden war, eine Bierabnahme von jährlich 250 hl als noch vertragsgemäß angesehen worden sei, wären damit die Parteien von einer sich über achtzehn bis zwanzig Jahre erstreckenden Laufzeit des Vertrages ausgegangen. Durch eine Nachtragsvereinbarung anläßlich der Umwandlung der Biergaststätte in ein Speiselokal verpflichtete sich der Wirt zu einer Mindestabnahme von 175 hl jährlich und zur Zahlung eines Schadensersatzes von 15,— DM für jeden nicht abgenommenen Hektoliter. Da durch diese Nachtragsvereinbarung die Verpflichtung zur Gesamtabnahme von 4 500 hl unberührt bleiben sollte, ferner zu diesem Zeitpunkt noch eine Abnahmeschuld von insgesamt ca. 3 600 hl bestand, läßt sich errechnen, daß die Parteien somit indirekt von einer möglichen Bindung auf mehr als fünfundzwanzig Jahre ausgingen. Insofern war die vom BGH auf zwanzig Jahre festgesetzte Grenze des gerade noch Sittenkonformen überschritten.

Eine derart langfristige Bindung sei — so der BGH — gemäß § 138 I BGB nichtig. Daraus folge nun aber nicht zwingend, daß der gesamte Getränkelieferungsvertrag sowie die Nachtragsvereinbarung nichtig seien. „Insbesondere“ schließe die Sittenwidrigkeit einer unter Umständen über zwanzig Jahre hinausreichenden Bindung nicht aus, den Getränkelieferungsvertrag mit einer auf zwanzig Jahre begrenzten Dauer und damit einem im Hinblick auf § 138 I BGB nicht zu beanstandenden Inhalt aufrechtzuerhalten[53].

---

[51] BGH WM 70, 1402 (1403); WM 72, 1224 (1225); WM 73, 1360 (1361); WM 74, 1042 (1043); WM 75, 850; auch OLG Frankfurt, NJW 77, 1157 (1158).

[52] 14. 6. 1972, WM 72, 1224.

[53] Eine zeitlich unbegrenzte Bezugsverpflichtung war noch kürzlich als sittenwidrig und mithin (unproblematisch) totalnichtig beurteilt worden: BGH WM 70, 99 (101) (Lehmpfuhl in seiner Anmerkung GRUR 70, 197 hält für zweifelhaft, ob nach der Vereinbarung des vorliegenden Falles überhaupt von einer zeitlich unbegrenzten Bierbezugsverpflichtung ausgegangen werden könne; gegen die Annahme der Totalnichtigkeit und für quantitative Teilnichtigkeit gem. §§ 139, 242 Bernhard in seiner Anmerkung zum Urteil [WRP 70, 241]). Vgl. auch bereits RG JW 27, 119 (mißverstanden etwa von Warneyer, Arch. f. Rpfl. 1931, 263); die dort zur Vermeidung des Ergebnisses der Totalnichtigkeit herangezogene Erwägung, möglicherweise hätte nach dem Vertrag die Verpflichtung nicht auf unbegrenzte Zeit, sondern für einen gewissen, dem vernünftigen Ermessen anheimgestellten Zeitraum begründet werden

cc) In vier weiteren Fällen hat sich der BGH bislang zugunsten einer Aufrechterhaltung von Bierlieferungsverträgen bei reduzierter Bindungsdauer ausgesprochen. Die Entscheidung vom 31. 1. 1973[54] betraf eine von dem beklagten Gastwirtsehepaar übernommene Verpflichtung, seinen gesamten Bierbedarf und einen Teil des Bedarfs an alkoholfreien Getränken auf die Dauer von dreißig Jahren bei der klagenden Brauerei zu decken. Der BGH hob das Berufungsurteil, in dem der Bierlieferungsvertrag für von Anfang an nichtig erklärt wurde, auf. Auch nach nochmaliger Überprüfung hielt der Senat[55] an seiner Rechtsauffassung fest, daß in derartigen Fällen gegen eine Fortdauer des Vertrages mit angemessener Laufzeit keine Bedenken sprächen und wies den Tatrichter an, zu prüfen, welche Laufzeit unter Abwägung der beiderseitigen Interessen noch als angemessen angesehen werden könne.

Wenngleich auch weiterhin betont wird, daß diese Abwägung „in aller Regel" Sache des Tatrichters sei[56], hat der BGH in den übrigen Fällen die Vertragskorrektur selbst vorgenommen. Dem Urteil vom 16./17. 9. 1974[57] liegt die Vereinbarung einer ausschließlichen Abnahmeverpflichtung auf die Dauer von zwanzig Jahren zugrunde, die bereits vier Jahre nach Vertragsabschluß um weitere vier Jahre verlängert wurde. Da der BGH in derartigen Fällen eine einheitliche Bewertung der Einzelverträge für geboten erachtet[58], war auch hier das Maximum von zwanzig Jahren überschritten. Bei Würdigung der gesamten Umstände des Einzelfalles erschien dem BGH eine Laufzeit von insgesamt sechzehn Jahren als „gerade noch vertretbar".

In einer Entscheidung vom 22. 1. 1975[59] bleibt im Ergebnis dahingestellt, ob nicht ausnahmsweise auch eine dreißigjährige Dauer nicht zu beanstanden sein könnte. Da es vorliegend u. a. darum ging, ob die Brauerei (gem. §§ 812 ff.) nach einer Laufzeit von dreizehn Jahren zur Aufgabe einer die Bierbezugsverpflichtung sichernden beschränkten persönlichen Dienstbarkeit verpflichtet war, genügte die Erwägung, daß „angesichts der erheblichen Gegenleistungen" der Brauerei jedenfalls die Bezugsbindung mit einer Dauer von zwanzig Jahren aufrechtzuerhalten und damit für diesen Zeitraum wirksam sei.

---

sollen, verläßt jedoch das Gebiet zulässiger Vertragsauslegung und bewegt sich im Bereich der Fiktionen: ablehnend insoweit zu Recht auch Nipperdey, JW 27, 119; Scherrer, S. 84 f.

[54] BGH WM 73, 357.

[55] Mit Ausnahme der Entscheidungen vom 2. 10. 1969 (WM 70, 99) und vom 9. 4. 1970 (WM 70, 1188) (beide vom Kartellsenat) stammen alle hier einschlägigen Entscheidungen vom VIII. Senat.

[56] BGH WM 74, 1042 (1043 r. Sp.).

[57] BGH WM 74, 1042.

[58] Hierzu BGH WM 74, 1042 (1043); WM 75, 850 (851); vgl. andererseits aber auch BGH WM 73, 1360 (1361); vgl. auch Hiddemann, WM 75, 945.

[59] BGH WM 75, 307 (309 r. Sp.).

In dem bislang letzten einschlägigen Urteil[60] ging es um die Gültigkeit eines auf die Dauer von zunächst zwanzig Jahren abgeschlossenen, bald darauf um fünf weitere Jahre verlängerten Bierlieferungsvertrages. Indem wiederum Haupt- und Verlängerungsvertrag als Einheit angesehen wurden, erschien dem BGH bei der „gebotenen Gesamtwürdigung" hier eine Reduktion auf eine Laufzeit von insgesamt fünfzehn Jahren als „sachgerecht".

Angesichts des klaren Wortlauts des § 138 I BGB, der sittenwidrige Verträge für „nichtig" erklärt, muß diese, bislang in der Literatur noch gar nicht eingehend gewürdigte Rechtsprechungsreihe[61] ebenso erstaunen wie angesichts des § 138 II BGB die allgemein akzeptierte Lösung zum Mietwucher; sie bildet den zweiten Ansatzpunkt für diese Arbeit.

5. Man könnte sich mit den soeben geschilderten Ergebnissen zufriedengeben, wenn die herrschende Meinung bzw. die Rechtsprechung sie hinreichend zu begründen wüßten. Lassen sich einleuchtende und überzeugende Gründe finden, beruhte die Entscheidung auf einem einheitlichen dogmatischen Konzept oder handelte es sich in Ermangelung eines solchen doch wenigstens um eine „glatte", d. h. mit keinen oder nur geringen Folgeproblemen belastete und einfach-vernünftige Lösung, so könnten weitere Erörterungen müßig erscheinen. Aus diesem Grunde sind die beispielhaft vorangestellten Problembereiche zunächst noch eingehend und kritisch zu erörtern. Dabei sind die vorgebrachten Argumente zu überprüfen sowie die mit der vertretenen Lösung verbundenen Probleme und Unzuträglichkeiten darzustellen (Kap. II und III).

Erweist sich insoweit eine weitere Untersuchung als sinnvoll und praktisch notwendig, ist zu klären, ob sich das von der herrschenden Meinung bzw. der Rechtsprechung für wucherische Mietverträge bzw. Bierlieferungsverträge mit überlanger Bezugsdauer vertretene Ergebnis dogmatisch überhaupt begründen läßt (2. Teil). Wichtigster Ansatzpunkt ist dabei die Norm des § 139 BGB, die vielfach für die Doktrin einer „quantitativen Teilunwirksamkeit" in Anspruch genommen wird (Kap. IV). Geprüft wird ferner (Kap. V), ob § 138 I BGB einer teleologischen Reduktion zugänglich ist, ob eine Umdeutung gem. § 140 BGB Platz greifen kann, ob die Lehre von den faktischen Vertragsverhältnissen einen geeigneten Anknüpfungspunkt bildet und ob eine Gesamtanalogie zu den §§ 343, 655 BGB oder gar ein Rückgriff auf § 242 BGB zulässig ist. — Freilich wäre damit die Untersuchung auch bei einer durchgängig

---

[60] 21. 5. 1975; BGH WM 75, 850.

[61] Die Anwendung der zur zeitlichen Begrenzung von Bierlieferungsverträgen entwickelten Grundsätze auf andere Dauerschuldverhältnisse lehnt der BGH ab: vgl. BGH WM 75, 623 (624 f.); kritisch Klaas, BB 74, 1100; vgl. demgegenüber aber unten Kap. III, Fn. 84.

negativen Antwort nicht beendet, müßte doch in letzter Linie immerhin gefragt werden, ob die modifizierte Aufrechterhaltung wucherischer und hier sog. wucherähnlich-sittenwidriger Verträge nicht im Wege richterlicher Rechtsfortbildung zulässig oder gar geboten ist. Auf die Diskussion um die richterliche Rechtsfortbildungskompetenz ist dabei nur in aller Kürze einzugehen. Sinnvoller erscheint es, für die hier konkret behandelte Situation die einzelnen Ansatzpunkte zu erörtern, von denen her eine derartige Rechtsfortbildung als tunlich, wünschenswert oder auch notwendig erscheinen könnte (3. Teil). Denkbar wären in diesem Zusammenhang drei Einwände gegen die dem Gesetzeswortlaut entsprechende Lösung:

(1) Der Gesetzgeber könnte ungleichmäßig entschieden und dem Gebot zuwidergehandelt haben, Gleiches nicht willkürlich ungleich zu behandeln. Vergleichsweise sind daher einschlägige Fallgruppen zu erörtern, die in der Diskussion schon oft als Präzedenzien herangezogen worden sind (Kap. VI). Wichtig ist vor allem die Rechtslage bei Verstößen gegen Höchstpreisvorschriften im Rahmen des § 134 BGB. Wäre hier im Ergebnis bei einem Verbotsverstoß eine Vertragsmoderation zulässig und geboten, so fragte sich in der Tat, ob dies Ergebnis nicht auch Auswirkungen auf die vorliegend behandelten anstößig-übermäßigen Verträge haben müßte. Entweder wären eine unterschiedliche Bewertung rechtfertigende Gesichtspunkte aufzuweisen oder es wäre nach Wegen zu suchen, den inkonsequenten Bruch in der Problembehandlung zu überwinden und zu einem systematisch überzeugenden und einheitlichen Ergebnis zu kommen.

(2) Der Gesetzgeber könnte im Lichte historischer Erfahrung eine Fehlentscheidung getroffen haben. Um dies beurteilen zu können, muß geklärt werden, wie es zu der Normierung der einschlägigen Vorschriften gekommen ist. Hat der BGB-Gesetzgeber das Alles-oder-Nichts bewußt oder als ganz selbstverständlich und ohne nähere Erwägung der damit verbundenen Probleme statuiert? Wie war die Rechtslage im Gemeinen Recht, an die der BGB-Gesetzgeber anknüpfte und — weiter — wie hat wiederum diese sich historisch entwickelt (Kap. VIII)? Hat es im römischen Recht eine „quantitative Teilunwirksamkeit" gegeben (Kap. VII)? Gerade die Vorschriften der §§ 138, 139 BGB sind ja in Anknüpfung an die römischen Rechtsquellen bzw. in Auseinandersetzung mit ihnen entstanden, und eine umfassende Würdigung der Stellungnahme des BGB-Gesetzgebers muß deshalb diesen Erfahrungsschatz sichten, der ihm vorgelegen hat. Nur so läßt sich schließlich beurteilen, ob die Kodifikation in diesem Punkt Ergebnis willkürlicher Dezision, historischen Mißverständnisses und fehlerhafter Quelleninterpretation, bewußten, aber möglicherweise allzu rigoristischen Bruchs mit der Tradition oder historisch-kontinuierlicher Entwicklung ist. Man kennt für

alle Alternativen Beispiele: und wird es sicherlich in manchen der erstgenannten Fälle nicht unbedingt mißbilligen müssen, wenn historische Kontinuität sich vermittels des Richters auch gegenüber kodifikatorischen Einschnitten fortzusetzen und zu behaupten weiß.

(3) Eine Rechtsfortbildung könnte schließlich auch mit Rücksicht auf das praktische Ergebnis geboten sein. Es wird deshalb zu prüfen sein (Kap. IX), ob bei einer gesetzestreuen Lösung dringende und berechtigte praktische Bedürfnisse unberücksichtigt bleiben würden. Dabei ist vor allem die Bedeutung der Norm des § 817, 2 BGB für den vorliegenden Zusammenhang zu klären.

Systematischer Bruch, historische Fehlentscheidung, praktisch unerträgliches Ergebnis: wäre die gesetzliche Regelung aus einem dieser Gründe zu beanstanden, so müßte ein starres Festhalten am Alles-oder-Nichts zumindest als außerordentlich unbefriedigend erscheinen. Wäre sie andererseits das nicht zufällige Ergebnis einer folgerichtigen historischen Entwicklung, führte sie zu praktisch befriedigenden, zumindest akzeptablen Ergebnissen und ergäbe sich ein systematisch einheitliches Bild, entbehrte die eingangs geschilderte Entwicklung damit nicht nur des Rückhalts im Gesetzeswortlaut, sondern sowohl einer historischen, als auch einer systematischen, als auch einer ergebnisorientiert-teleologischen Legitimation: dann wäre die Einführung eines richterlichen Mäßigungsrechtes qua Rechtsfortbildung in concreto weder geboten noch zulässig, auch ohne daß diese Feststellung sich nur auf abstrakte Erörterungen zum Thema „Freiheit und Bindung des Zivilrichters“ gründete. Hierauf ist erst in einem abschließenden Kapitel (Kap. X) noch einmal zurückzukommen, in dem das gefundene Ergebnis unter übergreifenden methodologischen und rechtspolitischen Gesichtspunkten zu würdigen sein wird. Eine Zusammenfassung der wichtigsten Ergebnisse beschließt die Untersuchung.

II. Wucherische Mietverträge

Den Ausgangspunkt der Erörterungen bildete die herrschende Meinung zu den Rechtsfolgen des Mietwuchers und die neuere Rechtsprechung des BGH zu Bierlieferungsverträgen mit überlanger Bezugsverpflichtung. In beiden Fällen soll der Vertrag nicht für total nichtig erklärt, sondern zum angemessenen Entgelt bzw. mit angemessener Dauer aufrechterhalten werden: ein Ergebnis, das angesichts des klaren Wortlauts des § 138 I, II BGB erstaunen muß und das, um die Bedeutung des Nachfolgenden scharf und präzise zu akzentuieren, in seiner Begründung und Problematik zunächst, wie angekündigt, noch näherer kritischer Analyse zu unterziehen ist.

1. Im Falle des § 138 II BGB war es zunächst die als scheinbar selbstverständlich hingenommene Unterschiedlichkeit der Behandlung von Mietwucher und Kreditwucher, die Befremden erregt. Sie hängt zusammen mit dem mehrgleisigen, sogenannten Sozial- bzw. Individualwucher in verschiedenen Normenkomplexen regelnden Vorgehen des Gesetzgebers.

Nachdem auf der Grundlage des Gesetzes zum Abbau der Wohnungszwangswirtschaft vom 23. 6. 1960[1, 2] die Mietpreise freizugeben waren[3], versuchte der Gesetzgeber einen Schutz des Mieters vor ungerechtfertigten Mieterhöhungen durch Änderung des § 2 a WiStG zu erreichen. Während diese Norm (durch Gesetz vom 19. 12. 1956 eingefügt[4]) bislang ganz allgemein die sogenannte „Preisüberhöhung" behandelte, wurde nunmehr erstmals durch eine besondere Ziffer auch die Mietpreiserhöhung erfaßt[5]. Als Zuwiderhandlung sollte es danach geahndet werden, wenn für die Vermietung von Räumen zum Wohnen vorsätzlich Entgelte gefordert oder angenommen würden, die infolge einer Beschränkung des Wettbewerbs oder infolge der Ausnutzung einer wirtschaftlichen Machtstellung oder einer Mangellage unangemessen hoch wären. Von den Wuchervorschriften des StGB, die in ihrem Sachwucherparagraphen[6] unter sehr eingeschränkten Voraussetzungen auch den Mietwucher betrafen (übrigens auch von § 138 II BGB), unterschied diese Norm sich u. a. dadurch, daß hier nicht die Ausnutzung der individuellen Schwäche eines Opfers, sondern der allgemeinen Mangellage auf dem Wohnungsmarkt vorausgesetzt wurde.

Wie sich in der Praxis zeigte, konnte eine wirksame Bekämpfung des Mißbrauchs wirtschaftlicher Macht auf dem Wohnungsmarkt zum Schaden Einzelner und der Allgemeinheit damit nicht erreicht werden[7]. Durch

---

[1] BGBl I 389.

[2] Zur geschichtlichen Entwicklung des Mietpreisrechts in Deutschland in den vorangegangenen Jahrzehnten bes. Bettermann, Grundfragen, S. 54 ff., 57 ff.

[3] Als erster Stichtag war der 1. 7. 1963 festgesetzt.

[4] Das „Gesetz zur weiteren Vereinfachung des Wirtschaftsstrafrechts" (Wirtschaftsstrafgesetz 1954) stammte vom 9. 7. 1954 (BGBl I 175); das Änderungsgesetz findet sich in BGBl 1956 I, 924.

[5] BGBl 1962 I, 761 (762); in Kraft seit dem 22. 12. 1962.

[6] Dem durch Gesetz vom 19. 6. 1893 (RGBl 197) (hierzu noch unten Kap. VIII, 4) in das StGB eingefügten § 302 e: „Dieselbe Strafe (§ 302 d) trifft denjenigen, welcher mit Bezug auf ein Rechtsgeschäft anderer als der in § 302 a bezeichneten Art gewerbs- oder gewohnheitsmäßig unter Ausbeutung der Notlage, des Leichtsinns oder der Unerfahrenheit eines anderen sich oder einem Dritten Vermögensvorteile versprechen oder gewähren läßt, welche den Wert der Leistung dergestalt überschreiten, daß nach den Umständen des Falles die Vermögensvorteile in auffälligem Mißverhältnis zu der Leistung stehen."

[7] Begründung des Regierungsentwurfs des MRVerbG bei Hans, Anhang zu § 535, A 2 a I; A 3 a I; Schmidt-Futterer, JR 72, 133.

Art. 7, 8 des Gesetzes zur Verbesserung des Mietrechts und zur Begrenzung des Mietanstiegs sowie zur Regelung von Ingenieur- und Architektenleistungen vom 4. 11. 1971[8] wurden deshalb die einschlägigen Vorschriften geändert und verschärft[9]. Im Bereich des „Sozialwuchers" ließ der Ordnungswidrigkeitentatbestand des § 2 b WiStG eine Bestrafung der Mietpreisüberhöhung unter erleichterten Voraussetzungen zu, indem er die „Ausnutzung eines geringen Angebots an vergleichbaren Räumen" als Verursachungsfaktor der weiterhin geforderten „unangemessen hohen Entgelte" bestimmte[10], zur Konkretisierung der Unangemessenheits-Formel festlegte, daß die in vergleichbaren Fällen[11] üblichen Entgelte nicht unwesentlich[12] überschritten worden seien[13, 14] und neben der vorsätzlichen auch leichtfertige Tatbegehung ausreichen ließ[15, 16]. Ohne sach-

---

[8] BGBl I 1745 (1747).

[9] Zur Entstehung des Gesetzes vgl. bes. die bei Hans, Anhang zu § 535, A zusammengestellten Gesetzesmaterialien.

[10] Nicht mehr sollte es demgemäß darauf ankommen, ob das Entgelt deshalb unangemessen hoch ist, weil eine „Mangellage" ausgenutzt wurde: hierzu Sasserath, WuM 72, 21; Hans, Anhang zu § 535, B 5 a bb; Begründung des Regierungsentwurfs bei Hans, Anhang zu § 535, A 3 a II.

[11] Nämlich für die Vermietung von Räumen vergleichbarer Art, Größe, Beschaffenheit und Lage.

[12] Das zunächst vorgesehene Wort „wesentlich" wurde erst durch den federführenden Ausschuß durch die Formulierung „nicht unwesentlich" ersetzt: hierzu Hans, Anhang zu § 535, B 5 a cc; Schmidt-Futterer, Wohnraumschutzgesetze, D 40. „Nicht unwesentlich" ist eine weniger gravierende Tatbestandsvoraussetzung als „wesentlich".

[13] Zum Begriff des „unangemessen hohen" Entgeltes vgl. bes. Hans, Anh. zu § 535, B 5 a cc; Schmidt-Futterer, Wohnraumschutzgesetze, D 33 ff.; ders., JR 72, 134 f.; ders., Miete und Pacht, S. 312 ff.; ders., Mietrecht, S. 383 ff.; Sternel, II 33. Nach den Richtlinien zur wirksameren Bekämpfung von Mietpreisüberhöhungen nach § 5 WiStG, beschlossen von der Konferenz der Wirtschaftsminister der Länder am 7. 2. 1973, Ziffer 4.6 (abgedruckt bei Schmidt-Futterer, Wohnraumschutzgesetze, D 68 ff. [101]) soll sogar ein Überschreiten der ortsüblichen Vergleichsmiete um 10 % ausreichen; dies beurteilt Sternel (a.a.O.) zu Recht als „Warnschwelle mit prophylaktischer Wirkung". M. E. unzutreffend Roquette, Rdz. 265 und Hoppmann, BlGrBWr 65, 153, die „unangemessen" und „auffälliges Mißverhältnis" im Ergebnis gleichsetzen. Vgl. weiter OLG Celle, ZMR 67, 379 (380); LG Mannheim, WuM 75, 172 (173); LG Heidelberg, WuM 77, 32; LG Mannheim, NJW 77, 1723 ff.; LG Hamburg, DWW 77, 164 f.; AG Braunschweig, ZMR 68, 91; AG Münster (Westf.), WuM 69, 148 (148 f.); Sasserath, WuM 72, 22 ff. (23).

[14] Zum Merkmal des „auffälligen Mißverhältnisses" beim Mietwucher vgl. demgegenüber etwa Schmidt-Futterer, Wohnraumschutzgesetze, S. D 116 ff.; ders., Mietrecht, S. 380 ff. m. w. N. sowie LG Köln, WuM 76, 34 ff.; LG Mannheim, WuM 77, 77 f.

[15] Die Erweiterung des Tatbestandes auf leichtfertiges Handeln beruht auf dem Vorschlag des Bundesrats; vgl. dazu die Begründung bei Hans, Anhang zu § 535, A 3 b.

[16] Für die Anwendung des § 134 BGB kommt es jedoch auf den Schuldtatbestand des Verbotsgesetzes nicht an; die Verwirklichung des äußeren Tatbestandes reicht aus: BGHZ 37, 363 (366); LG Köln, NJW 65, 157 (159); LG Hamburg, NJW 71, 1411 (1412); LG Mannheim, NJW 77, 1729 (1730); AG

liche Änderung gegenüber dem bisherigen § 2 b WiStG ist nunmehr die Mietpreisüberhöhung in § 5 WiStG geregelt[17].

Auf dem Gebiet des „Individualwuchers“ wurde zunächst durch Art. 7 MRVerbG mit § 302 f erstmals eine eigenständige Vorschrift über den Mietwucher in das StGB eingefügt, in der gegenüber § 302 e vor allem das Erfordernis gewerbs- oder gewohnheitsmäßiger Begehung preisgegeben wurde[18]. Durch das erste WiKG vom 29. 7. 1976[19] wurden dann die verschiedenen Formen des Individualwuchers in einem umfassenden Tatbestand des Leistungswuchers vereinigt[20]. Gleichzeitig wurde auch der Wortlaut des § 138 II BGB durch Neufassung der subjektiven Tatbestandsmerkmale dem neuen § 302 a StGB angepaßt[21].

2. Welches sind angesichts dieses „Befundes“ die Gründe, die die herrschende Lehre für ihre Ansicht anführen kann, wucherische Mietverträge seien zu angemessenem Mietzins aufrechtzuerhalten?

Das Verbot des Mietwuchers, so wird argumentiert[22], sei keine reine Ordnungsvorschrift, solle vielmehr den einzelnen Bürger vor ungerechtfertigter Preistreiberei schützen[23]. Es handele sich mithin um ein Verbotsgesetz im Sinne des § 134 BGB[24]. Die Nichtigkeit des gesamten Mietvertrages brauche jedoch deshalb nicht angenommen zu werden, weil dies der Zielsetzung von gegen den Sozialwucher gerichteten Vorschriften widersprechen würde und sich insofern aus dem Zweck des Verbotsgesetzes „ein anderes“ ergebe[25]. Beabsichtigt seien Schutz des Mieters[26]

Münster (Westf.), WuM 69, 148 (149); Erman / H. Westermann, § 134, Rdz. 1; Soergel / Hefermehl, § 134, Rdz. 16, 18; Enneccerus / Nipperdey, § 190 II (S. 1154 f.); Hoppmann, BlGrBWr 65, 153; Schmidt-Futterer, Wohnraumschutzgesetze, D 17; ders., Mietrecht, sub „Wuchermiete“ (S. 387); Sternel, II 29; a. A. Flume, AT, § 17, 3.

[17] BGBl 1974 I, 469 (578), Art. 149, 2.

[18] Auch sollte nunmehr die Ausbeutung einer „Zwangslage“ (die nicht notwendig eine wirtschaftliche Bedrängnis erfordert) statt einer „Notlage“ ausreichen: hierzu Begründung zum Regierungsentwurf des MRVerbG bei Hans, Anhang zu § 535, A 2 a I, II 1; Hans, Anhang zu § 535, B 3 a aa; Lackner, § 302 a, 4; LK (Schäfer), § 302 a, Rdz. 20 ff., § 302 f, Rdz. 6; Schmidt-Futterer, Wohnraumschutzgesetze, D 121; ders., JR 72, 134; ders., Mietrecht, S. 382; vgl. bes. auch Sasserath, WuM 72, 4 f. (der nach eingehender Kritik [S. 6] de lege ferenda die [ersatzlose] Preisgabe des Merkmals „Zwangslage“ fordert).

[19] BGBl I 2034.

[20] Die Ziffern 1, 2, 4 (Wohnungs-, Kredit- und Wohnungs- bzw. Kreditvermittlungswucher) sind als bedeutsamste Anwendungsfälle der Ziffer 3 nur beispielhaft erwähnt.

[21] Vgl. oben Kap. I, Fn. 21.

[22] Oft findet sich jedoch auch keine nähere Begründung oder eine kommentarlose Verweisung auf andere Entscheidungen oder Autoren.

[23] LG Hamburg, NJW 71, 1411; Schmidt-Futterer, Wohnraumschutzgesetze D 17; ders., JR 72, 136; ders., Mietrecht, S. 387.

[24] Hiergegen Hans, Anhang zu § 535, B 7 b.

[25] LG Köln, NJW 65, 157 (159); AG Münster, WuM 69, 148 (149); Hoppmann, BlGrBWr 65, 155.

und Wahrung eines volkswirtschaftlich gerechtfertigten Mietpreises[27]; ferner sei es die volkswirtschaftliche Aufgabe jedes Eigentümers, den von ihm selbst nicht benötigten Wohnraum Dritten zugänglich zu machen[28]. Diesem Anliegen werde nicht dadurch Rechnung getragen, daß die Rechtsgrundlage beseitigt werde, die dem Mieter einen Anspruch auf Raumüberlassung gebe[29, 30]: ein Ergebnis, das der Gesetzgeber „offensichtlich" nicht gewollt habe[31]. Daß sich die Nichtigkeit nur auf die Vereinbarung des überhöhten Teils der Mietzinsvereinbarung erstrecken soll, wird ferner durch Anwendung des „Grundgedankens" des § 139 BGB[32] sowie — zum Beleg des Willens des Gesetzgebers — unter Rückgriff auf die in den §§ 8 ff. WiStG geregelte Abführung des Mehrerlöses begründet[33].

All dies kann aber nun in mehrfacher Hinsicht nicht überzeugen.

3. Unverständlich ist bereits, warum nur das Verbot des Mietwuchers, nicht aber das des Kreditwuchers der Norm des § 134 BGB unterfallen soll, obwohl für beide Bereiche seit 1971 gleich strukturierte Verbotsgesetze vorhanden sind; seit neuestem ist sogar dieselbe Norm einschlägig. Auch das Verbot des Kreditwuchers beabsichtigt z. B. den Schutz des einzelnen Kreditsuchenden; insofern wäre hier die Folgerung, dieser Schutzzweck werde nur erreicht, wenn jede Zuwiderhandlung auch die zivilrechtliche Nichtigkeit des verbotenen Rechtsgeschäfts bewirke, genauso schlüssig wie beim Mietwucher.

Eine (historische) Erklärung für diese Differenzierung könnte allenfalls darin zu sehen sein, daß man § 134 BGB nur dann Anwendung finden lassen wollte, wenn (auch) die Gemeinschaft ein Interesse an der Versagung der Wirksamkeit des Geschäfts hat: in Fällen des Sozialwu-

---

[26] LG Heidelberg, WuM 77, 32 (33); Hoppmann, BlGrBWr 65, 155; Schmidt-Futterer, Wohnraumschutzgesetze, D 18; ders., JR 72, 137.

[27] LG Köln, NJW 65, 157 (159); LG Hamburg, NJW 71, 1411; LG Heidelberg, WuM 77, 32 (33); AG Münster (Westf.), WuM 69, 148 (149); Glaser, ZMR 66, 98; Sasserath, WuM 72, 76; Schmidt-Futterer, Wohnraumschutzgesetz, D 18; ders., JR 72, 136; ders., Mietrecht, S. 387; Weimar, Betr. 63, 439.

[28] LG Köln, NJW 65, 157 (159); AG Münster (Westf.), WuM 69, 148 (149).

[29] Glaser, ZMR 66, 98 f.; Hoppmann, BlGrBWr 65, 155; Schmidt-Futterer, Wohnraumschutzgesetze, D 18; ders., JR 72, 137; ders., Mietrecht, S. 387.

[30] Konsequent insofern LG Mannheim, WuM 72, 200 (201), das eine quantitative Teilnichtigkeit dann nicht annimmt, wenn der Mieter wegen des Mißverhältnisses zwischen Leistung und Gegenleistung gar nicht erst eingezogen ist (vgl. dazu unten bei Fn. 57).

[31] LG Düsseldorf, ZMR 62, 299; Glaser, ZMR 66, 98.

[32] Anderegg, S. 77 f.; LG Mannheim, NJW 77, 1729 (1730); LG Hamburg DWW 77, 164 f.

[33] LG Köln, NJW 65, 157 (159); LG Hamburg, NJW 71, 1411 (1412); Anderegg, S. 77; Hoppmann, BlGrBWr 65, 155.

chers[34]. Da aber vor der Einführung des § 302 f im Jahre 1971 der Mietwucher praktische Relevanz beinahe ausschließlich als Sozialwucher hatte, wäre unter dieser Prämisse bezüglich der Anwendbarkeit des § 134 BGB eine Unterscheidung zwischen Miet- und Kreditwucher tatsächlich in Frage gekommen. Dieser Überlegung wäre freilich schon entgegenzuhalten, daß der Gesetzgeber selbst, durch Normierung des § 138 II BGB, zu erkennen gegeben hat, daß auch individualwucherische Geschäfte keinen Bestand haben sollen. Insofern wäre nicht einzusehen, warum sich aus der (damals ähnlich, jetzt gleich lautenden) Verbotsnorm des § 302 a StGB eine andere Wertung, „ein anderes" im Sinne des § 134 BGB ergeben sollte.

Im übrigen wird das bislang vertretene Ergebnis auch seit 1971 weiter tradiert, obwohl nunmehr der Mietwucher auch als Individualwucher in einer selbständigen Norm geregelt und unter erleichterten Voraussetzungen strafbar ist. Vielfach wird insofern sogar ausdrücklich festgestellt, auch § 302 f (a. F.) sei ein Verbotsgesetz im Sinne des § 134[35].

4. Hier zeigen sich deutlich weitere Inkonsequenzen bei der Auswahl der jeweils anzuwendenden Norm. Ist der Tatbestand des § 302 f a. F. bzw. des § 302 a n. F. erfüllt, so in jedem Falle auch der des § 138 II BGB[36]. Unter dem Aspekt der Normenkonkurrenz wären angesichts dessen im Grundsatz drei Lösungswege denkbar. Man könnte (1.) behaupten, daß § 138 II BGB hinter § 134 BGB zurücktreten müsse[37]. Freilich hätte dies zur Folge, daß die Norm des § 138 II BGB faktisch obsolet und überflüssig würde: auch im Bereich des übrigen Leistungswuchers müßte dann vorrangig § 302 a StGB i. V. m § 134 BGB einschlägig sein. Im Ergebnis würde diese Ansicht also zu der wenig überzeugenden Annahme einer Norm ohne Anwendungsbereich zwingen. Hinzu kommt, daß das von Schmidt-Futterer[37a] vorgebrachte Argument methodisch anfechtbar ist: wenn zwei Normen einen unterschiedlich weiten Anwendungsbe-

---

[34] Das Gemeinschaftsinteresse als Kriterium für die Entscheidung über den Eintritt der Nichtigkeitsfolge wird allgemein hervorgehoben: vgl. nur Palandt / Heinrichs, § 134, 2. Anerkannt ist auch, daß, wenn sich das (strafgesetzliche) Verbot nur an eine Partei richtet, bzw. eine Strafandrohung nur gegen einen der Vetragspartner vorgesehen ist, das Rechtsgeschäft in der Regel gültig ist: RGZ 104, 105 (107); 106, 316 (317); BGHZ 46, 24 (26); BGH NJW 68, 2286; Palandt / Heinrichs, § 134, 2 a; Enneccerus / Nipperdey, § 190 II 2; vgl. hierzu bes. Hans, Anhang zu § 535, B 7 b.

[35] Schmidt-Futterer, Wohnraumschutzgesetze, D 17; ders., Mietrecht, S. 387; ders., JR 72, 136; Sternel, II 24; Derleder, JA 77, 342 f.

[36] Nur umgekehrt gab es bis zum Inkrafttreten des 1. WiKG Wucherfälle, die dem § 302 f StGB, nicht aber der Norm des § 138 II BGB unterfielen (vgl. oben Fn. 18 i. V. m. Kap. I, Fn. 21).

[37] So Schmidt-Futterer, JR 72, 136, mit der Begründung, daß § 138 II BGB teilweise engere Voraussetzungen als die entsprechenden Verbotsnormen erfordere.

[37a] a.a.O.

reich haben, kann gerade nicht der weniger enge Voraussetzungen erfordernden Vorschrift der Vorrang eingeräumt werden. Genau umgekehrt müßte diese im Interesse eines differenzierten Zusammenspiels als lex generalis im Anwendungsbereich der Konkurrenznorm zurücktreten. Überzeugender wäre deshalb immerhin (2.), § 138 II BGB als lex specialis zu betrachten, was sich heute — nach der Reform der Wuchervorschriften des StGB — allerdings allenfalls mit der Erwägung halten ließe, daß es sich im Gegensatz zu der „offenen", auf (in diesem Falle) außerhalb des BGB geregelte Tatbestände gerichteten Rahmennorm des § 134 BGB, bei § 138 II BGB um einen vollständig umschriebenen Tatbestand des BGB handelt. Auch diese Überlegung würde aber für das Verbot des Individualwuchers auf dem Miet- und Kreditsektor in gleicher Weise gelten.

Wenn demgegenüber (3.) § 138 II BGB neben § 134 BGB i. V. m. § 302 a StGB für anwendbar gehalten wird, so ist doch vielfach unklar, welche Folgerungen aus dieser Aussage gezogen werden. Die zu den strafgesetzlichen Mietwuchervorschriften — vielfach ganz „abstrakt": d. h. ohne Bezug zur Norm des § 134 BGB — angestellten Schutzzweckerwägungen sind jedenfalls auch auf § 138 II übertragbar[38]. Zumeist jedoch scheint unausgesprochen die Meinung zu herrschen, § 138 II BGB verbiete klipp und klar die Annahme einer quantitativen Teilunwirksamkeit[39]. Demgemäß finden sich marginale Bemerkungen des Inhalts, der Mietvertrag könne auch gemäß § 138 II BGB „nichtig" sein[40]. Warum vorrangig die „gerechtere" Lösung über §§ 134 BGB i. V. m. 302 a StGB Platz greifen soll, ist nicht weiter begründbar. Wenn aber triftige Kriterien, welche von zwei Normen mit gleichen Tatbestandsvoraussetzungen, aber (angeblich) unterschiedlichen Rechtsfolgen anwendbar sein soll, schon logisch gar nicht gefunden werden können, drängt sich auch hier die Frage nach der Richtigkeit der Prämisse wieder auf: statuieren § 138 II und § 134 BGB tatsächlich unterschiedliche Rechtsfolgen?

Abschließend sei in diesem Zusammenhang daran erinnert, daß unter bestimmten Voraussetzungen auch in Fällen des Mietwuchers § 138 I BGB eingreifen können soll[41]. Ob auch hier Unwirksamkeit nur des

---

[38] Auch für Mietwucher gem. § 138 II BGB nimmt deshalb Sternel, II 24 bloß quantitative Teilunwirksamkeit an; ebenso offenbar Lutz, DWW 63, 135.

[39] Vgl. nur BGH NJW 58, 1772 u. l.

[40] OLG Hamburg, ZMR 68, 198; AG Münster (Westf.), WuM 69, 148; Palandt / Heinrichs, § 138, 4 c; Glaser, ZMR 66, 98; Hans, Anhang zu § 535, B 7 a, b; Schmidt-Futterer, Wohnraumschutzgesetze, D 17; Weimar, ZMR 63, 193; ders., Betr. 63, 439. Ob alle Genannten in diesem Zusammenhang von einer Totalnichtigkeit ausgehen, wird meist nicht klar, ist jedoch anzunehmen, da sich die Ausführungen zur Aufrechterhaltung zu einem angemessenen Mietzins jedenfalls ausdrücklich nur auf die Verbotsgesetze i. S. d. § 134 BGB beziehen.

[41] Dann nämlich, wenn die Voraussetzungen der Strafvorschriften oder des § 138 II BGB nicht erfüllt sind, die Mietpreisvereinbarung aber gleichwohl für anstößig gehalten wird.

Übermaßes bei Aufrechterhaltung des Restes geboten ist, ist weitgehend ungeklärt[42].

5. Die Brüchigkeit der herrschenden Lehre erweist sich auch daran, daß die zugrundeliegende, scharfe Differenzierung zwischen Individual- und Sozialwucher[43] gerade im Bereich des Mietwuchers nicht möglich ist und auch gar nicht konsequent durchgeführt wird. Ausgenutzt wird vom Vermieter die durch den Mangel an preisgünstigen Wohnungen entstandene Zwangslage, die innerhalb breiter Bevölkerungsschichten jeden Wohnungssuchenden gleich trifft. Den überhöhten Mietzins kann der Wohnungseigentümer nicht nur von dem betreffenden Einzelnen bekommen, sondern würde ihn von einer Vielzahl anderer Bewerber auch erzielen[44]. Dies wird denn auch, obwohl diese Vorschriften theoretisch eindeutig als Individualwuchernorm ausgewiesen werden, in den Erläuterungen zu dem Begriff der Zwangslage in § 302 f a. F. bzw. § 302 a n. F. StGB klar und gebührend berücksichtigt, wenn etwa als ausreichend erachtet wird, daß der Betroffene überhaupt Wohnraum brauche, sich aber infolge unzureichenden Angebots nicht in der Lage sehe, den gestellten ungünstigen Bedingungen auszuweichen[45]. Ob er selbst wirtschaftlich bedrängt ist, soll für die individuelle Zwangslage nicht entscheidend sein[46].

Bereits dem BGH ist es in seiner Entscheidung zu § 302 e StGB[47] nicht gelungen, den Mietwucher als Unterfall des Individual(sach)wuchers auszuweisen: war es doch auch in dem dieser Entscheidung zugrundeliegenden Fall gerade nicht die Not des wirtschaftlich bedrängten Einzelnen, die ausgebeutet worden war. Vielmehr betraf die Mangellage generell amerikanische Soldaten, die darauf angewiesen waren, in der Nähe ihres Standortes bei Deutschen Kleinwohnungen und Zimmer zu mieten, damit aber nicht, wie der BGH meint, eine Mehrheit von Ein-

---

[42] Vgl. als besonders markante Beispiele die (ohne ihre Ansicht näher zu problematisieren) im Ergebnis gegensätzlichen Urteile des LG Ulm, ZMR 64, 111 und des LG Düsseldorf, ZMR 62, 299.

[43] Sie wird vertreten v. a. von OLG Hamburg, ZMR 68, 198; LG Köln, NJW 65, 157 (159); LG Heidelberg, WuM 77, 32; Erman / Schopp, vor § 535, Rdz. 81; Lackner, § 302 a, 1; LK (Schäfer), vor § 302 a, Rdz. 2; Maurach, BT, § 40 I A; Hans, Anhang zu § 535, B 1; Roquette, Rdz. 263; Schmidt-Futterer, Mietrecht, S. 379; a. A. Schönke / Schröder (Eser), § 302 a, Rdz. 1; § 302 f, Rdz. 2; Schmidt-Futterer, Wohnraumschutzgesetze, D 22; Sasserath, NJW 72, 1871; zweifelnd Dreher, § 302 a, Rdz. 3.

[44] Bezeichnend z. B. Roquette, Rdz. 263, der, obwohl nach seiner Ansicht Individualwucher auch bei Mietverträgen vorkommen kann, doch schließlich Mietwucher und Sozialwucher gleichsetzt. Sasserath, WuM 72, 5 konzediert, daß Individualwucher bei Mietverträgen selten ist.

[45] Dreher, § 302 a, Rdz. 10; in gleichem Sinne Lackner, § 302 a, 4; LK (Schäfer), § 302 f, Rdz. 6; Schönke / Schröder (Eser), § 302 f, Rdz. 6.

[46] Vgl. die in Fn. 18 Genannten.

[47] BGHSt 11, 182 (185).

zelnen (als Einzelne)[48], sondern einen größeren Personenkreis als solchen[49]. Ausgenutzt wurde damit auch hier die typische Marktüberlegenheit. — Man kann vermuten, daß für diese Entscheidung des BGH auch kriminalpolitische Gesichtspunkte entscheidend gewesen sein mögen: war doch mit § 2 a WiStG eine zur Ahndung des Mietwuchers geeignete Norm erst im Laufe des Verfahrens (am 22. 12. 1962) in Kraft getreten, die sich aber zudem durch recht restriktive Voraussetzungen und mangelnde Praktikabilität auszeichnete[50]. Nach den umfassenden gesetzlichen Neuregelungen können derartige Bedenken jedenfalls heute kein Gewicht mehr haben. — Im übrigen stellt der BGH seine These im weiteren Verlauf der Entscheidung selbst schon dadurch wieder in Frage, als er bei mehreren Delikten des Mietwuchers verschiedenen Opfern gegenüber Fortsetzungszusammenhang annimmt[51]. Angesichts der Tatsache, daß es bei der Feststellung der Wuchermerkmale auf die Verhältnisse des einzelnen Betroffenen ankommt und schon der Begriff „Individualwucher" darauf hinzuweisen scheint, daß hier höchstpersönliche Rechtsgüter verletzt werden[52], muß diese Feststellung überraschen und hätte zumindest näherer Begründung bedurft.

Als erstaunlich unter dem Aspekt der behaupteten Unterschiedlichkeit von Sozial- und Individualwucher muß es auch erscheinen, wenn im Rahmen des § 134 BGB der Schutzzweck der Vorschriften der §§ 302 f StGB, 2 b WiStG a. F. gleich bestimmt wird. Soll der Begriff des *Sozial*wuchers noch eine eigenständige Funktion und einen genuinen Zweck haben, dann — in Abgrenzung zum Individualwucher — gewiß nicht gerade denjenigen, den einzelnen Bürger vor einer ungerechtfertigten Preistreiberei schützen zu sollen[53]!

6. a) Als besonders unbefriedigend fällt aber ins Gewicht, daß es den Vertretern der dargestellten Ansicht an einem klaren dogmatischen Konzept mangelt. Zum Teil wird das Ergebnis auf den Grundgedanken des § 139 BGB gestützt[54], zum Teil ausdrücklich entgegen dieser Grund-

---

[48] BGHSt 11, 182 (185).

[49] Kritisch zur Rechtsprechung des RG und des BGH zum Merkmal der „Notlage" auch Sasserath, WuM 72, 5, der aber mit seinem eigenen Ansatz (es komme nicht darauf an, ob, sondern weshalb ein einzelner betroffen sei) auch keine überzeugende Differenzierung aufweisen kann.

[50] Vgl. oben (Fn. 7 - 15); daneben auch Hans, Anhang zu § 535, A 3 II 1 (S. 24); zu dem Erfordernis eines Antrages der fachlich zuständigen obersten Landesbehörde vgl. BGHSt 11, 182 (188 f.).

[51] BGHSt 11, 182 (187); vgl. auch LG Köln, WuM 76, 34 und LG Mannheim, WuM 77, 77 f.

[52] Zu den Voraussetzungen der Fortsetzungstat nach Rechtsprechung und Lehre insoweit Schmidhäuser, Lb, 18/13 ff.

[53] Richtig insoweit LG Köln, NJW 65, 157 (159). Das LG Heidelberg, WuM 77, 32 (33 f.) betrachtet demgegenüber § 5 WiStG sogar als ein Schutzgesetz i. S. d. § 823 II BGB.

[54] Vgl. die oben, Fn. 32 Genannten.

regel entschieden[55, 56]. Oft wird das Ergebnis — jedenfalls grundsätzlich — unter „Anwendung" des § 134 BGB erzielt, meist aber ohne jeden Bezug und ohne weiteres aus dem Sinn der Mietwuchervorschriften abgeleitet. Mitunter wird weiterhin offenbar auch gar nicht dem Sinn und Zweck der Norm, sondern der Schutzwürdigkeit des Mieters im Einzelfall das entscheidende Gewicht beigelegt. In diesem Sinne ist es zu verstehen, wenn vom Landgericht Mannheim[57] ein Mietvertrag gem. §§ 134 BGB/2 a Ziffer 2 WiStG a. F. für in vollem Umfang nichtig erklärt worden ist, weil der Mieter wegen des Mißverhältnisses zwischen dem geforderten und für einen Monat im voraus bereits entrichteten (mit der Klage nunmehr zurückgeforderten) Mietzins und dem Mietwert der angebotenen Räume gar nicht eingezogen war. Man wird nicht annehmen können, daß das Gericht die Möglichkeit einer quantitativen Teilnichtigkeit generell mißbilligt[58]; eine Anwendung dieser Konstruktion erscheint nur vorliegend zur Erzielung eines unter Berücksichtigung schutzwürdiger Interessen des Mieters angemessenen Ergebnisses nicht erforderlich und geboten[59]. — Symptomatisch ist weiterhin, daß eine Begründung mitunter überhaupt fehlt. Auch ist man sich über ganz grundlegende Fragen der Konstruktion durchaus nicht einig: ist nur der über das zulässige Maß hinausgehende Teil des Rechtsgeschäfts nichtig, während es im übrigen zum zulässigen Mietpreis aufrechterhalten bleibt[60], ist der überhöhte Zins auf das angemessene Maß zurückzuführen[61], „tritt" eine „Ermäßigung ... ein"[62], soll statt der unangemessen hohen eine angemessene Miete als vereinbart gelten[63]?

---

55 LG Hamburg, NJW 71, 1411; Schmidt-Futterer, Wohnraumschutzgesetze, D 18; ders., JR 72, 136; ders., Mietrecht, S. 387; Sternel, II 24; nach Wiemar, ZMR 63, 195 „entfällt" die Anwendung des § 139 BGB.

56 Unverständlich die Ansicht von Hoppmann, BlGrBWr 65, 155: es sei immer nur die Festsetzung der übermäßigen Vergütung nichtig, nicht auch „der Überlassungsvertrag selbst".

57 WuM 72, 200 (201).

58 Einsender dieser Entscheidung ist Vors. Richter am LG Mannheim, Schmidt-Futterer, auf dessen Aufsatz in JR 72, 136 das LG sich auch an einer Stelle beruft.

59 Ähnlich übrigens im Ansatz wohl auch bereits Heinrich Lange, S. 67, der die Wahl, ob Nichtigkeit oder Gestaltung Platz greifen soll, (u. a.) vom Abwicklungsstadium abhängig machen will; vgl. weiter Zingher, zit. bei Apathy, S. 5 (Stellungnahme dazu auf S. 10 f.).

60 LG Hamburg, NJW 71, 1411; LG Heidelberg, WuM 77, 32 (33); Schmidt-Futterer, Wohnraumschutzgesetze, D 18; ders., JR 72, 137; ders., Mietrecht, S. 387 f.; wohl auch Sternel, II 24.

61 LG Düsseldorf, ZMR 62, 299; LG Köln, NJW 65, 157 (159); AG Münster (Westf.), WuM 69, 148 (149); Glaser, ZMR 66, 98; Hoppmann, BlGrBWr 65, 155; Lutz, DWW 63, 135.

62 Weimar, Betr. 63, 439; ders., ZMR 63, 195.

63 Glaser, ZMR 66, 98 (m. w. N.).

Im einzelnen wäre zu den verschiedenen Ansätzen zu bemerken:

b) § 134 BGB wird in seltsamer Doppelfunktion verwendet. Legitim ist jedoch allein, vom Schutzzweck der Verbotsnorm her argumentierend festzustellen, daß jede Zuwiderhandlung neben der strafrechtlichen Ahndung die zivilrechtliche Nichtigkeit des verbotenen Rechtsgeschäfts bewirken müsse, daß sich insofern aus dem Gesetz nicht „ein anderes" als die Nichtigkeit ergebe. Diese Klausel des § 134 BGB kann daneben jedoch nicht auch noch zur Begründung dafür herangezogen werden, daß nunmehr doch nicht totale, sondern lediglich partielle Nichtigkeit mit Reduktionsmöglichkeit Platz greifen soll. Formulierungen wie „deshalb ist nur der über das zulässige Maß hinausgehende Teil des Rechtsgeschäfts nichtig", nachdem unmittelbar zuvor die „Nichtigkeit der Mietzinsvereinbarung" festgestellt worden ist[64], sind schon logisch paradox. Nach § 134 BGB kann nur berücksichtigt werden, ob die Verbotsnorm in der Frage „Nichtigkeit" „ein anderes" bestimmen will; festzustellen ist also lediglich ob sich aus dem Verbotsgesetz ergibt, daß das Rechtsgeschäft nicht nichtig sein soll; eine Frage, die ja aber gerade verneint worden ist. Insofern können auch die umfänglichen Rekurse auf den Zweck der Mietwuchernorm nicht zur Begründung von nicht vorgesehenen Rechtsfolgen taugen.

c) Selbst wenn man dies aber außer Acht ließe, ist die Argumentation gleichwohl nicht schlüssig und überzeugungskräftig. Besteht der Zweck der Mietwuchervorschriften in erster Linie darin, das Gefüge der sozialen Marktordnungen zu schützen[65], so ist keineswegs einzusehen, wieso es dieser Zielsetzung widersprechen würde, wollte man verbotswidrige Mietverträge schlechthin für nichtig erklären. Ob der Vermieter die Wohnung nunmehr durch einen neuen Vertrag zu einem angemessenen Mietzins an den alten Mieter weiter vermietet oder ob sie einem anderen Wohnungssuchenden zur Verfügung steht, kann unter dem gesamtwirtschaftlichen bzw. sozial- und preispolitischen Aspekt keinen Unterschied machen: hier kommt es allein und entscheidend darauf an, daß der wucherische Vertrag aus der Welt ist! Wie eine Aufrechterhaltung des Vertrages unter Reduktion auf das angemessene Maß demgegenüber zur Wahrung eines volkswirtschaftlichen gerechtfertigten Mietzinses beitragen oder gar zur Erreichung dieses Ziels erforderlich sein soll, ist nicht ersichtlich.

Hielte man die Mietzinsvereinbarung und damit den gesamten Mietvertrag für nichtig, so wäre zwar der einzelne Mieter von den über-

---

[64] LG Hamburg, NJW 71, 1411; AG Münster (Westf.), WuM 69, 148 i. V. m. 149; Glaser, ZMR 66, 98; Schmidt-Futterer, Wohnraumschutzgesetze, D 17, 18; ders., Mietrecht, S. 387; ders., Miete und Pacht, S. 316 f.; ders., JR 72, 136 f.; Sternel, II 24; Weimar, ZMR 63, 195; ders., Betr. 63, 439.

[65] Vgl. die oben, Fn. 27 Genannten.

mäßig drückenden Verpflichtungen befreit, hätte aber in einer Art scheinbaren Bumerang-Effektes gleichzeitig diejenige Rechtsgrundlage eingebüßt, auf der sein Wohnraumüberlassungsanspruch beruht. Wenn geltend gemacht wird, daß dies den Intentionen des § 5 WiStG widerspreche[66], so setzt das voraus, daß diese Norm (auch) auf den Schutz des einzelnen Bürgers abzielt[67]: was aber jedenfalls in den Fällen des Individualwuchers, also etwa auch des Kreditwuchers in viel stärkerem Maße der Fall ist. Stillschweigend und ungeprüft vorausgesetzt wird aber darüber hinaus, daß ansonsten ein befriedigender Schutz des Mieters nicht gewährleistet wäre. Insofern ist man hier, wie mir scheint, unter Verfolgung letztlich rechtspolitischer Ziele und Anliegen[68], sehr vorschnell mit dem nicht sehr beweiskräftigen „Argument" bei der Hand, das (den eigenen Intentionen widersprechende) Ergebnis könne vom Gesetzgeber „offensichtlich" nicht gewollt sein.

d) Für einen entsprechenden Willen des Gesetzgebers können auch nicht die Vorschriften der §§ 8 ff. WiStG angeführt werden[69]. Wenn hier angeordnet wird, daß der Unterschiedsbetrag zwischen dem zulässigen und dem erzielten Preis, soweit er nicht aufgrund einer rechtlichen Verpflichtung zurückerstattet worden sei, vom Täter an das Land abzuführen ist[70], so ist damit auch nicht andeutungsweise eine Stellungnahme zum rechtlichen Schicksal des Vertrages verbunden. Daß der Vertrag in Zukunft aufrechterhalten bleiben soll, läßt sich daraus ebensowenig entnehmen, wie, daß der Mietzins auf das angemessene Maß zu reduzieren sei. Im übrigen wird dem zivilrechtlichen Ausgleich, der dadurch in seinem Umfang nicht präjudiziert ist, ausdrücklich der Vorrang eingeräumt. Die Verpflichtung zur Abführung des Mehrerlöses an das Land und ihr Umfang sind darüber hinaus weitgehend von Billigkeits- und Opportunitätserwägungen geprägt[71].

e) Daß § 139 BGB nicht zur Begründung des Ergebnisses geeignet ist, soll an dieser Stelle nur durch eine Überlegung gezeigt werden. Stellt man sich einmal auf den Boden der herrschenden Lehre, so soll nichtig nur der über das zulässige Maß hinausgehende Teil des Rechtsgeschäfts sein. Selbst wenn man — weiter — in derartigen Fällen eine Anwendung des § 139 BGB im Grundsatz für möglich hält,müßte doch immerhin der gesamte von der Nichtigkeit nicht betroffene „Teil" des Rechtsgeschäfts,

---

[66] Vgl. Fn. 29.

[67] So ausdrücklich Schmidt-Futterer (Fn. 26); vgl. auch LG Hamburg, NJW 71, 1411; zutreffend demgegenüber Sasserath, WuM 72, 76: „allein der Schutz der Volkswirtschaft (ist) vom Gesetz bezweckt".

[68] Richtig Anderegg, S. 76: „Ein derartiges Ergebnis aber erscheint *rechtspolitisch* bedenklich . . ." (Hervorhebung R. Z.).

[69] Vgl. aber die in Fn. 33 Genannten.

[70] § 8 I WiStG.

[71] Vgl. § 8 II 1, II 2, III 1 WiStG.

und das ist: die Vereinbarung, soweit sie bis an die Grenze des noch Zulässigen heranreicht, aufrechterhalten bleiben. Im Falle des Mietwuchers gem. § 302 a StGB wäre insoweit unversehrt die immer noch in einem Mißverhältnis — wenn auch gerade nicht mehr in einem auffälligen — zur Leistung stehende Mietzinsvereinbarung, und auch bei § 6 WiStG käme eine Teilaufrechterhaltung nicht zu einem sich in der Mitte der Angemessenheitsskala bewegenden, sondern nur zu einem nicht unangemessenen, die ortsüblichen Entgelte aber mindestens unwesentlich übersteigenden Mietzins in Betracht[72]. Demgegenüber ist jedoch die fast einhellige, unterschiedslos für beide Formen des Mietwuchers vertretene Ansicht, daß die Verträge zum angemessenen Mietzins aufrechtzuerhalten seien[73]. Dies läßt sich aus § 139 BGB in keinem Falle herleiten.

III. Bierlieferungsverträge mit überlanger Bezugsverpflichtung

1. Auch bei der Rechtsprechung zu den Bierlieferungsverträgen mit überlanger Bezugsdauer[1] sind es zunächst methodische Unsicherheiten, die ins Auge fallen. Wie sich die Möglichkeit einer Reduktion der Bezugsdauer aus der zur Begründung herangezogenen Norm des § 139 BGB herleiten läßt: darüber besteht durchaus keine Klarheit. Der BGH hat das Eingreifen dieser Vorschrift im Ergebnis bejaht[2], weil eine grundsätzliche Nichtanwendung (1.) deren Sinn widerspreche und (2.) einem dringenden praktischen Bedürfnis nicht gerecht würde. Zum dritten

[72] Daß dem Richter zwar zugemutet werden könne zu entscheiden, ob in einem konkreten Fall Wucher oder sonstige Sittenwidrigkeit gegeben sei, es aber eine „unmögliche Zumuthung" sei, daß „der Richter haarscharf die Grenze bestimmen soll, wo die Ungebühr anfängt", hat bereits sehr deutlich im Jahre 1880 der Abgeordnete Reichensperger in einer Rede im Reichstag erkannt (Stenogr. Ber. RT, 4. Lp., III. Session 1880, 2. Band, 35. Sitzung v. 22. 4. 1880, S. 850); die Unterschiedlichkeit der Situation verkennt m. E. Spiro, ZBJV 88, 465; ihm folgend Mazzola, S. 110 f.; a. A. auch Abg. Witte (Stenogr. Ber. RT, 4. Lp., III. Session 1880, 2. Band, 47. Sitzung v. 7. 5. 1880, S. 1221).

[73] LG Düsseldorf, ZMR 62, 299; LG Köln, NJW 65, 157 (159); LG Hamburg, NJW 71, 1411; AG Münster (Westf.), WuM 69, 148 (149); Palandt / Heinrichs, § 138, 4 b; Soergel / Hefermehl, § 134, Rdz. 22; Glaser, ZMR 66, 98; Hoppmann, BlGrBWr 65, 155; Lutz, DWW 63, 135; Schmidt-Futterer, Wohnraumschutzgesetze, D 18; ders., Mietrecht, S. 387 f.; ders., JR 72, 137; Sternel, II 24; Weimar, ZMR 63, 195; ders., Betr. 63, 439; a. A. wohl LG Frankfurt/Main, WuM 61, 149 f.: dort wurde eine Garagenmiete von 70 DM monatlich — soweit sie 50 DM überstieg — für sittenwidrig gehalten. Bei ortsüblichen Mieten von 30 - 40 DM wurden 50 DM als gerade noch vertretbare Höchstgrenze angesehen. — Soweit bei den eben Genannten z. T. von Reduktion auf den „zulässigen" bzw. auf „einen den guten Sitten entsprechenden" Mietzins ausgegangen wird, sind diese Begriffe zwar weiter und umfassender als „angemessen". „Zulässig" ist auch ein gerade nicht unsittlicher, aber unangemessener Mietzins. Aus dem Kontext ergibt sich jedoch, daß sachlich nichts anderes gemeint ist.

[1] Kap. I, 4.

[2] BGH WM 72, 1224 (1226); das Gericht hat sich in den folgenden Urteilen ausdrücklich auf die Argumentation in dieser „Leitentscheidung" bezogen.

könnten — wie im Hinblick auf § 1822 Nr. 5 BGB anerkannt — langfristige Miet- und Pachtverträge, die lediglich wegen ihrer zu langen Laufzeit unwirksam seien, in Zeitabschnitte derart zerlegt werden, daß diese sich als Teile des Vertrages i. S. d. § 139 BGB darstellen. Wenn einer Aufrechterhaltung mit kürzerer Laufzeit bei diesen Dauerschuldverhältnissen keine Bedenken entgegenstünden[3], so seien keine Gründe ersichtlich, diesen Grundsatz nicht auch auf die vorliegende Konstellation anzuwenden. Die Rückabwicklung eines bereits weitgehend durchgeführten Bierlieferungsvertrages würde weiterhin (4.) im Einzelfall praktisch zu kaum überwindbaren Schwierigkeiten führen[4]; und fünftens: die Aufrechterhaltung des Vertrages mit einer kürzeren Laufzeit entspreche dem tatsächlichen oder mutmaßlichen Parteiwillen[5].

Ganz offenbar hat, wie man sieht, der BGH selbst die Subsumtion unter § 139 BGB als nicht unproblematisch erkannt. Während die „Leitentscheidung" ganz unspezifiziert von einer „unmittelbaren oder entsprechenden Anwendung des § 139 BGB"[6] spricht und die zweite das Ergebnis beiläufig „unter Heranziehung des § 139 BGB"[7] gewinnt, ist im übrigen zumeist von einer entsprechenden Anwendung die Rede[8]. Die zur Begründung vorgetragenen Gesichtspunkte sind aber überhaupt nicht darauf abgestellt, einen Analogieschluß zu begründen, d. h. zu zeigen, daß die von § 139 BGB unmittelbar betroffenen Fälle und der vorliegend zu beurteilende als in den wesentlichen Punkten ähnlich zu bewerten sind[9].

Stattdessen wird ein Umweg eingeschlagen. Ein für eine andere — dritte — Situation aufgestellter Grundsatz wird referiert, um alsdann lediglich lapidar feststellen zu können, hinreichende Gründe gegen dessen Adaption auf den vorliegenden Fall seien nicht ersichtlich. An die Stelle des Analogieschlusses ist damit die Argumentation mit Präjudizien getreten, die zwar auch in einem durch — der Absicht[10] und Idee nach — abschließende Kodifikation geprägten Rechtskreis durchaus zulässig ist[11], methodisch aber oft allzu pauschal und wenig verfeinert gehandhabt wird[12].

---

[3] In diesem Sinne die unten, Kap. VI, Fn. 8 Aufgeführten.

[4] Hiddemann (WM 75, 942) variiert diese Argumentation zusätzlich dahin, eine Rückabwicklung könne insbesondere dann, wenn erst die Zuwendungen seitens der Brauerei dem Gastwirt eine gewinnbringende Tätigkeit ermöglicht haben, zu unbilligen Ergebnissen führen.

[5] Hierzu jedoch differenzierend H. Richter, S. 121 ff.

[6] BGH WM 72, 1224 (1226).

[7] BGH WM 73, 357 (358).

[8] BGH WM 75, 850 (851); WM 75, 307 (309 r. Sp.); WM 74, 1042 (1043); vgl. auch LG Paderborn v. 17. 12. 1974, bei Zeller, S. 250 f.

[9] Zum Analogie„schluß" in diesem Sinne v. a. Larenz, Methodenlehre, S. 366 ff.

[10] Vgl. etwa Wieacker, PrgNz, S. 475.

Zu bedenken ist deshalb, daß sich die von § 1822 Nr. 5 BGB erfaßten Miet- und Pachtverträge von den Bierlieferungsverträgen in zwei gerade für die Frage der quantitativen Teilunwirksamkeit wesentlichen Punkten unterscheiden: in der zeitlichen Abfolge der Erbringung von Leistung und Gegenleistung[13] sowie in der Bestimmbarkeit des Grenzwertes, auf den reduziert werden kann[14]. Ob der Rechtsprechung zu § 1822 Nr. 5 ihrerseits zugestimmt werden kann, mag dahinstehen. Anzumerken ist lediglich, daß der Gesetzgeber wohl für das Ergebnis einer quantitativen Teilunwirksamkeit nicht in der Weise in Anspruch genommen werden kann, wie dies in der Entscheidung BGH WM 62, 428 (429) geschieht. Der dort zitierte Passus aus den Motiven lautet im Zusammenhang: „Fehlt die nach § 1674 Nr. 6 erforderliche Genehmigung des Vormundschaftsgerichts, so ist der ganze Vertrag, nicht blos derjenige Theil desselben, welcher über die im § 1674 Nr. 6 bestimmte Grenze hinausliegt, nach Maßgabe des § 1681 unwirksam, es sei denn, daß die Vertragschließenden den Vertrag überhaupt nicht als einen einheitlichen gewollt haben[15].“ Aufrechterhaltung des Vertrages über die zulässige Dauer also nur, wenn hinsichtlich der darüber hinausliegenden Zeitspanne ein separater Vertrag geschlossen worden ist. Für alle anderen Fälle wird der Grundsatz, daß eine quantitative Auf„teilung“ nicht möglich ist, aber gerade eindeutig und ausdrücklich bekräftigt!

Was die anderen in der Entscheidung vom 18. 6. 1972[16] aufgeführten Argumente betrifft, so wird das „dringende praktische Bedürfnis“ nur

---

[11] Daß auch im deutschen Recht nach richterrechtlichen „rules“ gefragt wird, kann nur den etatistischem Rechtsquellendenken (i. S. v. Esser, GuN, S. 293 ff.) verhafteten Beobachter irritieren (vgl. etwa Enneccerus / Nipperdey, § 42 I und § 32 Fn. 9 m. w. N. [„wie hier die h. M.“]). Auch die kontinentale Methodenlehre muß heute in Abkehr von „kurzsichtiger positivistischer Taktik“ das Richterrecht als eigenständige Rechtsquelle anerkennen: vgl. nur etwa Esser, GuN, bes. S. 10 f., 26 ff., 260 ff.; Fikentscher, Methoden II, S. 147 und besonders Methoden IV, S. 313 ff. (und passim); Larenz, Methodenlehre, S. 350 ff., 421 ff.; a. A. Starck, VVDStRL 34, 71.

[12] Die „Anwendung“ von Richterrecht kompliziert sich gegenüber der Gesetzesanwendung insoweit, als in aller Regel nicht eine genau ablesbar fixierte Norm als Ausgangspunkt dienen kann; vielmehr wäre zunächst durch Analyse der einzelnen precedents die zugrundeliegende und gleichsam durchlaufende „rule“ (hierzu Fikentscher, Methoden II, S. 133, 242) herauszuarbeiten (vgl. Esser, GuN, S. 183 ff.) — sofern von einer solchen überhaupt schon die Rede sein kann. Zur Funktion vorhandener richterlicher, von ihm sog. „Fallnormen“ als Bestätigungshilfen zur Ermittlung der auf den konkreten vorliegenden Fall anzuwendenden „Fallnorm“ und zu den methodischen Besonderheiten in der kunstgerechten Verwertung von Präjudizien (insbes. zur „Fallnormunterscheidung“) Fikentscher, Methoden IV, S. 202 ff., 220 ff., 241 ff., 313 ff., 320 ff., 336 ff.; Methoden II, 95 ff.

[13] Für den Bierlieferungsvertrag vgl. Kap. I, 4 b.

[14] Hierzu unten, z. B. Kap. X, 11.

[15] Motive IV, 1142 zum § 1674 des E I.

[16] Vgl. oben Fn. 2.

behauptet[17], und würde im übrigen — selbst wenn es vorliegen sollte — allein eine richterliche Rechtsfortbildung nicht rechtfertigen. Zu billigkeitsorientierter Normschöpfung darf der Richter nach vorherrschender Auffassung allenfalls unter ganz besonderen Voraussetzungen, etwa im Falle sog. „Rechtsnotstandes“ schreiten[18]. Daß eine grundsätzliche Nichtanwendung des § 139 BGB auf Bierlieferungsverträge dem Sinn dieser Vorschrift widerspricht, ist nicht möglich. Behauptet werden kann allenfalls, daß Bierlieferungsverträge bei teleologischer Auslegung des § 139 BGB von dieser Norm erfaßt werden. Der Sinn einer Norm besteht unabhängig von der Möglichkeit einer Anwendbarkeit auf einen dem von ihr geregelten angeblich ähnlichen Fall. Was endlich die auch später noch einmal hervorgehobenen[19] praktisch unüberwindlichen Schwierigkeiten angeht, die eine Totalnichtigkeit im Hinblick auf die dann notwendige Rückabwicklung aufwerfen würde, so ist nur auf die Entscheidungen hinzuweisen, in denen Bierlieferungsverträge wegen Sittenwidrigkeit für nichtig erklärt worden sind[20]: erscheinen dort die Schwierigkeiten bei der Rückabwicklung weniger unüberwindlich? Träfe die Behauptung des BGH zu, müßte man auch hier schnellstens auf die schon längst erforderliche Abhilfe sinnen. Die erste, hier aber vernachlässigte Frage müßte jedoch sein, ob mit dem herkömmlichen schuldrechtlichen Instrumentarium tatsächlich keine praktikablen oder interessengerechten Lösungen erzielt werden können[21].

2. Nicht überzeugend ist auch die vom BGH behauptete und teilweise praktizierte Aufspaltung der Sittenwidrigkeitsprüfung in zwei angeblich isolierbare Komplexe.

a) Eine Sittenwidrigkeit i. S. d. § 138 I BGB liegt — das ist der Obersatz des BGH — dann vor, wenn durch die Ausschließlichkeitsbindung die wirtschaftliche und persönliche Bewegungsfreiheit des Gastwirts in unvertretbarer Weise eingeengt wird und er dadurch in eine mit den Anschauungen des redlichen geschäftlichen Verkehrs nicht mehr zu vereinbarende Abhängigkeit zur Brauerei gerät. Akzeptiert man dies einmal grundsätzlich (obwohl für die Erfüllung des Tatbestandsmerkmals Sittenwidrigkeit = Verstoß gegen das Anstandsgefühl stärker betont

---

[17] Möglicherweise bezieht es sich auch nur auf die — vom BGH aber argumentativ gesondert verwendeten — angeblich kaum überwindlichen Schwierigkeiten bei der Rückabwicklung.

[18] Hierzu näher unten, Kap. V, Fn. 138.

[19] BGH WM 73, 357 (358).

[20] Etwa: BGH WM 73, 1360; WM 70, 99.

[21] Zwar wirft ganz allgemein die rückwirkende Auflösung von Dauerschuldverhältnissen Schwierigkeiten auf, aber je nach Vertragstyp in unterschiedlicher Intensität und Weise (vgl. in diesem Zusammenhang bes. die Lehre von der sog. „faktischen Gesellschaft“ bzw. vom „faktischen Arbeitsverhältnis“; hierzu Kap. V, 4).

werden sollte, daß diese Bindung nachgerade anstößig[22] sein muß), so bleibt weiterhin zu beachten, daß jeweils nur im Einzelfall nach dem aus der Zusammenfassung von Inhalt, Motiv und Zweck zu entnehmenden Gesamtcharakter des Vertrages beurteilt werden kann, ob diese Voraussetzungen vorliegen[23].

Dem entspricht es, wenn der BGH in allen Fällen den gesamten Vertrag umfassend würdigt, um dann gegebenenfalls das Verdikt der Sittenwidrigkeit (mit der selbstverständlichen Folge der Totalnichtigkeit) auszusprechen[24]. Die Einzelpunkte, die dabei nach Art von Mosaiksteinchen begutachtet und zusammengefügt werden, reichen von den objektiven Vertragsdaten bis zu den persönlichen Verhältnissen und Beweggründen der Parteien. Wie groß sind die Gegenleistungen der Brauereien? Ist etwa dem Wirt durch die Kreditgewährung erst die Möglichkeit gegeben worden, die Gastwirtschaft zu eröffnen (gegebenenfalls auch ein entsprechendes Grundstück zu erwerben)? Erstreckt sich die Bezugsbindung auf die gesamte Menge des benötigten Bieres oder nur auf einen Teil? Umfaßt die Vereinbarung auch die Lieferung alkoholfreier Getränke? Ist dem Gastwirt gestattet, zumindest in einem gewissen Umfang auch Spezialbier anderer Brauereien auszuschenken? Wie umfassend und vielfältig ist das Sortiment, mit dem die Brauerei aufwarten kann? Hat der Gastwirt die Möglichkeit, den Charakter seiner Gaststätte nötigenfalls zu ändern? — Daß ferner gerade die Dauer der Bierbezugsverpflichtung bei dieser Gesamtabwägung ein sehr bedeutsamer Anhaltspunkt ist, versteht sich von selbst und wird auch vielfach hervorgehoben[25].

b) Dagegen versteht sich nicht von selbst und widerspricht der oben erwähnten Maxime vollkommen, wenn nach der neueren Auffassung des BGH allein aus dem Gesichtspunkt der Dauer der Bierbezugspflichtung Bedenken bestehen können, die zum Ausspruch der Sittenwidrigkeit führen[26], wobei aber in diesem Fall der Sittenwidrigkeit eine andere

---

[22] Vgl. demgegenüber OLG Frankfurt, NJW 77, 1157 (1158): eine Bierbezugsverpflichtung von mehr als zwanzig Jahren sei nach der Rechtsprechung des BGH „bedenklich".

[23] So oder ähnlich z. T. unter weiterer beispielhafter Aufzählung der im einzelnen relevanten Gesichtspunkte denn auch BGH WM 70, 99 (101); WM 72, 1224 (1225); WM 73, 1360 (1361); WM 75, 850; vgl. auch schon RGZ 63, 390 (391); 152, 251 (252 f.).

[24] Vgl. BGH WM 70, 99 (101); WM 70, 1188 (1191); WM 70, 1402 (1403); WM 72, 1224 (1225); WM 73, 357; WM 73, 1360 (1361 f.); WM 73, 924 (925 f.); WM 74, 1042 (1043); WM 75, 850 (851); WM 75, 307 (309); ebenso bereits OLG Frankfurt v. 26. 6. 1962 bei Zeller, S. 166 ff.; vgl. daneben auch LG Frankfurt (v. 17. 7. 1976), Brauwelt 1976, Nr. 42, S. 1380 f.

[25] BGH WM 70, 99 (101); WM 70, 1188 (1191); WM 70, 1402 (1403); WM 72, 1224 (1225); WM 73, 1360 (1361 f.); WM 74, 1042 (1043).

[26] Noch nicht so klar ist diese Isolierung in BGH WM 72, 1224; vgl. dann aber BGH WM 73, 357; WM 74, 1042 (1043); WM 75, 307 (309); WM 75, 850

Rechtsfolge eintreten soll. Die Möglichkeit dieser künstlichen Trennung und Aufspaltung wird bereits durch die Unmöglichkeit der praktischen Durchführung schon in den Entscheidungen des BGH widerlegt.

Nur selten ist in den zur Entscheidung stehenden Fällen die nach Ansicht des BGH absolut unzulässige Dauer sogleich vereinbart, vielmehr sind — mitunter nach bereits kurzer Zeit — die Bezugsverpflichtung verlängernde Nachtragsvereinbarungen getroffen worden[27]. Schon die — vom BGH bereits mehrfach bejahte[28] — Frage, ob diese Einzelverträge im Hinblick auf die Zwanzigjahresgrenze als Einheit zu behandeln sind, kann stets nur aufgrund umfassender Würdigung des Einzelfalles entschieden werden: dem legitimen Interesse an einer Vertragsverlängerung auch schon vor Ablauf des ursprünglichen Vertrages im Rahmen längerfristiger Absatzplanung steht die Gefahr gegenüber, daß auf diesem Wege der Grenzwert umgangen wird.

Weiterhin ergibt sich mitunter die von den Parteien ins Auge gefaßte, mindestens billigend in Kauf genommene Bezugsdauer erst durch die übrigen Abmachungen des Vertrages verwertende und die wirtschaftlichen Verhältnisse des Wirts berücksichtigende Berechnungen[29]. — Interessant in diesem Zusammenhang ist übrigens die Auffassung des BGH[30], daß auf diesem indirekten Wege letztlich eine Änderung in den Verhältnissen beim Wirt (hier: die Umwandlung der Biergaststätte in ein Speiselokal) geeignet sein soll, einen bislang nicht anstößigen Vertrag wegen nunmehr zu langer Bezugsdauer sittenwidrig zu machen. In der anläßlich dieser Umwandlung abgeschlossenen Nachtragsvereinbarung wurde bei herabgesetzter jährlicher Mindestabnahmeverpflich-

(851); vgl. demgegenüber ausdrücklich noch BGH WM 70, 1402 (1403): „Weder die lange Dauer der Bindung für sich allein, noch die Vereinbarung einer Verfallklausel mit der Folge, daß der Bierbezug nach Kündigung des Darlehens fortdauern soll, können, für sich allein betrachtet, die Nichtigkeit des Vertrages gem. § 138 BGB nach sich ziehen." Ebenso auch OLG Düsseldorf, MDR 73, 222 f.; OLG Düsseldorf, AHGZ 72, Nr. 11, S. 46; ähnlich OLG Hamm v. 3. 10. 1974, bei Zeller, S. 246 ff.

[27] Vgl. z. B BGH WM 72, 1224; WM 74, 1042; WM 75, 850; interessant auch LG Frankfurt v. 17. 7. 1976 Brauwelt 1976, Nr. 42, 1380 f.; Zumpfe, Brauwelt 1976, Nr. 18, 539; vgl. auch die an diese Rechtsprechung anknüpfenden Empfehlungen von Justitiaren der Brauindustrie, in Der Biergroßhandel 1974, Heft 15. S. 457, sowie den Ratschlag in Der Brauer und Mälzer 1974, Nr. 20, S. 959 (962): die Brauereien sollten darauf achten, die ursprüngliche Bierbezugsvereinbarung formal aufzuheben und spätere Abmachungen als neuen Vertrag zu deklarieren.

[28] Das OLG Stuttgart, BB 74, 1094 f. und das LG Nürnberg/Fürth (v. 25. 1. 1974, bei Zeller, S. 240 f.) haben sich demgegenüber in den ihnen vorliegenden Fällen für eine getrennte Würdigung von ursprünglichem Bierlieferungsvertrag und Verlängerungsvertrag ausgesprochen: m. E. — soweit man dies nach dem mitgeteilten Sachverhalt beurteilen kann — unter Abweichung von den vom BGH aufgestellten und angewandten Kriterien.

[29] Vgl. z. B. BGH WM 70, 1402; WM 72, 1224.

[30] WM 72, 1224 ff.

tung die Gesamtabnahmeverpflichtung unberührt gelassen, wodurch sich die proportionierte Vertragsdauer gleichsam automatisch verlängerte. — Dieser Entscheidung kann auch insoweit nicht zugestimmt werden, als Bestimmung und Veränderung des Charakters der Gaststätte typischerweise Befugnis, Aufgabe und Risiko des Wirtes ist, Folgen freiwilliger[31] Veränderungen also seiner Sphäre zuzurechnen sind[32]. Verträge mit Dritten können dadurch nicht einen unzulässigen Inhalt bekommen und nunmehr dem Anstandsgefühl der billig und gerecht Denkenden widersprechen. Dies wäre nur möglich, wenn die Gestaltung des ursprünglichen Vertrages es dem Gastwirt faktisch unmöglich gemacht hätte, den Charakter der Gaststätte zu ändern, und schon das als unzulässige Knebelung aufzufassen wäre. Das wäre jedoch ein Problem der inhaltlichen Zulässigkeit des ursprünglichen Vertrages, während aber der BGH nur — und angeblich isoliert — die sich unter Berücksichtigung der Nachtragsvereinbarung ergebende Dauer der Bezugsverpflichtung als sittenwidrig bemängelt.

c) Wenn, wie dies den meisten einschlägigen Entscheidungen zu entnehmen ist, mit zwanzig Jahren eine absolut-äußerste Grenze der zulässigen Bindung festgesetzt sein soll, so ergibt sich daraus eine wenig einleuchtende, komplizierte Dreiteilung bei der Beurteilung. Verträge mit einer Laufzeit über zwanzig Jahre sollen dabei — mag der Vertrag im übrigen auch vollkommen angemessen und ausgewogen sein — allein deshalb sittenwidrig sein[33]. Daneben gibt es die Fälle, in denen eine Gesamtwürdigung zum Sitenwidrigkeitsurteil führt. Manchen Entscheidungen läßt sich aber entnehmen, daß dazwischen noch ein Bereich liegen muß, in dem der Vertrag zwar auch wegen übermäßiger Bezugsdauer sittenwidrig, die für alle denkbaren Fälle äußerste Grenze aber nicht überschritten ist, eine derartige absolute Grenze vielmehr erst für den Einzelfall aufgestellt werden muß: was nur bei Berücksichtigung des Vertrages im übrigen möglich ist. Diese Konsequenz ist immanent bereits in der Formel von zwanzig Jahren als äußerster Grenze des in einem *Ausnahmefall* gerade noch Zulässigen enthalten. Wo für auf einer gedachten Skala zwischen dem extremen Ausnahme- und einem typischen Normalfall liegende Konstellationen im Einzelfall die Höchstgrenze festzusetzen ist, läßt sich ebenso nur bei einer Gesamtbetrachtung feststellen, wie überhaupt erst durch Würdigung aller Umstände erkannt werden kann, ob ein äußerster Ausnahmefall vorliegt, bzw. wo

[31] Ob zwingende wirtschaftliche Gründe die Umwandlung geboten, ist offenbar nicht geklärt worden (vgl. S. 1225 o. li.), jedenfalls kommt es für den BGH hierauf nicht an.

[32] Vgl. in diesem Sinne auch BGH WM 76, 508 (509).

[33] Aus BGH WM 75, 307 (309) ergibt sich demgegenüber wiederum, daß auch bei über zwanzig Jahre hinausgehenden Bezugsverpflichtungen der Wert der Gegenleistung berücksichtigt werden kann! Gegen die Festsetzung einer für jeden Bierlieferungsvertrag geltenden Höchstdauer Klaas, BB 74, 1099 r. Sp.

auf der Skala der gerade zu beurteilende Sachverhalt in etwa anzusiedeln ist. — Für einen Einzelfall hat der BGH denn auch etwa bereits eine Laufzeit von siebzehn Jahren als absolut übermäßig angesehen[34].

Unter anderem stellt sich hierbei die Frage, wie nach der Rechtsprechung des BGH derartige Fälle im Rechtsfolgenausspruch zu behandeln wären: greift auch hier die Reduktionsmöglichkeit ein? Oder muß nun, da doch bei der Abwägung auch der Gesamtcharakter des Vertrages eine Rolle gespielt hat, nicht Totalnichtigkeit Platz greifen? In dem eben bereits angesprochenen Fall[34] wird diese Frage übrigens nicht virulent, da dort eine bemerkenswerte Kombination beider Sittenwidrigkeitsprüfungen vollzogen ist: während auf der einen Seite unter Zitierung der in den Entscheidungen WM 70, 1402; 72, 1224 enthaltenen Grundsätze die für den vorliegenden Fall vereinbarte Laufzeit von siebzehn Jahren als absolut-übermäßig lang bezeichnet wird, geht es in der Entscheidung primär doch um eine Sittenwidrigkeit in jenem anderen Sinne, die denn auch bei einer Gesamtwürdigung des Vertrages (vor allem unter Berücksichtigung der Nachfolgeklausel und der Vereinbarung, der Wirt bleibe auch dann zum ausschließlichen Getränkebezug verpflichtet, wenn die Brauerei von einem ihr vorbehaltenen Recht zur sofortigen Rückforderung des Darlehens ohne Kündigung Gebrauch mache) angenommen wird: zweifache Sittenwidrigkeit also, von denen die erste hier eigentlich fehl am Platze ist.

d) Wenn es schon für sich fragwürdig und nicht überzeugend ist, aus der umfassenden Sittenwidrigkeitsprüfung einen Einzelaspekt für eine „Spezial"-Sittenwidrigkeit gleichsam herauszubrechen[35], so ist im übrigen auch kaum einzusehen, warum gerade dieser Teil isoliert wird[36], [37]. In dem der Entscheidung vom 23. 5. 1973 zugrundeliegenden Fall[38] hatte der Vorderrichter den Vertrag von achtundzwanzig auf insgesamt etwa

[34] WM 73, 1360 (1361).

[35] Sogar hinsichtlich in Bierlieferungsverträgen enthaltener allgemeiner Vertragsbedingungen hat die Rechtsprechung übrigens des öfteren betont, daß die abstrakte Überprüfung einer einzelnen Bestimmung zumeist nicht möglich sei (vgl. Hiddemann, WM 75, 943 f. [m. w. N.], der zu Recht fortfährt, der Umstand, daß in einem konkreten Fall eine Klausel nicht beanstandet worden sei, lasse nur sehr bedingte Rückschlüsse auf ihre Angemessenheit im Rahmen anderer Verträge zu). Vgl. weiterhin im Sinne des Textes auch Staudinger / Coing, § 138, Rdz. 18 ff.

[36] bzw. warum gerade und nur hier für einen „rechtsgestaltenden richterlichen Eingriff in das Vertragsverhältnis ... Raum" sein soll (in der Formulierung des BGH, WM 73, 1360 [1362]).

[37] Vgl. denn auch bereits etwa OLG Stuttgart, JZ 75, 572, wo unter Berufung auf die Rechtsprechung des BGH zu den Bierlieferungsverträgen argumentiert wird, obwohl dort nicht lediglich ein einzelnes Moment (wie z. B. die Dauer) als anstößig betrachtet, sondern der Vertrag wegen Übermaßes der darin enthaltenen einseitigen Verpflichtungen für sittenwidrig gehalten wurde.

[38] BGH WM 73, 924.

dreiundzwanzigeinhalb Jahre zurückgeführt bei gleichzeitiger Reduktion der Abnahmeverpflichtung auf 85 % des Gesamtumsatzes. Dies Vorgehen ist vom BGH gebilligt worden, und warum soll — hält man eine Reduktion im Prinzip für möglich — in der Tat nicht auch an einer anderen Stelle in den Vertrag eingegriffen werden können, um ein dem Richter angemessen erscheinendes Ergebnis zu erzielen? Eine Modifikation der Ausschließlichkeitsbindung wird dem Wirt im übrigen vielfach willkommener sein als eine bloße Kürzung der Bezugsdauer[39]!

Die Isolierung der beiden Sittenwidrigkeitsprüfungen gegeneinander ist in den Entscheidungen vom 22. 1. 1975[40] und vom 21. 5. 1975[41] auf die Spitze getrieben. In einer Art Rückkoppelung wird nun bei der umfassenden Sittenwidrigkeitsprüfung der Gesichtspunkt der Bindungsdauer ausgeklammert und unberücksichtigt gelassen[42]. In beiden Fällen wurde festgestellt, daß die restlichen Vertragsteile sittenkonform seien. Da nunmehr allein die Dauer anstößig war, konnte bei Aufrechterhaltung des Restes reduziert werden. Damit ist der (richtige) Ausgangspunkt der Rechtsprechung, daß nämlich das Verdikt der Sittenwidrigkeit immer nur nach umfassender Würdigung aller Umstände ausgesprochen werden könne, endgültig verlassen. Ob eine derartige „Rumpfprüfung", bei der die für die Beurteilung des Gesamtvertrages essentiell wichtige Dauer der Bezugsbindung unberücksichtigt bleibt, überhaupt sinnvoll ist, muß bezweifelt werden[43]. Und zu welchem Ergebnis würde der BGH z. B. kommen, wenn die übrigen Vertragsbestimmungen zwar hart, als sittenwidrig aber gerade erst unter Berücksichtigung der Dauer zu beurteilen wären? Bleibt auch dann (a) der für längere Zeit als zwanzig Jahre abgeschlossene Vertrag mit seinen unangemessenen (aber nicht sittenwidrigen) Bestimmungen bei reduzierter Dauer aufrechterhalten, während (b) die für achtzehn Jahre getroffene Vereinbarung, bei der im Hinblick auf die Härte im übrigen im Einzelfall auch diese Dauer als unangemessen hoch erscheint, in toto der Nichtigkeit anheim fällt?

---

[39] Konsequent insoweit Klang / Gschnitzer, § 879, II R, der ganz allgemein erklärt, die Sittenwidrigkeit solle nur zur Beseitigung der sittenwidrigen Knebelung führen.

[40] BGH WM 75, 307.

[41] BGH WM 75, 850.

[42] „Abgesehen von der übermäßig langen ... Bindung" bzw. „unbeschadet der Dauer der Bezugsverpflichtung": so und ähnlich auch schon BGH WM 73, 357; WM 74, 1402 (1403). Daß man auf den Gesichtspunkt der Bindungsdauer in diesem Rahmen schlecht verzichten kann, wird etwa daran deutlich, daß der BGH z. B. in WM 73, 357 bei dieser „Prüfung-im-übrigen" eine angemessen begrenzte Bezugsdauer zugrundelegt (hierbei bleibt dann aber wieder offen, warum gerade eine „angemessene", nicht z. B. eine gerade nicht mehr sittenwidrige Laufzeit).

[43] M. E. ist es weder möglich noch sachgerecht, unter Ausklammerung der gerade die hauptsächliche Leistung darstellenden (Bezugs-)Bindung zu prüfen, ob die Bindungen des jew. Vertrages inhaltlich zu beanstanden sind (so aber ausdrücklich z. B. BGH WM 73, 357).

e) Nur angedeutet werden soll in diesem Zusammenhang ein Problem, das der BGH nicht einmal erwähnt. Der Bierlieferungsvertrag ist ein synallagmatischer Vertrag, und Leistung und Gegenleistung sind in der Regel genau aufeinander abgestimmt. Greift der Richter durch Reduktion einer der von den Parteien in spezifischer Relation ausgewogenen Verpflichtungen in die funktionelle Einheit des Vertrages ein, so muß, könnte man folgern, diese „Störung" durch eine Moderation auch auf der Gegenseite wieder ausgeglichen werden[44]. Die Dauer der Ausschließlichkeitsbindung, während derer die Brauerei mit einem Absatz ihrer Erzeugnisse rechnen kann, wird sicherlich in der Kalkulation eine Rolle gespielt haben. Zu fragen wäre, ob eine Veränderung dieser Kalkulationsgrundlage durch nachfolgend-richterlichen Eingriff der Brauerei lediglich als im Außenverhältnis irrelevanter Motivirrtum zuzurechnen wäre; gegebenenfalls: inwieweit diese rechnerisch bei einem Einzelgeschäft überhaupt erfaßbar ist; gegebenenfalls: welche Leistungen des Gastwirts (Bierpreis? Darlehenszinsen?) heraufzusetzen wären. Diese Fragen sind im vorliegenden Zusammenhang nur selten[45], ausführlicher hingegen bereits bei der Teilnichtigkeit von Allgemeinen Geschäftsbedingungen[46] diskutiert worden.

3. a) Die von der Rechtsprechung seit der Entscheidung vom 7. 10. 1970[47] festgesetzte Grenze von zwanzig Jahren ist arbiträr. Warum gerade an diesem Punkt die bislang quantitative[48] in eine qualitative Unterscheidung umschlagen soll, ist nicht ersichtlich[49]. Gegenüber anderen

---

[44] Beim Lebensversicherungsvertrag hat der BGH (BGHZ 28, 78 [83 f.]) eine Teilbarkeit in zeitlicher Hinsicht abgelehnt mit dem Argument, eine zeitliche Verkürzung lasse sich (wegen der Abhängigkeit von Vertragszeit und Höhe der einzelnen wiederkehrenden Leistungen) nicht ohne Veränderung des sonstigen Vertragsinhalts durchführen!

[45] Lang, S. 84 ff.; Pierer v. Esch, S. 62 f.; knappe Bemerkungen auch bei v. Tuhr / Peter, § 29, S. 228; Spiro, ZBJV 88, 464, Fn. 4; vgl. auch OGH EvBl 62, Nr. 111 (S. 128).

[46] Vgl. Naendrup, S. 176 ff. m. w. N.; Raiser, Die AGB, S. 324 f.; Sandrock, AcP 159, 490.

[47] BGH WM 70, 1402.

[48] In einigen älteren Entscheidungen (BGH WM 70, 99 [101]; WM 70, 1188 [1191]) findet sich eine (recht unvermittelt seit BGH WM 74, 1042 [1043] gelegentlich wieder auftauchende) „Gleitformel": je länger der Zeitraum, für den Bezugsverpflichtungen übernommen wurden, desto näher liege der Schluß, daß die wirtschaftliche Freiheit des Gastwirts in einer Weise beschränkt werde, die den an das Wirtschaftsleben zu stellenden Anforderungen von dem, was billig und gerecht ist, nicht mehr entspricht. Anzumerken wäre, daß es gar nicht darauf ankommt, ob die Anforderungen von dem, was „billig und gerecht" ist, erfüllt sind (hierzu etwa oben, Kap. I, Fn. 28).

[49] Kritisch (m .E zu Recht) insoweit sogar hinsichtlich des ohne Berücksichtigung der „Gleitformel" vollzogenen Schlusses von einer (angeblich) *unbegrenzten* zeitlichen Bezugsbindung auf eine absolut sittenwidrige Beschränkung Lehmpfuhl, GRUR 70, 197 f.; vgl. auch (Berücksichtigung der Gegenleistung erforderlich) Bernhard, WRP 70, 242.

Werten spricht nicht viel mehr dafür, als daß es sich um eine runde Zahl handelt[50]. Insbesondere fehlt jeder gesetzliche Anhaltspunkt. Hält man eine absolut äußerste Grenze für notwendig, so böte sich auf der Grundlage des BGB immerhin noch eher ein anderes vielfaches von zehn an[51]. So gibt etwa § 567 BGB bei einem auf längere Zeit als dreißig Jahre abgeschlossenen Mietvertrag (dies gilt gem. § 581 II BGB auch für Pachtverträge) jeder der Vertragsparteien nach dreißig Jahren ein Kündigungsrecht. Auch eine Reihe anderer Vorschriften (§§ 194, 195, 1202 II, 2044 II, 2082 III, 2109, 2162, 2110 BGB) kennt die Dreißigjahresfrist. Allenfalls könnte deshalb daran anknüpfend generalisierend geschlossen werden, daß dreißig Jahre, rund gerechnet eine Generation, dem Gesetzgeber als äußerster noch voraussehbarer, im voraus vernünftig verplanbarer Zeitraum erschienen sein mögen, über den hinaus einmal getroffene Regelungen nicht mehr unbedingt sinnvoll Geltung beanspruchen, einmal geknüpfte Beziehungen nicht perpetuiert werden können sollen. — Andererseits sind für die Lebenszeit einer Person oder für längere Zeit als fünf Jahre abgeschlossene Dienstverträge bereits nach fünf Jahren[52] kündbar (§ 624 BGB); das zeigt, daß derartige vom Gesetzgeber aufgestellte Maximalgrenzen recht spezifisch auf die die Persönlichkeit des Schuldners mehr oder weniger tangierenden Schuldverhältnisse abgestimmt und damit analoger Anwendung kaum zugänglich sind[53]. Gerade etwa der in § 624 BGB erwähnte Zeitraum wird weiterhin dem Gesetzgeber als zweckmäßig und angemessen, nicht als gerade noch sittenkonform erschienen sein.

b) Doch davon abgesehen, führt die in den meisten Entscheidungen formelhaft-dogmatisch erwähnte Zwanzigjahresgrenze nach der Rechtsprechung des BGH noch nicht einmal zu dem mit starren Grenzen in der Regel verbundenen Vorteil verläßlicher Voraussehbarkeit der Entscheidung. In dem Urteil vom 17. 10. 1973[54] ist bereits eine Bindung über siebzehn Jahre als übermäßig lang bezeichnet worden, obwohl sie mithin „geringfügig“[55] unterhalb der Grenze einer zwanzigjährigen Bindung gelegen hat. Doch auch umgekehrt ist in einem anderen Fall[56]

[50] Das gilt auch für die vom OLG München (v. 26. 4. 1973, bei Zeller, S. 226 ff.) getroffene Festsetzung: die Zwanzigjahresgrenze möge bei größeren Gaststättenbetrieben gelten, die über eine kaufmännische Unternehmensleitung verfügen; für Kleingartenvereine entspreche eine Grenze von zehn Jahren dem allgemeinen Billigkeitsempfinden.

[51] Vgl. schon RG JW 27, 119 (120), wo dreißig Jahre im übrigen als ein „dem vernünftigen Ermessen anheimgestellter Zeitraum“ bezeichnet werden; nicht mißbilligt worden ist selbst eine dreißigjährige Bindung noch 1962 vom LG Regensburg: Brauwelt 1962, 1585.

[52] In der Schweiz gilt eine Zehnjahresfrist: Art. 336 d OR.

[53] So auch Hedemann, Gutachten, S. 5.

[54] BGH WM 73, 1360 (1361).

[55] BGH WM 73, 1360 (1361 r. Sp. o.).

[56] BGH WM 73, 924 (925).

eine sich über dreiundzwanzigeinhalb Jahre erstreckende Bindung als noch zulässig angesehen worden[57]. Wenn darauf hingewiesen wird, daß es sich hier um einen „Sonderfall (handele), der keiner Verallgemeinerung zugänglich ist“[58], so ist demgegenüber zu bedenken, daß zwanzig Jahre „grundsätzlich“ die „äußerste“ Grenze bezeichnen, bis zu der eine Bindung „in einem Ausnahmefall“ bzw. „äußerstenfalls“ „gerade noch zulässig“ sein soll[59]. Was haben derartige Superlative für einen Sinn, wenn es gegenüber äußersten Ausnahmefällen doch wiederum weitere Ausnahmefälle geben können soll[60]? Auch in der Entscheidung vom 22. 1. 1975[61] deutet der BGH nebenbei — und scheinbar ganz selbstverständlich — an, daß „Besonderheiten des vorliegenden Falles“ eventuell eine Überschreitung der Höchstdauer von zwanzig Jahren rechtfertigen könnten: wobei hier sogar eine dreißigjährige Dauer in Rede stand[62]. — Nach der Auffassung von Klaas ist sogar „nach wie vor offen“[63], ob sich die Rechtsprechung des BGH auf die Zwanzigjahresgrenze eingependelt hat. Inzwischen wird man im allgemeinen davon freilich ausgehen dürfen[64]. Doch läßt sich der Sinn einer festen Grenze angesichts der im Einzelfall sehr unterschiedlichen Vertragsgestaltungen, insbesondere im Hinblick auf Wert und Umfang der (oft erheblichen) Gegenleistungen der Brauereien mit Fug bezweifeln[65]. Jedenfalls sollte es sich dann aber tatsächlich um eine äußerste (Mißbrauchs-)grenze handeln[66], die im Einklang mit den oben zitierten gesetzlichen Bestimmun-

---

57 Auch nach Ansicht des LG Frankfurt (Urt. v. 17. 7. 1976; Brauwelt 1976, Nr. 42, S. 1380 f.) vermag eine geringfügige Überschreitung der zwanzigjährigen Dauer noch keine Nichtigkeit nach sich zu ziehen.

58 Hiddemann, WM 75, 945; andere Bewertung demgegenüber bei Klaas, BB 74, 1098.

59 Vgl. die Formulierungen in BGH WM 70, 1402 (1403); WM 72, 1224 (1225); WM 73, 357. Wenn demgegenüber neuerdings der V. ZS (NJW 77, 761) in einer die zum Bierlieferungsvertrag entwickelten Grundsätze auf mit einer Ankaufsverpflichtung verbundene Erbbaurechte übertragenden Entscheidung ausführt, die Grenze betrage dort „im Normalfall etwa zwanzig Jahre“, ist damit die Rechtsprechung des VIII. ZS doppelt unrichtig referiert.

60 Es ist methodisch nicht korrekt, wenn einerseits der Anschein erweckt wird, als stünde das Urteil ganz unproblematisch in der Tradition einer gefestigten Rechtsprechung, andererseits diese „rule“ (unter Zitierung der Vorentscheidungen!) unter der Hand jedoch in einer ganz entschärften Modifikation, auf das gerade gewünschte Ergebnis hin „getrimmt“, wiedergegeben wird. Wie lau erscheint gegenüber der über Fn. 59 wiedergegebenen bislang vertretenen Ansicht der Satz: „Es ist allerdings richtig, daß nach gefestigter Rechtsprechung des Senats die ausschließliche Bindung an eine Brauerei den Zeitraum von 20 Jahren grundsätzlich nicht überschreiten darf“!

61 WM 75, 307 (309).

62 Ein weiteres Beispiel für einen Ausnahmefall jenseits des äußersten Ausnahmefalles bietet OLG Karlsruhe v. 8. 2. 1973, bei Zeller, S. 223 f.

63 BB 74, 1098.

64 Vgl. aber auch Fn. 67.

65 Hierzu Klaas, BB 74, 1099 f.

66 Daß sich die Bindung „häufig auf Jahrzehnte hinaus“ erstreckt, wie

gen eher bei dreißig Jahren zu wählen wäre. Berücksichtigt man, wie häufig sie innerhalb weniger Jahre beim BGH relevant wurde, ferner, daß der BGH selbst sie in diesen wenigen Jahren mehrfach für Einzelfälle modifiziert hat, erscheint jedenfalls die Zwanzigjahresgrenze für diesen Zweck nicht als geeignet[67].

4. a) Nicht weniger willkürlich und unsicher ist auch die Dauer, auf die übermäßig lange Bierlieferungsverträge reduziert werden. So hat der BGH bislang von fünfundzwanzig auf zwanzig Jahre[68], von vierundzwanzig auf sechzehn Jahre[69], von fünfundzwanzig auf fünfzehn Jahre[70] reduziert und in einem weiteren Fall angedeutet, daß, wäre es für die Entscheidung darauf angekommen, u. U. eine Reduktion von dreißig auf zwanzig Jahre in Betracht gekommen wäre[71, 72]. Die Festsetzung gerade dieser Werte ist schon im Einzelfall für sich betrachtet nicht nachvollziehbar, erscheint darüber hinaus aber auch in der Relation zueinander mangelhaft koordiniert. Hierfür ein Beispiel: in der Entscheidung vom 14. 6. 1972[68] wird ganz unproblematisch auf zwanzig Jahre reduziert, indem, wie schlicht ausgeführt wird, Verträge mit einer derartigen Dauer inhaltlich „nicht zu beanstanden" seien. Wie anders hört sich demgegenüber die im gleichen Urteil — ein wenig weiter vorn —

Staudinger / Coing, § 138, Rdz. 18 ff. behauptet, möchte ich bezweifeln. Statistiken über eine durchschnittliche Bindungsdauer existieren m. W. nicht und wären im übrigen auch in sehr geringem Maße aussagekräftig. Zu stark sind diese jeweils individuell erfolgenden Vereinbarungen von den vielfältigsten Umständen des Einzelfalles abhängig.

[67] Hiddemann, 25 Jahre BGH, S. 134 will in den Entscheidungen „der jüngsten Zeit" die Tendenz erkennen, die höchstzulässige Dauer der Bezugsbindung noch weiter herabzusetzen. Inwieweit dieser Diagnose eines Bundesrichters vielleicht auch ein gewisser Prognosewert zukommt, vermag ich nicht zu beurteilen. — In einer Entscheidung vom 10. 3. 1976 (vgl. WM 76, 508 [509]) hat der BGH festgestellt, eine Bezugsbindung von vierzehn Jahren bewege sich — „sofern keine besonderen Umstände hinzutreten" — „noch im Rahmen des rechtlich Zulässigen". Dies kann — in dem von Hiddemann behaupteten Sinn — vielleicht dahin verstanden werden, daß der Bereich des rechtlich Unzulässigen — jedenfalls für den Normalfall — nicht sehr weit von den vierzehn Jahren entfernt beginnt. In einer Entscheidung vom 30. 3. 1977 (WM 77, 641 [643]) hat der BGH (gegen die Vorinstanz, das OLG Düsseldorf!) sogar bereits feststellen müssen, daß eine Bezugsverpflichtung von etwas mehr als sieben Jahren nicht zu beanstanden sei. Vgl. demgegenüber aber auch OLG Stuttgart, BB 74, 1095: Bindung über neunzehneinhalb Jahre sei nicht ohne weiteres sittenwidrig; LG Paderborn (v. 18. 12. 1973): achtzehn Jahre nicht sittenwidrig; OLG Frankfurt, NJW 77, 1157 (1158): Zeitdauer als solche nur bei Bierbezugsverpflichtungen von mehr als zwanzig Jahren "bedenklich".

[68] WM 72, 1224 (1226); so auch OLG München in einer Entscheidung vom 9. 11. 1972 (bei Zeller, S. 220).

[69] WM 74, 1042 (1043 f.).

[70] WM 75, 850 (851 f.); fünfzehn Jahre sind es auch, die das OLG Hamm (v. 3. 10. 1974 bei Zeller, S. 246 ff.) „äußerstenfalls" „für vertretbar" hält.

[71] WM 75, 307 (309).

[72] Nolden (S. 8) etwa hingegen hielt schon 1939 fünf Jahre für das zulässige Maß.

sogar zitierte Formel von den zwanzig Jahren als der äußersten Grenze des in einem Ausnahmefall noch Zulässigen an! Eine derartige Ausnahmesituation hatte in der Entscheidung vom 7. 10. 1970[73] vor allem wegen der nur 50 %igen Abnahmeverpflichtung angenommen werden können. Hier[68] hingegen waren sämtliche benötigten Biere und nichtalkoholischen Getränke abzunehmen, und auch sonst ist von einer extremen Ausnahmesituation keine Rede. Der Vertrag wäre demnach auf eine immer noch unzulässige Dauer reduziert worden. Daß, wie zugunsten der Entscheidung erwogen werden mag, die Zwanzigjahresgrenze auch nach der Ansicht des BGH nicht als fester Wert anzusehen ist[74], auf den ganz allgemein zu lange Verträge zurückgeführt werden sollen, zeigen die Entscheidungen vom 16./17. 9. 1974[69] und vom 21. 5. 1975[70].

b) Das leitet über zu der Frage, ob wenigstens abstrakt über die richterlich festzusetzende Dauer Klarheit besteht. Vergleicht man die in den einzelnen Entscheidungen enthaltenen Aussagen miteinander, so scheint dies jedoch nicht der Fall zu sein. Die Formulierungen reichen von einer Aufrechterhaltung des Vertages mit „gerade noch vertretbarer“[75], unter Abwägung der beiderseits zu erbringenden und bereits erbrachten Leistungen „noch als angemessen“[76] anzusehender, „nicht zu beanstandender“[77] und „angemessener“[78] bis zu (in der letzten einschlägigen Entscheidung) „sachgerechter“[79] Laufzeit. Eine einheitliche Konzeption, ob die Bezugsdauer also auf ein rundum billiges oder nur auf das äußerste noch vertretbare Minimalmaß zu reduzieren ist, ist mithin nicht ersichtlich. Problematisch ist insbesondere auch die seltsam in der Mitte liegende, häufig gebrauchte Formulierung, aufrechtzuerhalten sei mit einer „noch als angemessen“ anzusehenden Laufzeit. Geht man davon aus, daß als „angemessen“ alle sich innerhalb eines gewissen, nicht gering zu bemessenden Spielraums bewegenden Laufzeiten bezeichnet werden können, so ist zwar deutlich, daß sich hier der zu wählende Wert am oberen Rand der „Angemessenheits-Bandbreite“ zu orientieren hat. Von „angemessen“ sollte nun allerdings gerade im Zusammenhang mit der Sittenwidrigkeitsprüfung besser nicht die Rede sein. Was nicht mehr „noch angemessen“ ist, braucht noch nicht sittenwidrig zu sein. Angestrebt scheint nach dieser Formel — nimmt man sie wörtlich — mithin

[73] WM 70, 1402 f.

[74] Vgl. aber z. B. Rüthers, AT, Rdz. 247, der unproblematisch von einer Reduktion auf zwanzig Jahre ausgeht.

[75] WM 74, 1042 (1044); ähnlich OLG Hamm a.a.O. (Fn. 70).

[76] WM 73, 357 (358); WM 74, 1042 (1043).

[77] WM 72, 1224 (1226); WM 75, 307 (309); WM 75, 850 (851); ebenso LG Paderborn (v. 17. 12. 1974, bei Zeller, S. 250 f.).

[78] WM 73, 357 (358); vgl. auch BGH NJW 77, 761 (762). Aus der Lit. vgl. Erman / H. Westermann, § 138, Rdz. 31; Klaas, BB 74, 1099 li. Sp.

[79] WM 75, 850 (852).

eine Reduktion nicht auf das äußerstenfalls mit den guten Sitten noch Vereinbare, sondern auf eine geringere, nämlich bloß nicht mehr unangemessene Frist.

Bei aller Unterschiedlichkeit der in den Entscheidungen enthaltenen Formulierungen ist deutlich immerhin ein Trend zur Befürwortung einer — für den Richter im Hinblick auf den gerade zur Entscheidung stehenden Einzelfall sicherlich befriedigenderen — umfassenderen Reduktion zwecks Erzielung eines „sachgerechten", billigen Ergebnisses zu erkennen.

c) Zweifelhaft ist inzwischen auch geworden, ob sich die Rechtsprechung in diesem Bereich heute überhaupt noch an § 138 BGB orientiert. Während sich zwar anfangs[80] die meisten Entscheidungen ausdrücklich auf diese Norm stützten, ist in einer anderen Entscheidung ausschließlich von § 242 BGB als Anknüpfungsnorm die Rede[81], während etwa die jüngste Entscheidung sich in diesem Punkte schweigsam verhält[82]. Auch die Rechtsprechung zur Inhaltskontrolle von AGB knüpfte — daran darf an dieser Stelle wohl erinnert werden — ursprünglich an § 138 BGB an, um dann — immer weiter auswuchernd — aus § 242 BGB, schließlich ernsthaft überhaupt nicht mehr „legitimiert" zu werden.

---

[80] BGH WM 70, 1402 (1403); WM 72, 1224 (1225 f.); WM 73, 357.

[81] BGH WM 73, 924; vgl. auch BGH WM 77, 641 (642) sowie bereits BGH WM 70, 99 (101) „billig und gerecht"; vgl. in diesem Zusammenhang auch OLG Hamm (v. 3. 10. 1974, bei Zeller, S. 246) mit den oben (Kap. I, Fn. 28 a. E.) bereits zitierten Äußerungen, OLG München (v. 26. 4. 1973, bei Zeller, S. 226 ff.), das ebenfalls dem „allgemeinen Billigkeitsempfinden" folgt und Bernhard, WRP 70, 241.

[82] BGH WM 75, 850. Nachdem zunächst ausgeführt worden ist, daß der Vertrag nicht wegen Sittenwidrigkeit nichtig ist, erklärt der BGH, daß der Unterlassungsanspruch dem Kläger „allerdings" nicht in dem geltend gemachten Umfang zustehe. Es entspreche ständiger Rechtsprechung, daß eine längere Bindung (als zwanzig Jahre) auch dann unwirksam sei, wenn „die Bezugsbindung im übrigen" nicht zu beanstanden sei. Es folgt dann die Reduktion auf eine „sachgerechte" Laufzeit.

[83] Die ausdrücklich für richtig erachtet wird von Erman / H. Westermann, § 138, Rdz. 31, § 139, Rdz. 12; Larenz, AT, § 23 II b; Rüthers, AT, Rdz. 247; Bernhard, WRP 70, 241; LG Paderborn v. 24. 8. 1972 (bei Zeller, S. 218 ff.); LG Bochum v. 5. 12. 1973 (bei Zeller, S. 132 f.) und die weiteren schon in spezielleren Zusammenhängen erwähnten instanzgerichtlichen Entscheidungen; vgl. auch Klang / Gschnitzer, § 879 II R.

[84] Neuerdings beginnt der BGH sogar teilweise, die zum Bierlieferungsvertrag entwickelten Gedanken auf andere Fälle zu übertragen (vgl. andererseits aber auch die Kap. I, Fn. 61 mitgeteilte Entscheidung). In Erbbaurechtsverträgen enthaltene Ankaufverpflichtungen, die lediglich wegen eines übermäßig belastenden Bindungszeitraums gegen die guten Sitten verstoßen, seien analog § 139 BGB möglichst mit einer den Erbbauberechtigten weniger beengenden zeitlichen Bindung aufrechtzuerhalten (NJW 77, 761 [762]). Vorliegend brauchte die Reduktion der bis zu 94 Jahren reichenden Bindungsdauer nicht durchgeführt zu werden, da zu dem Zeitpunkt, als die Klägerin von den Beklagten den Ankauf der ihrem jeweiligen Teilerbbaurecht entsprechenden Miteigentumsanteile an dem Grundstück verlangte, seit der Erbbau-

Die angesichts all dessen sich im Hinblick auf die Annahme einer quantitativen Teilunwirksamkeit bei Bierlieferungsverträgen durch die Rechtsprechung[83] ergebende Unzufriedenheit dürfte damit hinreichend belegt sein[84].

rechtsbestellung erst eine jedenfalls im Rahmen des Angemessenen liegende Zeit (zehn Jahre) verstrichen war. Gegenüber einer derart schematisch-isolierenden Mißbilligung der Bindungsdauer unter Beschränkung auf die Reduktion wegen Übermaßes würdigt der BGH zwei Absätze vorher sehr viel überzeugender als Besonderheit derartiger Fälle, daß das Ankaufsverlangen des Eigentümers kurz vor Ablauf einer sehr langen Bindung, darüber hinaus aber auch gerade in den ersten Jahren nach Erwerb des Erbbaurechts mißbräuchlich sein könne. — Auf die Rechtsprechung des BGH zu den Bierlieferungsverträgen beruft sich auch OLG Stuttgart, JZ 75, 572 (hierzu schon Fn. 37).

Zweiter Teil

Gesetzliche Anknüpfungspunkte

IV. Quantitative Teilnichtigkeit gem. § 139 BGB?

In beiden hier beispielhaft vorgestellten Bereichen geht das Bestreben dahin, unter Reduzierung einer wegen Übermaßes anstößigen Leistung einen Vertragsrest aufrechtzuerhalten. Versuche einer dogmatischen Rechtfertigung oder „Ableitung" dieses Ergebnisses setzen zumeist bei § 139 BGB[1] an.

1. In der Tat ist anerkannt, daß auch Teile eines Rechtsgeschäftes sittenwidrig und damit nichtig sein können. Aus dem Gesetz ergibt sich das nicht unmittelbar. Hier ist nur bestimmt, daß sittenwidrige „Rechtsgeschäfte" nichtig sind, während § 139 BGB, zwei Stufen überspringend, die Nichtigkeit eines Teiles des Rechtsgeschäfts schon voraussetzt und lediglich für diesen Fall eine Auslegungsregel gibt. Daß damit aber der Makel sich auf einen Teil des Rechtsgeschäfts beschränken können muß, ohne daß schon gem. § 138 BGB stets Gesamtnichtigkeit anzunehmen wäre[2], folgt bereits aus dem favor legis. Eine Auslegung, die eine Gesetzesnorm zu faktischer Bedeutungslosigkeit verurteilt, widerspricht zumindest den Intentionen des Gesetzgebers. Daß gerade auch im Falle der Sittenwidrigkeit § 139 BGB nicht von vornherein ausgeschlossen sein kann, ergibt sich weiterhin recht eindeutig durch die systematische Verbindung beider Normen: die Möglichkeit der Teilnichtigkeit (und zwar in Form einer allgemein gefaßten Vorschrift) ist in unmittelbarem Anschluß, nicht etwa vor § 138 BGB normiert. Hinzu kommt, daß die im ersten Entwurf eines BGB noch enthaltene

---

[1] Vgl. schon oben Kap. II, Fn. 32 sowie Kap. III, Fn. 2, 6, 7, 8. Außerdem LG Bochum, bei Zeller, S. 132 f. Auch die in Kap. II, Fn. 55 Genannten halten § 139 BGB im Grunde für anwendbar, entscheiden aber gegen diese Norm, weil ihnen die von ihr vorgeschriebene Behandlung teilnichtiger Rechtsgeschäfte als unangemessen erscheint.

[2] So insbesondere auch Lappe, S. 48 ff.; Nolden, S. 55 (ff.); Wille, S. 21 ff., 66 f.; vgl. weiter RGZ 131, 213 (222); BGHZ 30, 149 (153); OLG Celle, NJW 59, 1971 (1972) Erman / H. Westermann, § 139, Rdz. 7; Oertmann, BGB, § 139, 2 a; Palandt / Heinrichs, § 138, 1 g; Soergel / Hefermehl, § 138, Rdz. 29, § 139, Rdz. 6, 15; Enneccerus / Nipperdey, § 191 pr.; Flume, AT, § 32, 4 (S. 577); Herzog, S. 58 f.; a.A. wohl Eckstein, ABürgR 41, 221; in BGH LM Nr. 8 zu § 139 und BGH NJW 58, 1772 ist offengelassen, ob § 139 im Rahmen des § 138 angewendet werden könne, hierzu Sandrock, AcP 159, 483 und Pierer v. Esch, S. 58.

Fassung des heutigen § 139 insoweit eindeutiger formuliert war. Gem. § 114 E I sollte die Auslegungsregel des utile per inutile vitiatur dann eingreifen, wenn „der Grund der Ungültigkeit nur einen Theil eines Rechtsgeschäftes (trifft)". Die in den vorstehenden Normen angeordnete Nichtigkeit sollte mithin nicht weiter gehen als ihr Grund reichte[3]. Etwas anderes kann auch nicht unter Berufung auf Straf- und Abschreckungszwecke begründet werden[4], die dem § 138 BGB im übrigen aber gar nicht zugrundeliegen[5].

2. Wenn in der Rechtsprechung[6] und Literatur[7] die auch in den Entscheidungen zum Bierlieferungsvertrag wiederkehrende[8] Formel oft gebraucht wird, die Sittenwidrigkeit eines Rechtsgeschäfts sei nach seinem „aus der Zusammenfassung von Inhalt, Motiv und Zweck zu entnehmenden Gesamtcharakter" zu beurteilen, so bedeutet dies nicht, daß *stets* alle diese Gesichtspunkte zu berücksichtigen wären, der Vertrag *nur* aus dem Ensemble aller objektiven und subjektiven Momente sittenwidrig sein könnte. Vielmehr kann sich die Sittenwidrigkeit auch allein aus dem isoliert betrachteten Inhalt ergeben[9]; der Makel kann — wie heute allgemein anerkannt[10] — darüber hinaus lediglich einem Teil des Rechtsgeschäftes anhaften, ohne den Rest eo ipso gleichsam zu infizieren. — Das ist unmittelbar einleuchtend zunächst für „zusammengesetzt ein-

---

[3] Weiterhin weist Wille (S. 22) darauf hin, daß in einer Reihe anderer Vorschriften (z. B. §§ 276 II, 248 BGB) nur Einzelabreden, nicht aber die Verträge insgesamt für nichtig erklärt werden. Zur Einwirkung des unzulässigen pactum ne dolus praestetur auf den Hauptvertrag insoweit schon Mot. II, 31; im gleichen Sinne etwa Flume, AT, § 32, 4; Sandrock, AcP 159, 505; Paul. D. 13, 6, 17 pr.; unzutreffend demgegenüber Staudinger / Werner, § 276, Rdz. 24.

[4] So aber Pagenstecher, z. B. in DR 43, 976 f.; dagegen zutreffend Wille, S. 22.

[5] Bartholomeyczik, Fs. OLG Zweibrücken, S. 63 f.; Larenz, JurJb VII, 120; Leonhard, Fs. Bekker, S. 99; Wille, S. 22; a. A. Sievert, S. 13 f.; Erman / H. Westermann, § 138, Rdz. 1; v. Brasch, S. 53, 60; Heinrich Lange, S. 54; Lindacher, AcP 173, 125.

[6] z. B. RGZ 56, 229 (231); 63, 346 (350); 68, 97 (98 f.); 75, 68 (74); 150, 1 (3); BGHZ 34, 169 (176); BGH NJW 56, 585; BGH LM § 138 (Ca) Nr. 1; (Cd) Nr. 5; BGHZ 53, 369 (375).

[7] Erman / H. Westermann, § 138, Rdz. 10 (vgl. auch 8); Palandt / Heinrichs, § 138, 1 c; Soergel / Hefermehl, § 138, Rdz. 4, 14; Staudinger / Coing, § 138, Rdz. 7; Enneccerus / Nipperdey, § 191 II 1; Flume, AT, § 18, 2 a; v. Brasch, S. 53; Mölders, S. 37; Schricker, S. 66; Sievert, S. 42; Siller, AcP 138, 161; Thielmann, S. 90 (ff.); vgl. auch Mazzola, S. 39; Scherrer, S. 78.

[8] Vgl. oben Kap. III, Fn. 23.

[9] Hierzu v. a. die Ausführungen von Larenz, JurJb VII, 98 ff., 118 ff.; Flume, AT, § 18, 2 b; Soergel / Hefermehl, § 138, Rdz. 15; Meincke, Fs. Kaser, S. 444 f.; Lindacher, AcP 173, 127.

[10] Oertmann, BGB, § 138, 3 a; RGRK / Krüger / Nieland, § 138, Rdz. 8; Soergel / Hefermehl, § 139, Rdz. 15; Staudinger / Coing, § 138, Rdz. 15 b; Flume, AT, § 18, 9; v. Tuhr, II 1, S. 283; v. Brasch, S. 56; Herzog, S. 60 f.; Nolden, S. 55 f.; Pierer v. Esch, S. 61; Sandrock, AcP 159, 516 u. ö.; Wille, S. 20 f., 82 f., 94 f..

heitliche“ Rechtsgeschäfte[11]. Diese bestehen inhaltlich aus mehreren einzelnen, aber in einem derartigen Sinnzusammenhang zueinander stehenden Geschäften, daß sie als „einheitlich sich darstellendes Rechtsgeschäft“[12] zu werten sind, bzw. daß anzunehmen ist, eins sei ohne das andere nicht gewollt[13]. So kann bei Sittenwidrigkeit eines Kaufvertrages der mit ihm verbundene Mietvertrag als makelfrei abgetrennt und (bei Vorliegen der weiteren Voraussetzungen des § 139 BGB) aufrechterhalten werden. Ebenso ist etwa im Verhältnis von unwirksamer Bürgschaft oder Pfandbestellung zu dem zugrundeliegenden Darlehensvertrag[14] oder im Verhältnis von dem Mieter unwirksam eingeräumtem Vorkaufsrecht zum Mietvertrag[15] zu entscheiden. In diesen Zusammenhang gehört auch der Bierlieferungsvertrag. Die in ihm zusammengefaßten Einzelgeschäfte gehören wirtschaftlich eng zusammen, sind zumeist schon äußerlich in einer Urkunde zusammengefaßt und stellen nach Inhalt und Parteiwillen eine Einheit dar[16].

Aber auch bei „streng einheitlichen“ Rechtsgeschäften[11], die einem der vom BGB bereitgestellten Vertragstypen entsprechen, ist es denkbar, daß die Sittenwidrigkeit sich lediglich auf einen Teil bezieht[17]. So liegt es insbesondere bei der ursprünglich auf § 138 BGB gestützten Inhaltskontrolle von Allgemeinen Geschäftsbedingungen. Ist hier eine Klausel als anstößig zu beurteilen, so kann sie weggestrichen werden, ohne daß notwendig gleichzeitig das gesamte Vertragswerk fortfiele[18]. Über dessen Aufrechterhaltung wäre „an sich“ gem. § 139 BGB zu entscheiden gewesen, doch ist diese Regel schon bislang als unpassend erachtet und um-

---

[11] Vgl. die Terminologie bei Pierer v. Esch, S. 34 f.; ähnlich Soergel / Hefermehl, § 139, Rdz. 7 ff.

[12] Mot. I, 222.

[13] Zur Frage, wann mehrere rechtsgeschäftliche Regelungen als Teile eines Rechtsgeschäfts anzusehen sind, vgl. bes. Erman / H. Westermann, § 139, Rdz. 14; Planck / Flad, § 139, 1; Soergel / Hefermehl, § 139, Rdz. 7 ff.; Staudinger / Coing, § 139, Rdz. 2 ff.; Flume, AT, § 32, 2 a; Larenz, AT, § 23 II a; Lehmann / Hübner, § 27 II 1 d γ $\alpha\alpha$ 2; Nolden, S. 31 ff.; Pierer v. Esch, S. 34; H. Richter, S. 15 ff.; aus der älteren Literatur vgl. Lang, S. 18 ff., 99 ff. Dazu, daß Grund- und Vollzugsgeschäft nicht Teile eines einheitlichen Rechtsgeschäfts i. S. d. § 139 BGB sind, bes. Mölders, S. 66 ff.

[14] Vgl. RGZ 86, 323 ff.

[15] Vgl. RGZ 91, 359 ff.

[16] Alles dies Indizien für das Vorliegen eines einheitlichen Vertrages: vgl. die oben Fn. 13 Genannten m. w. N. aus der Rechtsprechung.

[17] Nach E. Wolf, AT, S. 344; AP Nr. 1 zu § 611 (Urlaub und Gratifikation) kommt eine Teilunwirksamkeit jedoch nur bei zusammengesetzten Rechtsgeschäften in Betracht; vgl. auch schon André, der § 139 BGB auf die von ihm sog. „verbundenen Rechtsgeschäfte“ beschränkt (S. 9 ff.): die Bedeutung des § 139 sei mithin recht gering. Vgl. weiterhin Siller, AcP 138, 151.

[18] Hierzu v. a. Wille, passim (z. B. S. 20 ff.); Naendrup, passim (z. B. S. 46 ff.); Sandrock, AcP 159, 524 ff.; W. Weber, Die AGB, N. 344 ff

gangen worden[19]. In § 6 AGBG sind die Ergebnisse der Rechtsprechung insoweit nunmehr im wesentlichen[20] anerkannt und bestätigt worden.

Die bislang behandelten Fälle der Teilung einheitlicher Rechtsgeschäfte werden in der Literatur oft in einer Fallgruppe der „objektiven Teilbarkeit"[21] zusammengefaßt. Ihr steht die ebenfalls allgemein anerkannte[22] Möglichkeit „subjektiver Teilbarkeit" gegenüber. Sind auf einer Seite eines Rechtsgeschäfts mehrere Personen berechtigt oder verpflichtet, so ist die Abrede[23], welche Personen am Vertrag beteiligt sind, hinsichtlich jedes einzelnen Beteiligten als Teil des Rechtsgeschäfts anzusehen. Ist nur einem dieser mehreren Vertragskontrahenten der Vorwurf sittenwidrigen Handelns zu machen, ist über die Aufrechterhaltung des Vertrages unter den übrigen Parteien gem. § 139 BGB zu entscheiden.

Behauptet wird nun vielfach[24], eine dritte Art der Teilnichtigkeit könne darauf beruhen, daß eine Vertragsbestimmung eine gewisse zulässige Grenze übersteige. Diese sog. „quantitative Teilnichtigkeit"

---

[19] Die einzelnen Ansichten und Begründungen hat v. a. Wille, S. 27 ff. zusammengestellt und erörtert. Vgl. im übrigen BGHZ 22, 90 (92 f.); 51, 55 (57); 54, 106 (115); Larenz, AT, § 23 II d; Naendrup, S. 16 ff.; Raiser, AGB, S. 319 ff.; Sandrock, AcP 159, 526 ff.; W. Weber, Die AGB, N. 359 ff.

[20] Zu leichten Präzisierungen und Weiterentwicklungen der bisherigen Rechtsprechung in diesem Bereich vgl. Löwe, in: Löwe / Graf v. Westphalen / Trinkner, § 6, Rdz. 1, 4, 10 ff.; Palandt / Heinrichs, AGBG, § 6, 2, 4.

[21] Zur Terminologie vgl. Lappe, S. 14 f.; Naendrup, S. 48; Nolden, S. 17; Pierer v. Esch, S. 53 ff.; H. Richter, S. 29 ff.; abweichend die Terminologie bei Staudinger / Coing, § 139, Rdz. 7: dort wird die hier als „objektiv" teilbar behandelte Fallgruppe als „quantitativ" teilbar bezeichnet; abweichende Terminologie auch bei Dahmen, S. 35, 98.

[22] RGZ 114, 35 (38 f.); 141, 104 (108); BGHZ 53, 174 (179); Erman / H. Westermann, § 139, Rdz. 13; Palandt / Heinrichs, § 139, 2 b; Soergel / Hefermehl, § 139, Rdz. 14; Staudinger / Coing, § 138, Rdz. 7; Flume, AT, § 32, 2 b; Larenz, AT, § 23 II b; Lehmann / Hübner, § 27 II 1 d γ αα 3; v. Brasch, S. 56; Dahmen, S. 98, 113 ff.; Lang, S. 25 f.; Lappe, S. 17 f., 41; Mazzola, S. 105; Nolden, S. 17, 37; Pierer v. Esch, S. 55 f.; H. Richter, S. 30 f.

[23] Nicht die einzelne Willenserklärung (so aber Pierer v. Esch, S. 55): es geht vorliegend um die Beurteilung des Vertrages als Regelung (dazu sogleich, bei Fn. 37).

[24] Palandt / Heinrichs, § 139, 2 c; Staudinger / Coing, § 139, Rdz. 8 (m. w. N.); Enneccerus / Nipperdey, § 191 II 3 b, § 202 IV 1 b a. E.; Larenz, AT, § 23 II b; v. Tuhr, II 1, S. 283; Windscheid / Kipp I, § 82 I 2 (S. 432); Dahmen, S. 98, 122 ff.; Herzog, S. 25 ff. u. ö.; Magg, S. 143; Mazzola, S. 106 ff.; Nolden, S. 24, 37; Pierer v. Esch, S. 56 ff. (61 f.); H. Richter, S. 32 ff.; Schweingruber, S. 177, 192 ff.; Warneyer, Arch. f. Rpfl. 1931, 257 ff. (267); teilweise auch Flume, AT, § 32, 2 d; vgl. auch K. Simitis, S. 193; weitere Nachweise aus der älteren Literatur (bes. zum Bierlieferungsvertrag) bei Herzog, S. 15 ff. A. A. Oertmann, BGB, § 138, 5 a; v. Brasch, S. 55, 82 f.; Eckstein, ArchBürgR 41, 228; Husmann, NJW 71, 410; Krampe, JZ 75, 575; Oertmann, JW 17, 256; Sandrock, AcP 159, 537; Scherrer, S. 88 f.; Siller, AcP 138, 150 ff.; Wunner, S. 203 f. (der die Entscheidung des BGB-Gesetzgebers aber für verfehlt hält und scharf kritisiert); wohl auch Soergel / Hefermehl, § 139, Rdz. 15, § 138, Rdz. 29; vgl. demgegenüber aber auch § 139, Rdz. 14; zweifelnd RGRK / Krüger-Nieland, § 138, Rdz. 10; gegen die

beträfe damit Fälle, in denen sich die Anstößigkeit bzw. Unzulässigkeit (rein zeitlich) aus der Dauer der vertraglichen Bindung oder aber aus der Überschreitung von das Verhältnis von Leistung und Gegenleistung regelnden Grenzen ergäbe[25].

3. Vielfach wird Hellmann als Protagonist der quantitativen Teilnichtigkeit angeführt. In Wirklichkeit hat er jedoch[26] noch eine Stufe früher angesetzt und die Behauptung aufgestellt, daß § 139 BGB bereits a limine keine Anwendung finden könne[27]. Nach seiner Ansicht besteht die Vereinbarung eines wucherisch verzinslichen Darlehens aus der Hingabe der Darlehenssumme mit der Vereinbarung der Rückgabe, der Stipulation normaler und der Stipulation darüber hinausgehender wucherischer Zinsen: mithin aus drei voneinander angeblich unabhängigen, selbständigen Rechtsgeschäften, von denen die beiden ersten nicht anstößig seien und der Vorschrift des § 138 II BGB nicht unterfielen. Nur die „Wucherstipulation" sei ein Rechtsgeschäft, durch das der Darlehensgeber sich unter Ausbeutung der in § 138 II BGB genannten Merkmale in einem auffälligen Mißverhältnis zur Leistung stehende Vermögensvorteile versprechen lasse.

Doch schon die Zinsvereinbarung an sich ist heute, anders als im römischen Recht[28], kein materiell selbständiges Rechtsgeschäft; vielmehr sind entgeltliche Darlehen heute als gegenseitige Verträge anzusehen[29]. Vor allem aber ist Hellmanns Zerlegungsthese evident wirklichkeitsfremd. Es ist noch nicht einmal vorstellbar, daß die Vertragsparteien eine gedankliche Sonderung von angemessenen und wucherischen Zinsen vornehmen. U. a. würde dies voraussetzen, daß beiden Parteien

---

Möglichkeit quantitativer Teilnichtigkeit bei übermäßigem Entgelt hat sich auch der BGH (NJW 58, 1772) ausgesprochen; für den Spezialfall knebelnder Sicherungsübereignung bes. Sievert, S. 82 ff.

[25] Nach Auffassung von Lang (S. 27, 84 ff.) und Erman / H. Westermann, § 138, Rdz. 12 gegenüber Rdz. 7 (vgl. auch Gansweid, JA 77, 365 in seiner Einführung zu BGH NJW 77, 1233 f.) ist eine quantitative Teilnichtigkeit nur bei übermäßiger Dauer, nicht bei übermäßigem Entgelt möglich. Dagegen zutreffend Lappe, S. 31: das ist inkonsequent. Im übrigen nimmt aber, was Lappe übersieht, auch bei auf Dauerleistungen gerichteten Verträgen Lang Teilnichtigkeit nur dann an, wenn sie, soweit sie eine gewisse Zeitdauer übersteigen, einer Genehmigung bedürfen, nicht aber, wenn sie (wegen übermäßiger Freiheitsbeschränkung; Beispiel: Bierlieferungsverträge) sittenwidrig sind (S. 90 ff.).

[26] Im Unterschied zu BGE 80 II 327 (334); 93 II 189 ff., das Art. 20 II OR angewandt wissen will: dem Darlehensvertrag sei nicht die Leistung um der Gegenleistung willen eigentümlich; die allenfalls hinzutretende Gegenleistung durch Verzinsung sei begrifflich unwesentlich und darum der Teilnichtigkeit nach Art. 20 II OR zugänglich.

[27] Vorträge, S. 128.

[28] Vgl. Kap. VII, 2 b aa.

[29] Erman / Schopp, vor § 607, Rdz. 1; Palandt / Putzo, Einf. v. § 607, 1 b; Soergel / Lippisch, vor § 607, Rdz. 3; Esser, SchR II, § 86 I 3; Fikentscher, SchR, § 77 I 3 c; Larenz, SchR II, § 51 I.

die Grenze bekannt wäre, die sie nunmehr durch einen getrennten Willensentschluß zu überschreiten sich vornehmen. Um wieviel weniger werden aber erst entsprechende, übereinstimmende (allein rechtserhebliche) Willenserklärungen abgegeben werden, durch die sich ja übrigens der Wucherer seinem Vertragspartner gegenüber ausdrücklich als solcher bloßstellen würde. Auch das wucherische Kreditgeschäft ist ein nach Leistung und Gegenleistung einheitliches Rechtsgeschäft, das in dieser Weise nicht zergliedert werden kann[30].

4. Der eingehendste Versuch, die Möglichkeit einer quantitativen Teilunwirksamkeit theoretisch-konstruktiv zu belegen, stammt von Herzog[31]. Seine Thesen haben zunächst einiges Aufsehen erregt[32], sind von der Praxis aber, soweit ersichtlich, nicht übernommen worden.

a) Herzog ist der Ansicht, daß der Vertrag in seinen konkreten Bestandteilen nicht als Ergebnis einer einzigen Abrede angesehen werden könne. Er unterscheidet vielmehr Grund- und Ergänzungsabrede[33]. Während die Vertragsparteien ihren Willen zunächst lediglich auf die Abrede eines überhaupt irgendeine längerdauernde Bezugsverpflichtung enthaltenden Bierlieferungsvertrages richteten, erfolge die Vereinbarung der je konkreten Dauer erst durch einen weiteren Willensentschluß. Beide Abreden seien Teile eines einheitlichen Rechtsgeschäftes i. S. d. § 139 BGB. Sittenwidrig sei gegebenenfalls nur die Ergänzungsabrede, durch die die Bindungsdauer festgelegt bzw. (beim Wucher) die Höhe des Entgelts bestimmt werde. Hingegen bleibe die Grundabrede, die nur abstrakt festlege, *daß* (irgend-)eine Dauer bzw. (irgend-)ein Entgelt gewollt sei, unversehrt und könne aufrechterhalten werden. In Fällen des Verstoßes gegen eine absolute Grenze[34] könne

---

30 Gegen Hellmann auch Oertmann, BGB, § 138, 5 a; Planck / Flad, § 138, III 4 d; Staudinger / Riezler (9. Aufl.), § 138 II 4 c; Eckstein, ArchBürgR 41, 228; Hedler, S. 20 ff.; Herzog, S. 23 f., 128 f.; Lappe, S. 21 f.; Naendrup, S. 50; Spiro, ZBJV 88, 455.

31 Quantitative Teilnichtigkeit, 1926.

32 Vgl. z. B. die das Buch von Herzog positiv würdigenden Rezensionen von Nipperdey, JW 1929, 570; Ruth, AcP 128, 234 ff.; Wenk, DRZ 28, 102; lebhaft zustimmend auch Schweingruber, S. 190 - 197, 201, 211; Warneyer, Arch. f. Rpfl. 1931, 167 f.; vgl. auch Staudinger / Nipperdey / Neumann, § 611, Rdz. 100; Dahmen, S. 122 f.; H. Richter, S. 34 f.

33 S. 27.

34 Herzog unterscheidet im Ansatz ähnlich wie die eingangs (Kap. I, 4 c) dargestellte neue Rechtsprechung des BGH zwei Arten der Sittenwidrigkeit von Bierlieferungsverträgen (wobei nach seiner Ansicht allerdings in beiden Fällen eine quantitative Teilnichtigkeit Platz greifen soll) (vgl. S. 34 ff.); freilich gibt auch er keine Erklärung dafür, warum in Fällen, in denen der Vertrag wegen (unsittlicher) Inäquivalenz beanstandet wird, die Korrektur gerade bei der Vertragsdauer zu erfolgen hat. Im übrigen ist auch hier die starre Trennung unbefriedigend: wenn die vereinbarte Vertragsdauer die (bzw. eine) absolute Grenze überschreitet, kann schon deshalb im Vertrag gerade keine „vollkommene Äquivalenz“ herrschen (so jedoch Herzog, S. 92). Ebenfalls zwei

der Richter bereits auf der Grundlage dieser Gültigkeitsgrenze die Ergänzungsabrede ersetzen; im übrigen schlägt Herzog hinsichtlich des gültigen Vertragsrestes vor[35], ebenso zu verfahren, wie wenn eine Ergänzungsabrede überhaupt nicht abgeschlossen worden wäre: geboten sei deshalb eine analoge Anwendung der für derartige Fälle statuierten §§ 315, 316 BGB.

b) Die von Herzog vorgenommene Aufgliederung scheint mir aus mehreren Gründen nicht haltbar zu sein. Gegen sie spricht grundlegend bereits, daß die in den §§ 134, 138 BGB enthaltenen Nichtigkeitsgründe das Rechtsgeschäft als Regelung treffen und sich nicht auf den Entstehungstatbestand beziehen[36]. Aus diesem Grunde muß auch die Frage der Teilbarkeit i. S. d. § 139 BGB, die auf objektive Maßstäbe zur Isolierung des vom Nichtigkeitsgrund nicht ergriffenen Restteiles ausgerichtet ist, im Hinblick auf die geschaffene Regelung, nicht — wie Herzog es will — auf den die Regelung hervorbringenden Akt des Rechtsgeschäfts beantwortet werden. Entsprechend ist bei der Nichtigkeit bzw. Teilnichtigkeit von Gesetzen wegen inhaltlicher Mängel auf den Inhalt der Norm selbst abzustellen, ohne daß es insoweit auf den Akt der Gesetzgebung ankäme[37]. — Inkonsequent ist es auch, worauf Spiro[38] hingewiesen hat, wenn Herzog den Vertrag in maximal möglichem, nicht — wie seine Konstruktion eigentlich nahelegen würde — in möglicherweise geringerem, angemessenem Umfang aufrechterhalten wissen will. Die Annahme, die Parteien hätten das zulässige Maximum gewollt, ist keine Lösung, widerspricht dies doch der von den Parteien ausdrücklich vereinbarten Ergänzungsabrede.

c) Weiterhin beruht die Aufteilung in mehrere, nacheinandergeschaltete Abreden auf einer nicht nachvollziehbaren Willenstheorie. Herzog führt nämlich aus, der Wille eines Menschen könnte immer nur auf einen einzigen Punkt gerichtet sein; mithin könne man also gar nicht zugleich überhaupt einen Dauervertrag und einen Dauervertrag über zwanzig Jahre schließen wollen[39]. Demgegenüber ist es jedoch einerseits möglich, mehrere Zielvorstellungen gleichzeitig zu ergreifen und zu verwirklichen. Wer in einen fremden Garten geht, kann gleich-

---

Arten der Sittenwidrigkeit (Verstoß gegen absolutes Sittengesetz und Inäquivalenz [die ihrerseits noch in quantitative und qualitative Inäquivalenz untergliedert wird]) unterscheidet Dahmen, S. 32 ff., räumt jedoch ein (S. 35), daß die Grenzziehung „sehr schwierig" sei.

[35] S. 89 ff.

[36] Diese Unterscheidung ist besonders von Flume, AT, § 6, 1; Fs. DJT I, 160 ff. herausgearbeitet worden. Vgl. weiterhin in diesem Sinne Mayer-Maly, Gs. Gschnitzer, S. 269; Naendrup, S. 43 f., 50; Pierer v. Esch, S. 60.

[37] Zur Teilnichtigkeit von Gesetzen vgl. Skouris, S. 30 ff., 74 ff.

[38] ZBJV 88, 455 f.

[39] Herzog, S. 26 f.

zeitig die Nachbarn ärgern und Kirschen stehlen „wollen“. Zudem wäre noch zu klären, ob als Wille nur der bewußte Wille verstanden werden dürfte[40]. Die Steuerung vieler Einzelhandlungen jedenfalls läuft unbewußt ab, ohne daß doch in der Regel dem Tun die Handlungsqualität abzusprechen wäre. Im übrigen scheint es auch nach aller Alltagserfahrung ein Charakteristikum des menschlichen Willens zu sein, sich sogleich auf ein späteres Ziel einstellen und darauf abzielende Tätigkeiten veranlassen zu können, ohne minuziös und mechanisch sich auf sämtliche erforderliche Zwischenziele richten zu müssen. So wird man es sich in dem genannten Beispiel in der Regel etwa nicht (zusätzlich) vornehmen, zu „gehen“, d. h. Fuß vor Fuß setzen zu wollen. In ähnlicher Weise kann — läßt man sich schon auf eine derartige (m. E. verfehlte) Psychologisierung des Problems ein — im Bewußtseinserleben durchaus sogleich der komplexe Sachverhalt eines Bierlieferungsvertrages mit einer konkreten Dauer gegenwärtig sein; der Abschluß eines Vertrages mit irgendeiner Laufzeit braucht kein zunächst isoliert und bewußt anzustrebendes Willensziel zu sein.

d) Im übrigen käme es auf derartige interne Willensziele und Zwischenvorstellungen aber auch gar nicht an. Rechtlich erheblich ist nur der nach außen verlautbarte Wille. Getrennte Grund- und Ergänzungsabreden können nur zustandekommen, wenn von beiden Seiten entsprechende Willenserklärungen abgegeben worden sind. Dies setzte voraus[41], daß eine zur Kenntnisnahme durch den Vertragspartner bestimmte Äußerung abgegeben worden wäre, durch die der Erklärende zu erkennen gegeben hätte, zunächst solle nach seinem Willen ein Vertrag mit einer nur abstrakten Dauer gelten. Daß während der Vertragsverhandlungen abgegebene Äußerungen schon von einer Partei tatsächlich in diesem Sinne als Geltungserklärung mit Bindungswirkung sollten interpretiert werden können, ist eine allzu theoretische Annahme[42]. Hinzu kommt, daß auch der Partner sich entsprechend hätte erklärt haben müssen.

Konsequent durchgeführt, würde die Ansicht von Herzog zu der Annahme zwingen, daß in jedem einfachen Vertrag schon auf schuld-

[40] Der Begriff des Willens ist vor allem für die Strafrechtsdogmatik von Bedeutung. Im bislang überwiegend vertretenen Sinne (gewollt nur, wessen sich der Täter als Ziel bewußt ist) etwa Schmidhäuser, Lb., 6/7 ff.; 8/21 ff.; vgl. demgegenüber aber v. a. Schönke / Schröder (Lenckner), Vorbem. 44 vor §§ 13 ff. m. w. N. und das von Stratenwerth, ZStW 85, 469 ff. besprochene Buch von Günter Schewe.

[41] Zum Begriff der Willenserklärung Erman / H. Westermann, Einl. § 104, Rdz. 1, 3; Soergel / Hefermehl, vor § 104, Rdz. 1; Flume, AT, § 2, 3; Larenz, AT, § 19, I.

[42] Nicht zutreffend ist der Ausgangspunkt Herzogs (S. 26), daß die Anzahl der Willenserklärungen davon abhängt, wieviele Willensbetätigungen bei einer Partei festzustellen sind.

rechtlicher Ebene beinahe unbegrenzt viele Abreden stecken: als ob die theoretische Differenzierung von drei bzw. fünf[43] verschiedenen Verträgen etwa beim Brötchenkauf der Abstraktion nicht bereits genug wäre! Könnte sich der Wille tatsächlich nur auf Baustein um Baustein richten, aus denen das Gebäude des fertigen Vertrages zu errichten ist, so müßte zunächst vereinbart werden, daß überhaupt ein Vertrag, dann, daß ein Bierlieferungsvertrag vereinbart werden soll. Ferner dürfte sich der Wille zunächst nicht nur nicht auf eine konkrete Dauer, sondern ebenso nicht auf die Höhe des zu übereignenden Darlehensbetrages, auf die Modalitäten der Rückzahlung und Anrechnung, auf den Umfang der Inventarüberlassung, auf die Höhe des zu bezahlenden Bierpreises etc. beziehen. Hierfür wäre dann eine Vielzahl von Ergänzungsabreden notwendig. Ein derartiger Torso (Bierlieferungsvertrag über irgendeine Dauer mit irgendeinem Darlehensbetrag und irgendwelchen Getränkelieferungen zu irgendwelchen Preisen) kann jedoch rechtswirksam nicht vereinbart werden. Da hier Regelungen über alle essentialia negotii fehlen, handelt es sich von vornherein um ein Nichtrechtsgeschäft[44], das auch nicht durch die getrennt nachfolgenden konkretisierenden Willensbetätigungen beider Parteien zu rechtlicher Wirksamkeit erstarken kann. Die §§ 315, 316 BGB können auf derartige Fälle auch analog nicht angewandt werden.

e) Letztlich beruhen die von Herzog aufgestellten Thesen auf einer Fiktion und erweisen sich damit als sehr zeitbedingte Konstruktion. Das erklärt auch, warum seine Zerlegung, „begrifflich" allgemein als möglich anerkannt[45], zunächst — soweit überhaupt — eher gefühlsmäßig abgelehnt wurde[46, 47]. Fiktionen waren zu jener Zeit ein beinahe gängiges Vehikel der Rechtsfortbildung[48]; auch das Reichsgericht bediente sich ihrer des öfteren. So, um nur ein Beispiel anzuführen, etwa bei der Entwicklung des Instituts der culpa in contrahendo[49].

---

[43] So etwa Weitnauer, NJW 74, 1729 f. m. w. N.: neben dem schuldrechtlichen „Kausal"vertrag und den beiden dinglichen Rechtsgeschäften stehen noch zwei die Leistung zuordnende Zweckvereinbarungen.

[44] Vgl. Palandt / Heinrichs, Überbl. v. § 104, 1 c; Flume, AT, § 6, 2, § 35 I 1.

[45] Lappe, S. 28.

[46] So die zutreffende Beurteilung von Pierer v. Esch, S. 60. Seltsam halbherzig auch z. B. die teils zustimmende, teils ablehnende Stellungnahme von Lappe, S. 27 ff., 35 f.

[47] Gegen Herzog: v. Brasch, S. 82; Naendrup, S. 50 f.; Nolden, S. 41; Pierer v. Esch, S. 60 f.; Raiser, AGB, S. 321, Fn. 1; Scherrer, S. 91 ff.; Siller, AcP 138, 150 f.; Spiro, ZBJV 88, 455 f.

[48] Besonders krass in diesem Zusammenhang auch etwa Nolden, S. 7: „Bei verständiger Würdigung entspricht eine solche Regelung auch dem Parteiwillen."

[49] Man versuchte hier zunächst, die Fälle der vor- und nachvertraglichen Pflichtverletzung (diese — einfacher zu begründen — stand am Anfang!; vgl. die Bahnhofsunfälle aus RGZ 55, 335; RG JW 04, 358, Nr. 10; RG JW 04,

Heute sind denn auch die mit der Verwendung von Fiktionen verbundenen Gefahren erkannt[50]; schon unter dem Gesichtspunkt der Methodenehrlichkeit muß auf dieses freilich sehr traditionsreiche Hilfsmittel juristischer Konstruktionskunst verzichtet werden. Bereits in sehr früher Zeit empfand man die Fähigkeit von Fiktionen als wohltuend, neue Rechtsgedanken in eine alte Vorstellungswelt einzuführen, ohne doch den Buchstaben des Gesetzes oder andere veraltete Prinzipien, die aus bestimmten Gründen nicht angetastet werden durften oder sollten, in einem äußerlichen Sinne zu verletzen[51, 52]; und so konnten denn auch, noch unter dem Eindruck einer „Rechtstheorie, welche mit der ihr eigentümlichen pseudonaturwissenschaftlichen . . . und . . . Rechts- und Naturerkenntnis durcheinanderwerfenden Methodenverwirrung zur Hypostasierung einer eigenen ‚Rechtswelt' gelangt(e)"[53], in der für die „Rechtswesen" spezifische rechtslogische Gesetze gelten, Rechtsprechung und Rechtswissenschaft zu Beginn des 20. Jahrhunderts dem Scheine nach immer noch der traditionellen Doktrin anhängen[54], ohne jedoch unbillige Ergebnisse zu erzielen: es brauchten lediglich gewisse juristische Tatsachen[55] (hier: Willenserklärungen) herbeifingiert zu werden, um das gewünschte Ergebnis „konstruktiv" zu erreichen. Die Fiktionen bieten den Deckmantel absoluter Gesetzestreue, unter dem sich in relativ unkontrollierter Weise schalten läßt, da man einer die eigentlichen Motive aufdeckenden Argumentation enthoben ist.

5. a) Mit einer im Ansatzpunkt gänzlich anderen Begründung hat Eckstein das gleiche Ergebnis wie Hellmann und Herzog zu erreichen ver-

484, Nr. 6. Erst in RG WarnRspr. 1908, Nr. 293 [S. 208] war ein Fall zu entscheiden, in dem der Reisende vor Antritt der Fahrt auf dem Perron zu Fall kam) mit der neuen Figur der positiven Forderungsverletzung zu erfassen und zu diesem Zweck an der „Vertragsabschlußschraube" zu drehen; vgl. z. B. RGZ 63, 146; 65, 17; 66, 402; RG JW 1911, 360, Nr. 6; bemerkenswert dann aber bereits die vorsichtig zurücknehmenden Formulierungen in der berühmten Entscheidung RGZ 78, 239.

[50] Vgl. insbesondere Esser, Wert und Bedeutung, passim, z. B. S. 141 ff.; weitere Nachweise aus dem Schrifttum etwa bei Larenz, Methodenlehre, S. 245.

[51] So im altrömischen ius Pontificium, dann — da die Rechtspflege zunächst in den Händen der Priester lag — zunehmend auch im Profanrecht: vgl. die Darstellung bei Demelius, S. 8 ff. Über die Prädisposition gerade der römischen Juristen und des römischen Rechts zur Anwendung von Fiktionen vgl. Mommsen, Römische Geschichte, S. 145 ff., 155 ff., 163 ff., 170 ff.; vgl. allgemeiner auch Wieacker, Vom römischen Recht, S. 128 ff., 143 („innerer Formalismus"). Als Beispiel vgl. die Entwicklung der „arrogatio": hierzu Kaser, RP I, S. 347 f.; Demelius, S. 30 - 37.

[52] Daneben hat die Fiktion natürlich auch andere Funktionen, so die relativ unproblematische einer gesetzgeberischen Kurzverweisung: dazu Esser, Wert und Bedeutung, S. 37 ff.; Übersicht und terminologische Klarstellung, S. 15 ff., 26 ff., 33 ff.

[53] So die sehr pointiert-kritische Formulierung bei Esser, Wert und Bedeutung, S. 203.

[54] Hierzu auch Gernhuber, Billigkeit, S. 218.

[55] Hierzu („Theorie der juristischen Tatsachen") v. Hippel, S. 37 ff.

sucht[56]. In der Erkenntnis, daß die Anwendung der §§ 138, 139 BGB eine quantitative Teilnichtigkeit nicht erlaubt, schaltet er für die Beurteilung der hier einschlägigen Fälle diese Norm bereits im Vorwege aus. § 138 I BGB betreffe nur qualitativ unsittliche, nicht aber die sog. „unsittlichen inäquivalenten" Rechtsgeschäfte. Letztere seien nur insoweit existent und gültig, als sie nicht „in das Gebiet der Inäquivalenz hineinragen"[57].

Diese These ermangelt jedoch einer stichhaltigen Begründung. So führt Eckstein etwa an, hier sei die *Möglichkeit* einer derartigen Zurückführung gegeben[58]; die quantitativ-unsittlichen Geschäfte zeichneten sich geradezu dadurch aus, daß sie durch bloße Minderung der Quantität auf das Niveau der sittlichen Rechtsgeschäfte zurückgeführt werden könnten. Allerdings ist eine Begründung nach der Devise, daß sein dürfe, was sein könne, nicht zwingender als die umgekehrte Schlußfolgerung Palmströms. Die Berufung auf das praktische Bedürfnis[59] ist weder methodisch zureichend, noch im einzelnen stichhaltig belegt. Im Falle des Wucherdarlehens ist der Bewucherte nicht in der Zwangslage, die Darlehenssumme sofort zurückgeben zu müssen[60]; davor schützt ihn § 817, 2 BGB[61]. Für die Vertragsstrafenfälle bietet wohl § 343 BGB eine ausreichende Handhabe. Zu einem weiteren Beispielsfall kommt Eckstein schließlich nur aufgrund der Meinung, auch Verträge, die nicht den Begriff des Wuchers erfüllten, könnten wegen erheblicher Inäquivalenz der Leistungen unsittlich sein[62]. Sie entspricht jedoch nicht dem Gesetz.

b) Überhaupt stellt sich diese Ansicht als Gesetzesumgehung dar. Daß das Wuchergeschäft gem. § 138 II auf § 138 I BGB zurückgeführt werde, sei ohne Bedeutung: auch Gesetzgeber könnten irren. Allerdings ist zwar der Wille des Gesetzgebers nicht sakrosankt: hat er jedoch in

---

[56] ArchBürgR 41, 221 ff.; vgl. auch v. Tuhr, II 1, 182 ff.; vorsichtig zustimmend Lehmann / Hübner, § 29 IV 4.

[57] ArchBürgR 41, 226.

[58] ArchBürgR 41, 226; ähnlich im Grunde die von Pierer v. Esch, S. 61 angebotene Lösung.

[59] ArchBürgR 41, 222 ff. Das praktische Bedürfnis und Zweckmäßigkeitserwägungen bilden überhaupt bei vielen Autoren wesentliche Argumente für die Teilnichtigkeit; vgl. z. B. Mazzola, S. 95, 111; Schweingruber, S. 179 ff., 189. Vgl. auch v. Büren, S. 229 und Spiro, ZBJV 88, 520, die dem Bewucherten helfen wollen, der bei Totalnichtigkeit des Vertrages schlecht dastünde. Nach Ansicht von Scherrer schließlich (S. 72, 78 ff.) hängt die Beantwortung der Frage, ob (in diesem Falle:) das OR ein richterliches Ermäßigungsrecht kennt, „zu einem wesentlichen Stück ab von der ... Wünschbarkeit dieser Sanktion ..."

[60] So aber Eckstein, ArchBürgR 41, 223; vgl. auch Herzog, S. 150, der für den Bierlieferungsvertrag ganz ähnlich der Ansicht ist, bei Annahme einer Totalnichtigkeit verliere der Wirt sein Darlehen.

[61] Hierzu im einzelnen Kap. IX.

[62] ArchBürgR 41, 215 ff.

dem Gesetz eindeutigen Niederschlag in der Formulierung bestimmter Normen gefunden, genügt es nicht, ihn rechtspolitisch für verfehlt zu halten, um schlankerhand eine „Berichtigung“ vorzunehmen[63]. Wenn zudem geleugnet wird, daß der Gesetzgeber zu derartigen Problemen eine Ansicht überhaupt bereits habe gehabt haben können[64], so wird verkannt, daß sich die Problematik der Behandlung inäquivalenter Verträge nicht erst seit dem Jahre 1896 gestellt hat.

c) Die „allgemeinen Erwägungen“, aus denen Eckstein das Problem entscheiden will, berühren sich wohl mit seiner an anderer Stelle dargelegten Ansicht[65], gewisse Verträge (z. B. auch solche, durch die die Freiheit über den die Sphäre der Veräußerlichkeit markierenden Punkt hinaus eingeschränkt werde)[66] unterfielen nicht dem § 138 BGB, sondern seien unter dem Gesichtspunkt der Unveräußerlichkeit des veräußerten Rechtsgutes nichtig[67]. Hierbei scheint es sich um eine Art Naturrechtssatz zu handeln: der aber bemerkenswerterweise offenbar so scharf konturiert ist, daß aus ihm „ohne weiteres“[68] entnommen werden kann, die Nichtigkeit bzw. Nicht-Existenz erstrecke sich nur auf das über die Grenze des rechtlich Zulässigen hinausgehende Maß[69].

Nun leuchtet schon die dem zugrundeliegende Unterteilung der Nichtigkeitsgründe in zwei Arten nicht ein, aus der dann eine Konkurrenzlehre entwickelt wird: der Nichtigkeitsgrund der Nichtexistenz (der gegebenenfalls nur die „Grenzüberschreitung“ berühre) schließe den Nichtigkeitsgrund der Nichtgültigkeit (hier werde in jedem Falle das gesamte Rechtsgeschäft vernichtet) aus[70].

Die „an sich“ bestehende Möglichkeit bzw. schon „an sich“ nicht bestehende Möglichkeit einer rechtsgültigen Entstehung des jeweiligen

[63] Vgl. in diesem Zusammenhang auch Kap. IX, Fn. 77.

[64] ArchBürgR 41, 227.

[65] ArchBürgR 38, 195 ff.; dagegen K. Simitis, S. 72.

[66] Hierher müßten die Bierlieferungsverträge gerechnet werden.

[67] Vgl. auch v. Tuhr, II 1, S. 182 ff.; zustimmend Warneyer, Arch. f. Rpfl. 1931, 261. Ähnlich wie Eckstein und v. Tuhr hinsichtlich der Ursache der Nichtigkeit übrigens teilweise auch Herzog (S. 34 ff., 42 ff., 48 ff.). Für jeden Dauervertrag sei eine Beschränkung erforderlich. Es gebe mithin eine absolute Grenze, die nicht überschritten werden dürfe. Sie lasse sich nicht aus § 138 BGB ableiten, der insoweit nicht einschlägig sei, sondern aus dem Gesichtspunkt des Verstoßes gegen die öffentliche Ordnung (vgl. dazu aber sogleich im Text). Die gesetzliche Grundlage sieht Herzog in § 242 (!). Daneben könne ein Bierlieferungsvertrag aber auch wegen unsittlicher Inäquivalenz nichtig sein (S. 37 ff., 39 ff.): nur in derartigen Fällen ergebe sich die Nichtigkeit aus § 138. Im Ergebnis ist es für die Anwendbarkeit der von Herzog vorgeschlagenen Zerlegungsmöglichkeit jedoch gleichgültig, worauf die Nichtigkeit beruht.

[68] ArchBürgR 38, 208.

[69] Zunächst (ArchBürgR 38, 208 f.) hatte Eckstein noch eine analoge Anwendung der §§ 139, 140 BGB vorgeschlagen; dagegen dann aber in ArchBürgR 41, 227 f.

[70] ArchBürgR 38, 195 ff.

Vertrages ist kein brauchbares Differenzierungskriterium bzw. verharrt auf einer unfruchtbar begrifflichen[71] Ebene. Warum gerade ein die Freiheit übermäßig beschränkender Vertrag, nicht aber ein sittenwidriger Vertrag an sich als existent nicht denkbar sein soll, ist nicht verständlich[72].

d) Im übrigen spricht aber auch nichts dagegen, die Fälle der übermäßigen Freiheitsbeschränkung, wie es einer inzwischen weitgehend stabilen und gefestigten Tradition entspricht[73], unter dem Gesichtspunkt der Sittenwidrigkeit zu beurteilen. Einen unsachgemäßen „Umweg" „durch das Gebiet der Moral"[74] bedeutet das nicht. § 138 I BGB spricht nicht von einem Verstoß gegen die Sittlichkeit[75], und die im ersten Entwurf des BGB noch enthaltene ausdrückliche Nennung auch des Verstoßes gegen die „öffentliche Ordnung" als Nichtigkeitsgrund[76] wurde in der Erkenntnis aufgegeben[77], daß die entsprechenden Verträge bereits wegen Verstoßes gegen die guten Sitten der Nichtigkeit anheimfielen[78]. So heißt es etwa in dem Kommissionsbericht ausdrücklich, auch Beschränkungen z. B. der Gewerbefreiheit seien, „sofern sie das durch wirtschaftliches Interesse berechtigte Maß überschreiten, . . . als den guten Sitten widerstrebend zu verwerfen"[79].

§ 138 I BGB verweist, wie es in der Anstandsformel nicht unanschaulich zum Ausdruck kommt, nicht auf die individueller Gewissensprüfung entspringenden Maßstäbe einer verfeinerten Hochethik[80], sondern einerseits auf die herrschende Moral, andererseits aber (vorrangig) auf

---

[71] Vgl. schon Eckstein, S. 208 f. („weil begrifflich ... nicht möglich ist", „es ist unlogisch ...").

[72] Ungereimt erscheint es auch, zwischen ohne weiteres bereits ipso iure nichtigen Rechtsgeschäften und „ihrem Wesen nach" nicht notwendig nichtigen quantitativ-unsittlichen Geschäften zu unterscheiden und für letztere ungeschriebene Rechtssätze zu entwickeln, die Rechtsnorm des § 138 aber gerade auf die erstgenannten Fälle und damit auf einen Bereich zu beschränken, in dem sie (angeblich) völlig überflüssig ist.

[73] Vgl. oben Kap. I, Fn. 29; vgl. weiterhin schon v. Gierke, Die soziale Aufgabe, S. 28 f.

[74] v. Tuhr, II 1, 183.

[75] Ein entsprechender Antrag wurde in der 2. Kommission abgelehnt: Prot. Mugdan I, 725.

[76] § 106 E I.

[77] Und dann gegen entsprechende Anträge (vgl. z. B. die Rede des Abgeordneten Stadthagen, in Mugdan I, 1004) auch nicht wieder eingeführt.

[78] Vgl. Prot. Mugdan I, 725; Bericht der XII. Kommission, Mugdan I, 969; 2. Beratung im Plenum des Reichstages, 110. Sitzung v. 20. 6. 1896, Mugdan I, 1004 ff.

[79] Bericht der XII. Kommission, a.a.O.

[80] Zu den Differenzierungen innerhalb des Begriffs der „Sittlichkeit" vgl. Henkel, S. 66 ff.; zustimmend Larenz, JurJb VII, 107; ders., AT, § 22 III a; vgl. auch Palandt / Heinrichs, § 138, 1 b aa; Soergel / Hefermehl, § 138, Rdz. 5; auch schon Planck / Flad, § 138 I 1 b (m. w. N.).

die der Rechtsordnung zugrundeliegenden sittlichen Werte[81]. Auch diese brauchen aber heute nicht mehr lediglich als „der Rechtsordnung immanent"[82] angesehen zu werden. Die Verwirklichung welcher Werte der gesamten Rechtsordnung aufgegeben ist, ergibt sich heute vielmehr insbesondere aus den Grundrechten. Demgemäß ist heute auch ganz überwiegend[83] deren mittelbare Drittwirkung anerkannt[84]. Insbesondere die Rechtsprechung des Bundesverfassungsgerichts hat herausgearbeitet, daß die Grundrechte nicht nur subjektive, staatsgerichtete Abwehrrechte darstellen — so der rechtsstaatliche Aspekt —, sondern gleichzeitig Verkörperung einer objektiven Werteordnung sind, die gerade dort für das Privatrecht beachtlich ist, wo dies auf vorausliegende Werte verweist[85]: in Generalklauseln wie z. B. § 138 I BGB.

6. Die Bedenklichkeit der Konstruktionen, die zur Erzielung des gewünschten Ergebnisses bemüht worden sind, sowie die Tatsache, daß im übrigen zur Begründung der Möglichkeit einer partiellen Aufrechterhaltung lediglich darauf verwiesen wird, unzulässig sei doch nur der über die Grenze hinausgehende Teil[86], belegen bereits eindrucksvoll die Schwäche dieser Ansicht[87, 88]. So beruhen auch die breit angelegten Aus-

---

[81] Palandt / Heinrichs, § 138, 1 b; Soergel / Hefermehl, § 138, Rdz. 1, 2; Staudinger / Coing, § 138, Rdz. 3 ff.; Enneccerus / Nipperdey, § 191 I; Larenz, AT, § 22 III a; ders., JurJb VII, 104 ff., 109 ff.; Schricker, S. 194 ff.

[82] So v. Tuhr, II 1, S. 183; vgl. auch Larenz, JurJb VII, S. 109, 118.

[83] Eine unmittelbare Drittwirkung bejahen vor allem Nipperdey, in GR IV, 2, S. 747 ff.; Enneccerus / Nipperdey, § 15 II 4 c und der I. Senat des BAG in ständiger Rechtsprechung: z. B. BAGE 1, 185 (193); 13, 168 (174 ff.). Daß aber auch Nipperdey in vielen Fällen zu ähnlichen Ergebnissen kommt wie die h. L., betonen zu Recht Nicklisch, JZ 76, 108, Fn. 23 und Flume, AT, § 1, 10 b (Fn. 25 a). Zur Ablehnung der These von der unmittelbaren Drittwirkung vgl. insbesondere Dürig in Maunz / Dürig / Herzog, Art. 1 III, Rdz. 128 ff.; ders., Fs. Nawiasky, S. 157 ff., 165 ff.; Hesse, S. 148 f.

[84] Erman / H. Westermann, § 138, Rdz. 8; Maunz / Dürig / Herzog, Art. 1 III, Rdz. 131 ff.; Soergel / Hefermehl, § 138, Rdz. 1; Hesse, S. 149 ff.; Larenz, AT, § 4 III; Dürig, Fs. Nawiasky, S. 176 ff.; Larenz, JurJb VII, S. 119; vgl. neuerdings (weitergehend) auch Fikentscher, Methoden IV, S. 617 ff.

[85] Besonders wichtig sind die Entscheidungen BVerfGE 7, 198 (204 ff.) (Lüth); 25, 256 (263) (Blinkfüer); 30, 173 (188 ff.) (Mephisto); neuerdings z. B. BVerfGE 42, 143 ff. (Deutschland-Magazin).

[86] Vgl. bes. Lappe, S. 15, 19 u. ö.; noch bedenklicher Warneyer, Arch. f. Rpfl. 1931, 265 f.: Sittenwidrigkeit tritt erst in dem Zeitpunkt ein, in dem die angemessene Dauer der Bindung überschritten wird.

[87] Besonders unbefriedigend Nolden, für den schon generell vorab feststeht (S. 8), daß die Restgültigkeit „der natürliche Grundsatz (ist), von dem man ... auszugehen hat". (Wörtlich übereinstimmend Mazzola, S. 95). Auf diesen Obersatz wird § 139 BGB im folgenden hinzubiegen versucht (vgl. bes. S. 8, 16, 17 ff. [19: „Wie ist also § 139 BGB zu lesen, um seiner wahren Bedeutung gerecht zu werden?"], 24 ff.). In der gleichen Weise bildet für Nolden auch bei dem Spezialproblem der quantitativen Teilnichtigkeit der Grundsatz der Restgültigkeit ohne weiteres „die natürliche Lösung" (S. 37) (ebenso Mazzola, S. 106); Begründung: wirtschaftlich, praktisch, einfach (S. 41). Methodisch nicht korrekt auch, wenn er (S. 18 f.) davon ausgeht, der Gesetzgeber habe nur

führungen von Spiro[89] auf einer petitio principii. In der Erkenntnis, daß (von ihm sog.) bloß materielle Erwägungen der Billigkeit oder Wünschbarkeit zur Begründung nicht ausreichen, hat er zusätzlich das Ergebnis der Teilaufrechterhaltung durch eine „formale", methodengerechte[90] Argumentation zu stützen versucht. Sein Ansatz läßt sich insoweit auf die Behauptung zurückführen[91], daß, nehme man an, eine bestimmte Rechtsfolge trete nur ein, *wenn* bestimmte Voraussetzungen gegeben seien, Verträge seien nur nichtig, *wenn* sie gegen Recht, gute Sitten oder die Freiheit der Person verstießen, auch angenommen werden müsse, die Rechtsfolge trete nur ein, *soweit* ihre Voraussetzungen gegeben seien, und die Verträge seien auch nur nichtig, *soweit* sie gegen Recht, gute Sitten oder die Freiheit der Person verstießen. Diese Aussage wäre nur richtig (aber trivial), sofern „soweit" als Äquivalent von „wenn" verstanden werden soll[92]; der Sprung von der Kondition zur Quantifikation jedenfalls läßt sich m. E. auch unter Berufung auf die „Gebote der Logik" (für wie aussagekräftig man diese bei der rechtlichen Argumentation auch immer halten mag) überzeugend nicht erklären[93]. Wenig förderliche Behauptungen anstelle einer Begründung finden sich vor allem auch bei Mazzola[94]. Schon aus dem Umstand, daß in Art. 20 II OR eine allgemeine Vorschrift über die Teilnichtigkeit der Rechtsgeschäfte gegeben sei, sei zu entnehmen, daß „grundsätzlich" jede Nichtigkeit auf den vernichtenswerten Teil beschränkt werden könne. Demgegenüber läßt sich aus Art. 20 II OR jedoch nur entnehmen, daß er bei Vorliegen seiner Voraussetzungen anwendbar sein soll. Für die Begründung unerheblich ist die Behauptung, bei Art. 20 OR müsse der Standpunkt vertreten werden, daß ein rechts- oder sittenwidriges Rechts-

---

an zusammengesetzte Rechtsgeschäfte gedacht, gleichwohl seinerseits aber auch für diesen Fall von der (insoweit bewußt getroffenen) Regelung des § 139 abweichen will (S. 25 f.).

[88] Vgl. auch die berechtigte Kritik von Naendrup (S. 31 f.) an der für diesen Bereich typischen Argumentationsweise der h. L.

[89] ZBJV 88, 449 ff., 497 ff.

[90] Demgegenüber sieht jedoch Spiro selbst (ZBJV 88, S. 458, Fn. 3) es als wesentliches Merkmal der modernen Methodenlehre an, daß unter Umständen „die freien Erwägungen als formal zureichende Begründung anerkannt werden".

[91] ZBJV 88, 459.

[92] Vgl. S. 459, Fn. 3.

[93] Nicht schlüssig ist auch das für die Zulassung „bloßer" Reduktion vorgebrachte Argument (ZBJV 88, 462), damit werde ein Zustand geschaffen, der zwar den Parteiwillen mißachte, aber doch in einem geringeren Grade als die Totalnichtigkeit: durch die ein Zustand entstehe, den die Parteien noch viel weniger gewollt hätten (vgl. in diesem Zusammenhang auch Scherrer, S. 88). — Nur bei der Teilnichtigkeit werden die Parteien zur Durchführung eines von ihnen (jedenfalls ursprünglich) so nicht gewollten Vertrages gezwungen! (Hierzu Klang / Mayer-Maly, § 1059 V 4).

[94] Bes. S. 107; auf S. 111 rekurriert er auf das „Wesen des Gesetzes".

geschäft, sofern die Rechts- oder Sittenwidrigkeit nur einem Teil des Rechtsgeschäfts anhafte, nicht vorbehaltlos völlig nichtig sei. Jede Sittenwidrigkeit als Grund für eine Totalnichtigkeit anzusehen, widerspricht nicht nur den Bedürfnissen des Rechtslebens[95], sondern dem Gesetz (Art. 20 II OR)! Mit der abschließend-rhetorischen Fragestellung, warum „dann aber" die Nichtigkeit weiter gehen solle als ihr Grund, ist Mazzola wieder zu dem weiterhin unbewiesenen Ausgangspunkt seiner Ausführungen zurückgelangt. —

Zu betonen ist demgegenüber noch einmal, daß Begutachtungsobjekt i. S. d. §§ 134, 138, 139 BGB der Vertrag als Regelung ist, der gegebenenfalls in verschiedene Einzelregelungen, -abreden oder -bestimmungen aufgespalten werden kann[96]. Jeweils eine derartige Einzelregelung befaßt sich im allgemeinen mit dem Entgelt, bei Dauerverträgen mit der Vertragsdauer. Diese Regelung als solche ist, haftet der Makel nur ihr an, abspaltbar, so daß nunmehr gem. § 139 BGB über das Schicksal des Restvertrages entschieden werden kann. Teil des Vertrages ist also nicht, daß er (z. B.) über einundzwanzig Jahre läuft (das wäre ganz widersinnig), sondern nur die Klausel, in der derartiges von den Parteien geregelt ist. In der gleichen Weise kann es nicht Teil eines auf einundzwanzig Jahre abgeschlossenen Dauervertrages sein, daß er über zwölf Jahre läuft[97]; mit dieser Aussage wird nur die faktische Geltung des *gesamten* Vertrages in einem bestimmten Zeitraum beschrieben, nicht ein *Teil* von ihm isoliert. Letzteres wäre nur der Fall, wenn die Parteien eine zwölfjährige Laufzeit geregelt hätten, was aber gerade nicht geschehen ist. Es handelt sich weiterhin aber auch nicht einmal um einen Teil der Einzelregelung. Zwar mag man (wenn auch nicht in einem mathematischen Sinne) zwölf als einen Teil von einundzwanzig bezeichnen, doch folgt daraus nicht, daß eine Regelung über zwölf als Entgelt oder Dauer als Teil einer Regelung über einundzwanzig angesehen werden könnte. Vielmehr ist dies gleichsam ein aliud[98]: die Zahlen stehen hier nicht als bloße Ziffern, sondern erhalten eine spezifische und konkrete Sinngebung, bezogen auf den Gesamtkomplex des Vertrages, in

---

[95] So Mazzola, S. 107.

[96] Nicht vergleichbar mit der hier behandelten ist die Problematik des Teilungsbegriffs in § 266 BGB (hierzu neuerdings Nacken, S. 6 ff.; zu der intensiven Diskussion zum Begriff der Teilbarkeit von Leistungen durch die Pandektenwissenschaft vgl. die Nachweise bei Windscheid / Kipp, § 253, Fn. *); hier geht es (nach richtiger Ansicht: vgl. Nacken, S. 34 ff.; Windscheid / Kipp, § 253; gegen andere Auffassungen Nacken, S. 25 ff.) um die Zerlegbarkeit des Leistungsobjekts. Teilleistungen dürfen sich deshalb von der Gesamtleistung quantitativ (und nur quantitativ!) unterscheiden.

[97] Vgl. aber Nolden, S. 41.

[98] Vgl. schon RGZ 76, 78 (80); außerdem Fischer, Fs. Wach, S. 260 f.; Krampe, JZ 75, 575; Lang, S. 88; Spiro, ZBJV 88, 462. Besonders deulich in diesem Sinne auch etwa die Rspr. des BG (zu den übermäßigen Konkurrenzverboten): BGE 23 I 739 (743 ff.); 96 II 129 (132).

dem sie *die* Dauer bzw. *das* Entgelt festlegen, *als* Dauer bzw. Entgelt vereinbart werden: und zwar für diesen Vertrag einheitlich und unteilbar gerade (nur) in dieser Weise[99]. Wird — um ein anderes Beispiel zu nehmen — für ein Darlehen ein Zinssatz von 90 % vereinbart, so wird eben nicht ein Zinssatz von 40 % (mit-)geregelt[100].

7. Daß eine quantitative Teilbarkeit sich mit dem Gesetz nicht vereinbaren läßt[101], wird noch deutlicher, wenn man bedenkt, daß es der sittenwidrige Teil ist, der abgetrennt werden soll. § 139 BGB setzt voraus, daß ein Teil eines Rechtsgeschäftes nichtig ist, und aus dem Zusammenhang mit der vorhergehenden Norm (§ 138 BGB) war zu erschließen[102], daß auch ein Teil eines Rechtsgeschäftes sittenwidrig sein könnte, wobei die Nichtigkeit sich dann auf eben diesen Teil zu beschränken hätte. Wenn nun behauptet wird, die Rechtsordnung mißbillige nur das unangemessen Überschießende an der Dauer- bzw. Entgeltvereinbarung, so ist dies nicht richtig. Sittenwidrig ist beim Wuchergeschäft, daß der Wucherer sich unter Ausbeutung gewisser beim Bewucherten gegebener Umstände eine in Bezug zur Leistung auffällig unverhältnismäßige Gegenleistung versprechen läßt[103]. Beanstandet wird damit das Entgelt als solches, das unter diesen Umständen und bei einer derartigen Gegenleistung nicht in dieser Höhe hätte vereinbart werden dürfen[104]. Es wäre offenbar verfehlt zu sagen, sittenwidrig sei nur der „unverhältnismäßige Teil" von Entgelt oder Zinsen: betrüge etwa in einem Fall der höchste noch zulässige Zinssatz 40 %, wären jedoch 50 % vereinbart, so

---

[99] Ähnlich auch Oertmann, JW 17, 256.

[100] Ähnlich Herzog, S. 22, 24 f.

[101] Verräterisch sind oft schon die von den Vertretern der Gegenansicht gebrauchten Wendungen: so wird vielfach nicht von einer Teilung gesprochen, sondern etwa von Aufrechterhaltung unter „Herabsetzung" auf das angemessene Maß (z. B. Warneyer, Arch. f. Rpfl. 1931, 267).

[102] Vgl. oben (Kap. III, 1).

[103] Für das Wuchergeschäft ist vielfach anerkannt, daß § 138 II die Totalnichtigkeit zwingend vorschreibe; vgl. schon oben Kap. I, Fn. 22; weiterhin besonders: RG Recht 08, 190 (Beil.); BGH NJW 58, 1772; BGHZ 44, 158 (162); BGH NJW 77, 1233 (1234); OLG Celle, NJW 59, 1971 (1972); Erman / H. Westermann, § 138, Rdz. 69; Oertmann, BGB, § 138, C 5 a; Palandt / Heinrichs, § 138, 4 b; Enneccerus / Nipperdey, § 192 III 3; Hedler, S. 22 (m. w. N. in Fn. 1); Krampe, JZ 75, 575; Lang, S. 87 f.; C. Raiser, S. 31 f.; Rost, S. 112; Sandrock, AcP 159, 515, 539; Wille, S. 95 f.; *a. A.* Lehmann / Hübner, § 29 IV 4; Dahmen, S. 36 ff., 45 ff.; Lappe, S. 57; Lux, LZ 19, Sp. 566 f.; Nolden, S. 57; Volkmar, ZAkDR 37, 635; wohl auch RGRK / Krüger-Nieland, § 138, Rdz. 10; nach einer dritten Ansicht ergibt sich die Nichtigkeit des Wuchergeschäftes zwar nicht aus § 138 II, aber fast durchweg (nach Ansicht von Eccius, DJZ 03, 42; Staudinger / Riezler [9. Aufl.], § 138, II 4 c immer) aus § 139: Herzog, S. 125 ff.; nach Auffassung von v. Brasch kommt eine Aufrechterhaltung gem. § 140 BGB in Betracht (S. 59 ff.). Rechtsvergleichender Überblick hinsichtlich der Behandlung wucherischer Verträge bei Sandrock, AcP 159, 539, Fn. 225.

[104] Nach Ansicht von Wille, S. 96 f. und Oertmann, BGB, § 138, C 5 a erstreckt sich der Makel der Sittenwidrigkeit sogar auf den gesamten Vertrag; vgl. auch Eckstein, ArchBürgR 41, 228.

sind nicht 10 % der sittenwidrige Teil, der von dem mangelfreien Rest getrennt werden könnte. Gerade dies müßten aber die Anhänger einer quantitativen Teilbarkeit nachweisen, da die für die Anwendung des § 139 BGB vorausgesetzte Nichtigkeit sich nur und gerade auf den sittenwidrigen Teil erstreckt. Wer im übrigen mehrere selbständige Abreden mit jeweils zulässigem Umfang annimmt (wobei dafür aus einer beinahe unendlichen Variabilität von Zerlegungsmöglichkeiten willkürlich auszuwählen wäre), müßte konsequent auch jede von ihnen bestehen lassen.

Wenn Lappe[105] unter Bezugnahme darauf, daß aus § 138 BGB nicht schon die Totalnichtigkeit des sittenwidrigen Rechtsgeschäfts zu folgern sei, die Ansicht vertritt, daß damit auch für § 138 II BGB die Möglichkeit der Teilnichtigkeit bestehen müsse, so ist dies zwar im Grundsatz richtig. § 139 BGB ist durchaus anwendbar, wenn bei zusammengesetzt einheitlichen Rechtsgeschäften ein Teil wucherisch, der andere Teil aber unanstößig ist. Auch § 138 II BGB ist dahin zu ergänzen, daß, wenn jemand sich nur durch den Teil eines Rechtsgeschäfts unter Ausbeutung der Zwangslage, der Unerfahrenheit, des Mangels an Urteilsvermögen oder der erheblichen Willensschwäche für eine Leistung Vermögensvorteile versprechen oder gewähren läßt, die in einem auffälligen Mißverhältnis zu den Leistungen stehen, nur dieser Teil des Rechtsgeschäfts nichtig ist. Für das Problem der quantitativen Teilbarkeit ist damit jedoch nichts bewiesen.

Ähnliches gilt für den Bierlieferungsvertrag. Sittenwidrig wird hier allerdings in vielen Fällen der Vertrag in der Gesamtheit seiner Regelungen sein, wobei anläßlich dieser „großen Sittenwidrigkeitsprüfung"[106] die Vertragsdauer nur als eines unter vielen nach Art von Mosaiksteinchen zusammenzufügenden Momenten berücksichtigt und gewürdigt wird. Anerkennt man die Möglichkeit, daß wegen absolut unzulässiger Freiheitsbeschränkung auch die isoliert betrachtete Vertragsdauer sittenwidrig sein kann, so ist es auch hier die Gesamtdauer, die mißbilligt wird. Der Tadel richtet sich nicht gegen die über das zulässige Maß hinausgehende Dauer, sondern *wegen* Grenzüberschreitung gegen die Dauer insgesamt[107].

8. Wenn somit — im Einklang mit dem allgemeinen Sprachgebrauch — der Begriff des „Teils" auf äußerlich erkennbare und zusammengefügte Regelungs„stücke" des Vertragsganzen beschränkt wird[108], so sprechen für diese die Möglichkeit quantitativer Aufgliederbarkeit ausschließende Interpretation auch die Vorstellungen des Gesetzgebers. Ausweislich

---

[105] S. 54 ff. (57).

[106] Hierzu oben Kap. III, 2.

[107] Vgl. auch Herzog, S. 42; a. A. Warneyer, Arch. f. Rpfl. 1931, 265 f.

[108] So wohl auch Skouris, S. 22.

der Motive ging er bei der Normierung der hernach in § 139 BGB enthaltenen Regel ganz selbstverständlich davon aus, daß Teile eines Rechtsgeschäfts dessen „Bestimmungen"[109] seien. Viermal ist in dem kurzen, hier einschlägigen Abschnit der Motive von der Aufteilbarkeit des Rechtsgeschäfts in (einzelne bzw. gültige und ungültige) Bestimmungen die Rede. Wenn demgegenüber auf die Motive zu § 1822 Nr. 5 BGB verwiesen wird[110], so läßt sich aus ihnen gerade nicht entnehmen, der Gesetzgeber habe als Teil eines Vertrages auch den über eine Zulässigkeitsgrenze hinausgehenden „Teil" einer Bestimmung ansehen wollen. Genau umgekehrt: bis zu der (heute in § 1822 Nr. 5 bestimmten) Grenze sollte der Vertrag nur dann aufrechterhalten bleiben können, wenn die Parteien ihn nicht als einheitlichen gewollt haben. § 139 BGB (bzw. 114 E I) wäre in diesem Fall gar nicht anwendbar, da es sich hier darum handelt, „inwieweit bei einem *als einheitlich sich darstellenden Rechtsgeschäfte* eine Bestimmung wegen Nichtigkeit ... hinfällig werden kann, ohne den Bestand des Rechtsgeschäfts im übrigen zu gefährden"[111].

Die hier vertretene Ansicht wird auch durch einen auf die unmittelbaren Vorläufer des BGB bezogenen Umkehrschluß bestätigt. Sowohl im Dresdner Entwurf von 1865 als auch im Bürgerlichen Gesetzbuch für das Königreich Sachsen von 1865 ist nicht nur eine Regelung über die Teilnichtigkeit enthalten[112], sondern daneben — weil offenbar noch nicht davon umfaßt — gesondert bestimmt, daß, beruhe die Nichtigkeit lediglich darauf, daß der Gegenstand der versprochenen Leistung eine gewisse Größe übersteige, der Vertrag bis zu dem erlaubten Betrage gültig bleibe[113, 114]. Wenn angesichts dessen von der 1. Kommission zur Ausar-

[109] Mot. I, 222.

[110] Lappe, S. 30 f.; Naendrup, S. 51; vgl. auch Herzog, S. 22.

[111] Mot. I, 222 (Hervorhebung R. Z.).

[112] Art. 137 I Dresdner Entwurf („Die Nichtigkeit einer einzelnen Vertragsbestimmung zieht die Nichtigkeit des ganzen Vertrages nur dann nach sich, wenn die übrigen Bestimmungen ohne die nichtige nicht bestehen können oder nach der Absicht der Vertragschließenden nicht bestehen sollen") bzw. § 103, Satz 1 und Satz 2, 1. Halbsatz d. Sächsischen BGB („Nichtige Rechtsgeschäfte werden in ihren Haupt- und Nebenbestimmungen so angesehen, als wären sie nicht errichtet. Was von dem Inhalt des nichtigen Rechtsgeschäftes als besonderes Rechtsgeschäft bestehen kann, bleibt gültig.").

[113] Art. 137 II Dresdner Entwurf und § 103, Satz 2, 2. Halbsatz d. Sächsischen BGB fast gleichlautend; diese Normen waren auf Verbotsgesetze zugeschnitten, die feste Grenzen festsetzten: vgl. für das sächs. BGB etwa § 1058 („Schenkungen, bei welchen die vorgeschriebene Form nicht beobachtet worden ist, sind nur bis zu dem Betrage von eintausend Thalern oder fünfzig Thalern jährlich gültig."); hierzu Siebenhaar, Commentar I, S. 141; vgl. weiter Siebenhaar, Lehrbuch, S. 463 (i. V. m. Commentar, S. 7 ff.). Zu diesem Gesichtspunkt näher unten, z. B. Kap. VIII, 2 - 5, Kap. X, 11.

[114] Vgl. weiter die Regelung im Badischen Landrecht: Satz 6 m: „Die Nichtigkeit aus der Uebertretung eines solchen Gesetzes, welches eine Verbindlichkeitsübernahme auf gewisse Summen beschränkt, trifft nur das Ueberschießende"; Satz 6 n: „Die Nichtigkeit aus der Uebertretung eines Gesetzes, welche

beitung des Entwurfs eines Bürgerlichen Gesetzbuches lediglich eine Norm[115] über jenes Problem eingeführt[116], dieser letztere Komplex aber stillschweigend übergangen wurde[117], bedeutet dies offensichtlich eine Ablehnung der Möglichkeit quantitativer Teilnichtigkeit.

9. Aufschlußreich ist weiterhin ein Blick in das Schweizerische Recht. Zwar spricht auch hier die deutsche Ausgabe in Art. 20 II OR nicht anders als § 139 BGB von „Teilen" des Vertrages („Betrifft aber der Mangel bloß einzelne Teile des Vertrages, . . ."), doch der französische Text macht ganz deutlich, was gemeint ist: „Si le contrat n'est vicié que dans certaines de ces clauses, ces clauses sont seules frappées de nullité, . . ."[118, 119]. Anders demgegenüber der italienische codice civile, der in Art. 1419 ausdrücklich zwischen „la nullità parziale di un contratto" und „la nullità di singole clausole" unterscheidet.

Ähnlich wie im englischen kann insofern auch im deutschen Recht über die Abtrennung eines sittenwidrigen oder verbotenen Teils des Rechtsgeschäfts der „blue-pencil-test" als nützliche rule dienen[120]: die Möglichkeit einer Zerlegung ist zu bejahen, wenn ein Teil eines zusammengesetzt einheitlichen bzw. eine Klausel eines streng einheitlichen Geschäfts (mit einem Blaustift) weggestrichen werden kann. — Dabei ist allerdings für das englische Recht zu bedenken, daß der „blue-pencil-test" zwar eine notwendige, aber noch keine hinreichende Voraussetzung

---

nur einen Theil eines vorliegenden Geschäfts trifft, schadet den übrigen Theilen nichts, wenn das Geschäft teilbar ist, und teilweise bestehen kann." Auch hier besteht offenbar die Ansicht, daß in den von Satz 6 m erfaßten Fällen nicht von Teilbarkeit gesprochen werden kann. Satz 6 m findet etwa Anwendung hinsichtlich der Zinsregelungen in Satz 1907 f und der Bürgschaftsvorschrift des Satzes 2013.

[115] Zunächst als § 128 a.

[116] In der 38. Sitzung vom 23. 12. 1881 (Maas Nr. 170, Band 1, S. 276).

[117] Daß der Gesetzgeber das Problem nicht „übersehen" oder „vergessen" haben kann, sondern es bewußt nicht (und damit von dem bisherigen Rechtszustand abweichend) geregelt hat, ergibt sich aus folgendem: der Redaktor des Entwurfs des Allgemeinen Teils, Gebhard, hatte eine Bestimmung über die Teilnichtigkeit zunächst überhaupt nicht vorgesehen. In seiner Begründung (Abschn. II, Tit. 2, S. 194 f. [Maas Nr. 97]) erwähnte er aber ausdrücklich, in einzelnen Gesetzgebungen seien Bestimmungen des Inhalts enthalten, daß, wenn die Nichtigkeit wegen eines Zuviel im Gegenstand eintrete, das Rechtsgeschäft bis zu dem erlaubten Betrag gültig bleibe. Die gesamte Passage, in die diese Äußerung eingebettet ist, wurde sinngemäß, zum Teil wörtlich, in die Motive übernommen (Mot. I, 222): nur gerade dieser eine Halbsatz ist eliminiert!

[118] Hierzu etwa BGE 43 II 660 (662); Oftinger, ZSR 57, 569 a ff.

[119] Gleichwohl werden gerade in der Schweiz Darlehensverträge mit überhöhten Zinssätzen lediglich für teilnichtig gehalten: BGE 80 II 327 (334); 93 II 189 ff.; 96 I 4 (9 f.); v. Büren, S. 117 f., 228 f.; Engel, S. 207; Guhl / Merz / Kummer, S. 67 ff.; v. Tuhr / Peter, § 29, S. 227 f.; Mazzola, S. 102 ff.; Scherrer, S. 78 ff.; Schweingruber, z. B. S. 205 ff. Hierzu vgl. jedoch noch unten Kap. VIII, 6; Kap. X, 11 a. E.

[120] Vgl. Cheshire / Fifoot / Furmston, S. 394 ff.; Guest, S. 370; Treitel, S. 338 f.

für die severability ist. So zeigt sich etwa besonders bei den in England häufig diskutierten vertraglichen Konkurrenzverboten eine deutliche Zurückhaltung gegenüber korrigierenden richterlichen Eingriffen: „The doctrine of severance has not, I think, gone further than to make it permissible in a case where the covenant is not really a single covenant but is in effect a combination of several distinct covenants. In that case and where the severance can be carried out without the addition or alteration of a word, it is permissible. But in that case only[121]." Ein Konkurrenzverbot wird nur dann als teilbar angesehen, wenn es tatsächlich aus mehreren Teilen besteht und jeder dieser Teile als selbständiges Konkurrenzverbot bestehen könnte[122]. Den Grund dieser Zurückhaltung hat sehr deutlich bereits Lord Moulton in Mason v. Provident Clothing and Supply Co., Ltd.[123] angegeben: „It would in my opinion be pessimi exempli if, when an employer had exacted a covenant deliberately framed in unreasonably wide terms, the Courts were to come to his assistance and, by applying their ingenuity and knowledge of the law, carve out of this void covenant the maximum of what he might validly have required. It must be remembered that the real sanction at the back of these covenants is the terror and expense of litigation, in which the servant is usually at a great disadvantage, in view of the longer purse of his master[124]."

V. Das Moderationsrecht als richterliche Rechtsfortbildung: Anknüpfungspunkte und Legitimationsprobleme

1. Die vorstehenden Erörterungen haben ergeben, daß es eine „quantitative Teilunwirksamkeit" nicht gibt. § 139 BGB gibt keinen Anhaltspunkt, der geeignet ist, die Totalnichtigkeit zu vermeiden[1]. Mit der Abrede über die Bindungsdauer (beim Bierlieferungsvertrag) bzw. über

---

[121] So Younger, L. J., in dem leading case Attwood v. Lamont (1920) 3 K. B. 571, abgedruckt bei Cheshire / Fifoot, Cases, S. 288 (296).

[122] Vgl. z. B. die im Falle Routh v. Jones (1947) 1 AllER 179 zu beurteilende Klausel; vgl. dort auf S. 182 das dictum von Evershed, J.: „As regards severability, a composite covenant may only be severed if, and to that extent that, on its true construction, the covenant in truth consists of two or more separate covenants."

[123] (1913) A. C. 724 (745).

[124] Im gleichen Sinne etwa Neville, J., in Goldsoll v. Goldman (1914) 2 Ch 603 (613).

[1] Gegen gelegentliche Versuche, die gewünschte Teilaufrechterhaltung schon durch Auslegung des Wortes „Nichtigkeit" in § 138 I BGB zu erreichen, zutreffend Scherrer, S. 86 f. Eine interpretative Einschränkung des § 138 I BGB hält demgegenüber aber neuerdings (jedenfalls für den Spezialfall einer Scheidungsklausel im Testament) auch Meincke, Fs. Kaser, S. 458 f. für möglich. Zur Teilnichtigkeit von Mätressentestamenten, die sich nach Ansicht des BGH aus § 138 I BGB ergeben kann (NJW 69, 1343 [1346 f.]), vgl. die oben (Kap. I, Fn. 18) Aufgeführten.

den Mietzins (beim Mietwucher) ist, auch wenn dies aufgrund der umfassenden Würdigung des Vertrages insgesamt nicht sowieso schon feststehen sollte, der gesamte restliche Vertrag hinfällig, kann doch bei Fortfall dieser essentialia negotii[2] hinsichtlich des Restes von einem Rechtsgeschäft „im Sinne der von der Rechtsordnung bestimmten Aktstypen“[3] nicht mehr die Rede sein. Für eine Aufrechterhaltung in Anwendung des § 139 BGB kommen, wie ganz überwiegend anerkannt[4], derartige Torsi schon von vornherein nicht in Betracht. Auch wer beim Bierlieferungsvertrag die Abrede über die Bindungsdauer nicht zu den essentialia negotii zählt, wird in aller Regel unter Anwendung des § 139 BGB zur Totalnichtigkeit kommen.

Die auf dem Gebiet der Nichtigkeitsfolgen herrschende Unsicherheit wird nun auch dadurch dokumentiert, daß einige weitere Konstruktionen vorgeschlagen und Versuche unternommen worden sind, ein Moderationsrecht dogmatisch zu begründen. Sie sind im folgenden auf ihre Stichhaltigkeit zu überprüfen.

2. a) Nicht zu überzeugen vermag so zunächst Lindacher[5] mit seinem Vorschlag, § 138 BGB teleologisch zu reduzieren und diese Norm für bestimmte Fallgestaltungen „quantitativer Sittenwidrigkeit“ dahin zu lesen, daß das gegen die guten Sitten verstoßende Rechtsgeschäft nur soweit nichtig ist, als das Übermaß reicht. Die Argumentation beruht weitgehend auf der nicht näher belegten Prämisse, daß § 138 BGB eine Straffunktion zukomme[6]. Von einer Übelszufügung kann jedoch in vielen Fällen nicht die Rede sein. Ganz im Gegenteil trifft möglicherweise gerade eine Reduktion auf das angemessene Maß, die Lindacher postuliert[7], z. B. den Wucherer sehr viel empfindlicher als die Totalnichtigkeit: hätte er in diesem Fall doch die Gelegenheit, sein Geld erneut gewinnbringend, d. h. zu einem unangemessenen, wenn auch, durch die Erfahrung gewitzt, gerade nicht zu einem wucherischen Zins anzulegen. Auch hier würde die „Strafe“ ganz ungleichmäßig und willkürlich wirken[8].

---

[2] Hierzu Flume, AT, § 6, 2.

[3] Flume, AT, § 32, 2 c; „oder der im Rechtsleben typisch herausgebildeten“ wäre im Hinblick auf den Bierlieferungsvertrag zu ergänzen.

[4] Erman / H. Westermann, § 139, Rdz. 12; Palandt / Heinrichs, § 139, 2; RGRK / Krüger-Nieland, § 139, Rdz. 5, 9; Soergel / Hefermehl, § 139, Rdz. 13, 20; Flume, AT, § 32, 2 c; Larenz, AT, § 23 II b; Lang, S. 22; Pierer v. Esch, S. 53 f.

[5] AcP 173, 124 ff. (129 ff.); JR 77, 413; ähnlich auch die sog. „materielle“ Erwägung von Spiro, ZBJV 88, 460.

[6] So auch die oben (Kap. IV, Fn. 5) sub a. A. Genannten; dagegen Wille, Larenz, Leonhard, Bartholomeyczik daselbst.

[7] AcP 173, 131 f.; demgegenüber aber JR 77, 413: „Aufrechterhaltung ... im Umfang des (Noch-)Zulässigen.“

[8] Ähnlich unten Kap. IX, 4 b.

b) Abgeschreckt werden kann nur, wer um das Verwerfliche seines Handelns weiß; insoweit ist es konsequent, wenn Lindacher für die Rechtsfolge Totalnichtigkeit Vorwerfbarkeit des Handelns fordert. Er belastet damit den Richter im Hinblick auf die Rechtsfolgenfestsetzung mit einer ganz diffizilen und mühsamen Aufgabe und verkennt gleichzeitig das Wesen der Mißbrauchskontrolle. § 138 BGB mißbilligt nur Regelungen, die der durchschnittliche Rechtsgenosse anständigerweise sowieso nicht vornehmen würde. Ob der Wucherer (oder Verpächter[9]) im Einzelfalle tatsächlich das Bewußtsein der Sittenwidrigkeit gehabt hat, ist insofern unerheblich; von Seiten der Rechtsordnung kann ein derartiger Standard an Anstandsgefühl normativ vorausgesetzt werden. Erklärt man das Rechtsgeschäft für total nichtig, wird damit der Vertragsteil, der sich den sittenwidrigen Vorteil ausbedungen hat, nicht „zum Objekt degradiert"[10], sondern immer noch als verantwortliches Subjekt angesprochen. Sittenwidriges Verhalten i. S. d. § 138 I BGB ist immer vorwerfbar, weil von einem zumindest potentiellen Bewußtsein der Sittenwidrigkeit ausgegangen werden kann. Die Sittenwidrigkeit bestimmter Verhaltensweisen ergibt sich nicht aus BGH-Urteilen[11, 12]; die Unkenntnis von der Entscheidung NJW 64, 2203, in der der BGH auch gar nicht entschieden hat, „daß ein länger als drei Jahre dauerndes Wettbewerbsverbot für den Pächter einer Apotheke objektiv sittenwidrig ist"[13], kann etwa in Lindachers Beispiel den Verpächter nicht entlasten. Entweder wären dann, unterstellt man einmal, der BGH habe tatsächlich einen derartigen Leitsatz aufgestellt, zu enge Grenzen gesetzt und damit der Versuch gemacht worden, nicht nur einen Mißbrauch der Vertragsfreiheit zu bekämpfen, sondern bloß dem richterlichen Billigkeitsgefühl unangemessen erscheinende Bindungen zu verhindern; oder aber

[9] Vgl. das Beispiel 3, AcP 173, 129.

[10] Lindacher, AcP 173, 130.

[11] Richtig Lindacher, AcP 173, 133: trotz „gewisse(r) volitive(r) Züge" handelt es sich bei dem Sittenwidrigkeitsurteil zumindest der Idee nach um eine eindeutige Feststellung.

[12] Anders wohl Spiro, ZBJV 88, 464, 465. Allerdings ist für die Schweiz zu bedenken, daß der Tatbestand der Übervorteilung (Art. 21 OR) nicht als Sonderfall der allgemeinen Sittenwidrigkeit gem. Art. 20 I OR geregelt ist, und daß auch übermäßige Freiheitsbeschränkungen nicht (lediglich) an der dem § 138 I BGB entsprechenden Generalklausel, sondern an einem speziellen Tatbestand (Art. 27 ZGB) zu messen und gegebenenfalls als widerrechtlich zu qualifizieren sind.

[13] So aber Lindacher, AcP 173, 131. Der BGH hat vielmehr lediglich festgestellt, daß sich das schutzwürdige Interesse des Klägers auf eine Fernhaltung der Konkurrenz des Beklagten in diesem Fall auf drei Jahre beschränkt. Diese Dauer, die im übrigen mehrfach als „angemessene" Zeit bezeichnet wird (das spricht eindeutig dagegen, bereits in einem Wettbewerbsverbot von vier Jahren eine „sittenwidrige" Beschränkung erblicken zu können), hat der BGH vorliegend aus spezifischen Umständen des Einzelfalls gewonnen (u. a. habe der Kläger [= Verpächter] selbst die dem Wortlaut nach unbegrenzte Wettbewerbsabrede als zeitlich auf etwa drei Jahre begrenzt ausgelegt).

das Anstandsgefühl *aller* billig und gerecht Denkenden ist tatsächlich verletzt: dann spricht auch der vermeintliche Strafgedanke nicht gegen eine Totalnichtigkeit. Für den Mietwucher und wohl auch die Bierlieferungsverträge mit übermäßig langer Bindungsdauer, die Ausgangsbeispiele dieser Arbeit, müßte auch von dem bifunktionalen Blickwinkel Lindachers aus die Totalnichtigkeit als angemessene Rechtsfolge erscheinen.

c) Im übrigen sieht sich Lindacher zu weiteren Einschränkungen gezwungen[14]. Die Beschränkbarkeit der Nichtigkeit auf den das Übermaß ausmachenden Teil setze die Existenz hinreichend bestimmter objektiver Kriterien zur Beantwortung der Frage voraus, mit welchem Inhalt das unmäßige Geschäft aufrechterhalten werden könne; des weiteren müsse das Rechtsgeschäft zumindest vom hypothetischen Willen beider Parteien getragen sein. Damit verliert die von Lindacher befürwortete methodische Operation aber alle Konturen. Eine durch dreifache Gegenausnahmen derart weitläufigen und unbestimmten Charakters wieder zurückgenommene teleologische Reduktion kann kaum mehr eine kunstgerechte Rechtsanwendung verbürgen. Zudem wird auf diesem Wege die Norm des § 139 BGB umgangen, die Lindacher, obwohl er doch ausdrücklich für eine bloße „Teilnichtigkeit"[15] plädiert, an keiner Stelle erwähnt. Durch sie hat der BGB-Gesetzgeber aber gerade für die Berücksichtigung der Gesichtspunkte gesorgt, die Lindacher sich nunmehr aus freier Hand in die Diskussion einzuführen genötigt sieht: sittenwidrig sein darf nur ein eindeutig abtrennbarer Teil; über die Aufrechterhaltung ist nach dem hypothetischen Parteiwillen zu entscheiden.

d) § 138 BGB bezeichnet äußerste Grenzen der rechtsgeschäftlichen Privatautonomie und ist Ausfluß des Gebots der Selbstachtung des Rechts; sittenwidrige Rechtsgeschäfte darf die Rechtsordnung nicht anerkennen[16]. Mit dieser Normfunktion steht die Totalnichtigkeit wucherischer und wucherähnlich-sittenwidriger Rechtsgeschäfte zwanglos im Einklang[17]; für eine teleologisch motivierte Restriktion eines angeblich zu weitreichenden Normwortlauts fehlt es deshalb bereits am methodischen Ansatzpunkt. Sittenwidrig ist gegebenenfalls die gesamte vereinbarte Dauer, das gesamte vereinbarte Entgelt; die erstrebte Rege-

---

[14] AcP 173, 131 f.

[15] z. B. AcP 173, 132 oben.

[16] Zu Zweck und Funktion des § 138 I BGB insoweit BGHZ 23, 175 (180 f.); Palandt /Heinrichs, § 138, 1 a; Soergel / Hefermehl, § 138, Rdz. 1; Larenz, AT, § 22 III a; ders., JurJb VII, 120; Lindacher, AcP 173, 125; vgl. in diesem Zusammenhang auch Kap. VIII, über Fn. 95. Teilweise anders Staudinger / Coing, § 138, Rdz. 5 (Schutz der anerkannten Grundsätze der Ethik und des ordre public); ähnlich Leonhard, Fs. Bekker, S. 99.

[17] Zur Zurückhaltung gegenüber Gestaltungsrechten bei der Nichtigkeit wegen Sittenverstoßes mahnt selbst Heinrich Lange, S. 54; zu seiner rigorosen Ablehnung des Alles-oder-Nichts ansonsten vgl. bereits oben Kap. I, Fn. 14.

lung ist gerade nicht „nur dem Umfang nach"[18] mit rechtlichen Grundanforderungen unvereinbar, sondern wird wegen ihres Übermaßes mißbilligt und ist deshalb totaliter sittenwidrig. Ob der Richter möglicherweise ermächtigt ist, eine dieserart sittenwidrige Bestimmung auf ein sittenkonformes Maß zu reduzieren, ist eine andere Frage, die sich abschließend nicht aus der Teleologie des § 138 I BGB beantworten läßt.

3. Eine Reihe von Autoren gehen zwar von der Totalnichtigkeit des wucherischen oder wegen Übermaßes einer Verpflichtung sittenwidrigen Geschäftes aus; sie wollen jedoch im Ergebnis den Vertrag auf dem Wege über § 140 BGB mit nicht mißbilligtem Inhalt aufrecht erhalten[19].

Die mit dieser Ansicht verbundene Auslegung des § 140 BGB wird jedoch schon dem Wortlaut dieser Norm nicht gerecht. Daß ein zu 60 % verzinsliches Darlehen „den Erfordernissen" eines zu 10 % Zinsen hingegebenen Darlehens „entspricht", ist eine teils sinnlose, teils selbstverständliche Behauptung, die, gäbe es nicht den Normtext des § 140 BGB, wohl auch niemand aufstellen würde. Sicherlich ist etwa die Geschäftsfähigkeit ein Geschäftserfordernis, das, wenn es für das eine Geschäft gegeben ist, auch dem anderen nicht entgegensteht. Insofern entspricht das eine den äußerlichen Erfordernissen des anderen Geschäfts. Bemängelt wird bei jenem aber gerade der Inhalt, und dieser Inhalt muß umgeschaffen werden, will man ein makelfreies Rechtsgeschäft erhalten. Hierzu ermächtigt § 140 BGB nicht, weil die Vorschrift in dieser Hinsicht gar keine Aussage trifft. In bezug auf diesen mißbilligten Punkt entsprechen das ursprüngliche und das zu substituierende Rechtsgeschäft einander nämlich gerade nicht.

§ 140 BGB dient dazu, den Zielvorstellungen der Parteien möglichst weitgehend Geltung zu verschaffen[20], indem die Norm grundsätzlich davon ausgeht, daß es den Parteien in aller Regel nicht um die formale Erfüllung von Tatbestandsmerkmalen und die Einhaltung ganz bestimmter juristischer Gestaltungsmöglichkeiten, sondern um die Verwirklichung materieller, wirtschaftlicher Ziele zu tun ist. Dabei kann es jedoch vorkommen, daß die Parteien sich eines unzulässigen rechtlichen Mittels bedienen, so daß zwischen den wirtschaftlichen Zielvorstellungen und dem artikulierten Rechtsfolgewillen eine Diskrepanz entsteht[21]. Der Richter soll dann kraft seiner überlegenen Rechtskenntnis gehalten sein

[18] So Lindacher, AcP 173, 128.

[19] Erman / H. Westermann, § 138, Rdz. 7; § 140, Rdz. 7; Bettermann, Grundfragen, S. 27 f. (für preiswidrige Kontrakte); v. Brasch, S. 37 ff., 52 ff., 59 ff., 71 f.; Fischer, Fs. Wach, S. 260 f.; Lappe, S. 89 ff.; Siller, AcP 138, 156, 178 ff. (in Fällen des § 134, 138 I, 1822 Nr. 5, nicht jedoch beim Wucher); noch weitergehend OLG Stuttgart, JZ 75, 572 (573); vgl. weiterhin Herzog, S. 98; a. A. Oertmann, JW 17, 256; Scherrer, S. 93 f.; Spiro, ZBJV 88, 457.

[20] Vgl. schon Prot. Mugdan I, S. 727.

[21] Vgl. Bürck, JuS 71, 574; ders., SchlHA 73, 39 f.

zu prüfen, ob zur Verwirklichung dieses (zunächst durch Auslegung ermittelten) primär auf den wirtschaftlichen Erfolg gerichteten Parteiwillens ein anderer, rechtlich gangbarer Weg zur Verfügung steht. Damit wird, nach einer Formulierung von Windscheid[22], das Rechtsgeschäft nicht durch Umgestaltung, sondern als das, was es ist, aufrecht erhalten, indem lediglich eine nicht offenliegende Seite desselben herausgekehrt wird.

Daß die Konversion in der „bloßen" Änderung des Geschäftsinhalts bestehen kann[23], entspricht weder dem Verständnis der Konversion im römischen[24] noch im gemeinen Recht[25], von dem die BGB-Väter auch nicht abzuweichen gedachten[26]. Auch mit der gegenüber § 111 E I veränderten Endfassung waren sachliche Änderungen nicht beabsichtigt. Ganz offenbar ist im übrigen die „Erfindung" der inhaltlichen Konversion vor allem ein nach dem Muster „zulässig, weil unentbehrlich" erzeugtes Kind des unvermeidlichen „praktischen Bedürfnisses"[27]. Völlig offen lassen die Vertreter dieser Ansicht auch, wie das zu substituierende Rechtsgeschäft zu bestimmen ist. Was die äußeren Wirksamkeitserfordernisse angeht, entspricht der über fünfundzwanzig Jahre abgeschlossene Bierlieferungsvertrag ja einem solchen über zwanzig Jahre ebenso wie über achtzehn, fünfzehn, dreizehn Jahre usw.

Im Einklang mit der heute herrschenden Lehre[28] ist mithin als Voraussetzung einer Umdeutung zu fordern, daß nicht der mit dem Rechtsgeschäft angestrebte wirtschaftliche Erfolg, sondern nur das Mittel von der Rechtsordnung mißbilligt wird. Das ist bei den hier zur Behandlung stehenden Vertragstypen nicht der Fall.

---

[22] Windscheid / Kipp I, § 82, 5 (Fn. 15); vgl. auch Gebhard, Entwurf, Begründung zur Vorlage zum Ersten Buch, Allgemeiner Theil (Maas Nr. 97), Abschn. II, Tit. 2, S. 203 (zu § 49).

[23] v. Brasch, v. a. S. 127; Siller, AcP 138, 178.

[24] z. B. UE 24, 11 a; Mod. D. 28, 6, 4 pr.; Ulp. D. 29, 1, 3; Jul. D. 29, 7, 2, 4; ausführlich Giuffrè (dazu die bei Kaser, RP I, § 60 I 4 [Fn. 26] zit. Besprechungen).

[25] Dernburg / Sokolowski I, § 111, 2; Regelsberger I, § 176 III; Windscheid / Kipp I, § 82, 5 (Fn. 15).

[26] Vgl. Mot. I, S. 218; Prot. Mugdan I, S. 727; Gebhard (o. A. 22), S. 202 ff.; vgl. auch bereits den Dresdner Entwurf, Art. 141; für den Rechtszustand unter dem sächsischen BGB vgl. Siebenhaar, Commentar I, S. 142 f.

[27] Besonders deutlich Siller, AcP 138, 170, 182.

[28] BGH NJW 77, 1233 (1234); Palandt / Heinrichs, § 140, 1; RGRK / Krüger-Nieland, § 140, Rdz. 2, 4; Soergel / Hefermehl, § 140, Rdz. 5; Flume, AT, § 32, 9 e; Larenz, AT, § 23, III; Lehmann / Hübner, S. 172; Krampe, JZ 75, 576; wohl auch Bürck, JuS 71, 574; vgl. auch schon RG Gruch. 68, 542 (die zu § 1822 Nr. 5 BGB ergangenen Entscheidungen [Kap. VI, Fn. 7] können nicht für die gegenteilige Ansicht in Anspruch genommen werden [so aber v. Brasch, S. 126], da sie sich nicht auf § 140 BGB stützen); einschränkend gegenüber seiner früher vertretenen Auffassung, die Konversion sei bei allen dem Mieterschutz unterfallenden Miet- und Pachtverträgen zu gewähren, auch bereits Bettermann, Grundfragen, S. 28.

4. a) Ist ein Arbeitsverhältnis einmal in Vollzug gesetzt worden, so ergeben sich, stellt sich hernach die Nichtigkeit des Vertrages heraus oder wird dieser angefochten, bei der bereicherungsrechtlichen Rückabwicklung nicht unbeträchtliche Schwierigkeiten. Das Bereicherungsrecht scheint vor allem auf Austauschverhältnisse zugeschnitten zu sein, als welche gerade die Arbeitsverhältnisse nur beschränkt bezeichnet werden können[29], und es gewährleistet nach verbreiteter Ansicht nicht den wünschenswerten und erforderlichen Schutz des Arbeitnehmers[30]. Ganz weitgehend ist deshalb heute anerkannt, daß die Geltendmachung von Nichtigkeits- und Anfechtungsgründen in der Regel nur für die Zukunft wirkt[31]. Gleiches gilt für den fehlerhaften Gesellschaftsvertrag[32, 33]. Beide Fallgruppen werden vorwiegend unter dem Stichwort des „faktischen Vertragsverhältnisses" erörtert. Im Anschluß an Haupt[34] ist diese Lehre vor allem auch auf die Fälle der Inanspruchnahme von Leistungen der Daseinsvorsorge mit tariflich feststehenden Bedingungen ausgedehnt worden und hat sich hier zeitweilig sogar höchstrichterlicher Anerkennung erfreuen können[35]. — Der Gedanke, die hier entwickelten Grundsätze für die vorliegende Problematik fruchtbar zu machen, liegt nicht fern. So ist denn auch bereits etwa ein faktisches Mietverhältnis propagiert worden[36], und insbesondere Herrmann hat angeregt[37], z. B. für

[29] Hierzu Palandt / Putzo, § 611, 8; Soergel / Wlotzke / Volze, § 611, Rdz. 73 ff.; Hueck / Nipperdey I, §§ 21 f.; Nikisch I, § 19, §§ 25 ff.; Hanau / Adomeit, E 10; Collier, S. 28.

[30] So ganz selbstverständlich etwa Soergel / Wlotzke / Volze, § 611, Rdz. 30; Hueck / Nipperdey I, § 32 I 2.

[31] BAGE 5, 58 (65 f.); BAG AP § 611 (Faktisches Arbeitsverhältnis), Nr. 18 (Bl. 2); Erman / Hefermehl, vor § 145, Rdz. 57; Palandt / Heinrichs, Einf. v. § 145, 5 c bb; Palandt / Putzo, Einf. v. § 611, 4 a aa; Soergel / Wlotzke / Volze, § 611, Rdz. 30 f.; Esser, SchR I, § 14, 3; ders., SchR II, § 77 I 2; Flume, AT, § 8,3; Hanau / Adomeit, F III 3; Hueck / Nipperdey I, § 32; Nikisch I, § 19 IV; Beer, S. 34; Collier, S. 29 f.; Haupt, S. 19 ff.; Sack, RdA 75, 171 ff.; Siebert, S. 68 ff.; S. Simitis, Faktische Vertragsverhältnisse, S. 263 ff.

[32] RGZ 165, 193 (201 ff.); BGHZ 3, 285 ff.; Erman / Hefermehl, vor § 145, Rdz. 57; Erman / Schulze-Wenck, § 705, Rdz. 5 ff.; Fischer, in Großkommentar HGB, § 105, Anm. 68 ff. (87 ff.); Palandt / Heinrichs, Einf. v. § 145, 5 c aa; Palandt / Thomas, § 705, 3 d; Soergel / Schultze-v. Lasaulx, § 705, Rdz. 80 ff.; Staudinger / Geiler / Keßler, § 705, Rdz. 81 ff.; Esser, SchR II, § 96 I; Flume, AT, § 8, 3; Reinhardt, GesR, Nr. 235 ff.; Beer, S. 33 f.; Collier, S. 30 ff.; Haupt, S. 17 ff.; Siebert, S. 40 ff.; S. Simitis, Faktische Vertragsverhältnisse, S. 107 ff.

[33] Vgl. in diesem Zusammenhang auch §§ 275 ff. AktG; § 262 I 5 AktG i. V. m. § 144 a FGG; §§ 75 ff. GmbHG; §§ 94 ff. GenG.

[34] S. 5 ff. (21 ff.).

[35] BGHZ 23, 175 ff.; BGH NJW 59, 1676 (m. Anm. der Schriftleitung); LG Frankfurt, MDR 70, 843 (Inanspruchnahme von Strom und Fernwärme; anders LG Berlin, JZ 73, 217 [218]); LG Ravensberg, NJW 77, 684 f. (Faktischer Gaslieferungsvertrag); BGHZ 21, 319 ff. (Benutzung eines gebührenpflichtigen Parkplatzes); LG Bremen, NJW 66, 2360 f. (Einsteigen in eine Straßenbahn).

[36] Roquette, S. 147 f.; S. Simitis, Faktische Vertragsverhältnisse, S. 409 ff.; vgl. auch Haupt, S. 15 f.; Wieacker, Gött. Fs., S. 284 f.

[37] MDR 59, 116.

Fälle, in denen der Vertrag wegen unter Ausnutzung einer Monopolstellung erzielten überhöhten Entgelts nichtig ist, die im Parkplatzfall[38] entwickelten Rechtsgedanken anzuwenden.

b) Doch zum einen gibt auch der BGH neuerdings Zurückhaltung gegenüber den mit allzu großem Bekenntniseifer und unter Vernachlässigung dogmatischer Ökonomie[39] erlassenen früheren Judikaten zu erkennen[40]. Wie problematisch es wäre, das System des BGB auf eine derartige Möglichkeit der Begründung von Vertragswirkungen nicht nur durch Willenserklärungen, sondern auch durch tatsächliches Verhalten fortzuentwickeln bzw. umzugestalten, ist in der Diskussion der letzten zwanzig Jahre schon oft betont worden[41]. Zudem ist aber auch bereits mehrfach der Nachweis erbracht worden, daß sich die angesprochenen Erscheinungen durchaus mit dem herkömmlichen Instrumentarium bewältigen lassen[42]. Zutreffend hat in diesem Zusammenhang Wieacker bemerkt[43], es könne keine bessere Beschreibung der schlüssigen Willenserklärung geben als die Bestimmung des sozialtypischen Verhaltens bei Larenz[44]. Die Lehre vom Vertragsschluß durch sozialtypisches Verhalten noch auszubauen und auf weitere Fälle zu übertragen, erscheint demnach heute nicht mehr angängig.

c) Es verbleiben die faktische Gesellschaft und das faktische Arbeitsverhältnis als Anknüpfungspunkte. Ob diese Konstruktion, die übrigens ganz überwiegend gerade im Hinblick auf schwere inhaltliche Mängel bei Verstößen gegen §§ 134, 138 I BGB wieder eingeschränkt wird[45], zur Bewältigung der bei der fehlerhaften Gesellschaft bzw. beim rechtswi-

---

[38] BGHZ 21, 319 ff.

[39] Wieacker, Gött. Fs., S. 267; vgl. auch Wieacker, PrgNz, S. 525, 530 ff.

[40] Vgl. BGH WM 68, 115 (117); BGH DB 70, 1686; BGH NJW 65, 387 (388); BGH FamRZ 71, 247 (247 f.) (Flugreisefall; insoweit nicht abgedruckt in BGHZ 55, 128) (hierzu etwa Fikentscher, Methoden IV, S. 315, Fn. 71 [m. w. N.]).

[41] Wieacker, Gött. Fs., S. 276 ff., bes. 283 ff.

[42] Erman / Hefermehl, vor § 145, Rdz. 58 ff., Esser / Schmidt, § 10 II; Lehmann, bei Habscheid, AcP 157, 103 f.; Siebert, S. 19 ff.; Törl, S. 11 f.; Wieacker, Gött. Fs., S. 268 ff.

[43] Gött. Fs., S. 269.

[44] Unter den Fällen, die Larenz dem Vertragsschluß durch schlüssiges Verhalten zurechnet (AT, § 19 IV b) und denen, die er dem sozialtypischen Verhalten zugeordnet sehen will (AT, § 28 II), sind kaum Unterschiede zu erkennen; auch bei der konkludenten Erklärung liegt ein Rechtsfolgewille „in der Konsequenz" (AT, § 28 II, S. 461) des Verhaltens.

[45] BGHZ 13, 320 (322 f.); 55, 5 (9); 62, 234 (241); BGH NJW 74, 1201 (1202); Erman / Hefermehl, vor § 145, Rdz. 57; Fischer, in Großkommentar HGB, § 105, Anm. 95/97; Palandt / Heinrichs, Einl. v. § 145, 5 c; Palandt / Thomas, § 705; 3 d; Soergel / Lange, vor § 145, Rdz. 119; Soergel / Wlotzke / Volze, § 611, Rdz. 35; Soergel / Schultze-v. Lasaulx, § 705, Rdz. 102 ff.; Staudinger / Geiler / Keßler, § 705, Rdz. 125 f.; Hueck / Nipperdey I, § 32 III 3 c; Nikisch I, § 23 II 3; Collier, S. 30; Siebert, S. 89, 60 ff.; differenzierend Sack, RdA 75, 176 ff.

drigen Arbeitsvertrag auftauchenden Probleme unentbehrlich ist[46], sei dahingestellt; sie ist jedenfalls im Schrifttum auf erheblichen Widerstand gestoßen[47], ohne daß besonders für das Gesellschaftsrecht freilich bislang dogmatisch überzeugendere Möglichkeiten zur Erzielung befriedigender Ergebnisse dargetan worden wären. Die Entwicklung entbehrt des Rückhalts im positiven Recht, und wenngleich die Ergebnisse in den beiden genannten Bereichen möglicherweise als „gewohnheitsrechtlich"[48] anerkannt gelten können, kommt eine Erstreckung auf andere Dauerschuldverhältnisse auch hier nicht in Betracht[49]. Hinzu kommt, daß gerade etwa beim Mietvertrag die Gründe, die allenfalls für das faktische Arbeits- bzw. Gesellschaftsverhältnis geltend gemacht werden können, nicht anzuerkennen sind. Eine die Belange des Mieters hinreichend berücksichtigende Abwicklung ist hier durchaus möglich[50], ohne daß, würde man nicht an der ex-tunc-Wirkung der Nichtigkeit rütteln, das Bereicherungsrecht überfordert oder „typologisch"[51] unpassend wäre. Im übrigen würde sich auf diese Weise auch nur eine Aufrechterhaltung des Vertrages zum Wucherzins begründen lassen[52, 53]: ein Ergebnis, das weder den Interessen des Bewucherten, noch denen der Allgemeinheit an der Unterdrückung sittenwidriger Rechtsgeschäfte gerecht wird.

5. Mitunter wird der Anschein erweckt, als könne, ausgehend von einzelnen Normierungen, das richterliche Moderationsrecht dem BGB als allgemeiner Rechtsgrundsatz entnommen werden[54]. Die Stützen für eine derartige Gesamtanalogie sind jedoch ganz außerordentlich schwach: es handelt sich um die §§ 343, 655 BGB.

---

[46] Daß eine befriedigende Lösung über das Bereicherungsrecht möglich ist, hat Beuthien, RdA 69, 161 ff. zu zeigen versucht; zustimmend Esser / Schmidt, § 10 III 1; Törl, S. 14 f. (u. ö.). Dagegen etwa (m. E. nicht überzeugend) Sack, RdA 75, 172 f.

[47] Erman / Hefermehl, vor § 145, Rdz. 57; Erman / G. Küchenhoff, § 611, Rdz. 61 ff.; Soergel / Lange, vor § 145, Rdz. 119; Soergel / Schultze-v. Lasaulx, § 705, Rdz. 90; Enneccerus / Nipperdey, § 163 VII; Flume, AT, § 8, 2; Beuthien, RdA 69, 164, 173 f.; Lehmann, NJW 58, 1 ff.

[48] Zu Begriff und Bedeutung des sog. „Gewohnheitsrechts" neuerdings Fikentscher, Methoden IV, S. 220 ff., 317 ff.

[49] Die Konstruktion eines faktischen Mietvertrages wird ausdrücklich abgelehnt von Staudinger / Coing, Vorbem. v. § 116, Rdz. 24 b; Beitzke, Dauerrechtsverhältnisse, S. 49; Collier, S. 43 ff.

[50] Vgl. Collier, S. 45 f.; für den hier behandelten Fall des Mietwuchers vgl. unten Kap. IX, 1 - 4, 7 - 10.

[51] Vgl. Canaris, BB 67, 167 f.

[52] So in der Tat im Ergebnis (wenn auch in anderem Zusammenhang) Staudinger / Coing, § 138, Rdz. 41.

[53] Anders Herrmann, MDR 59, 116, der ja grundsätzlich von einer ex-tunc-Nichtigkeit des Vertrages ausgeht.

[54] Vgl. Hartung, S. 42 ff.; Lappe, S. 33, 52; Oertmann, JW 17, 257; vgl. auch für das Schweizerische Recht (hier kommen die Art. 163 III [Konventionalstrafe], 340 a II [Konkurrenzverbot] und 417 OR [Maklerlohn] in Betracht)

a) Unter angeblichem Rückgriff auf derartige Spezialnormen umfängliche Rechtsneuschöpfungen zu legitimieren, ist immer wieder verlokkend. So hat man teilweise auch die richterliche Inhaltskontrolle von Allgemeinen Geschäftsbedingungen aus § 315 BGB herzuleiten versucht[55]. Nun erfordert zwar jeder Analogieschluß ein Werturteil und wird von Gesichtspunkten der Rechtsteleologie und Rechtsethik beeinflußt. Gerade die Abgrenzung von Ähnlichkeitsschluß und argumentum e contrario kann in vielen Fällen intersubjektiv verbindlich nicht vorgenommen werden. Es gibt jedoch Grenzen, jenseits derer gesetzliche Normen nur mehr als nicht-analogiefähige Ausnahmebestimmungen angesehen werden können. Wo sie, wie hier der Fall, überschritten sind, beginnt der Anwendungsbereich der Parömie des „singularia non sunt extendenda“[56]. Die §§ 655, 343[57], in denen dem Richter aufgrund einer Billigkeitskontrolle Gestaltungsrechte eingeräumt werden, betreffen sehr spezielle Sonderfälle[58, 59], letztere Norm ist zudem heute faktisch nahezu bedeu-

---

Spiro, ZBJV 88, 457, 516; Guhl / Merz / Kummer, S. 67 f.; ähnlich Scherrer, S. 94 ff.

[55] BGHZ 38, 183 (186); Larenz, SchR I, § 6 III (S. 73); Lukes, NJW 63, 1896 ff. (1900). Schmidt-Salzer, AcP 167, 512 hat § 315 BGB anscheinend sogar direkt anwenden wollen.

[56] Engisch, Einführung, S. 147 f. (m. w. N. in Fn. 177 [S. 258]); Larenz, Methodenlehre, S. 343 f.

[57] Das römische (und das gemeine; für dieses aber wegen C 7, 47 nicht ganz unstreitig: vgl. z. B. OAG Cassel v. 18. 12. 1852, SeuffA 11, Nr. 224; richtig demgegenüber aber Glück IV 1, S. 532, Fn. 3) Recht kannte keine Beschränkungen der Vertragsstrafenvereinbarung, bemühte sich aber, die Vertragsstrafen gegebenenfalls auf anderen Wegen zu entschärfen (hierzu Knütel, Stipulatio poenae, §§ 11 ff. [S. 184]). In neuerer Zeit überließen das Sächsische BGB (§ 1430), der Dresdner Entwurf (Art. 127) und der bayerische Entwurf eines BGB die Höhe der Konventionalstrafe der freien Vereinbarung; das PrALR (301 I 5) normierte eine Herabsetzung auf den doppelten Betrag des Interesses, während nach dem ABGB (§ 1336) der Richter übermäßige Konventionalstrafen „allenfalls nach Einvernehmung der Sachverständigen“ zu mäßigen hatte (und noch hat; vgl. hierzu Klang / Wolff, § 1336, 10). Sonderregeln gab es zumeist für Vertragsstrafen bei Darlehen bzw. wegen verspäteter Entrichtung einer Geldschuld (825, 826 I 11 PrALR und die zit. Bestimmungen des Sächs. BGB, des Dresdner Entwurfs und des ABGB). — Ein richterliches Ermäßigungsrecht statuierten insbesondere auch Art. 182 OR v. 1881: Richter ist befugt, „übermäßige Strafen nach billigem Ermessen herabzusetzen“ und der Entwurf eines BGB für das Ghzthm Hessen (Art. 126 f.).

[58] § 655 BGB betrifft nur die Maklertätigkeit zum Zwecke des Abschlusses eines Dienstvertrages. In der Kommission (Kom.-Ber. Mugdan II, S. 1292) war zwar zunächst ein allgemeines richterliches Ermäßigungsrecht bei Maklerverträgen überhaupt beschlossen worden, doch rückte man hiervon sehr schnell wieder ab und blieb auch später ausdrücklich bei diesem eingeschränkten Anwendungsbereich: vgl. die Stellungnahmen von v. Buchka und Enneccerus zu dem Antrag Dziembowskis in der 2. Plenarberatung, Mugdan II, S. 1325. Demgemäß wird heute überwiegend eine analoge Anwendung des § 655 BGB abgelehnt: Erman / Werner, § 655, Rdz. 3; Palandt / Thomas, § 655, 1; Enneccerus / Lehmann, § 158 II 7; a. A. Schwerdtner, Maklerrecht, Rdz. 46 (S. 45), 57, 172; Scherrer, S. 50 f.

[59] Planck / Siber, § 343, 1: „anomales Recht“; vgl. weiter BGE 23 I 739 (744);

tungslos[60]. In beiden Fällen hat der BGB-Gesetzgeber geschwankt, ob eine derartige, deutlich als außergewöhnliche Besonderheit erkannte Normierung tunlich sei[61]. Die Möglichkeit der Herabsetzung eines unverhältnismäßig hohen Mäklerlohns wurde erst von der vom Reichstag eingesetzten Kommission eingefügt[62], und auch der spätere § 343 BGB war im E I nicht enthalten gewesen. Die ungebundene Stellung des Richters wurde als sehr problematisch empfunden und ihm hier, wie auch in anderen Zusammenhängen, nicht ohne Bedenken und nur unter Hinweis auf die Qualität des deutschen Richterstandes eingeräumt[63]. Auch dies spricht dafür, daß dem Richter eine Gestaltungsbefugnis nur in den konkret genannten und genau erwogenen Ausnahmesituationen zukommen sollte[64].

b) Darüber hinaus ist zu beachten, daß besonders § 343[65] schon an sich keine im Hinblick auf die modifizierte Aufrechterhaltung wucherischer und wucherähnlicher Rechtsgeschäfte aussagekräftige Vergleichssituation betrifft. Der Gesetzgeber hielt bei Vertragsstrafen die Vorschriften über den Wucher nicht für ausreichend, sondern wollte im Hinblick auf vielfach aufgetretene Mißstände einem typischerweise wirtschaftlich Unterlegenen, dem Vertragsstrafenschuldner, einen besonderen Schutz angedeihen lassen. Er fügte deshalb tatbestandsmäßig eine Angemessen-

---

Giger, ZBJV 105, 317 ("[gesetzlich sanktionierte] Vertragsverletzung"), 319 f.; Scherrer, S. 23, 50 f.

[60] Vgl. Erman / Werner, § 655, Rdz. 1; Palandt / Thomas, § 655, 1; Soergel / Mormann, § 655, Rdz. 1; aus der Rechtsprechung vgl. als eine der wenigen einschlägigen Entscheidungen RG SeuffA 63, Nr. 41.

[61] Kritisch im Hinblick auf die rechtspolitische Rechtfertigung beider Eingriffsrechte heute Giger, ZBJV 105, 326 f., 332 f.

[62] Vgl. Fn. 58 a. A.

[63] Vgl. die Stellungnahme von v. Buchka in der 2. Beratung im Plenum des Reichstags, Mugdan II, 1325; Prot., Mugdan II, 722 ff.; Denkschrift Mugdan II, 1239. Auf dem 20. Deutschen Juristentag war das Thema „Soll die Conventionalstrafe im künftigen deutschen Gesetzbuch lediglich der freien Vereinbarung unterliegen oder an gesetzliche oder richterliche Schranken gebunden werden?" Verhandlungsgegenstand gewesen. Entgegen den sich im Sinne der ersten Alternative aussprechenden Gutachten von Koffka und H. V. Simon wurde letztlich ganz überwiegend für ein Ermäßigungsrecht plädiert; vgl. die im vorliegenden Zusammenhang interessanten Ausführungen von Koffka, S. 23 ff., H. V. Simon, S. 43 ff., v. Gierke und Makower (als Referenten), Verhandlungen des 20. DJT, 4. Band, Stenogr. Ber., S. 65 („eine große, eine gefährliche Macht [für den Richter]") bzw. S. 78 ff.

[64] Vgl. in diesem Zusammenhang auch z. B. die Erörterungen über § 534 E I (Mot. II, 423 ff.). Abweichend vom römischen Recht und vielen neueren Gesetzgebungen (jedoch im Anschluß an das sächsische BGB [§ 1212] und den Dresdner Entwurf [Art. 584]) versagte man bei der Pacht landwirtschaftlicher Grundstücke dem Pächter das Recht, einen Pachtzinsnachlaß zu verlangen, wenn die Fruchtgewinnung durch außerordentliche Unglücksfälle in beträchtlichem Umfang geschmälert ist. Ein derartiger Remissionsanspruch (im PrALR in nicht weniger als 118 Paragraphen geregelt!) entbehre des rechtlichen Fundamentes und beruhe „blos auf Billigkeit" (S. 424).

[65] Vgl. für Abzahlungsgeschäfte auch die Parallelvorschrift des § 4 I AbzG.

heitskontrolle ein; — denn unverhältnismäßig hoch ist eine einmal vereinbarte Vertragsstrafe dann, wenn sie unangemessen, angemessen, wenn sie nicht unverhältnismäßig hoch ist[66]. Einer bloß die Grenzen des Angemessenen übersteigenden Vereinbarung haftet aber kein für die Rechtsordnung intolerabler Makel an, und auch der Vertragsstrafengläubiger kann sich hier lediglich (entschuldbar) verschätzt haben. Es besteht deshalb kein Anlaß, die gesamte Vereinbarung nicht anzuerkennen. Vielmehr sind und bleiben es legitime Ziele, die der Gläubiger verfolgt hat. Ein Verlust des Anspruchs aus der Vertragsstrafenvereinbarung im vollen Umfang würde ihnen grob zuwiderlaufen und eine nicht zu rechtfertigende Härte bedeuten. Anders, wenn der Gläubiger die Vertragsfreiheit mißbraucht und sich mit seiner dem Schuldner oktroyierten Forderung außerhalb dessen stellt, was von den billig und gerecht Denkenden noch als anständig empfunden wird. Da er hier die Grenzen verlassen hat, deren Kenntnis ihm nach der insoweit für das Zivilrecht charakteristischen objektivierenden Betrachtungsweise ohne weiteres angesonnen werden kann, steht nichts im Wege, die gesamte Vereinbarung der Nichtigkeit anheimfallen zu lassen. Der Richter braucht hier nur die Sittenwidrigkeit festzustellen, sich im übrigen aber nicht weiter mit einer derart bemakelten Abrede auseinanderzusetzen und zu befassen.

Bedenklich ist dies Ergebnis nicht: denn die Erwägung, der Vertragsstrafenschuldner brauche seinen Vertragspartner dann nur zum Abschluß eines möglichst hohen Strafgedinges heraufzureizen, um hernach bei Eingreifen des § 138 BGB jeder Verpflichtung ledig zu sein, erscheint mir auch hier auf recht akademischen und praxisfernen Vorstellungen zu beruhen.

c) Ganz zu Recht ist daher anerkannt, daß sittenwidrige Vertragsstrafenvereinbarungen nicht etwa aufrechtzuerhalten, sondern gem. § 138 I BGB für nichtig anzusehen sind[67]. In ganz ähnlicher Weise bestimmt auch § 74 a III HGB, daß die Vorschriften des § 138 BGB über die Nichtigkeit von Rechtsgeschäften, die gegen die guten Sitten verstoßen, unberührt bleiben. Auch hier tritt also in Fällen, in denen nicht nur die relativ weiten Grenzen des § 74 a I HGB, die dazu bestimmt sind, schon

---

[66] Palandt / Heinrichs, § 343, 1 c; Staudinger / Kaduk, § 343, Rdz. 44; Larenz, SchR I, § 24 II a (S. 307).

[67] RGZ 68, 229 (230 ff.) (SV: 100 000 M für jeden einzelnen Verstoß gegen ein zwischen den Parteien vereinbartes Wettbewerbsverbot; Beklagter war als zweiter „Betriebsassistent in der Milchsäure“ mit einem Jahresgehalt von 2 400 M eingestellt!); 85, 100 (102); Ermann / H. P. Westermann, § 343, Rdz. 1; Palandt / Heinrichs, § 343, 1 b; Planck / Siber, § 343, 1; RGRK / Ballhaus, § 343, Rdz. 7 f.; Soergel / R. Schmidt, § 339, Rdz. 23, § 343, Rdz. 3; Staudinger / Kaduk, § 343, Rdz. 14; Esser, SchR I, § 25 IV 2; Larenz, SchR I, § 24 II a (S. 307); BGE 38 II 94 (97 f.); Scherrer, S. 34; vgl. auch BGH WM 77, 641 (643).

unbillige Wettbewerbsbeschränkungen zu verhindern[68], überschritten, sondern die Gebote der herrschenden Rechts- und Sozialmoral verletzt sind, Totalnichtigkeit ein[69]. Beides bildet deshalb gerade ein Argument *gegen* die Erstreckung der für die übermäßigen Wettbewerbsverbote und die unangemessenen Vertragsstrafen (gesetzlich!) anerkannten Grundsätze auf am Maßstab des § 138 I oder II BGB zu beurteilende Fälle.

d) Die vom Gesetz in § 343 BGB angeordnete Herabsetzung der unangemessenen Vertragsstrafe ist dort im übrigen auch deshalb die richtige, gerade auf die Eigenheiten dieses Rechtsinstituts passende und damit nicht übertragbare Rechtsfolge, weil sie mit den mit der Vertragsstrafe verbundenen Zwecken gut zu vereinbaren ist. Als psychologisches Druckmittel, den Schuldner verstärkt zur Erfüllung seiner Verpflichtungen anzuhalten, hat die Vertragsstrafe, kommt es erst einmal zu dem Verfahren gem. § 343 BGB, bereits versagt. Die Beugefunktion steht mithin einer nachträglichen Ermäßigung nicht im Wege. Daß diese nachträgliche Möglichkeit der Herabsetzung ihrerseits das Verhalten des Schuldners bereits ungünstig beeinflußt haben könnte, erscheint wiederum als recht gekünstelte Erwägung. Ob die Rechnung des Schuldners aufgeht, ob also eine Herabsetzung tatsächlich stattfindet, ist ja in hohem Grade ungewiß[70], zumal er für die Unverhältnismäßigkeit der Vertrags-

---

[68] So auch bereits § 74 HGB a. F.: „Eine Vereinbarung zwischen dem Prinzipal und dem Handlungsgehülfen, durch welche dieser für die Zeit nach der Beendigung des Dienstverhältnisses in seiner gewerblichen Thätigkeit beschränkt wird, ist für den Handlungsgehülfen *nur insoweit* verbindlich, als die Beschränkung nach Zeit, Ort und Gegenstand nicht die Grenzen überschreitet, durch welche eine *unbillige* Erschwerung des Fortkommens des Handlungsgehülfen ausgeschlossen wird. — Die Beschränkung *kann nicht* auf einen Zeitraum *von mehr als drei Jahren* von der Beendigung des Dienstverhältnisses an erstreckt werden" (Hervorhebungen R. Z.). Vgl. dazu den Bericht der XVIII. Kommission über den Entwurf eines Handelsgesetzbuchs ..., Nr. 735 in Stenogr. Ber. RT, 9. Lp., IV. Session 1895/7, 7. Anlagenband, S. 3888: „Als einstimmige Ansicht der Kommission wurde im Laufe der Debatte festgestellt, daß eine zu weit gehende Vertragsbestimmung nach dem Sinne der Vorlage nicht den ganzen Vertrag nichtig mache, sondern nur die Einschränkung herbeiführe, und daß selbstverständlich der Richter je nach Sachlage aber auch in der Lage sei, die ganze Konkurrenzklausel für ungültig, weil unbillig zu erklären." Vgl. auch bereits die Denkschrift zu dem Entwurfe eines Handelsgesetzbuchs ..., Aktenstück zu Nr. 632 in Stenogr. Ber. RT, 9. Lp., IV. Session 1895/7, 6. Anlagenband, S. 3171. Aufgrund des insoweit eindeutigen Wortlauts des § 74 HGB (späteren § 74 a HGB: hierzu v. a. die Begründung zum Entwurf eines Gesetzes zur Abänderung der §§ 74, 75 und des § 76 Abs. 1 des HGB, Nr. 575, Stenogr. Ber. RT, 13. Lp., I. Session 1912/13, Anlagen, S. 728 f.) änderte nunmehr auch das RG seine Rechtsprechung: vgl. RGZ 77, 399 (402); 101, 375 (379); RG LZ 14, Sp. 78 (79); LZ 15, Sp. 313 f.; LZ 18, Sp. 790. Für die heutige Rechtslage vgl. etwa Schlegelberger / Schröder, § 74 a, 4 d; zur analogen Situation in der Schweiz vgl. Scherrer, S. 53 ff., 58 ff.

[69] Für die Schweiz vgl. unten, Kap. VIII, bei Fn. 168.

[70] So sind z. B. die vom Richter in Betracht zu ziehenden auch nicht vermögensmäßigen „berechtigten" Interessen des Gläubigers schwer zu kalkulieren.

strafe seinerseits erst einmal den Nachweis erbringen müßte. Sodann hätte der Schuldner aber in jedem Falle damit zu rechnen, auch bei erfolgreichem Herabsetzungsbegehren mindestens in Höhe des maximal beim Gläubiger möglichen Schadens verpflichtet zu bleiben.

Überwiegend ist anerkannt, daß der Vertragsstrafe daneben eine Ersatzfunktion zukommt[71]. Dabei soll der Gläubiger nicht nur die Möglichkeit haben, sich den Schadensersatz im Mindestumfang zu pauschalieren, auf den er nach Schadensersatzrecht sowieso Anspruch haben könnte, sondern sich darüber hinaus etwa bei Beeinträchtigung von ideellen Interessen einen Ausgleich zu sichern. Dies Interesse wird durch die Herabsetzungsmöglichkeit bei unverhältnismäßig hohen Vertragsstrafen nicht beeinträchtigt, ist der Richter doch ausdrücklich angewiesen, bei der Beurteilung der Angemessenheit „jedes berechtigte Interesse des Gläubigers" in Betracht zu ziehen. Dessen Abschätzung wird zwar sicherlich in vielen Fällen recht wenig exakt und schwierig sein, doch ist damit in diesem Bereich dem Richter, der gerade bei der Bemessung des Umfangs des Schadensersatzes mit der Handhabung eines sehr weitgehenden Ermessensspielraums bereits vertraut ist[72], wenigstens ein konkretisierbarer Anhaltspunkt an die Hand gegeben. Da die Beugewirkung vor allem auf der Ausweitung des ersatzfähigen Schadens beruht, ferner der Vertragsstrafe darüber hinausgehende Strafzwecke nicht zukommen[73], wird in aller Regel eine angemessene Strafsumme nicht über dem zum Schutz der „berechtigten Interessen" des Gläubigers erforderlichen Geldbetrag liegen können.

6. Meist findet sich, wenn sich das gewünschte Ergebnis auf gesetzestreuem Wege nicht erreichen läßt, früher oder später der Hinweis auf § 242 BGB[74]. Daß diese Norm auch im vorliegenden Zusammenhang bis-

---

[71] So die — herrschende — bifunktionale Sicht der Vertragsstrafe: vgl. Erman / H. P. Westermann, vor §§ 339 - 345, Rdz. 1; RGRK / Ballhaus, vor §§ 339 - 345, Rdz. 1; Soergel / R. Schmidt, § 339, Rdz. 4; Staudinger / Kaduk, vor §§ 339 - 345, Rdz. 1; Larenz, SchR I, § 24 II c; Knütel, Stipulatio poenae, S. 17; ders., AcP 175, 54 ff.; a. A. Lindacher, Phänomenologie, S. 55 ff.: die Vertragsstrafe dürfe nur Beugemittel sein und die Erfüllung der Primärobligation sichern; daß der Schuldner mehr erhalte als einen Schadensausgleich, widerspreche dem schadensersatzrechtlichen Gewinnabwehrprinzip. Dagegen Knütel, AcP 175, 54 ff.; Erman / H. P. Westermann, vor §§ 339 - 345, Rdz. 2.

[72] Vgl. § 287 ZPO.

[73] RG JW 1913, 319; Planck / Siber, § 339, 1; Soergel / R. Schmidt, § 339, Rdz. 4; Knütel, AcP 175, 55 f.; Lindacher, Phänomenologie, S. 63 f.

[74] So z. B. auch bei der Legitimation der Inhaltskontrolle von AGB vor Inkrafttreten des ABGB: RGZ 168, 321 (330); BGHZ 22, 90 (96); 37, 94 (98); 48, 264 (268); 41, 151; 54, 106 (109); BGH NJW 71, 1034 ff.; Erman / Hefermehl, vor § 145, Rdz. 43; Soergel / Hefermehl, § 133, Rdz. 22; Enneccerus / Nipperdey, § 163 VI 4; W. Weber, Die AGB, N. 373; dagegen z. B. Flume, Fs. DJT, S. 170; Lukes, NJW 63, 1897; weitere Nachweise bei W. Weber, Die AGB, N. 373 (S. 384 f.).

weilen[75] als „der archimedische Punkt“[76] eingesetzt wird, von dem aus die alte, auf die modernen Bedürfnisse nicht mehr passende juristische Welt aus den Angeln zu heben ist, kann deshalb kaum erstaunen.

a) Nun läßt sich als Anknüpfungspunkt zunächst nur anführen, daß dort die Worte „Treu und Glauben“ gebraucht werden; im übrigen bieten weder der Wortlaut der Norm, noch historische oder systematische Gesichtspunkte für eine derartige Anwendung die Grundlage. Als Regelung über das „wie“ der Leistung wurde hier lediglich der Inhalt des § 157 BGB an markanter Stelle wiederholt[77], ohne daß irgendwelche Weiterungen ins Auge gefaßt waren[78]. Die Ansichten des Gesetzgebers[79] ergeben sich recht eindrucksvoll z. B. aus den zur Frage einer Anerkennung der exceptio doli generalis geäußerten Meinungen: von den Befürwortern wurde zwar eingeräumt, daß dem Richter durch eine derartige (generelle) Vorschrift eine sehr weitgehende Machtvollkommenheit eingeräumt werde. Man dürfe indessen der Gewissenhaftigkeit des deutschen Richters zutrauen, davon den rechten Gebrauch zu machen[80]. Diese Ansicht wurde jedoch offensichtlich von der Mehrheit nicht geteilt: in dieser höchst bedenklichen Weise dürfe nicht das subjektive Gefühl des Richters an Stelle der festen Rechtsnorm gesetzt werden[81]. Rechtsprechung und Lehre haben dann freilich § 242 BGB als eine Generalklausel angesehen, die mit dem in ihr zum Ausdruck gebrachten allgemeinen Rechtsgedanken das gesamte Privatrecht beeinflußt. Heute ist davon auszugehen, daß § 242 eine weit über seinen ursprünglichen Anwendungsbereich hinausgehende Bedeutung zukommt[82]. Daraus folgt jedoch nicht, daß diese Norm alle Konturen verlieren und als generelle Ermächtigung

---

[75] Vgl. oben Kap. III, bei und in Fn. 81; aus der älteren Rspr. zum Bierlieferungsvertrag vgl. weiterhin etwa BGH v. 5. 10. 1966, bei Zeller, S. 179 ff.; OLG Düsseldorf v. 8. 7. 1964, bei Zeller, S. 173 f.; LG Paderborn v. 20. 11. 1969, bei Zeller, S. 198 f.

[76] So die Formulierung von E. Fuchs, zit. bei Hedemann, Flucht, S. 11.

[77] Im E I lautete § 359, die späteren §§ 157 und 242 vereinigend: „Der Vertrag verpflichtet den Vertragsschließenden zu demjenigen, was sich aus den Bestimmungen und der Natur des Vertrages nach Gesetz und Verkehrssitte sowie mit Rücksicht auf Treu und Glauben als Inhalt seiner Verbindlichkeit ergiebt.“

[78] Vgl. Prot. Mugdan II, S. 521 ff. und bes. Henle, S. 30 f.: „Wer dem um drei Uhr nachts anklingelnden Deliktsschuldner, statt die Zahlung entgegenzunehmen, den Inhalt des Waschgeschirrs über den Kopf gießt, kommt nicht in Annahmeverzug.“ Sinn des § 242 also: Ausdehnung des § 157 auch auf nichtrechtsgeschäftliche Schuldverhältnisse.

[79] Weniger doktrinär noch das ADHGB von 1861 und die ZPO von 1877 (vgl. die Nachweise bei Rittner, S. 31).

[80] Prot. Mugdan I, 796.

[81] Prot. Mugdan I, 797; weitere Beispiele dieser Einstellung bei Rittner, S. 32 f.

[82] „Prätorische Zauberformel“: Heusinger, S. 109/110.

zu Billigkeitsentscheidungen angesehen werden darf[83]. Dies wäre ein Atavismus, der in seinen dogmatischen Voraussetzungen einer Zeit angehört, die § 242 BGB noch als „königliche“ Norm bezeichnete[84]. Man hat sich deshalb an die in Rechtsprechung und Lehre entwickelten Orientierungspunkte zu halten[85], die anhand konkreter Fallgruppen und Rechtsinstitute ein Einfließen der „Billigkeitsfunktion“[86] in das Privatrecht verhindern[87], um so das Institut der Privatautonomie[88] überzeugungs- und lebenskräftig zu erhalten.

In diese herkömmliche Skala dem § 242 BGB zukommender Anwendungsformen[89] kann die modifizierte Aufrechterhaltung von Bierlieferungs- und Mietverträgen nicht eingeordnet werden. Immerhin soll hier nicht der Umfang individueller Rechte und Befugnisse limitiert, sondern eine gesetzliche Rechtsfolgenanordnung zugunsten richterlicher Rechtsgestaltung[90] umgestoßen werden. Das geschieht zwar, wie alles an § 242 BGB orientierte richterliche Handeln, zur Erreichung „billiger“ Ergebnisse, ist aber methodisch ohne Vorgang[91].

---

[83] „Man kann das Leid der Welt nicht mit § 242 beseitigen“: Lehmann, JZ 52, 11.

[84] Hedemann, Werden und Wachsen, S. 10; vgl. auch die nunmehr distanzierte Schilderung in Flucht, S. 10 ff. Die kräftigste und bereits sehr frühe Polemik stammt von Henle, der in bezug auf die Freiheitsrechtsschule sich zu Äußerungen wie „schlechthin verbrecherisch“ (S. 3), „ein offenbarer und frevler Wahnwitz“ (S. 4), „leben wir in einem Tollhaus oder in einem rechtlich geordneten Gemeinwesen!“ (S. 8) verstieg. Im übrigen zeugen seine Ausführungen, entkleidet man sie rhetorischer Überspitzungen, von einem Gespür für die Absurdität der Vorstellung, daß aus dieser überhaupt nicht weiter hervorgehobenen Vorschrift zwischen den unbedeutenden §§ 156 und 158 gewissermaßen ein Metarecht herauswachsen soll („Diese Bestimmung mit ihrem redlichen Biedermannsgesicht ist zum Träger einer unheilvollen Seuche geworden, die am Markt unseres Rechtslebens vergiftend zehrt“ [S. 3]. Das Gesetz gleiche „einer kranken Raupe, die von dem tödlichen Gewicht gelber Schmarotzerpuppen niedergedrückt matt dahinsiecht“ [S. 8]).

[85] Die jedoch (z. B. venire contra factum proprium, unzulässige Rechtsausübung) nur in den gewohnheitsmäßig mittlerweile verfestigten und anerkannten Grenzen und nicht in schlagwortmäßiger Generalisierung eine geeignete Legitimationsbasis abgeben. Unzulässig insoweit z. B. die Berufung der Rechtsprechung zur Einschränkung der Formnichtigkeit auf den Gedanken der unzulässigen Rechtsausübung (hierzu bes. Gernhuber, Fs. Schmidt-Rimpler, S. 154 ff., 158 ff.); weiteres Beispiel unten, Kap. IX, 6 d bb.

[86] Esser, JZ 56, 557.

[87] Vgl. auch Kap. IX, Fn. 61.

[88] Das, schrankenlos gewährt, pervertieren würde; deshalb ist als Regulativ, aber gerade nicht als Korrektiv, § 242 notwendig.

[89] Etwa: erweiternde (Entwicklung verschiedener Nebenpflichten) und limitierende (unzulässige Rechtsausübung etc.) Funktion.

[90] Zum Unterschied zwischen § 343 und § 242 vgl. treffend Palandt / Heinrichs, § 343, 1 a.

[91] Allerdings hat die Rechtsprechung in ähnlicher Weise versucht, die in § 266 BGB angeordnete Rechtsfolge nicht nur für Einzelfälle unter Hinweis auf § 242 BGB zu korrigieren (RG SeuffA 78, N. 177 (S. 295); BGH VersR 54, 297

b) Wenn dennoch die Norm des § 242 BGB nicht a limine von der Hand zu weisen ist, dann nur, weil ihr mit Wieacker[92] die Funktion zuzusprechen sein könnte, die dringlichsten „rechtsethischen" Durchbrüche durch das ius cogens zu legitimieren[93]. Freilich muß man sich darüber klar sein, daß § 242 BGB nur ein positiv-rechtlicher Aufhänger ist und lediglich Eselsbrückenfunktion erfüllt[94].

Jedoch sollte man m. E. diese Art der Geburtshilfe nicht als legitime Funktion des § 242 BGB anerkennen, sondern auch rechtstheoretisch deutlich machen, daß es sich um eine Neuschöpfung von Regeln handelt[95], die aus tragenden Rechtsprinzipien oder ethischen Grundsätzen[96] gewonnen werden. Diese ihrerseits aus dem positiven Recht ableiten und damit so tun zu wollen, als denke man nur vom Gesetzgeber Vorgedachtes nach, ist sehr zu Recht als „kurzsichtige positivistische Taktik" bezeichnet worden[97]. Die Grenze, bis zu der es noch möglich ist, induktiv, d. h. vom Speziellen (und sei es eine für die konkrete Rechtsanwendung selbst erst zu erarbeitende Generalklausel wie § 242 BGB) auf allgemeine rechtsethische Prinzipien zu schließen[98], ist hier jedenfalls überschritten. Wenn man so immer noch (unausgesprochen) von der Vollständigkeit der Kodifikation ausgehend meint, „ein Rechtsprinzip ‚schlummere' zuweilen auf dem Grunde der positiven Regeln und brauche nur ‚entdeckt' zu werden, um dann auf eigene Faust als positiv-rechtliche Wahrheit ans Werk zu gehen"[99], und den Anschein zu erwecken versucht, als handle

(298 f.); WM 61, 1376 (1377, 1378 f.); OLG Dresden, SeuffA 73, N. 217 (S. 356 f.); OLG Nürnberg, MDR 64, 595; OLG Düsseldorf, NJW 65, 1763 (1764); OLG Düsseldorf, VersR 66, 1055; KG VersR 71, 966). Sehr berechtigt die Kritik von Nacken, S. 22 f.; der Gesetzgeber hat den Interessenkonflikt beachtet und bewußt eine klare und unzweideutige Regelung geschaffen (vgl. Prot. Mugdan II, 524), die auch heute keineswegs zu unerträglichen Ergebnissen führt.

[92] Präzisierung, S. 20 ff.; vgl. auch Heusinger, S. 108 ff. (Gericht sei nicht genötigt, einer Gesetzesvorschrift im Einzelfall zu gehorchen, wenn die Anwendung zu einem mit der übergeordneten Rechtsnorm von Treu und Glauben in unerträglichem Widerspruch stehenden Ergebnis führen würde).

[93] Sie stellt er dem officium iudicis, hier verstanden als in der Anwendung des § 242 BGB vollzogene sinngemäße Verwirklichung des gesetzgeberischen Wertungsplans durch den Richter und der exceptio-doli-Funktion (§ 242 als Maxime rechtsethischen Verhaltens; Beispiele: venire contra factum proprium; dolo petit qui petit; tu quoque) gegenüber.

[94] Vgl. Wieacker, Präzisierung, S. 43.

[95] In diesem Sinne stützt etwa Oftinger die auch von ihm gutgeheißene Rechtsfortbildung ganz offen auf Art. 1 II ZGB: ZSR 57, 575 a f.; Bundesgerichtspraxis, S. 82.

[96] Hier etwa: man darf dem Bewucherten nicht Steine statt Brot geben.

[97] Esser, GuN, S. 10; vgl. auch S. 174 ff. (bes. S. 175); vgl. (hinsichtlich des dem vorliegend behandelten in manchem ähnlichen Problems von Formnichtigkeit und Treu und Glauben) auch Gernhuber, Fs. Schmidt-Rimpler, S. 161, 168 ff.

[98] Hierzu schon Feuerbach, S. 76 f.

[99] Esser, GuN, S. 2.

der Richter auch hier als Normunterworfener[100], wird nur in gefährlicher Weise der Blick auf die hier liegenden verfassungsrechtlichen Probleme verstellt[101].

7. Es scheint nur ein spätes Symptom dieser Sichtweise zu sein, daß man erst seit einigen Jahren ernstlich begonnen hat, die Methodendiskussion um die Probleme des Richterrechts „von ihrem hermeneutischen Kopf auf die verfassungsrechtlichen Füße“[102] zu stellen[103]. Die Diskussion um die verfassungsrechtliche Absicherung bzw. um die verfassungsrechtlichen Grenzen von Richterrecht leidet allerdings bisweilen unter der Weite und Unbestimmtheit der im einzelnen herangezogenen Verfassungsnormen. Das gilt insbesondere für die besonders häufig genannten Abs. II und III des Art. 20 GG. Vor allem in den Begriff „Recht“[104] lassen sich ganze rechtsphilosophische Systeme[105] hineininterpretieren; und auch bei einer Argumentation mit dem „Sinn und Zweck der Gewaltenteilung“ ist stets Mißtrauen angebracht: kann doch bei einer derartigen Argumentation mit allgemeinen Kategorien der Staatslehre für die meisten Probleme alles oder nichts hergeleitet werden. Es begegnet in diesem Zusammenhang auch Bedenken, wenn etwa in der führenden Grundgesetzkommentierung ausgeführt wird, man müsse mit dem Gewaltenteilungsgrundsatz „fertig werden“, der im Grundgesetz „zugestandenermaßen reichlich schematisch“[106] sei. Auch hier besteht die Gefahr, daß in das Grundgesetz gewisse überpositive Dogmen hineininterpretiert werden: wenn man Art. 20 II GG als sedes materiae des Gewaltenteilungsgrundsatzes und alle übrigen positiv-

[100] Während er in Wahrheit unversehens gesetzgeberische Funktionen übernimmt, wobei dann eines Tages u. U. an Stelle der Gesetzesnorm die aus den Präjudizien wieder zu abstrakten Regeln erstarrten Leitsätze stehen (hierzu und zum Problem der Grundsatzrechtsprechung v. a. Esser, GuN, S. 14 ff. [20 f.]). Zu den „Leitsatz-Entscheidungen“ aus richterlicher Erfahrung auch Heusinger, S. 182 ff. (Leitsatz als „Rechtsnorm-Vorschlag mit ... Vorbehalt“).

[101] Vgl. Wieacker, PrgNz, S. 527: „Es kommt darin vielmehr auch ein spezifischer justizpolitischer Anspruch zum Ausdruck: wenn § 242 die schuldrechtliche Grundnorm schlechthin ist, so ist es dem Richter ohne Verletzung der grundgesetzlichen Bindung ans Gesetz (Art. 20 III GG) gestattet, jede Einzelnorm des Schuldrechts unter Berufung auf § 242 zu modifizieren oder außer Geltung zu setzen.“ Zurückhaltende Bewertung bei Werner, Zum Verhältnis, S. 25: „In der normschöpferischen Tendenz der Rechtsprechung zu den Generalklauseln liegt nicht die Krönung des Rechtsstaats.“

[102] H.-P. Schneider, DÖV 75, 452.

[103] Vgl. die von H.-P. Schneider, DÖV 75, 444, Fn. 9 nachgewiesene neuere Literatur; zusätzlich v. a. Starck, VVDStRL 34, 43 ff., 67 ff.

[104] Vgl. z. B. die von Bertelmann, S. 52 ff. zusammengestellten Interpretationsansätze; umfangreiche Nachweise bietet auch Stern, StR I, § 20 III 4 a in seiner Darstellung.

[105] Bzw. rechtstheoretische Konzepte: vgl. neuerdings Fikentscher, Methoden IV, S. 325 ff., 338, 347 f.

[106] Maunz / Dürig / Herzog, Art. 20, Rdz. 75 ff. (77); vgl. auch Forsthoff, Industriegesellschaft, S. 132 f.

rechtlichen Belegstellen[107] nur noch als deklaratorisch ansieht[108], so wird augenscheinlich ein staatstheoretisches Modell zum Ausgangspunkt genommen, das aber, weil es kein Patentschema gibt, das zu allen Zeiten unter allen Umständen gleich funktioniert[109], bereits in starkem Maße subjektive Wertvorstellungen und Ansichten enthält[110]. Klar und deutlich hat Arndt diesen Befund in dem Ausruf zusammengefaßt: „ ‚Die' Gewaltenteilung gibt es nicht[111]!"

Unter diesen Vorbehalten lassen sich mit der gebotenen Zurückhaltung aus dem Grundgesetz gleichwohl Anhaltspunkte zur Beurteilung der Legitimation richterlicher Rechtsschöpfung gewinnen.

a) Daß die Formel von der Bindung des Richters an „Gesetz und Recht" in Art. 20 III GG nur tautologischen Charakter habe, als ein besonders feierlicher Pleonasmus aufzufassen sein sollte[112], ist nicht wahrscheinlich. Ganz offenbar war mit der Einführung dieses Begriffspaars eine auf das Erlebnis der Perversion der Rechtsordnung[113] während der Zeit der nationalsozialistischen Herrschaft zurückzuführende Absage an eine „Positivität ohne Wertgehalt"[114], eine Mahnung an den Richter verbunden, dem Gesetz[115] gegenüber ein „Unrechtsbewußtsein" zu entwikkeln[116]. Nach dem materialen Rechtsstaatsbegriff des Grundgesetzes[117]

---

[107] z. B. Art. 1 III; 19 I 1; 20 III; 80 I; 92 i. V. m. 97; die Überschriften der Abschnitte VII - IX des GG.

[108] Dagegen auch besonders Göldner, S. 169.

[109] Instruktiv in diesem Zusammenhang die Darstellung von Peters, Die Gewaltentrennung, S. 79 ff.: im Verständnis des Gewaltenteilungsprinzips (angefangen bei Montesquieu bis zu dem heutigen „Dogma") wimmelt es nur so von gegenseitigen Mißverständnissen!

[110] So wird z. B. gesagt, daß die Gewaltenteilung im Grundgesetz als Gewaltentrennung bzw. -balancierung durchgeführt sei. Das läßt sich aber aus Art. 20 II 2 nicht entnehmen. Vielmehr verliert der Gewaltenteilungsgrundsatz so seine klaren Umrisse: das dann notwendige Eingeständnis, er sei nirgends rein verwirklicht (z. B. Maunz / Dürig / Herzog, Art. 20, Rdz. 79), führt dazu, weite Passagen des Grundgesetzes und der politischen Wirklichkeit als Durchbrechungen bzw. Ausnahmen zu deklarieren, bzw. zu der Konsequenz, das Gewaltenteilungsschema und damit auch das an ihm festhaltende Grundgesetz sei antiquiert und gehe an der Wirklichkeit des staatlichen Lebens vorbei; vgl. auch H. J. Hahn, S. 438 f.

[111] Zit. bei Rausch, S. IX; in diesem Sinne auch Peters, Die Gewaltentrennung, S. 99.

[112] So v. Münch / Schnapp, Art. 20, Rdz. 36; Jahrreiss, NJW 50, 3 ff.; vgl. auch Maunz / Dürig / Herzog, Art. 20, Rdz. 72.

[113] Vgl. den Titel des Buches von F. v. Hippel; zum eher stillen Wandel der Privatrechtsordnung: Rüthers, Die unbegrenzte Auslegung (zu Art. 20 III vgl. S. 449 ff.).

[114] v. Mangoldt / Klein, Art. 20, Anm. VI 4 f.

[115] Zum Begriff des Gesetzes in Art. 20 III GG vgl. Fikentscher, Methoden IV, S. 326 f.

[116] Maunz / Dürig / Herzog, Art. 20, Rdz. 72.

[117] Hierzu nur Stern, StR I, S. 608 ff.

ist „Recht" nicht nur das positive Normensystem; Gesetz und Recht stehen vielmehr im Verhältnis von Teil zu Sinnganzem der Rechtsordnung[118], das sich seinerseits im Wertesystem der Verfassung konkretisiert. Wenngleich die Judikative gegenüber der Weimarer Verfassung in ihren Funktionen gegenüber den beiden anderen Staatsgewalten nicht unbedeutend gestärkt worden ist, kann allein aus der Grundsatznorm des Art. 20 III GG für das Verhältnis von Legislative und Judikative noch nichts Entscheidendes abgelesen, insbesondere nicht eine allgemeine Funktions*überhöhung* der dritten über die zweite Gewalt angenommen werden[119]. Nur tendenziell läßt sich sagen, daß unter dem Gesichtspunkt des Art. 20 II GG sicherlich nicht jede Rechtsfortbildung schlankweg als unzulässig verurteilt werden, daß richterliche Gesetzeskorrektur andererseits aber, soll nicht die Gesetzesbindung illusorisch sein, nur in gewissen, nicht die Regel darstellenden Fällen bei Vorliegen besonderer Ausnahmevoraussetzungen als legitim anerkannt werden kann[120]; allein der rechtsstaatliche Grundgedanke des Grundgesetzes, den der Begriff „Recht" im Art. 20 III GG schon bei historischer Auslegung zu fördern bestimmt war[121], bildet hier zugleich Antrieb und Grenze[122]. Extreme Bindungs- wie auch Freiheitspostulate sind mit Art. 20 III GG unvereinbar.

---

[118] Stein, NJW 64, 1748.

[119] Vgl. aber Maunz / Dürig / Herzog, Art. 19 IV, Rdz. 6; Göldner, S. 169 (m. w. N.); auch Forsthoff, S. 127 (zur Praxis des BVerfG, das „der Justitia ... das Mieder [lockert]" [S. 140]: S. 135 ff.; demgegenüber aber Heusinger, S. 100 f.).

[120] Fikentscher (Methoden IV, S. 325 ff., 347 f.) interpretiert „Recht" i. S. d. Art. 20 III GG in einem doppelten Sinne: zum einen sei hiermit das Richterrecht (als gleichrangig neben dem Gesetzesrecht stehende Rechtsquelle gemeint) (— daraus folgt eine Bindung auch an richterliche Präjudizien —), zum anderen sei darin aber auch der Hinweis auf höherrangige außerpositive Grundsätze enthalten, an denen Gesetz und Recht (nun wieder in der niederrangigen Bedeutung) zu messen seien. Das Verständnis eines Begriffs in einer derart zweifachen Bedeutung als corrigens *und* corrigendum ist recht ungewöhnlich. Nicht ganz einsichtig ist aber auch der Schluß, wie sich über die Bindung an die Fallnormen mittelbar aus Art. 20 III GG auch die verfassungsrechtliche Legitimation zur Aufstellung von Fallnormen ergeben soll. Auch Fikentscher dürfte einen „Verfassungsauftrag zur Rechtsverbesserung" (S. 347) eigentlich nur im Hinblick auf sonst mißachtete Grundsätze „der Rechtsstatlichkeit im allgemeinen" bzw. die „Rechtsidee" (S. 327) annehmen; für die in dieser allgemeinen Formulierung darüber hinausgehende Auffassung, eine Rechtsneubildung (sc. auch contra legem) sei schon dann legitim, „wenn das Ergebnis der methodischen Rechtsbildungslehre vom vorhandenen Gesetzes- und fortgebildeten Richterrecht nicht gedeckt ist" (S. 322), läßt sich Art. 20 III GG jedoch nicht in Anspruch nehmen. (Zur methodischen Rechtsbildungslehre bei der Rechtsneubildung, d. h. zur Entwicklung der „Fallnorm" aufgrund des „juristischen Gedankenganges" ohne Zwischenschaltung von Gesetz und bereits richterlich fortgebildetem Recht als „Bestätigungshilfen" vgl. Methoden IV, S. 313 ff., 320 ff., 272 ff., 279 ff.).

[121] v. Dömming / Füßlein / Matz, Jahrbuch des öffentlichen Rechts, NF, Bd. 1, S. 200 (Verhandlungen des Hauptausschusses).

b) Der Gewaltenteilungsgrundsatz böte ebenfalls einen recht unergiebigen Anknüpfungspunkt, wenn ihm allein die Funktion zukäme, die Freiheit des einzelnen Bürgers zu sichern und ihn vor staatlichem Machtmißbrauch abzuschirmen[123]. Unter diesem individualistisch-freiheitlichen Gesichtspunkt ließe sich prinzipiell zum Problem des Richterrechts nichts sagen: kann dies doch materiell ebensosehr zur Verteidigung der Individualrechte bestimmt und entwickelt worden sein wie ein im Gesetzgebungsverfahren erlassener Rechtssatz. Zwischen dem Ziel staatlicher Machtbegrenzung und der Zulassung oder Begrenzung von Richterrecht besteht keine spezifische Korrelation. Ganz folgerichtig ist von diesem Standpunkt aus erst in einem Eingriff in den *Kern*bereich der anderen Gewalt ein Verstoß gegen den Gewaltenteilungsgrundsatz zu erblicken[124]: erst dann wäre der Freiheitsbereich des Einzelnen tangiert. Wie freilich schwere und leichte Übergriffe in die Domäne der jeweils anderen Gewalt abgegrenzt werden können, bleibt ungeklärt.

Ein derart monofunktionales Verständnis des Gewaltenteilungsgrundsatzes entspricht aber auch nicht dem Grundgesetz und wird heute daher im zunehmenden Maße abgelehnt[125].

Im Grundgesetz werden zur Wahrnehmung staatlicher Aufgaben entsprechend den verschiedenen Erfordernissen die drei Grundfunktionen der Gesetzgebung, Vollziehung und Rechtsprechung unterschieden: eine logisch nicht notwendige Differenzierung von typisierendem Charakter[126]. Aus Art. 20 II 2 GG geht nun hervor, daß diese Funktionen von besonderen Organen wahrgenommen werden müssen. Dabei sind Funktion und Organstruktur sachlich aneinander gebunden; nur wenn diese der Eigenart jener angemessen ist, kann eine sachgerechte staatliche Funktionenausübung erreicht werden. Hieraus ergibt sich ein „Verbot der Wahrnehmung oder Zuweisung von Funktionen, die der Struktur des Organs und der von ihm wahrzunehmenden Grundfunktion nicht

---

[122] Ähnlich BGHZ 3, 308 (315); 17, 266 (276); Bertelmann, S. 54 ff.; Fischer, Die Rechtsprechung des BGH, S. 17; noch zurückhaltender J. Ipsen, S. 117 ff.; vgl. auch Stern, StR I, § 20 IV 4 a i. V. m. § 20 II.

[123] So z. B. BVerfGE 7, 183 (188); 9, 268 (279); 22, 106 (111); 30, 1 (27 f.); 34, 52 (59); v. Mangoldt / Klein, Art. 20, Anm. V 5 b (S. 598); Maunz / Dürig / Herzog, Art. 20, Rdz. 78; Bertelmann, S. 68 ff.; Göldner, S. 151; Peters, Die Gewaltentrennung, S. 84 ff.; W. Weber, Spanungen, S. 164 f.

[124] BVerfGE 9, 268 (280); 22, 106 (111); 30, 1 (28); v. Mangoldt / Klein, Art. 20, Anm. V 5 b S. 599); Maunz / Dürig / Herzog, Art. 20, Rdz. 81; v. Münch / Schnapp, Art. 20, Rdz. 34; Stern, StR I, § 20 IV 3 c; Bertelmann, S. 69. In seinen Entscheidungen zum Richterrecht hat das BVerfG den Gewaltenteilungsgrundsatz nicht für verletzt angesehen (BVerfGE 3, 225 [247 f.] [zur Verfassungsmäßigkeit des Art. 117 I GG]) bzw. gar nicht erwähnt (BVerfGE 34, 269 [279 ff.] [Soraya]).

[125] Hierzu und zum folgenden Küster, AöR 75, 401 ff.; Hesse, § 13; J. Ipsen, S. 133 ff.; Schlüter, S. 13 ff.

[126] Vgl. auch H. J. Hahn, S. 448 f.; Göldner, S. 155 f.

entsprechen"[127]. In diesem Sinne, als Mittel zur Gewährleistung rationeller staatlicher Aufgabenerfüllung, kann die Gewaltenteilung in der Tat als „tragendes Organisationsprinzip des Grundgesetzes"[128] bezeichnet werden. Damit ist aber auch deutlich, daß aus der einem Organ von der Verfassung beigelegten Struktur, darüber hinaus auch besonders aus der Art und den einzelnen Modalitäten des ihm zur Aufgabenerfüllung zugewiesenen Verfahrensganges seine verfassungsmäßige Funktion konkretisiert und gleichzeitig Grenzen seines Betätigungsfeldes ermittelt werden können.

8. Akzeptiert man dies zunächst einmal grundsätzlich als Ausgangspunkt, so wäre weiterhin die Fragestellung zu präzisieren, ist doch zu erwarten, daß die Antwort für die je verschiedenen Typen des Richterrechts unterschiedlich auszufallen hätte. Für die einleitend besprochene Judikatur zum Bierlieferungsvertrag etwa ist dabei die Auswahl nicht sehr schwierig: die Rechtsfortbildung erfolgt hier contra legem: es handelt sich in der Typologie J. Ipsens um gesetzeskorrigierendes Richterrecht[129]. In vielen Fällen ist eine derartige Zuordnung zwar nicht eindeutig nachvollziehbar[130]; hier liegt aber in dem Rechtsfolgenausspruch des § 138 I, II BGB eine unzweideutige gesetzliche Regelung vor, die durch die Annahme eines richterlichen Modifikationsrechts partiell mißachtet wird.

Gesetzeskorrigierendes Richterrecht ist nun von dem oben beschriebenen Ausgangspunkt her unter verfassungsrechtlichen Gesichtspunkten als schlechthin unzulässig bezeichnet worden[131]. Am Ende einer eine praktische Rechtsfrage behandelnden Arbeit könnte eine derartige rigoros-allgemeingültige Aussage allerdings möglicherweise Unbehagen bereiten. Bliebe etwa ein fundamentales rechtsethisches Prinzip unbeachtet, käme man zu einer Lösung entgegen der Natur der Sache,

---

[127] Hesse, S. 199.

[128] BVerfGE 3, 225 (247 f.); allgemein Stern, StR I, § 20 IV 3.

[129] Daneben behandelt J. Ipsen gesetzeskonkretisierendes (gegen das nur in seltenen Fällen verfassungsrechtliche Bedenken zu erheben seien), gesetzesvertretendes (das verfassungsrechtlich bedenklich sei; dem Gesetzgeber obliegende Normierungsaufgaben dürfe der Richter hier nur vorläufig und gleichsam treuhänderisch wahrnehmen) und gesetzeskonkurrierendes Richterrecht (das verfassungswidrig sei): S. 61 ff., 188 ff., 231 ff.

[130] Kritisch gegenüber Typenbildung und Unterscheidung zwischen Rechtsfortbildung intra, praeter und contra legem Göldner, S. 221 ff.; H.-P. Schneider, DÖV 75, 450.

[131] J. Ipsen, S. 190 ff., 235 f.; vgl. auch H.-P. Schneider, DÖV 75, 450, 452; keine Entscheidung gegen den eindeutigen Normtext; je weiter dieser gefaßt ist, desto größer werde der Wertungsspielraum des Richters; für die Rechtsbindung des BGB spiele „allerdings der Zeitfaktor eine nicht unerhebliche Rolle". Vgl. weiterhin aus der etwas älteren Literatur vor allem Hirsch, JR 66, 334 ff.; Stein, NJW 64, 1748; auch Germann, Primat, S. 294 f. Sehr zurückhaltend auch Stern, StR I, § 20 IV a ε.

widerspräche das Ergebnis zwingenden praktischen Bedürfnissen[132], so kann einer derart abstrakten Stellungnahme leicht ein steriles „fiat iustitia, pereat mundus"-Denken vorgeworfen werden: die Operation ist nach allen Regeln klinischer Kunst vorgenommen worden, jedoch ist der Patient hernach nicht mehr lebensfähig.

Daß Gesetze einem natürlichen Alterungsprozeß unterliegen[133] und vom Rechtsanwender den gewandelten sozialen Gegebenheiten angepaßt werden müssen, verkennt zwar auch J. Ipsen nicht. Sehr zweifelhaft ist aber, ob hier der Hinweis auf die allgemein anerkannte Methode der objektiven Gesetzesauslegung wirksame und zureichende Abhilfe verbürgt[134]. Gerade wenn man, um zu verhindern, daß sich das Auslegen allzu rasch in ein Unterlegen verwandelt, am Wortsinn als Schranke der Interpretation festhält[135], sind hier die Möglichkeiten einer Harmonisierung von Norm und gewandeltem Rechtsbewußtsein doch recht beschränkt. Noch weniger ergiebig ist der zusätzlich von Ipsen gegebene Hinweis auf § 242 BGB[136], der zu judiziellen Korrekturen ermächtige: daß dieser Norm damit im Sinne von Wieacker[137] die Funktion zugeschrieben werden soll, die wichtigsten rechtsethischen Durchbrüche durch das ius cogens zu legitimieren, ist nicht anzunehmen; und im übrigen handelt es sich bei der Anwendung des § 242 BGB um die von Ipsen sogenannte Problematik der „gesetzeskonkretisierenden" Rechtsbildung, die sich in der Ausfüllung und Präzisierung innerhalb eines vorgegebenen Bewertungsrahmens erschöpft.

Insgesamt bleibt der auf verfassungsrechtlicher Grundlage gewonnene Befund J. Ipsens hinter der Stellungnahme der meisten anderen Autoren[138, 139] zur Legitimation richterlicher Rechtsfortbildung zurück.

---

132 Dies der von Larenz, Methodenlehre, S. 402 ff. angeführte Katalog von „Rechtfertigungsgründen" für die sog. „gesetzesübersteigende Rechtsfortbildung"; vgl. auch Habscheid, S. 31 ff.; Schnyder, S. 36 f.

133 Hierzu Habscheid, S. 11 f.; Wieacker, Gesetz und Richterkunst, S. 4; Esser, GuN, S. 172 ff.

134 J. Ipsen, S. 235, 191, 90; auch schon Hirsch, JR 66, 338.

135 J. Ipsen, S. 236.

136 S. 191 f.

137 Vgl. oben Fn. 92.

138 Bertelmann, S. 136 m. w. N. (Fn. 7); Habscheid, S. 26 m. w. N. (Fn. 40), 29 ff.; Heusinger, S. 92 ff. (vgl. aber auch S. 108); H. H. Klein, DRiZ 72, 336; Redeker, NJW 72, 412; Göldner, S 221 ff. („Nicht, ob der Richterspruch vom Gesetz abweicht, sondern worauf sich diese Abweichung gründet, muß den letzten Ausschlag für oder gegen seine Legitimität geben" [S. 224]); Flume, Richter und Recht, S. K 20 ff. (das ius könne die Rechtsfortbildung entgegen der lex erzwingen); Starck, VVDStRL 34, 85 ff. (richterliche Gesetzesinterpretation dürfe nicht dazu führen, eine gesetzliche Unterscheidung oder ein Regel-Ausnahme-Verhältnis zu beseitigen). Nach Ansicht von Larenz, Methodenlehre, S. 419 f. ist der Richter zu einer Entscheidung contra legem „grundsätzlich" nicht befugt; sie bedürfe besonderer, im Sinnganzen der Rechtsordnung

Insbesondere das Bundesverfassungsgericht hält den Richter als zu „schöpferischer Rechtsfindung“ beauftragt und befugt und hat etwa das Ergebnis der eindeutig gegen den Wortlaut des § 253 BGB verstoßenden Rechtsprechung des BGH, wonach bei schweren Verletzungen des allgemeinen Persönlichkeitsrechts Ersatz in Geld auch für immaterielle Schäden beansprucht werden kann, als „Recht“ im Sinne des Art. 20 III GG bezeichnet[140]. Die wegen des aus Gründen der Rechtsstaatlichkeit unverzichtbaren Grundsatzes der Gesetzesbindung der Rechtsprechung erforderlichen Grenzen schöpferischer Rechtsfindung brauchen somit nach Ansicht des Bundesverfassungsgerichts nicht einmal bei Judikaten contra legem überschritten zu sein.

---

gelegener Gründe, um ausnahmsweise gerechtfertigt zu sein (vgl. demgegenüber aber auch S. 403); in der 2. Aufl. (S. 400 ff.) hatte Larenz diese Befugnis davon abhängig gemacht, daß andernfalls ein Zustand entstehen würde, durch den der Rechtsgedanke Schaden leiden müsse. Dieser „Rechtsnotstand“ müsse evident und auf andere Weise nicht zu beheben sein (zustimmend Heusinger, S. 108; ähnlich Gernhuber, Fs. Schmidt-Rimpler, S. 171 f.; Habscheid, S. 29 ff.). In der 3. Aufl. scheint dem nunmehr sog. „echten Rechtsnotstand“ (S. 419) nur noch die Funktion eines äußersten Auffangtatbestands zuzukommen. (Zur Entwicklung des Larenzschen Denkens vgl. Fikentscher, Methoden III, S. 725 m. N.; vgl. auch die Kritik S. 726 ff.). Fikentscher (Methoden IV, S. 233 ff., 295, 322 f. u. ö.) mißt der „Wortsinngrenze“ lediglich die Bedeutung eines methodischen Hindernisses bei, mit dem sich der Rechtsanwender in jedem Falle auseinandersetzen müsse. Durch die Anwendung von Fallnormen, die aufgrund der gesetzesüberschreitenden methodischen Rechtsbildungslehre (hierzu schon oben Fn. 120 a. E.) ermittelt worden sind, gefundene Ergebnisse seien legitim, auch wenn sie gegen ein Gesetz verstießen. Freilich scheint mir der praktische Unterschied zu der von Fikentscher abgelehnten Larenzschen Rechtsnotstandskonzeption nicht allzu groß zu sein (vgl. etwa den Vergleich der Trilogie bei Larenz [o. A. 93] mit der von Fikentscher vertretenen „Vier-Elemente-Lehre“ bei der Rechtsbildung [Methoden IV, S. 322 f. i. V. m. S. 279 ff.]). Zusammenstellung von höchstrichterlichen Entscheidungen, in denen Gesetzeskorrekturen vorgenommen bzw. abgelehnt worden sind bei J. Ipsen, S. 90, Fn. 3, 4; für das Schweizerische Bundesgericht bei Schnyder, S. 32 ff. Diederichsen, Flucht, S. 46 ff. dürfte recht haben, wenn er behauptet, daß von einem Rechtsnotstand in den meisten Fällen nicht die Rede sein könne (zust. auch J. Ipsen, S. 90, Fn. 3; vgl. auch Hirsch, JR 66, 340 f.). Eine Ausnahme würde ich etwa für die richterliche Inhaltskontrolle von AGB vor Inkrafttreten des AGBG anerkennen: hier bestand ganz allgemein das unabweisbare Bedürfnis, ein Korrektiv zu errichten gegen treuwidrige Vertragsbestandteile, die auf Grund der durch die soziale Entwicklung entstandenen materiellen Ungleichheit vom Unternehmer durchgesetzt werden konnten.

[139] Welche Unsicherheiten hier schon bei der Einschätzung des Diskussionsstands obwalten, zeigen recht deutlich zwei völlig konträre Stellungnahmen von H.-P. Schneider (Richterrecht, S. 19: „Hingegen stößt ... die Möglichkeit der „Gesetzeskorrektur“ oder Rechtsfortbildung „contra legem“ auf ebenso einmütige wie entschiedene Ablehnung“) und Bertelmann (S. 136, Fn. 7: „Die Befugnis zur gesetzesabändernden Rechtsfortbildung ist dem Grundsatze nach unbestritten“).

[140] BVerfGE 34, 269 (286 ff.): „Der Richter ist nach dem Grundgesetz nicht darauf verwiesen, gesetzgeberische Wertungen in den Grenzen des möglichen Wortsinns auf den Einzelfall anzuwenden“ (S. 287). Vgl. hierzu H.-P. Schneider, DÖV 75, 445; J. Ipsen, NJW 77, 2292, Fn. 63 (m. w. N.).

9. Schöpferische Rechtsfindung: welche Impulse könnten hier vorliegend wirksam werden? Im Bereich der Auslegung werden herkömmlich neben der grammatischen systematische, historische und teleologische Interpretation unterschieden. Unter Berücksichtigung des nicht immer eindeutigen Übergangs zwischen Auslegung und Rechtsfortbildung liegt es nahe, abweichend von den gängigen Kriterien versuchsweise einmal auch im Bereich der Rechtsfortbildung — mutatis mutandis — diese Dreiteilung zugrundezulegen. Bereits gezeigt worden ist, daß das für die Rechtsprechung in Anspruch genommene Moderationsrecht sich aus dem BGB direkt nicht ableiten läßt. Nun könnte doch aber die gesetzliche Regelung, uneinheitlich, bei einem Vergleich zu anderen Fallgruppen zu schweren Wertungswidersprüchen führen. Der Gesetzgeber könnte eine durch Mißverständnisse bedingte oder historische Erfahrungen grundlos mißachtende Fehlentscheidung getroffen haben. Und schließlich könnte das bei gesetzestreuer Anwendung erzielte Ergebnis unter praktischem bzw. teleologisch-rechtsethischem Blickwinkel unbefriedigend oder gar unerträglich sein. Alle drei Gesichtspunkte haben — das ist unabhängig von methodischen und verfassungsrechtlichen Legitimationsproblemen rein faktisch zur Kenntnis zu nehmen — in der Vergangenheit bereits dem impetus zu richterlicher Rechtsneuschöpfung zugrundegelegen; sie würden gegebenenfalls auch hier vehement in diese Richtung drängen.

Tatsächlich hat man — wenigstens ansatzweise — auch vorliegend unter allen der drei angesprochenen Blickwinkel gegen das Alles-oder-Nichts bei wucherischen oder wucherähnlich-sittenwidrigen Rechtsgeschäften opponiert.

Ergäbe sich andererseits, daß die Regelung des BGB-Gesetzgebers den nicht zufälligen, sondern wohldurchdachten Endpunkt historischer Entwicklungen darstellt, daß sie nicht widersprüchlich, sondern systematisch einwandfrei ist und daß sie zu praktisch befriedigenden Ergebnissen führt, so wäre das bislang erzielte Zwischenresultat: Unzulässigkeit einer Vertragsmoderation, auch unabhängig vom grundsätzlichen Verständnis von Aufgabe, Kompetenz und Stellung des Zivilrichters eindrucksvoll bestärkt und gegen Anfechtungen aller Art rundum abgesichert.

Dritter Teil

Fortbildungsgesichtspunkte

VI. Die Überschreitung fester Verbotsgrenzen, insbesondere bei Höchstpreisvorschriften

1. Rechtsgeschäfte, die wegen Übermaßes einer Verpflichtung mißbilligt werden, können durch spezialgesetzliche Regelung verboten sein. Anwendbar ist dann § 134 BGB. So war es bei den Wuchernormen des StGB und des WiStG[1], so ist es auch beim Verstoß gegen Höchstpreisvorschriften. Vor allem auf diese, daneben aber auch auf zwei andere Fallgruppen, hat man sich zur Begründung des Moderationsrechts bei anstößig-übermäßigen Verträgen berufen. Sie sollen im folgenden behandelt werden, wäre es doch äußerst mißlich, hätte der BGB-Gesetzgeber hier tatsächlich eine andere Rechtsfolge angeordnet oder zugelassen. Sollte sich in diesem Bereich eine Vertragsmoderation als zulässig und geboten erweisen, müßte unter übergreifenden Gesichtspunkten der System- und Gleichgerechtigkeit nach Harmonisierungsmöglichkeiten gesucht werden.

Gemeinsam ist allen in diesem Kapitel behandelten Fällen, daß feste Verbotsgrenzen überschritten worden sind. Hier hat vor allem die Rechtsprechung bereits sehr früh im Sinne quantitativer Aufteilbarkeit entschieden. Mitunter wird die Ansicht vertreten, auch heute könne die Möglichkeit quantitativer Teilnichtigkeit lediglich für diese Fälle anerkannt werden[2]. Andererseits liegt hier zweifellos eine der Keimzellen für die eingangs geschilderte Entwicklung. Möglicherweise sind insoweit von der Rechtsprechung oder Literatur einleuchtendere Argumente vorgebracht und Ansatzpunkte entwickelt worden, die auch im vorliegenden Zusammenhang zu berücksichtigen sind.

2. a) Eine nicht unbedeutende Rolle spielt in der Argumentationskette der Verfechter einer quantitativen Teilnichtigkeit[3] die zu der Vorschrift des § 1822 Ziffer 5 BGB entwickelte Rechtsprechung. Um die Wahrung der Interessen des Mündels sicherzustellen, schränkt diese Be-

---

[1] Vgl. oben Kap. II.

[2] Flume, AT, § 32, 2 d; Lang, S. 27, 91.

[3] Dahmen, S. 126; Herzog, S. 88 f.; Lappe, S. 24; Nolden, S. 40; vgl. auch die Argumentation der Vorinstanz von BGH NJW 58, 1772.

stimmung für Miet- oder Pachtverträge oder andere Verträge, durch die der Mündel zu wiederkehrenden Leistungen verpflichtet wird, die Vertretungsmacht des Vormundes ein: sofern das Vertragsverhältnis länger als ein Jahr nach dem Eintritt der Volljährigkeit des Mündels fortdauern soll, bedarf er der Genehmigung des Vormundschaftsgerichts. Bereits in einer Entscheidung aus dem Jahre 1913 hatte das Reichsgericht über die Frage zu entscheiden[4], welche Auswirkung der Mangel der erforderlichen Genehmigung auf den Vertrag habe. Ausgangspunkt der Deduktion ist die Feststellung, daß der Vertrag „jedenfalls" insoweit unwirksam sei, als er noch über den in § 1822 Ziffer 5 bestimmten Termin hinauslaufen solle. Ob die Unwirksamkeit sich auch auf die vorhergehende Zeit erstrecke, wird in Anwendung des § 139 BGB vom hypothetischen Parteiwillen abhängig gemacht. Der Grundsatz des § 139 BGB müsse auch in diesen Fällen angewandt werden; „an sich" sei zwar die Pachtdauer eine Eigenschaft des Pachtvertrages, was jedoch nicht hindere, den Pachtvertrag „im einzelnen Falle" in Zeitabschnitte dergestalt zerlegt zu denken, daß diese zugleich als Teile des Vertrages i. S. d. § 139 BGB angesehen werden könnten. Dieser Gedanke liege auch den Motiven zum BGB zugrunde. — Daß das Ergebnis mit diesen Ausführungen befriedigend begründet ist, läßt sich wohl nicht behaupten. Skepsis erweckt gerade die zum Teil sehr apodiktische Art des Vorbringens der Behauptungen: eine Zuflucht, durch die nicht selten der Mangel an Argumenten gerade verborgen werden soll. Erstaunlich ist demgegenüber aber andererseits, daß die entscheidende Behauptung: die Zeitabschnitte *sind* Teile des Vertrages, gar nicht aufgestellt wird. Zugespitzt ausgedrückt, behauptet das Reichsgericht weiterhin, „an sich" greife § 139 BGB nicht ein, ohne daß dies eine Anwendung im Einzelfall aber hindere. Worin sich der vorliegende Fall jedoch von den Regelfällen („an sich") unterscheidet, wird nicht untersucht und läßt sich im übrigen auch nicht ergründen. M. E. handelt es sich um eine typische Billigkeitsentscheidung[5]: der Vormund, der 1905 ohne Genehmigung des Vormundschaftsgerichts den Pachtvertrag geschlossen hatte, berief sich nunmehr gegenüber dem seine vertraglichen Ansprüche geltend machenden Kläger auf die Nichtigkeit des Vertrages, der bei einer Laufdauer von insgesamt fünfzehn Jahren den in § 1822 Nr. 5 BGB abgesteckten Rahmen nur um eineinhalb Jahre überschritt. Richtigerweise wäre dem Pächter hier wohl mit Schadensersatzansprüchen aus culpa in contrahendo zu helfen gewesen: ein Rechtsinstitut, daß das Reichsgericht zu dieser Zeit jedoch gerade erst zu entwickeln begonnen hatte[6].

---

[4] RGZ 82, 124 (125).

[5] Ähnlich (auch hinsichtlich der anderen einschlägigen Entscheidungen) Dahmen, S. 126: Einzelfallentscheidungen.

[6] Einen gewissen Abschluß hinsichtlich der Anerkennung einer „Haftung wegen Verschuldens beim Vertragsschluß", wie es lapidar und programmatisch

b) Gleichwohl ist diese Entscheidung zum Grundstein einer offenbar nicht nur „herrschenden", sondern allgemein anerkannten, einhelligen Meinung geworden. Das Ergebnis ist in einigen Entscheidungen bestätigt[7] und auch in der Literatur[8] nie angezweifelt worden. Von dieser Übereinstimmung bleibt jedoch nicht mehr soviel übrig, wenn man eine mitunter gebrauchte Formulierung ernst nimmt: wie weit die Unwirksamkeit reiche, so wird behauptet, hänge davon ab, ob die Vertragschließenden den Vertrag als einen einheitlichen gewollt haben oder nicht[9]. Hier scheint es mir aber nun ganz unbestreitbar zu sein, daß zwei Vertragsparteien einen Pachtvertrag über 15 Jahre in der Regel als einen einheitlichen, nicht aus zwei oder mehreren Abschnitten zusammengesetzten Vertrag gewollt haben. —

c) Die erwähnte Formulierung nimmt Bezug auf einen in den Motiven enthaltenen Satz, der so oft *für* die Zulässigkeit einer quantitativen Teilnichtigkeit angeführt worden ist[10]. In Wirklichkeit spricht aber dies historische Argument gerade gegen eine derartige Konstruktion. Das wird noch deutlicher, wenn man die Begründung des Redaktors Planck zum Entwurf eines Familienrechts für das deutsche Reich zu Rate zieht[11]. Die Wirkungen des Mangels der erforderlichen Genehmigung sind hier problematisiert und ausdrücklich im Sinne der Totalnichtigkeit festgelegt worden. Wie schon gem. § 46 der preußischen Vormundschaftsordnung vom 5. 7. 1875 sollten auch nach dem BGB in diesen Fällen die allgemeinen Wirkungen des Mangels der Genehmigung eintreten[12]. Zwar werde dadurch der inzwischen trotz mangelnder Genehmigung zur Ausführung gelangte Vertrag „zu einem rein thatsächlichen Verhältniß" her-

---

schon im Leitsatz heißt, brachte erst das heute oft als Leitentscheidung angesehene Urteil vom 24. 9. 1918 (RGZ 95, 58).

[7] RGZ 114, 35 (39); RGZ 154, 41 (45); RG HRR 1933, Nr. 873 a. E.; RAG JW 33, 239 (240) m. zust. Anm. Hueck; BGH NJW 62, 734; BGHZ 28, 78 (83) (für den speziell-vorliegenden Fall [Abschluß einer Lebensversicherung ohne vormundschaftsgerichtliche Genehmigung] hat der BGH es allerdings nicht für möglich gehalten, anzunehmen, daß die Vertragsparteien einen solchen Versicherungsvertrag gleichen Inhalts auch für die genehmigungsfreie kürzere Dauer abgeschlossen hätten [Prämienhöhe steht hier in unlöslichem Zusammenhang mit Vertragsdauer]. Zu beachten ist, daß es gerade beim Bierlieferungsvertrag insoweit meist ähnlich liegen wird. Auch hier hängen Bierpreis, Tilgungsmodalitäten etc. nicht selten von der Laufzeit des Darlehens ab!)

[8] Erman / Hefermehl, § 1822, Rdz. 7; Palandt / Diederichsen, § 1822, 6; RGRK-Scheffler, § 1822, Rdz. 25; Soergel / Germer, § 1822, Rdz. 37; Staudinger / Coing, § 139, Rdz. 8; Staudinger / Engler, § 1822, Rdz. 97 m. w. N.; Dölle, FamR, § 128 II 2 d bb; Flume, AT, § 32, 2 d; Gernhuber, FamR, § 52 V 7; Rüthers, AT, Rdz. 247; Dahmen, S. 126; Lang, S. 91 f.; Sandrock, AcP 159, 507.

[9] Staudinger / Engler; Dölle, a.a.O.; vgl. dagegen ausdrücklich RAG JW 33, 239 (240): „Einheitlichkeit" des Pachtvertrages hindere nicht ...

[10] Vgl. schon oben Kap. III, 1), bei Fn. 15.

[11] S. 2120 (Maas Nr. 155) (zu § 517 d. Entwurfs).

[12] § 523 Entw. e. Familienrechts (Vorlage Planck) i. V. m. § 82 IV Entw. Allgemeiner Theil (Vorlage Gebhard); aus dem E I vgl. dann § 1681.

abgedrückt; gleichwohl sei diese Lösung angemessen, zumal ja der Mündel nach Erreichen des Volljährigkeitsalters immer noch die Möglichkeit habe, über den Bestand des Vertrages zu entscheiden[13].

Diesen gesetzgeberischen Vorstellungen entspricht die hernach in § 1822 Nr. 5 Gesetz gewordene Fassung vollkommen. Der Genehmigung bedarf nicht die sich über ein Jahr nach dem Eintritt der Volljährigkeit des Mündels hinaus erstreckende Spanne des Vertrages, sondern *wegen* dieser übermäßigen Dauer der gesamte Vertrag. Wird ohne diese Genehmigung kontrahiert, so ist der gesamte Vertrag zunächst schwebend, dann gegebenenfalls endgültig unwirksam. § 139 BGB greift auch hier nicht ein.

3. a) Ebenso liegt es auch in dem ganz ähnlichen Fall der Überschreitung einer rechtsgeschäftlich erteilten Vertretungsmacht. Zwar erkennt auch hier die ganz überwiegende Ansicht die Möglichkeit an, daß das Geschäft in einen gedeckten und einen ungedeckten Teil aufgeteilt und daß der vollmachtsgemäße Teil des Geschäfts in Anwendung des § 139 BGB wirksam werden könne[14]. Daß diese Meinung jedoch mit dem auch hier in der Formulierung der einschlägigen Vorschriften zum Ausdruck gebrachten Willen des Gesetzgebers nicht übereinstimmt, ergibt sich bereits aus der Denkschrift zum BGB[15]: die Vorschriften über die Vertretung ohne Vertretungsmacht entsprächen im wesentlichen denen, welche gelten, wenn Minderjährige Verträge ohne die erforderliche Genehmigung geschlossen haben. Deutlicher äußert sich auch hier wieder der Redaktor des Entwurfs in seiner Begründung[16]: einer besonderen Bestimmung darüber, daß der Geschäftsherr ein- und dasselbe Geschäft nicht teilen und teilweise genehmigen könne, bedürfe es nicht, da in

---

[13] Vgl. (heute) § 1829 III BGB.

[14] Ganz eindeutig fixierbar ist das Meinungsbild nicht. Ziemlich allgemein wird nämlich betont, Vertretung ohne Vertretungsmacht liege auch bei Überschreiten der Vertretungsmacht vor: RG WarnRspr 09, Nr. 345; RG JW 37, 2036; Oertmann, BGB, § 177, 2 c γ; Palandt / Heinrichs, §§ 177, 178, 1 a; Planck / Flad, § 177, Anm. 1 pr.; RGRK / Kuhn, § 177, Rdz. 1; Staudinger-Coing, §§ 177, 178, Rdz. 2; Enneccerus / Nipperdey, § 183 I 4; Flume, AT, § 47, 1; v. Tuhr, II 2, S. 440; a. A. Hartung, S. 41. Z. T. bewendet es bei dieser Stellungnahme, z. T. wird dann jedoch zusätzlich oder auch ohne weiteres angenommen, bei Verweigerung der Genehmigung sei § 139 BGB anwendbar: vgl. BGH MDR 70, 220; Erman / H. Westermann, § 177, Rdz. 1 (so fällt „an sich" nur der nicht unter die Vertretungsmacht fallende Teil unter § 177); Oertmann, BGB, § 177, 3 d; RGRK / Kuhn, § 177, Rdz. 1; Staudinger / Coing, §§ 177, 178, Rdz. 2; Enneccerus / Nipperdey, § 183 I 4; v. Tuhr II 2, S. 440 (Fn. 40) und II 1, S. 283; Hartung, S. 41 f.; Spiro, ZBJV 88, 500 f. Wieder andere wollen zwischen Vollmachtsüberschreitung und dem Fall, daß sich das Geschäft in einen gedeckten und in einen ungedeckten Teil aufgliedern ließe, unterscheiden (Soergel / Schultze-v. Lasaulx, § 179, Rdz. 3, § 177, Rdz. 3, 15; wohl auch Flume, AT, § 47, 1), wobei Soergel / Schultze-v. Lasaulx, § 179, Rdz. 3 als Beispiel für letztere Möglichkeit ausdrücklich Mengenunterschiede nennt.

[15] Mugdan I, S. 839.

[16] Gebhard, Entwurf Allgemeiner Theil, Begründung II, 2, S. 185 (Maas Nr. 97).

einem solchen Falle ein anderes Geschäft genehmigt werde, als zur Genehmigung anstehe. Auch im Dresdner Entwurf, der in seinem Art. 88 II eine derartige Vorschrift enthalten hatte, war eine nur teilweise Genehmigung nicht unbeschränkt zugelassen, sondern von der Einwilligung der Beteiligten abhängig gemacht worden. Erfolge diese Einwilligung, so gelte dies als Schließung eines neuen Vertrages. Wenn somit problematisch allein die Frage war, ob der Vertretene teilweise genehmigen könne, läßt sich daraus schließen, daß vorrangig auch bei „bloßer" Überschreitung der Vollmacht der[17] *gesamte* Vertrag als (schwebend) unwirksam angesehen wurde, nicht nur ein Teil desselben. Eine Anwendung der allgemeinen, heute in § 139 BGB enthaltenen Regel über die Teilunwirksamkeit kam damit gar nicht erst in Betracht.

b) Auf dieser Grundlage ist auch heute in derartigen Fällen gem. § 177 BGB zunächst zu klären, ob der Vertreter ohne Vertretungsmacht gehandelt hat. Das ist bei Überschreitung der Vollmacht der Fall[18]: für das konkret abgeschlossene Geschäft reicht die Vollmacht nicht aus und in dem von der Vollmacht gedeckten Umfang hat der Vertretene keinen Vertrag geschlossen. Die abstrakte Formel „ohne Vertretungsmacht" kann sinnvoll nicht dahin interpretiert werden, daß eine wie auch immer geartete Vollmacht überhaupt gefehlt haben muß. Ein Vertrag über 150 Zentner Getreide[19] ist in aller Regel auch als einheitlich gewollt und enthält nicht (konkludent) zwei Vertragsschlüsse über je 75 Zentner oder über 100 und 50 Zentner etc. Damit hängt nun aber auch die Wirksamkeit dieses konkreten Vertrages von der Genehmigung des Vertretenen ab: verweigert er sie, ist der gesamte Vertrag unwirksam. § 139 BGB, der demgegenüber eine Teilunwirksamkeit voraussetzt, findet somit keine Anwendung.

Auf den Weg, der in der Praxis wohl zumeist auch eingeschlagen wird, verweist schon die Regelung des Art. 88 II Dresdner Entwurf: auch bei einer „bloßen" mengenmäßigen Vollmachtsüberschreitung werden die Parteien das Rechtsgeschäft in der Regel als „fehlgeschlagen" betrachten und sich nun (sei es direkt, sei es weiterhin unter Einschaltung des Vertreters) um eine neue Regelung bemühen. Dabei kann im Einzelfall gerade der Vertragspartner ein schutzwürdiges Interesse daran haben, bei Fehlschlagen dieser erneuten Verhandlungen nicht an einem Restgeschäft über die geringere, von der Vollmacht gedeckte Menge festgehalten zu werden[20].

---

[17] Diese Alternative war in § 88 I Dresdner Entwurf ausdrücklich erwähnt: „Hat derjenige, welcher als Stellvertreter auf den Namen eines Anderen den Vertrag geschlossen hat, die Eigenschaft eines Stellvertreters nicht gehabt, oder gegen seine Befugnisse oder mit Überschreitung derselben gehandelt, . . ."

[18] Vgl. auch die in Fn. 14 zunächst Genannten.

[19] Vgl. das Beispiel bei v. Tuhr, II 1, S. 283, Fn. 28.

[20] Für den umgekehrten Fall (der Verkäufer hätte damals 100 Zentner Ge-

4. Außerordentlich interessant ist in diesem Zusammenhang die Behandlung einer weiteren Fallgruppe durch die Rechtsprechung.

a) Kurz nach Ausbruch des 1. Weltkrieges wurde durch Gesetz vom 4. 8. 1914[21] zum erstenmal die Möglichkeit geschaffen, für Gegenstände des täglichen Bedarfs, besonders Nahrungs- und Futtermittel, Höchstpreise festzusetzen. Von dieser Ermächtigung machte der Bundesrat schon bald z. B. im Hinblick auf Roggen, Gerste und Weizen[22], Hafer[23], Kleie[24] und Speisekartoffeln[25] Gebrauch. — In dem einer Entscheidung vom 19. 5. 1916[26] zugrundeliegenden Fall hatte der Kläger vom Beklagten 4 000 Zentner Kartoffeln zum Preise von 2,90 RM gekauft, während der Höchstpreis zu dieser Zeit 2,75 bzw. 2,50 RM betrug. Zum erstenmal erklärte hier das Reichsgericht das Rechtsgeschäft nicht für nichtig: der unter Überschreitung der gesetzlichen Höchstpreise abgeschlossene Verkauf sei vielmehr unter Herabsetzung des Preises „auf das erlaubte Maß"[27] aufrechtzuerhalten[28]. Wie sich zeigen sollte, bildete diese Entscheidung den Ausgangspunkt für die faktische Beilegung eines damals recht lebhaften Streits[29] in der Literatur. Das Ergebnis wurde im folgenden bei Verstößen gegen preisrechtliche Verbotsnormen[30, 31] des öfteren bestätigt[32] und auch vom BGH übernommen[33]; es wird heute, in

treide allein nicht verkauft, ist jetzt aber mit einer „Teilung" einverstanden) will auch Enneccerus / Nipperdey, § 183 I 4 (Fn. 23) entgegen § 139 BGB dem aktuelleren Interesse des Verkäufers Vorrang einräumen.

[21] RGBl 1914, 339 ff., mehrfach geändert; vgl. die Bekanntmachung der Fassung v. 17. 12. 1914, RGBl 1914, 516 ff.; Bekanntmachung über Änderung v. 21. 1. 1915, RGBl 1915, 25.

[22] RGBl 1914, 462 ff., 528 ff.

[23] RGBl 1914, 469 ff., 531 ff.

[24] RGBl. 1914, 462 ff., 533 f.

[25] RGBl 1914, 483 f.

[26] RGZ 88, 250 ff.

[27] So S. 252; im Gegensatz zur Lage bei Festpreisvorschriften gibt es jedoch bei Höchstpreisvorschriften nicht nur ein fest bestimmbares erlaubtes Maß. Gemeint ist wohl: „das gerade noch erlaubte Maß".

[28] Fragen der Höchstpreisüberschreitung bilden nur einen Teil der während des ersten Weltkrieges im Hinblick auf die Nichtigkeit oder Wirksamkeit von Rechtsgeschäften auftauchenden Probleme. Einen eingehenden Überblick über die einschlägige Kriegsrechtsprechung (Kriegswucher, Kettenhandel, Preistreiberei) gibt Weyl, S. 54 ff.

[29] Über den Streitstand unterrichten Staudinger / Coing, § 134, Rdz. 21 a; Oertmann, BGB, § 134, 3 c γ; Oertmann, JW 17, 255 f.; Hartung, S. 7 ff.

[30] Über die verschiedenen Formen und die rechtliche Ausgestaltung von Preisvorschriften unterrichten Magg, S. 47 ff.; Rinck, Rdz. 276 ff.; ders., AcP 152, 483 ff.; Mayer-Maly, Fs. Demelius, S. 140 ff. (zu den faktischen Wirkungen von Höchstpreisvorschriften daselbst S. 142); Klang / Mayer-Maly, § 1059 IV; Bettermann, Grundfragen, § 6.

[31] Beispiele: Verordnung gegen Preistreiberei v. 8. 5. 1918 (RGBl 395); Preisstoppverordnung v. 26. 11. 1936 (RGBl I, 955).

[32] RGZ 89, 196 (198); 97, 82 (83 f.); 98, 293 (294 f.); 166, 89 (93); 168, 307 (313);

einer Zeit, in der die Problematik allerdings allenfalls latent aktuell ist[34], ganz allgemein gebilligt[35, 36]. — Interessant ist demgegenüber vergleichsweise allein die schwankende Haltung der österreichischen höchstrichterlichen Judikatur. Nachdem der OGH zunächst (mit verschiedenen Begründungen) gänzliche Ungültigkeit angenommen[37], dann jedoch auf Restgültigkeit unter Herabsetzung des Kaufpreises erkannt hatte[38], kehrte er nach dem zweiten Weltkrieg wieder zur Annahme der Nichtigkeit des gesamten Geschäfts zurück[39, 40]. — Auch das Reichsgericht hat

---

RG WarnRspr 1916, Nr. 238; WarnRspr 1917, Nr. 40; WarnRspr. 1919, Nr. 50; RG DR Ausg. A 1939, 1633 f.; DR Ausg. A 1942, 1409 (1410); OGHZ 1, 72 (75 ff.).

33 BGHZ 11, 90 (95, 97 f.); 51, 174 (181); BGH LM Nr. 8 zu § 134; BGHSt 8, 221 (225 f.).

34 Hierzu (Aktualität, historische Bedeutung und Entwicklung von Bewirtschaftungsvorschriften) v. a. Magg, S. 1 ff., 20 ff., 54 ff. Nur im Preisrecht haben sich noch größere Reste des Bewirtschaftungssystems der Kriegs- und Nachkriegszeit erhalten; eine Zusammenstellung der wesentlichen staatlichen Preisregelungen in der Bundesrepublik auf dem Stand v. 15. 4. 1970 bei Magg, Anhang; vgl. hinsichtlich noch bestehender Preisbindungen weiter Palandt / Heinrichs, § 134, 3 b. Zum österreichischen Recht Mayer-Maly, Fs. Demelius, S. 148 ff.

35 Oertmann, § 134, 3 c γ; Palandt / Heinrichs, § 134, 3 b; RGRK / Krüger-Nieland, § 134, Rdz. 18 f.; Soergel / Hefermehl, § 134, Rdz. 22; § 139, Rdz. 26; Klang / Mayer-Maly, § 1059 V 4; Enneccerus / Nipperdey, § 190 II 1; Flume, AT, § 17, 4; Larenz, AT, § 22 II (S. 367 f.); Brandt, MDR 48, 172; v. Brasch, S. 37 ff. (unter Anwendung des § 140 BGB); Friemann, ZAkDR 42, 178; Holzapfl, BB 65, 569; R. Kramer, S. 119 ff.; Lang, S. 88 f.; Langen, Fs. Isay, S. 323 f., 329; Magg, S. 125 ff. Mayer-Maly, Fs. Demelius, S. 150; Nolden, S. 56; Philippsen, S. 66; H. Richter, S. 53 ff.; Rinck, Rdz. 298 ff. (Rdz. 301: „Gewohnheitsrecht"); Sandrock, AcP 159, 509 (mit rechtsvergl. Hinweisen: S. 509 f.); Schrikker, S. 63; vgl. weiterhin die in Fn. 36 Genannten; a. A. Gschnitzer, SchR BT, S. 16.

36 Für die Schweiz vgl. im Sinne bloßer Reduktion BGE 47 II 462 (464); ObG Luzern, SJZ 45 (1949), 326; AppG Baselstadt, SJZ 43 (1947), 10 (11); zustimmend aus der Literatur: v. Büren, S. 117 f.; v. Tuhr / Peter, § 29, S. 227 f.; Oftinger, ZSR 57, 575 a ff.; Scherrer, S. 87 f.; Schweingruber, S. 198 ff.; Spiro, ZBJV 88, 514 ff.; a. A. Handelsgericht Bern, ZBJV 83 (1947), 127 (128 f.).

37 ZBl 1916, Nr. 53 (S. 134 f.) (in einer Anmerkung des Herausgebers [S. 135] wird gefragt, ob man an eine solche Verkehrtheit die Mühe einer ernsten Widerlegung überhaupt verschwenden müsse; die Entscheidung sei nicht den salomonischen, eher den abderitischen Urteilen beizuzählen); ZBl 1916, Nr. 88 (S. 213 f.) (dies Urteil bezeichnet der mit seiner Meinung nicht zurückhaltende Herausgeber als „Muster geisttötender Buchstabenexegese").

38 OGH SZ 3, Nr. 62 (S. 140 ff.); ebenso OLG Wien, EvBl 1947, Nr. 273 (S. 216).

39 JBl 1950, 268; EvBl 1951, Nr. 236 (S. 308 f.); JBl 1959, 412 f.; JBl 1960, 17; ebenso OLG Graz, EvBl 1950, Nr. 514 (S. 521 f.). Überblick auch bei Mayer-Maly, Fs. Demelius, S. 150 ff.; Klang / Mayer-Maly, § 1059, V 2.

40 Sehr geschwankt hat die österrichische höchstrichterliche Rechtsprechung auch in der Frage, ob ein Verstoß gegen die Zinsbildungs- bzw. Zinsbindungsvorschriften (insbesondere die Vorschriften des Zinsstoppgesetzes) die Nichtigkeit des gesamten Vertrages oder nur der Zinsvereinbarung, soweit der Verstoß gegen die gesetzliche Vorschrift reicht, nichtig macht; für Gesamtnichtigkeit OGH JBl 59, 412 f.; JBl 60, 17; für Vertragskorrektur OGH EvBl 62, Nr. 111; SZ 34, Nr. 14. Weitere Nachweise bei Apathy, der hauptsächlich jedoch die für das vorliegende Thema nicht unmittelbar interessanten Folgen unzu-

dann freilich den von ihm aufgestellten Grundsatz nicht ganz unmodifiziert gelten lassen, sondern ihn, wie sich aus dem zweiten „Schub“ von Entscheidungen seit Beginn der 2. Inflation ergab, nur auf Umlaufgeschäfte, d. h. auf Rechtsgeschäfte über Güter des täglichen Bedarfs beschränkt. Anlagegeschäfte, insbesondere unter Verstoß gegen Preisvorschriften abgeschlossene Grundstücksverkäufe, sollten demgegenüber gem. § 134 BGB nichtig sein[41, 42]. Ebenfalls der Nichtigkeit anheimfallen sollten — dies der dritte in diesem Zusammenhang entwickelte Grundsatz — Verträge, die unter bewußtem, beiderseitigem Preisverstoß zustande gekommen sind[43].

Diese Rechtsprechung ist nicht frei von inneren Widersprüchlichkeiten[44]; vor allem aber fehlt ihr bis heute eine überzeugende Begründung.

Betrachten wir die Leitentscheidung, die übrigens vorangegangene, entgegengesetzte Entscheidungen[45], wie überhaupt die Vertreter der Gegenansicht[46], mit keinem Wort erwähnt. Bereits bei der einleitenden Charakterisierung der Höchstpreisvorschriften erheben sich Bedenken. Zwar werden sie — was das Reichsgericht offenbar für zweifelhaft hält — immerhin als Rechtsnormen bzw. Gesetze im Sinne des BGB bezeichnet. Daß ihre spezifische Eigenart aber darin bestehe, ganz unmittelbar auf einen wirtschaftlichen Zweck abzuzielen, nicht jedoch auf die Verwirklichung eines Rechtsgedankens (so bei den meisten anderen Gesetzen)[47], ist nicht sehr einleuchtend. Ein „Rechtsgedanke“ soll auch durch die Statuierung von Höchstpreisvorschriften befördert werden, einem politischen Zweck dienen die meisten Gesetze; Verwirklichung eines Rechtsgedankens und politische Zweckverfolgung lassen sich nicht derart abstrakt unterscheiden und — etwa im Sinne widerstrebender Tendenzen — einander gegenüberstellen.

lässiger, d. h. insgesamt unwirksamer Ablösevereinbarungen behandelt (hierzu auch z. B. Kang / Gschnitzer, § 878 B II 2 b).

[41] Vgl. schon RGZ 165, 385 (393); dann: RGZ 166, 89 (95 ff.); 168, 91 (96 ff.); 168, 307 (312 ff.); OGHZ 1, 72 (76 f.); BGH LM Nr. 8 zu § 134. Die österreichische Praxis hat sich diese Unterscheidung nicht zu eigen gemacht.

[42] In diesem Bereich hat durch Erlaß der Grundstücksverkehrsverordnung vom 7. 7. 1942 RGBl I, 451 (aufgehoben durch § 186 Nr. 65 BBauG) der Gesetzgeber eingegriffen. § 2 erklärte nicht genehmigte Preisvereinbarungen für nichtig. Sofern sich der Veräußerer damit einverstanden erklärte oder die Umschreibung des Grundstücks im Grundbuch schon erfolgt war, sollte statt dessen der von der Preisbehörde als zulässig bezeichnete Preis gelten, vgl. weiter § 4, wo bestimmt war, daß, falls die Parteien in Täuschungsabsicht einen falschen Preis haben beurkunden lassen, dieser als vereinbart gelten sollte.

[43] RG DR Ausg. A 1939, 1633 (1634); DR Ausg. A 1942, 1409 (1410).

[44] So auch Bettermann, Grundfragen, S. 25 ff.

[45] OLG Dresden, SeuffA 72, Nr. 1; OLG Kiel, SeuffA 72, Nr. 26; vgl. auch RG LZ 15, Sp. 1369 (Nr. 1).

[46] Vgl. z. B. Busch, DJZ 1916, 127.

[47] RGZ 88, 250 (251); Langen, Fs. Isay, S. 323 nennt diese Bemerkung „wahrhaft denkwürdig“.

Schwerpunkt in der Begründung ist die Explikation des wirtschaftlichen Zwecks des Höchstpreisgesetzes, wobei die Natur der Sache und der Gesamtinhalt des Gesetzes als Erkenntnisquellen dienen[48]. Sinn des Gesetzes sei es nicht nur (rein negativ) zu bewirken, daß keine Waren zu höheren als den festgesetzten Höchstpreisen verkauft würden; angestrebt werde vielmehr und darüber hinaus der positive Erfolg, die verfügbaren Vorräte an Nahrungsmitteln dem Volke zu akzeptablen Preisen zuzuführen. Dies werde besonders auch an den §§ 2 - 4 des Gesetzes deutlich; wenn somit Inhalt des Gesetzes sei, einen starken Druck bzw. gar Zwang auszuüben, innerhalb des Rahmens der Höchstpreise zu verkaufen, so sei hiermit nicht vereinbar, geschehene Verkäufe wegen Überschreitung dieser Grenze als nichtig zu behandeln. Die Verteilung der Nahrungsmittel werde dadurch jedenfalls erst einmal gehemmt.

b) Dogmatischer Ansatzpunkt zu diesen Überlegungen ist für das Reichsgericht — bis heute ganz allgemein[49] akzeptiert — die Norm des § 134 BGB[50]; aus dem Gesetz ergebe sich, daß die verbotswidrige Überschreitung der Höchstpreise nicht die dort für den Zweifelsfall bestimmte Folge der Nichtigkeit, sondern nur die Herabsetzung des Preises nach sich ziehen könne.

aa) Der damit zum Ausdruck kommenden Auslegung des § 134 BGB kann nicht zugestimmt werden. Nach dem Wortlaut des § 134 BGB sind verbotswidrige Rechtsgeschäfte nichtig, „wenn sich nicht aus dem Gesetz ein anderes ergibt". Diese Ausnahmeklausel betrifft zunächst nicht die Fälle, in denen Spezialvorschriften die zivilrechtlichen Folgen einer Übertretung des Verbotsgesetzes regeln. Hier tritt die Generalklausel des § 134 BGB vielmehr insgesamt unter dem Gesichtspunkt der Vorrangigkeit der lex specialis zurück. Aus diesem Grunde sind z. B. die in der Verordnung vom 11. 11. 1915[51] enthaltenen Bestimmungen nicht „ein anderes" i. S. d. § 134 BGB.

§ 134 BGB greift also nur ein, wenn ausdrückliche Bestimmungen über die Folgen des Verbotsverstoßes fehlen. In derartigen Fällen ist aber lediglich zu prüfen[52], ob das Rechtsgeschäft (ausnahmsweise) nicht nichtig sein soll[53]. Die Worte „ein anderes" sind nach dem grammatischen Zu-

---

[48] RGZ 88, 250 (251 ff.); vgl. auch RGZ 89, 196 (198); 98, 293 (294); 168, 307 (313); RG DR Ausg. A 1939, 1633 f.

[49] Anders (Umdeutung gem. § 140 BGB) v. Brasch, S. 37 ff.; Bettermann, Grundfragen, S. 25 ff. (aber nur hins. des obligatorischen Geschäfts).

[50] Noch nicht einmal erwähnt in RGZ 89, 196 (199). RGZ 98, 293 (294): „daß die Nichtigkeit des § 134 BGB nicht Platz greife, sondern . . ."

[51] RGBl. 1915, 758 ff.

[52] Vgl. bereits oben Kap. II, 6) b).

[53] Entgegen der h. L. (Soergel / Hefermehl, § 134, Rdz. 1 [vgl. aber auch Rdz. 4 a. E.]; Staudinger / Coing, § 134, Rdz. 2, 6; Enneccerus / Nipperdey, § 190 II 1; Flume, AT, § 17, 1; Larenz, AT, § 22 II; Langen, Fs. Isay, S. 327) enthält § 134

sammenhang allein auf das Wort „nichtig“ im ersten Halbsatz bezogen und eröffnen damit (lediglich) die Möglichkeit, Nichtigkeit oder nicht-Nichtigkeit: eine von beiden Alternativen zu bejahen. „Herabsetzung der Preise“ bedeutet weder „nichtig“, noch „nicht nichtig“ und ist damit keine zulässige Antwort auf die durch § 134 2. Halbsatz BGB allein gestellte Frage[54].

bb) Daß durch § 134 BGB eine modifizierte Aufrechterhaltung sollte ermöglicht werden können, widerspräche auch dem Willen des Gesetzgebers. Dieser hat bei der Formulierung des § 134 BGB zwar nicht an Höchstpreisvorschriften denken können, wohl aber z. B. das Gesetz betreffend den Wucher vom 24. 5. 1880[55] vor Augen gehabt. Ein Interesse des Bewucherten, das Rechtsgeschäft als gültig zu behandeln sei „nicht wohl denkbar“[56]. In derartigen Fällen könne die Ausnahmeklausel, die im übrigen vor allem für nur eine der Vertragsparteien betreffende Verbotsgesetze gedacht war, nicht eingreifen; vielmehr sei hier Nichtigkeit die angemessene Rechtsfolge[57]. Man sieht: tertium non datur.

cc) Bemerkenswert ist weiterhin die erhebliche Unsicherheit, die innerhalb der herrschenden Lehre über die konstruktive Herleitung des Ergebnisses obwaltet[58]. Erklärt man den Vertrag für wirksam[59], so bedürfte es im Hinblick auf die Preiskorrektur zusätzlich der Annahme

---

BGB, der nicht nur ausspricht, daß ein verbotswidriges Geschäft dann nichtig ist, wenn dies der Sinn und der Zweck des Verbots verlangt (so aber Larenz, a.a.O.), eine Vermutung zugunsten der Nichtigkeit; vgl. bes. Mot. I, 210; Kom.-Ber. Mugdan I, S. 969; Erman / H. Westermann, § 134, Rdz. 5; R. Kramer, S. 43 ff., 113 ff. (117); Klang / Gschnitzer, § 879, I 3 unter gleichzeitigem Hinweis darauf, daß für das österreichische Recht nunmehr anerkanntermaßen von der gegenteiligen Vermutung auszugehen sei (Nichtigkeit nur, wenn der Zweck des Verbotsgesetzes es verlangt).

[54] Hinzu kommt, daß die Gerichte schon vom Ausgangspunkt her variieren: z. T. wird zunächst behauptet, der Vertrag sei nichtig, aber doch nicht schlechthin nichtig, z. T., der Vertrag sei wirksam, aber doch nicht schlechthin wirksam; vgl. hierzu Fn. 59 und 62. Durch § 134 BGB gedeckt ist nur der jeweils erste Teil der Aussage.

[55] Dazu unten Kap. VIII, 3).

[56] Entwurf eines Bürgerlichen Gesetzbuchs für das Deutsche Reich, Allgemeiner Theil, Vorlage des Redaktors Gebhard, Begründung (Maas Nr. 97) II 2, S. 145.

[57] Sehr mißverständlich demgegenüber die Formulierung in den Motiven (I, 210), aus der jedoch nicht geschlossen werden kann, auch bei wucherähnlichen Fällen solle der Vertrag nicht ungültig sein („*der Regel nach* wird anzunehmen sein ...“ [Hervorhebg. R. Z.]).

[58] Kritisch auch v. Brasch, der (völlig zu Recht) bemängelt (S. 50), das RG vermenge den Umschaffungsgedanken mit dem Verbotsgedanken. Entgegen v. Brasch kann dieser „Umschaffungsgedanke“ aber nicht als legitim anerkannt werden.

[59] So RGZ 88, 250 (252); 89, 196 (198); Oertmann, BGB, § 134, 3 c γ; Palandt / Heinrichs, § 134, 3 b bb; Staudinger / Riezler (9. Aufl.), § 134, 11 A e; Enneccerus / Nipperdey, § 190 II 1; Larenz, AT, § 22 II S. 367 f.); Hartung, S. 11; Oertmann, JW 17, 256 f.; Rinck, Rdz. 329; Schricker, S. 63.

und Begründung eines richterlichen Modifikationsrechts[60]. Auf der anderen Seite führt, wenn das Reichsgericht für eine Herabsetzung des Preises plädiert, dies im Ergebnis zu der sog. „quantitativen Teilnichtigkeit". In jedem Falle wäre die Höchstpreisüberschreitung ein Anwendungsfall dieser Kunstfigur. Wenn in diesem Zusammenhang denn auch zum Teil § 139 BGB angewendet wird[61], müßte eigentlich das Vorliegen einer „teilweisen" Unwirksamkeit[62], nicht eine „Aufrechterhaltung (zum zulässigen Preis)" behauptet werden. Damit wäre dann aber auch konkludent erklärt, daß die Ausnahmeklausel des § 134 BGB für die hier behandelte Frage bedeutungslos ist[63]. Dies entspricht in der Tat auch dem systematischen Zusammenhang der Unwirksamkeitsvorschriften. Ähnlich wie § 138 BGB muß im Hinblick auf die Anwendbarkeit des des § 139 BGB auch § 134 BGB ergänzend dahin verstanden werden[64], daß nichtig auch ein Teil eines Rechtsgeschäfts sein kann, der gegen ein gesetzliches Verbot verstößt, sofern sich nicht aus dem Gesetz ein anderes ergibt. Die Frage ist dann, ob der gegen ein Höchstpreisgesetz verstoßende Verkauf in einen zulässigen und einen unzulässigen Teil aufgespalten werden kann. Bejaht man dies[65] (und das müßten eigentlich alle Befürworter einer quantitativen Teilunwirksamkeit), so kann bei Vorliegen der übrigen Voraussetzungen des § 139 BGB der Restvertrag aus diesem Grunde aufrechterhalten werden. Gegen die Möglichkeit einer

[60] Vgl. z. B. RGZ 98, 293 (295): „... während bei einem Geschäfte der hier vorliegenden Art nur ein einzelner, der *Berichtigung* zugänglicher Bestandteil des Vertrags der Rechtsordnung zuwiderläuft" (Hervorhebung R. Z.). Vgl. auch die etwas verlegene Bemerkung von Weyl, RG-Fg., S. 58 („hinzuzufügen ist, daß immerhin eine Herabsetzung des Vertragspreises auf den Höchstpreis erfolgt").

[61] Honsell (S. 26) kritisiert, daß das RG auf § 139 nicht eingegangen sei. Die Rechtsprechung widerspreche dieser Norm. Vgl. auch Herzog, S. 110 ff.

[62] So BGH LM Nr. 8 zu § 134 („unmittelbar nur dieser Teil ... durch § 134 BGB nichtig"); Schl.-Holst. OLG, JR 49, 280 (281); Soergel / Hefermehl, § 134, Rdz. 22; § 139, Rdz. 26; Herzog, S. 110 ff.; Honsell, S. 26; Huber, S. 18, 21 ff.; Kramer, S. 119 f.; vgl. auch RGZ 166, 91 (98); 168, 307 (313) („weil die Nichtigkeit keinesfalls weiter reichen könne, als der Verstoß gegen das Verbot der Preiserhöhung selbst"); weiterhin Peters, ZAkDR 41, 19, der die gesamte Kaufpreisvereinbarung für nichtig hält. Widersprüchlich beides nebeneinander behauptend OGHZ 1, 72 (76); Magg, S. 125 ff., 142 ff.; H. Richter, S. 53 ff.; seltsam zwiespältig auch BGHSt 8, 221 (224 ff.). Ausdrücklich a. A.: Staudinger / Riezler (9. Aufl.), § 134, 11 A e; Hartung, S. 11; Lang, S. 88 f.; Oertmann, JW 17, 256. Nach Ansicht von Weyl (RG-Fg., S. 56, 58) „leugnet" das RG die Anwendung des § 134. — Im Gegensatz zu seiner Entscheidung LM Nr. 8 zu § 134 sieht der BGH an anderer Stelle (NJW 58, 1772) die Rechtsprechung zur Preisgesetzgebung gerade als auf der Ausnahmeklausel des § 134 BGB beruhend an.

[63] Im Ergebnis mit der hier vertretenen Interpretation der Ausnahmeklausel des § 134 BGB übereinstimmend Soergel / Hefermehl, § 134, Rdz. 4; Beer, S. 32; Wille, S. 92 f.; wohl auch v. Brasch, S. 38 f., 49 f., 51; a. A. besonders Nolden, S. 56; Sack, RdA 75, 175 f.; Sieg, NJW 51, 508; zweifelnd Sandrock, AcP 159, 514.

[64] Vgl. oben Kap. IV, 1.

[65] Vgl. das Zitat in Fn. 60 („... nur ein einzelner ... *Bestandteil* des Vertrags ..." [Hervorhebung R. Z.]).

derartigen Anwendung des § 139 BGB wurde jedoch bereits oben Stellung genommen[66].

dd) Ein weiterer systematischer Gesichtspunkt spricht dagegen, aus § 134 BGB in Verbindung mit dem jeweils einschlägigen Verbotsgesetz nicht nur eine Entscheidung über das „ob", sondern bereits über das „wie weit" der Nichtigkeit entnehmen zu wollen. Zu beachten ist nämlich, daß in der parallelen Generalklausel des § 138 I BGB eine dem zweiten Halbsatz des § 134 BGB entsprechende Bestimmung fehlt. Zwar ist nicht jedes Geschäft, das gegen ein gesetzliches Verbot verstößt, gleichzeitig sittenwidrig. Insbesondere die Festsetzung von Höchstpreisen ist eine weitgehend sittenneutrale Maßnahme von lediglich wirtschaftspolitisch-ordnendem Charakter. Gleichwohl können im Einzelfall durchaus auch gegen Höchstpreisgesetze verstoßende Rechtsgeschäfte dem Anstandsgefühl aller billig und gerecht Denkenden widersprechen[67]. In derartigen Fällen, in denen das gesamte Geschäft, auch der über das Maß des Zulässigen hinausreichende Abschnitt der Preisabrede, bemakelt ist, müßte Totalnichtigkeit[68] und damit eine andere Rechtsfolge Platz greifen als bei einer Anwendung des § 134 BGB. Daß diese Differenzierung nicht sachgerecht ist[69], zeigt sich vor allem, wenn man die Ausführungen des Reichsgerichts zum Zweck der Höchstpreisvorschriften berücksichtigt: soll ausgerechnet bei sittenwidrigem Handeln der Schutz der Allgemeinheit in den Hintergrund treten, die Verteilung der notwendigen Nahrungsmittel gehemmt und dadurch der positive Geset-

---

[66] Kap. IV, 6 - 9. Deutlich in diesem Zusammenhang besonders auch das Handelsgericht Bern, ZBJV 83 (1947), 127 (129) „Die Preisvereinbarung ist ... eine in sich geschlossene und einheitliche Willenseinigung, die sich nicht ohne unnatürliche Konstruktionen in einen erlaubten und einen verbotenen Teil aufspalten läßt." Ausdrücklich gegen eine Anwendung des Art. 20 II OR auch Oftinger, ZSR 57, 569 a ff., der das Reduktionsrecht des Richters statt dessen auf Art. 1 ZGB stützt.

[67] So auch RGZ 88, 250 (254); RGZ 89, 196 (199); bes. RGZ 93, 106 (107); Hartung, S. 6; vgl. auch Herzog, S. 112 f.; Rinck, AcP 152, 488 ff.; Weyl, RG-Fg., S. 55 m. w. N. Unrichtig Magg, S. 156; entgegen seiner Ansicht wird der Begriff der guten Sitten nicht vom jeweiligen Sittenkodex der Parteien abhängig gemacht, wenn ein moralisch „an sich" neutrales Geschäft im Hinblick auf die näheren Umstände des Einzelfalls als sittenwidrig eingestuft wird. Eine Anwendbarkeit des § 138 BGB kommt allerdings auch für Magg dann in Betracht, wenn der Sittenverstoß so stark ist, daß das Rechtsgeschäft alle Merkmale eines wucherischen Geschäfts in sich trage. Hier zeigt sich besonders deutlich, zu welch unangemessenen Differenzierungen man bei Akzeptierung der h. L. käme: in besonders anstößigen Fällen Nichtigkeit; in den milder zu beurteilenden Fällen dagegen Eingreifen der „wirksameren Sanktion" (Flume, AT, § 17, 4).

[68] So RGZ 88, 250 (254); 89, 196 (199) („ohne Zweifel"); Hartung, S. 6.

[69] Auch Herzog (S. 112 ff. betont, daß die Ausnahmeklausel des § 134 BGB für das Ergebnis nicht entscheidend ist. Freilich zieht er die umgekehrte Konsequenz: halte man § 139 bei § 134 für ausgeschaltet, müsse dies auch bei § 138 gelten. Vgl. weiter Lappe, S. 58.

zeszweck vereitelt werden[70]? — Bemerkenswert ist, daß das Reichsgericht denn auch bald bei Sittenwidrigkeit unter Berufung auf die Entscheidungen RGZ 88, 250 sowie 89, 196 den Vertrag mit herabgesetztem Kaufpreis aufrecht erhielt, also entgegen § 138 BGB keine Nichtigkeit annahm. Hieraus erhellt, daß nicht einmal das Reichsgericht der Ausnahmeklausel des § 134 BGB für seine Lösung eine entscheidende Bedeutung beigemessen hat, daß diese vielmehr lediglich eine leicht und bequem in der gewünschten Weise „umfunktionierbare" scheinpositivistische Schaltstelle für wirtschaftspolitische Erwägungen war[71].

c) Den vom Reichsgericht zum Gesetzeszweck angestellten Überlegungen fehlt somit ein juristischer Anknüpfungspunkt, die legitimierende Grundlage[72, 73]; sie sind davon abgesehen aber auch für sich anfechtbar. Daß angestrebt wird die Deckung des allgemeinen Bedarfs an Nahrungsmitteln durch Verteilung der verfügbaren Vorräte, ist eine Feststellung, die sicherlich für das Ensemble der im Gesetz, betr. Höchstpreise zusammengefaßten Normen, darüber hinaus für die Wirtschaftspolitik dieser Kriegsjahre allgemein zutrifft. Verstoßen worden ist aber ganz konkret gegen den festgesetzten Höchstpreis, so daß im Rahmen des § 134 BGB allenfalls der Zweck dieser Verbotsnorm von Bedeutung ist. Dieser liegt tatsächlich aber lediglich[74] in der Erreichung des vom Reichsgericht sog. „negativen Erfolges"[75]. Mit der Festsetzung von Höchstpreisen allein läßt sich die Versorgung der Bevölkerung nicht sichern. Zumindest bedarf es, wie auch bereits der Gesetzgeber des Jahres 1914 er-

---

[70] Sack, RdA 75, 177 schlägt vor, die in § 134 enthaltene Ausnahmeklausel auch in § 138 hineinzulesen. Für eine derartige teleologische Reduktion des § 138 I BGB wäre jedoch der Nachweis einer verdeckten Lücke erforderlich, der jedenfalls mit der allgemeinen Erwägung, jede Rechtsfolge einer Norm stehe unter dem Vorbehalt, daß sie mit dem Normzweck der Norm vereinbar sei, nicht erbracht ist; vgl. zum Zusammenhang von Normzweck und Rechtsfolge bei § 138 BGB schon oben, Kap. V, 1.

[71] Vgl. in diesem Zusammenhang auch RGZ 168, 91 (97 ff.). Das RG wendet hier die in RGZ 166, 89 ff. entwickelten Grundsätze auch im Gebiet des österreichischen Rechts an. Zustimmend wird referiert, daß nach dem ABGB auf Sinn und Zweck des Verbotsgesetzes abzustellen sei und daß gegebenenfalls „die Geschäfte nur in Beschränkung auf den den Höchstpreis übersteigenden Teil des Kaufpreises für nichtig zu erachten und im übrigen aufrechtzuerhalten" seien, obwohl § 879 ABGB eine dem § 134 BGB entsprechende Klausel nicht enthält!

[72] Vgl. auch Anm. 50.

[73] Treffend insoweit die Formulierung von v. Brasch, S. 40: „... hätte die Annahme der Nichtigkeit des den Höchstpreis überschreitenden Geschäftes nicht den mindesten *rechtspolitischen* Wert gehabt. *Zweckmäßig* war nur die Aufrechterhaltung des Geschäftes unter Herabsetzung auf den erlaubten Höchstpreis." Vgl. auch Oertmann, JW 17, 257 l. Sp. („Daß aber die reichsgerichtliche Behandlung des höchstpreiswidrigen Geschäfts die *rechtspolitisch* empfehlenswerteste sei, scheint mir zweifellos.") (Hervorhebungen R. Z.)

[74] Ähnlich Bettermann, Grundfragen, S. 25 ff.

[75] Vgl. oben, nach Fn. 48.

kannt hat, flankierender Maßnahmen. So sind durch die §§ 2 und 4 des Höchstpreisgesetzes die zuständigen Behörden z. B. ermächtigt worden, anzuorden, daß das Eigentum an unter die Höchstpreisgesetzgebung fallenden Gegenständen auf deren Antrag Dritten übertragen werde, bzw. die Besitzer derartiger Gegenstände aufzufordern, sie zu den festgesetzten Höchstpreisen zu verkaufen. Ob er den sog. „positiven Erfolg“[75] durch weitere Maßnahmen und Normierungen zu erreichen sucht, steht im politischen Ermessen des Gesetzgebers. Interessant ist, daß der Bundesrat denn auch durch Verordnung vom 11. 11. 1915[76], zu einem Zeitpunkt, als ihm das Reichsgericht die Aufgabe noch nicht abgenommen hatte, von dieser seiner Gestaltungsfreiheit Gebrauch machte. Verträge über die Lieferung im einzelnen aufgezählter Nahrungsmittel, die zu höheren als den festgesetzten Höchstpreisen abgeschlossen waren, sollten mit dem Inkrafttreten des Höchstpreises als zum Höchstpreis abgeschlossen gelten[77]. Wenn der Gesetzgeber eine derartige Regelung somit für erforderlich hielt[78], so kann m. E. gerade nicht rückgeschlossen werden, daß auch bereits zuvor eine solche Herabsetzung der Preise die sich aus dem Höchstpreisgesetz ergebende Rechtsfolge war[79]! Der Zweck der Preisgesetze erfordert keine Aufrechterhaltung einmal abgeschlossener Verträge; ihm ist mit deren Nichtigkeit Genüge getan.

d) Ungereimt ist es schließlich, wenn das Reichsgericht Anlage- und Umlaufgeschäfte unterschiedlich beurteilt[80]. Dem Interesse des Verkäufers sollen Preisvorschriften sicherlich in keinem von beiden Fällen dienen; und der Individualschutz des Käufers und das Allgemeininteresse müßten, wenn man schon wie das Reichsgericht und die herrschende

[76] RGBl 1915, 758 ff.

[77] Vgl. in diesem Zusammenhang für Österreich § 2 VII PreistreibereiG v. 1921 (BGBl 1921, 253): Beschädigter hat Wahlrecht zwischen Vernichtung des Geschäfts und Herabsetzung des Entgelts auf das angemessene Maß.

[78] Ähnlich offenbar der DDR-Gesetzgeber. In § 68 II 1 ZGB-DDR ist bestimmt, daß ein Vertrag teilweise nichtig ist, „wenn sich der Nichtigkeitsgrund nur auf einen Teil des Vertrages bezieht ...“ Um zu gewährleisten, daß bei Preisverstößen der Vertrag mit dem zulässigen Preis wirksam ist, ist (bei dem allgemeinen Bemühen um Kürze bemerkenswert!) eine Sondernorm für erforderlich erachtet worden. Einschlägig ist § 68 II 2 ZGB-DDR (wobei sich die dort statuierte Aufrechterhaltung übrigens auch bereits aus § 62 II ergeben würde!).

[79] So jedoch RGZ 88, 250 (253).

[80] Kritisch hierzu (mit allerdings im Ergebnis entgegengesetzter Tendenz: Aufrechterhaltung des Vertrags auch bei Anlagegeschäften) auch Magg, S. 132 ff;. Rinck, Rdz. 304; ders., AcP 152, 498 ff.; Mayer-Maly, Fs. Demelius, S. 153 und Klang / Mayer-Maly, §§ 1059 V 3 (dort auch gegen weitere, vereinzelt unternommene Differenzierungsversuche). Vgl. auch Palandt / Heinrichs, § 134, 3 b bb, der darauf hinweist, daß die noch bestehenden Preisbindungen nur Güter und Leistungen betreffen, bei denen der Vertrag zum zulässigen Preis aufrechtzuerhalten ist; die Rechtsprechung zu den Anlagegeschäften sei daher z. Zt. gegenstandslos.

Lehre argumentiert[81], für beide Geschäftstypen die gleiche Rechtsfolge erfordern. Aufrechterhaltung des Preisniveaus und der Kaufkraft des Geldes etwa ist bei Grundstücksverkäufen ein ebenso erstrebenswertes Ziel wie bei Rechtsgeschäften über Nahrungsmittel des täglichen Bedarfs[82]. In Wirklichkeit würde aber auch hier die Annahme der Nichtigkeit gem. § 134 BGB nicht dem gesetzgeberischen Zweck des Währungsschutzes zuwiderlaufen oder dies Ziel spezifisch gefährden. Daß à la longue nur die Nichtigkeitsfolge zu einer weiteren Hortung und Verknappung der Anlagegüter führen soll[83], nicht aber die Aufrechterhaltung der verbotswidrigen Geschäfte zu einem angemessenen Preis, ist eine nicht beweisbare Behauptung. Gerade das Eingreifen der letzteren Rechtsfolge hätte für den nunmehr zu von ihm nicht gebilligten Konditionen am Vertrag festgehaltenen Verkäufer Strafcharakter und würde dadurch eine gewisse Präventionswirkung entfalten. — Darin, daß der bewußt gegen die Preisvorschrift verstoßende Verkäufer von dieser Sanktion freigestellt sein soll[84], liegt eine weitere Inkonsequenz der Rechtsprechung. Soll hier der angeblich doch nur durch eine Aufrechterhaltung des Vertrages zu gewährleistende Schutz des Käufers, vor allem aber der Allgemeinheit zurücktreten[85]? Und soll in die „Falle des Preisrechts"[86] ausgerechnet nur der unbewußt verbotswidrig Handelnde hineingelockt werden?

e) Insgesamt haben, wie v. Caemmerer[87] schon 1950 bemerkt hat, Rechtsprechung und Gesetzgeber wohl die nationalökonomischen Mög-

---

[81] Zum Schutzbereich von Preisvorschriften vgl. insoweit bes. Magg, S. 40 ff. m. w. N.; RGZ 168, 307 (313); Larenz, AT, § 22 II (S. 367 f.); Rinck, Rdz. 298 ff.; Mayer-Maly, Fs. Demelius, S. 150 ff.

[82] Die einschlägigen Entscheidungen des RG sind in Ergebnis und Begründung stark von „völkischer" Blut- und Boden- Ideologie geprägt. Vgl. RGZ 165, 385 (393): „Zwischen dem Kauf einer Handelsware und dem eines Grundstücks bestehen wirtschaftliche und weltanschauliche Unterschiede ..."; RGZ 166, 89 (96): „Bei Grundstücken dagegen ist gerade die Gesetzgebung des Dritten Reichs bestrebt, die Zusammengehörigkeit des Eigentümers mit seinem Besitz zu fördern und diesen nicht zur Handelsware werden zu lassen"; RGZ 168, 91 (97): „volksanschauliche Bedeutung"; RGZ 168, 307 (314) zitiert besonders markante Passagen aus dem Vorspruch zum Reichsjagdgesetz („Vertiefung der Liebe des Deutschen zur heimatlichen Scholle" etc.). Nicht überzeugend sind auch Begründungen wie diese: „Während das regelmäßige Schicksal der in diesen Handel fallenden Güter der Umsatz ist, sind Grundstücke ihrem Wesen nach gerade nicht zum Umsatz bestimmt" (RGZ 166, 89 [96]; zum „Wesensargument" vgl. bes. Scheuerle, S. 429 ff. (im Sinne seiner Terminologie dürfte es sich hier um ein faktisches [S. 433 ff.] bzw. deduktives [S. 450 ff.] Wesensargument handeln).

[83] So ausdrücklich Magg, S. 133.

[84] Vgl. oben Fn. 43.

[85] Vgl. auch Magg, S. 139 ff.; Rinck, Rdz. 302.

[86] Brandt, MDR 48, 170.

[87] SJZ 50, Sp. 648; zust. Staudinger / Coing, § 134, Rdz. 22 (sub ϑ); vgl. auch Philippsen, S. 66, Fn. 56; ferner österr. OGH, JBl 1950, 268; EvBl 1951, Nr. 236 (S. 308).

lichkeiten bloßer Preisfestsetzungen ohne Regelung der Bezugsberechtigung verkannt. Die modifizierte Aufrechterhaltung des Vertrages ist im Hinblick auf das Zuteilungsproblem eine gänzlich willkürliche und ungenügende Maßnahme. Selbst wenn § 134 2. Halbsatz BGB anwendbar wäre, müßte insofern Nichtigkeit des gesamten Geschäfts eintreten. Zu prüfen wäre nämlich, ob der Zweck des Verbotes am ehesten bei Nichtigkeit des verbotswidrigen Rechtsgeschäfts erreicht wird[88], wobei der lakonischen Feststellung Kramers[89], der Zweck eines Verbotsgesetzes werde am ehesten erreicht, wenn das, was verhindert werden soll, auch verhindert wird, zugestimmt werden kann. Sie entspricht genau den in der Formulierung des § 134 BGB zweifelsfrei zum Ausdruck gekommenen Intentionen des Gesetzgebers[90]. Entgegen Kramer[91] könnte eine Anwendung des Maßstabs der sichersten Zweckerreichung[88] jedoch gerade bei Preisvorschriften nicht zu einer Abweichung von der durch § 134 BGB aufgestellten Regel[92] der Nichtigkeit führen.

5. In keinem der behandelten Bereiche sind mithin überzeugende Anknüpfungspunkte für eine quantitative Aufteilbarkeit von Rechtsgeschäften entwickelt worden. Auch insbesondere § 134 BGB bietet keine geeignete Handhabe. Das Ergebnis einer modifizierten Aufrechterhaltung ist auch hier vom Gesetz weder gedeckt noch gar geboten.

Bietet somit der Hinweis auf andere Fallgruppen und andere Normen des geltenden Rechts keinen geeigneten Angriffspunkt gegen das Alles-oder-Nichts bei wucherischen und wucherähnlich-sittenwidrigen Verträgen, so ist nunmehr auf das „historische Argument“[93] einzugehen. Hier hat etwa Spiro[94] in seiner eingehenden Untersuchung das römische und das Gemeine Recht für die von ihm befürwortete Lösung (Aufrechterhaltung übermäßiger Verpflichtungen in reduziertem Umfang) in Anspruch genommen. Im folgenden soll diese Ansicht zunächst für das römische Recht überprüft werden. Hat man hier dem Richter ein Eingriffsrecht in den Vertrag zugestanden, wenn ja: für welche Situation und mit welcher Begründung? Ist insbesondere der Gedanke einer quantitativen Teilunwirksamkeit entwickelt worden, und wie haben die Römer gegebenenfalls die damit verbundenen Schwierigkeiten und Folgeprobleme gelöst? — Will man die Bedeutung und den Wert der vom

[88] So v. a. Kramer, S. 72 ff., 112 ff.; vgl. auch BGHZ 37, 258 (262); 37, 363 (365 f.); 53, 152 (157); weitere Nachw. bei Kramer, S. 21 ff.

[89] S. 72.

[90] Mot. I, 210; Kom.-Ber. Mugdan I, 969.

[91] S. 119 ff.

[92] Vgl. oben Fn. 53; daneben etwa RGZ 166, 89 (95); 168, 91 (97); 168, 307 (313); anders Friemann, ZAkDR 42, 177 f.

[93] Im Sinne des oben (Kap. I, 5 und Kap. V, 9) Ausgeführten.

[94] ZBJV 88, 466, 518; vgl. auch BGE 80 II 327 (334); Mazzola, S. 115; Scherrer, S. 83.

BGB-Gesetzgeber getroffenen Entscheidung ermessen (und möglicherweise kritisch beurteilen), so ist dazu erforderlich, sie in den historischen Zusammenhang zu stellen. Eine Interpretation der römischen Rechtsquellen, auf denen das Gemeine Recht basierte, ist insofern allein nicht ausreichend; vielmehr ist in die Betrachtung einzubeziehen, wie wegen des Übermaßes einer Verpflichtung mißbilligte Verträge in der neueren Privatrechtsgeschichte behandelt worden sind — wie die Problembehandlung sich entwickelt und im Laufe der Zeiten verändert hat.

VII. „Quantitative Teilunwirksamkeit“ im römischen Recht?

Für das klassische römische Recht fällt zunächst auf, daß es an einer einheitlichen Doktrin über die Gültigkeit und Ungültigkeit von Rechtsgeschäften fehlt[1]. Schon ein einigermaßen festumrissenes begriffliches „System“ ist nicht entwickelt worden, und so begegnen etwa dreißig verschiedene Ausdrücke zur Bezeichnung der Tatsache, daß bei einzelnen Geschäften rechtliche Wirkungen nicht eintreten sollen, bzw. daß das Recht sich um sie nicht bekümmere. Vokabeln wie nullum, invalidum, inutile, imperfectum, vitiosum, nullius momenti etc.[2] sind insofern voneinander nicht abgrenzbar; zum Teil lassen sie nicht einmal über den Umfang der Unwirksamkeit sichere Schlußfolgerungen zu.

1. Sucht man nach Fallgestaltungen, die für das vorliegende Thema von Interesse sind, so ist unter den „Tatbeständen“ der Unwirksamkeit nach ius civile bzw. ius honorarium zunächst an die negotia turpia zu denken. Getreu der Neigung zur „isolation“[3] sind von den Römern Recht und Sitte bereits früh als verschiedene Bereiche voneinander getrennt worden. Insbesondere oblag die Sittenaufsicht dem Zensor[4] und war damit vom gerichtlichen Verfahren getrennt. Erst nachdem die Sittenkontrolle im census bis zum Ende des ersten Jahrhunderts n. Chr. immer stärker an Bedeutung verloren hatte, begannen die Kaiser, die allgemeine Verbindlichkeit und Einhaltung der boni mores als ihre Aufgabe zu betrachten und etwa die bislang durch Rechtspflichten nicht beschränkten Gewaltverhältnisse nunmehr auch rechtlich zu durchdringen[5].

Rechtsgeschäfte, die gegen die auf dem Vorbild der Vorfahren beruhende, von der Allgemeinheit als gut anerkannte Übung in der inneren und

---

[1] Kaser, RP I, § 60 I (S. 246); Jörs / Kunkel / Wenger, § 59.

[2] Vgl. die Angaben bei Kaser, RP I, § 60 I (S. 246 f.); Mezger, S. 2 f.

[3] Schulz, Principles, S. 19 ff.

[4] Hierzu Mommsen, Abriß, S. 175 f.; Hausmaninger, Kleiner Pauly, Bd. I, Sp. 1107 f. m. w. N.; zur censorischen Sittensprechung, von der nur wenig überliefert ist, Kaser, SZ 60, 97 ff.

[5] Kaser, SZ 60, 96 ff., 117 ff.

äußeren Lebenshaltung[6], in diesem Sinne „contra bonos mores" verstießen, sind teilweise[7] prätorisch durch denegatio actionis oder exceptio doli unschädlich gemacht worden; mit iudicia bonae fidei ausgestattete Kontrakte und schon nach ihrem Wortlaut sittenwidrige Formalgeschäfte wurden hingegen als nichtig behandelt[8]. Freilich haben die Juristen ohne eine Bezugnahme auf rechtliche Verbote[9] — gleichsam aus eigener Kraft — schon ganz allgemein nur selten den Rückgriff auf die außerrechtlichen, sittlichen Normen vollzogen[10]; jedenfalls finden sich in den Quellen keine Anhaltspunkte dafür, daß Rechtsgeschäfte wegen eines Mißverhältnisses von Leistung und Gegenleistung in dieser Weise als anstößig empfunden worden sind. Der Wucher (im weitesten untechnischen Sinne) war im römischen — anders als im geltenden — Recht kein Anwendungsfall des Verstoßes contra bonos mores[11].

Dem entspricht es, daß im klassischen römischen Recht eine Theorie des iustum pretium nicht ausgebildet worden ist[12]. Der richtige Preis war nach der Auffassung der römischen Juristen Resultat der freien (nicht durch Willensmängel beeinflußten) Vereinbarung[13]. Weder für die emptio-venditio noch für die locatio-conductio war das iustum pretium Wirksamkeitsvoraussetzung[14].

Daß hier der Grundsatz der Privatautonomie und des freien Wettbewerbs anerkant war, entsprach einerseits dem das römische Recht beherrschenden Prinzip der „liberty"[15], andererseits der souveränen, recht-

---

[6] Kaser, SZ 60, 100; vgl. auch Berger, S. 374 (Boni mores).

[7] Wenn bei Formalgeschäften die Sittenwidrigkeit sich nicht bereits aus dem Wortlaut, sondern nur aus der zugrundeliegenden causa ergab: vgl. z. B. Cels. D. 45, 1, 97, 2; Paul. D. 12, 5, 8.

[8] Vgl. etwa Pap. D. 22, 1, 5; Gai. D. 18, 1, 35, 2; Ulp. D. 45, 1, 26 i. V. m. Pomp. D. 45, 1, 27 pr. (1. Satz); Pap. D. 45, 1, 123; zum Gesamtkomplex vgl. bes. Kaser, Verbotsgesetze, S. 69 ff., 76 ff.; ders., RP I, § 60 II 2 m. w. N.; Siber, Studi Bonfante IV, S. 105 ff.; Mezger, S. 32 ff.

[9] Etwa die kaiserlichen Reformgesetze; Beispiel: Paul. Sent. II, XXI A, 16 zum SC Claudianum.

[10] Hierzu Kaser, SZ 60, 120 ff.; vgl. auch Mezger, S. 13 ff., 32 ff.; H. Schmidt, S. 1 ff.

[11] Der Übervorteilung einer Vertragspartei wird bei den alten Libralakten sicherlich auch die Gegenwart der Zeugen entgegengewirkt haben.

[12] Das bedeutet jedoch nicht, daß jede Erwähnung des iustum pretium in den Digesten (z. B. Ulp. D. 38, 5, 1, 12; Ulp. D. 23, 3, 12, 1) interpoliert ist; vielmehr kann damit der gemeine Wert bezeichnet sein. So auch Genzmer, S. 39; Misera, Fs. Wahl, S. 26; Kaser, RP I, § 130 IV 2 (Fn. 45); Jörs / Kunkel / Wenger, § 142, gegen die bei Kaser Aufgeführten.

[13] Paul. D. 19, 2, 22, 3 (34 ad edict.): Quemadmodum in emendo et vendendo naturaliter concessum est quod pluris sit minoris vendere, quod minoris sit pluris vendere et ita invicem se circumscribere, ita in locationibus quoque et conductionibus iuris est. Weiterhin Ulp. D. 4, 4, 16, 4; Hermog. D. 19, 2, 23.

[14] Zum iustum pretium im römischen Privatrecht ausführlich Genzmer, S. 35 ff.

[15] Schulz, Principles, S. 140 ff.

lich grundsätzlich unbeschränkten Stellung des pater familias[16]. Insbesondere auch im Wohnraummietrecht fehlt es — trotz offenbar vorhandener Mißstände[17] — an mieterschützenden Regelungen.

2. a) Allein dem Zinswucher[18] hat das römische Recht schon früh Schranken gesetzt. Bereits in den XII Tafeln war eine Bestimmung enthalten[19], „ne quis unciario fenore amplius exerceret". So sehr die Ansichten darüber auseinandergehen, für welche Zeit und von welcher Summe dieser Zins in Höhe von 1/12 as berechnet wurde[20], ist jedenfalls klar, daß als Sanktion für die Überschreitung die poena quadrupli festgesetzt war. In den folgenden Jahrhunderten ist der Höchstsatz Schwankungen unterworfen gewesen: im Jahre 347 v. Chr. ist der Zinssatz auf die Hälfte herabgesetzt worden[21] (fenus semiunciarium), während bald darauf — da der tatsächlich übliche Zinsfuß[22] offenbar immer noch um einiges höher lag und der Schutz des wirtschaftlich Schwachen nicht hinreichend gewährleistet zu sein schien — wahrscheinlich sogar ein allgemeines Zinsverbot aufgerichtet wurde[23]. Doch konnte auch durch eine derart drastische Maßnahme ein befriedigender Rechtszustand nicht erzielt werden. Zwar sind vielfach ädilizische Multprozesse durchgeführt worden, doch ist die durch die lex Marcia[24] eingeräumte Möglichkeit, im Wege der legis actio per manus iniectionem eine Privatstrafe einzutreiben, offenbar mit der Zeit obsolet geworden[25]. Erst Sulla hat dann im Jahre 88 v. Chr. wieder das alte fenus unciarium als Zinsmaximum eingeführt. Gegen Ende der Republik bürgerten sich, vor allem wohl

[16] Die minores viginti quinque annis wurden gegen nachteilige Vertragsabschlüsse durch restitutio in integrum geschützt; zuvor hatte bereits eine lex Plaetoria (ca. 200 v. Chr.) die Übervorteilung der minores mit Strafe bedroht; vgl. hierzu Kaser, Verbotsgesetze, S. 39 ff.; ders., RP I, § 60 I 2; § 65 II 3. Ebenfalls die restitutio in integrum gewährte der Prätor bei „metus".

[17] Hierzu v. Pöhlmann II, S. 343 f.; auch Schulz, CRL, Rdz. 937; Braßloff, S. 24 ff.

[18] Zur Geschichte des Zinsfußes ausführlich Billeter, S. 115 ff.; Klingmüller, RE VI 2, Sp. 2187 ff.; vgl. auch Chantraine, Kleiner Pauly, Bd. V, Sp. 1536 ff. m. w. N.; Richenbach, S. 4 ff.

[19] Tacitus, ann. VI 16; Cato, de argricult., praefatio; vgl. Bruns, Fontes I, Tabula 8, 18.

[20] Je nachdem, ob der Zinssatz pro Jahr oder pro Monat, auf das Zehnmonats- oder auf das Zwölfmonatsjahr berechnet wird, kommt man auf 8 1/3 %, 10 %, 83 1/3 % oder 100 %; hierzu Klingmüller, RE VI 2, Sp. 2189 ff.; Billeter, S. 157 ff.; Jörs / Kunkel / Wenger, § 112, 4 (bei und in Fn. 7).

[21] Tacitus, ann. VI 16; Livius, ab urbe condita, VII 27, 3.

[22] Hierzu v. a. Billeter, S. 163 ff., 179 ff., 228 ff.; Klingmüller, passim.

[23] Durch eine lex Genucia v. 342 v. Chr. (vgl. Berger, S. 552; Kaser, Verbotsgesetze, S. 36; ders., RP I, § 43 II 4, Fn. 18); nach Billeter (S. 149 ff.) durch die lex Marcia erneuert; dagegen jedoch Klingmüller, RE VI 2, Sp. 2193 f.

[24] Zu ihr Berger, S. 556; Kaser, Verbotsgesetze, S. 36 f.; vgl. auch die vorige Fn.

[25] Vgl. z. B. die Ereignisse um den Prätor Asellio, geschildert v. a. von Appian, Romaika I, 54; hierzu Klingmüller, RE VI 2, Sp. 2194 f. m. w. N.

unter dem Einfluß der bei den Griechen üblichen monatlichen Zinsberechnung, die centesimae usurae ein, d. h. aufs Jahr umgerechnet ein Höchstsatz von 12 %[26]. Dieser zugleich für alle gesetzlich geschuldeten Zinsen maßgebliche Satz blieb während der Kaiserzeit bis ins sechste Jahrhundert hinein im wesentlichen aufrechterhalten[27]. Nachdem Senatoren das Zinsennehmen unter Alexander Severus gänzlich untersagt worden war, wurden bald darauf für sie als Höchstsatz die usurae dimidiae centesimae festgesetzt. Ein weiterer Sondersatz bestand für Naturaldarlehen, für das Seedarlehen gab es keine Zinsbegrenzung[28]. Justinian verschärfte die Zinsgesetzgebung und verringerte den Höchstsatz für den Regelfall auf 6 % und für Senatoren auf 4 %, konzedierte jedoch Geschäftsleuten 8 %, für Seedarlehen 12 %[29].

b) aa) Wichtig ist im vorliegenden Zusammenhang, daß — wie alle Verbotsgesetze[30] in der frühen, sich mit der Formrichtigkeit der Geschäfte endgültig begnügenden Zeit[31] — die Zinsvorschriften nicht perfekt[32] waren. Eine Zuwiderhandlung machte das jeweilige Geschäft nicht nichtig; die Wucherbekämpfung[33] erfolgte allein durch poenale sanctiones[34, 35]. Dabei wurde der Schuldner offenbar aus den vom Gläubiger verwirkten Multen nur insoweit entschädigt, als diese nach den über

[26] Zur Bezeichnung der verschiedenen Zinssätze etwa Klingmüller, RE VI 2, Sp. 2195.

[27] Hierzu und zum folgenden Klingmüller, RE VI 2, Sp. 2197 ff.; Billeter, S. 267 ff. Infolge einer neuen Berechnungsart erhöhte sich der Satz in der Mitte des 4. Jahrhunderts auf 12 1/2 %.

[28] Zum fenus nauticum vgl. Berger, S. 469; Billeter, S. 242 ff.; Klingmüller, RE VI 2, Sp. 2200 ff.

[29] C. 4, 32, 26, 2.

[30] z. B. auch die lex Licinia Sextia v. 367 v. Chr., die zum Schutz der freien Bauern u. a. als Maximum des in einer Hand zu vereinigenden Grundbesitzes 500 jugera festsetzte: Livius, ab urbe condita VI, 35, 4 f.; hierzu Berger, S. 556 m. w. N.; Jhering, Geist II, S. 152.

[31] Kaser, RP I, § 60 II 1 (S. 249 f.) und Verbotsgesetze, S. 18 f. mit der Vermutung, daß in ritueller Form herbeigeführte Rechtswirkungen als generell unabdingbar galten. Der Gedanke, daß ein formrichtiges Geschäft ungültig sein könne, setze bereits ein fortgeschrittenes Abstraktionsvermögen voraus. Gegen andere Ansichten zur Erklärung des sehr späten Auftauchens von leges perfectae Kaser, Verbotsgesetze, S. 13 ff.

[32] Vgl. unten, bei Fn. 49.

[33] Zu den Möglichkeiten der Umgehung von Zinsmaxima oder Zinsverboten vgl. bes. Herrmann, JJP 14, 29 ff.

[34] Kaser, RP I, § 60 II 1 (Fn. 33).

[35] Ebenfalls im Wege strafrechtlicher Repression wurde gegen den Kornwucher eingeschritten. Im übrigen hatte aber der Staat bereits sehr früh begonnen, die Versorgung der Bevölkerung mit Getreide als seine Aufgabe zu begreifen; das gipfelte gegen Ende der Republik in unentgeltlichen Getreidezuwendungen an jedermann (mit sozialpolitisch unerwünschten Folgeerscheinungen). Später wurde die hoheitliche Versorgung wieder auf den Kreis der Bedürftigen beschränkt. Zu diesem Komplex Braßloff, S. 16 ff., 50 ff.

das erlaubte Maß hinaus bezahlten Zinsen bemessen wurden[36]. Noch unter Kaiser Theodosius wurde die poenale Behandlung des Zinswuchers wieder stark in den Vordergrund gerückt[37].

Auch in der Folgezeit bewirkte ein Verstoß gegen Zinsmaxima nie die Nichtigkeit der Zinsstipulation[38]. Insbesondere sollte die Vereinbarung zu hoher Zinsen nicht die Rechte des Gläubigers auf sein Kapital infizieren[39]. Gleichwohl bildete sich in der Kaiserzeit, möglicherweise bereits zur Durchführung des von Cicero erwähnten[40] senatusconsultum vom Jahre 51 v. Chr.[41] eine Reihe von Regeln über die zivilrechtliche Behandlung der Zinsüberschreitung heraus. Einiges ist dabei durch ein Reskript des Septimius Severus festgelegt worden; ob im übrigen gesetzliche Vorschriften bestanden haben oder ob sich diese Regeln lediglich in der Praxis herausgebildet haben, ist unklar.

bb) Ganz überwiegend kam man zu dem Ergebnis, daß an Stelle der unzulässig vereinbarten die gesetzlichen Zinsen gefordert werden konnten. Das bezeugt insbesondere

Marci. D. 22, 1, 29 (14 inst.): Placuit, sive supra statutum modum quis usuras stipulatus fuerit sive usurarum usuras, quod illicite adiectum est pro non adiecto haberi et licitas peti posse.

Freilich[42] hat der Jurist damit konstruktiv die Stipulation nicht als in einem quantitativen Teil unwirksam angesehen, sondern das gewünschte Ergebnis über eine doppelte Fiktion erreicht: zum einen wird die einheitliche Stipulation künstlich in zwei Teile getrennt, indem so getan wird, als ob gewissermaßen eine Kernstipulation über den erlaubten Zinssatz bestehe, der „das Unerlaubte" hinzugefügt worden ist; zum zweiten soll dies unerlaubt Hinzugefügte als nicht hinzugefügt gelten[43].

---

[36] Billeter, S. 131 f.

[37] Cod. Theod. II, 33, 2.

[38] Beim mutuum mußten Zinsen gesondert stipuliert werden (Afr. D. 19, 5, 24); die dem Darlehensgeber zustehende actio certae creditae pecuniae ging nur auf den Wert der hingegebenen Valuta. Nur bei den bonae fidei iudicia war Raum für die Berücksichtigung formfreier Zinsabreden. Zu den verschiedenen Möglichkeiten des Entstehens von Zinsverpflichtungen vgl. Kaser, RP I, § 116 III 3; Jörs / Kunkel / Wenger, § 112, 3.

[39] s. C. 4, 2, 8; Paul. D. 22, 1, 20.

[40] Cicero, ad Att., V 21, 13.

[41] Zu diesem vgl. Klingmüller, RE VI 2, Sp. 2196; Billeter, S. 169 ff.; über die Durchführung dieses SC ist direkt nichts überliefert.

[42] Die Stelle ist für echt zu halten. A. A. (ohne nähere Begründung) Partsch, SZ 42, 266; dagegen Seiler, Fs. Kaser, S. 139/140, Fn. 51. Es ist lediglich davon auszugehen, daß die Kompilatoren die „centesimae" durch „legitimae", „statutum modum" etc. ersetzt haben: Kaser, RP II, § 256 III 2 b, Fn. 49.

[43] Mißverständlich insoweit Seiler, Fs. Kaser, S. 140: nicht die (gesamten) Zinsen gelten als nicht vereinbart!

cc) Weitere Fragmente bestätigen dies Ergebnis implizit und beschäftigen sich mit den Modalitäten der Rückabwicklung. So heißt es etwa[44] bei

Paul. Sent. II XIV, 2 und 4: Usurae supra centesimam solutae sortem minuunt, consumpta sorte repeti possunt. Usurae, quae centesimam excedunt, per errorem solutae repeti possunt.

Dies wird bestärkt auch durch[45]

Ulp. D. 12, 6, 26 pr (26 ad edict.): Si non sortem quis, sed usuras indebitas solvit, repetere non poterit, si sortis debitae solvit: sed si supra legitimum modum solvit, divus Severus rescripsit (quo iure utimur) repeti quidem non posse, sed sorti imputandum et, si postea sortem solvit, sortem quasi indebitam repeti posse. proinde et si ante sors fuerit soluta, usurae supra legitimum modum solutae quasi sors indebita repetuntur. quid si simul solverit? poterit dici et tunc repetitionem locum habere.

Danach können also über das gesetzliche Maß (= Höchstmaß) hinaus vereinbarte Zinsen zurückgefordert werden, wenn sie irrtümlich gezahlt worden sind; andernfalls sind sie vom Kapital abzurechnen bzw., sofern sich durch diese Anrechnung und bzw. oder durch Kapitalabzahlungen oder Tilgung ein Aktivsaldo ergibt, zurückzuzahlen. Ist diese Hauptschuld schon durch die anzurechnenden überhöhten Zinszahlungen getilgt worden und wird hernach gleichwohl das Kapital noch einmal selbst zurückgezahlt, so greift hinsichtlich dieser letzteren Zahlung die condictio indebiti ein.

dd) Ob freilich ganz unumstritten anerkannt war, daß die Zinsvereinbarung im Ergebnis als lediglich über das gesetzliche Maß abgeschlossen gelten sollte, ist nicht völlig zweifelsfrei. An etwas versteckter Stelle heißt es

Ulp. D. 13, 7, 11, 3 (28 ad edict.): Si in sortem dumtaxat vel in usuras obstrictum est pignus, eo soluto propter quod obligatum est locum habet pigneraticia. sive autem usurae in stipulatum sint deductae sive non, si tamen pignus et in eas obligatum fuit, quamdiu quid ex his debetur, pigneraticia cessabit. alia causa est earum, quas quis supra licitum modum promisit: nam hae penitus illicitae sunt.

Der Jurist behandelt hier die Frage, wann dem Verpfänder gegen den Gläubiger die actio pigneraticia auf Rückgabe der Pfandsache zusteht. Erstreckt sich das Pfandrecht (auch) auf die Zinsen, ist das erst dann der Fall, wenn (auch) die Zinsen vollständig bezahlt worden sind. Anders bei einer über den Höchstsatz hinausreichenden Zinsvereinbarung: denn diese sei ganz und gar unerlaubt. Daß es freilich die Ansicht Ulpians gewesen sein sollte, die actio pigneraticia könne hier Platz greifen, auch, wenn überhaupt noch keine Zinsen gezahlt worden sind, ist nicht wahr-

---

[44] Vgl. weiterhin Pap. D. 22, 1, 9.

[45] Ein Widerspruch zwischen beiden Stellen besteht nicht; vgl. Billeter, S. 272, Fn. 1; vgl. aber zu D. 12, 6, 26 pr. auch Siber, Nat. obl., S. 66.

scheinlich. Man müßte dann annehmen, daß er hinsichtlich der Behandlung höchstsatzwidriger Zinsstipulationen in seinem Ediktskommentar an zwei nahe beieinanderliegenden Stellen unterschiedliche Ansichten vertreten hätte. Zudem läßt sich das „hae“ des letzten Halbsatzes grammatisch korrekt nur auf die über das erlaubte Maß hinaus versprochenen Zinsen beziehen; erst bei Zahlung des gesetzlichen Zinssatzes könnte die actio pigneraticia dann geltend gemacht werden. Bei dieser Lösung ist freilich das „penitus“ wenig einleuchtend, denn daß die Zinsen, soweit sie über das Höchstmaß hinausreichen, „ganz und gar“ unerlaubt sind, ist selbstverständlich und bräuchte nicht durch die Beifügung dieses bestärkenden Adverbs eigens betont zu werden. Einiges spricht deshalb dafür, das Fragment ab „sive autem“ für interpoliert zu halten[46], zumal insgesamt der zweite Satz gegenüber dem ersten nichts eigentlich Neues bringt und allenfalls als erläuterndes Glossem zu betrachten wäre. Eine Kasuistik der Forderungen, für die das Pfand bestellt werden kann, will im übrigen, worauf Siber[47] hingewiesen hat, nicht recht in den Zusammenhang passen.

Betrachtet man andererseits die beiden letzten Sätze als justinianisch und hält das „penitus“ nicht für völlig überflüssig, so wäre erstaunlich, daß gerade von den Kompilatoren die Zinsstipulation für total nichtig erklärt worden sein soll: ist doch bislang zum Teil genau umgekehrt unter Verdächtigung der Echtheit etwa von Marci. D. 22, 1, 29 gerade die Vorstellung der Teilunwirksamkeit für justinianisch gehalten worden[48]. Richtig an dieser Ansicht scheint mir, daß Justinian jedenfalls nicht im Gegensatz zu den Klassikern die Totalnichtigkeit propagiert haben dürfte: zumal an einer derart versteckten Stelle und unter Beibehaltung der anderen, schon erwähnten Fragmente! Man wird deshalb nicht ganz ausschließen können, daß Ulpian in diesem Falle die Stipulation für gänzlich unerlaubt gehalten hat: vielleicht, weil das Pfand nur für die Zinsen insgesamt, nicht für einen lediglich fiktiv abtrennbaren erlaubten Teil derselben verbindlich gemacht werden kann.

Wie dem in diesem Einzelfall auch sei: für die jedenfalls ganz überwiegend vertretene modifizierte Aufrechterhaltung der Stipulation ist neben der dafür gegebenen Begründung vor allem die Verknüpfung von Tatbestand und Rechtsfolge bemerkenswert. Die Zinsstipulation wird nicht als sittenwidrig oder „wucherisch“, sondern deshalb beanstandet, weil sie eine eindeutige praefixierte Grenze überschreitet, die sich gleichzeitig als Reduktionsmarke geradezu anbietet.

---

[46] So Kalb, S. 28 (aber letztlich nur wegen des Widerspruchs zu Paul. Sent. II, XIV, 2); Eisele, SZ 11, 17 (aus stilistischen Gründen).

[47] Nat. obl., S. 63.

[48] Partsch, SZ 42, 266 (Fn. 1).

3. a) Bei Normen, durch die Rechtsgeschäfte verboten werden, unterschied die klassische Rechtsschule Gesetze, die das Geschäft für nichtig erklären (leges perfectae), die die Vornahme des Geschäfts lediglich mit einer Strafe bedrohen (leges minus quam perfectae) und die überhaupt keine Sanktion, weder Nichtigkeit noch Strafe anordnen (leges imperfectae)[49]. Prototyp der im vorliegenden Zusammenhang allein[50] interessierenden leges perfectae war das ungeschriebene, zumindest seit der Zeit des Augustus allgemein anerkannte Verbot der Schenkung unter Ehegatten[51]. Einige Fragmente beschäftigen sich in diesem Zusammenhang mit dem Freundeskauf unter Ehegatten. Grundsätzlich war gegen derartige Käufe unter Wert nach römischem Recht zwar nichts einzuwenden[52], doch war für den Freundeskauf unter Ehegatten wegen der naheliegenden Gefahr der Umgehung des Schenkungsverbots eine andere Beurteilung geboten. So heißt es etwa in dem soeben (Fn. 52) angeführten Ulpianfragment am Ende: hoc inter ceteros: inter virum et uxorem donationis causa venditio facta pretio viliore nullius momenti est.

b) Dies galt, wie sich aus Ulp. D. 24, 1, 7, 6 ergibt, trotz zu niedrig angesetzten Kaufpreises nicht bei venditiones bona fide gesta, sondern nur bei Verkäufen donationis causa. Neben Ulpian haben auch Julian und Afrikan[53], darüber hinaus wohl Papinian[54] bei dieser Sachlage das gesamte Geschäft für nichtig gehalten. Der gekürzte Kontroversbericht[55] in dem Fragment

> Ulp. D. 24, 1, 5, 5 (32 ad Sab.): Circa venditionem quoque Iulianus quidem minoris factam venditionem nullius esse momenti ait: Neratius autem (cuius opinionem Pomponius non improbat) venditionem donationis causa inter virum et uxorem factam nullius esse momenti, si modo, cum animum

---

[49] UE 1, 1 - 2; hierzu neuerdings vor allem Kaser, Verbotsgesetze, S. 9 ff.

[50] Vgl. aber auch die nicht perfekte lex Cincia de donis et muneribus (204 v. Chr.), die die Annahme von Schenkungen über einen bestimmten Höchstbetrag hinaus verboten hat; hierzu Kaser, Verbotsgesetze, S. 20 ff., 62 f. Klagen auf Vollzug übermäßiger Schenkungsversprechen konnte der Prätor denegieren; in welchem Umfang, läßt sich aus dem Quellenmaterial allerdings nicht erschließen.

[51] Ulp. D. 24, 1, 1 (32 ad Sab.): Moribus apud nos receptum est, ne inter virum et uxorem donationes valerent... . Zum Grund dieses Schenkungsverbots (vermögenspolitisches Motiv, moralische Funktion, familienpolitische Überlegungen, bloße veteris juris imitatio [manus-Ehe]?) Misera, Fs. Kaser, S. 407 ff.; im übrigen vgl. Kaser, RP I, § 79 III 1 m. w. N.

[52] Ulp. D. 18, 1, 38 (7 disp.): Si quis donationis causa minoris vendat, venditio valet. ...

[53] Vgl. Afr. D. 16, 1, 17 pr.; Ulp. D. 24, 1, 5, 5.

[54] Pap. D. 24, 1, 52 pr.; hierzu Misera, Fs. Wahl, S. 32.

[55] Diese Stelle ist früher fast allenthalben für unecht gehalten worden: vgl. etwa Partsch, SZ 42, 266 f.; Pringsheim, SZ 42, 325 (weitere Nachw. bei Misera, Bereicherungsgedanke, S. 120 Fn. 137); dagegen jedoch v. a. Misera, Bereicherungsgedanke, S. 120 ff.; ders., Fs. Wahl, S. 34 ff.; für Echtheit auch Seiler, Fs. Kaser, S. 138, Fn. 45.

maritus vendendi non haberet, idcirco venditionem commentus sit, ut donaret: enimvero si, cum animum vendendi haberet, ex pretio ei remisit, venditionem quidem valere, remissionem autem hactenus non valere, quatenus facta est locupletior: itaque si res quindecim venit quinque, nunc autem sit decem, quinque tantum praestanda sunt, quia in hoc locupletior videtur facta

zeigt jedoch, daß diese Entscheidung nicht unumstritten war[56]. Für den Fall, daß der Verkäufer den animus vendendi besitzt, will Neraz die Nichtigkeitsfolge unter Zuhilfenahme einer Fiktion abwenden: das Rechtsgeschäft wird gedanklich in einen Kaufvertrag über die volle Summe und eine Vereinbarung über den Kaufpreisnachlaß aufgespalten. Unwirksam, weil gegen das Schenkungsverbot verstoßend, soll dann nur die Nebenabrede über den Preisnachlaß sein, während der Kaufvertrag im übrigen nicht mißbilligt wird[57] und bestehen bleibt.

Ob das Fragment nachklassisch überarbeitet ist, kann offenbleiben. Auch wenn die Entscheidung dem für seine Vorliebe für die subjektive Seite des Falles bekannten Neraz zuzuschreiben wäre, ist doch nicht erstaunlich[58], daß sich seine Ansicht nicht hat durchsetzen können. Dies scheint aber weniger an dem fehlenden pretium certum[59, 60] als daran gelegen zu haben, daß nach dieser Lösung der kaufende Ehegatte die Differenz bis zum iustum pretium hätte nachzahlen müssen und ihm damit entgegen dem Grundsatz der Privatautonomie eine seinem erklärten Willen nicht entsprechende Kaufpreisschuld aufgedrängt werden würde[61]. Zwar sind auch aus anderem Zusammenhang Beschränkungen des allgemein erlaubten minoris vendere bekannt[62]. Soweit dabei nicht für Nichtigkeit des Verkaufs plädiert wird[63], wird dem Käufer aber jedenfalls ein Wahlrecht eingeräumt: er ist nicht gezwungen, die Differenz im Preis nachzuzahlen, sondern kann statt dessen den Kaufgegenstand gegen Erstattung des Entgelts zurückgeben[64].

---

[56] Der Ansicht des Neraz grundsätzlich folgend Pomponius in D. 24, 1, 31, 3; hierzu Misera, Bereicherungsgedanke, S. 123 ff.; ders., Fs. Wahl, S. 35 ff.

[57] Die Situation ist dann ähnlich wie in Pomp. D. 24, 1, 31, 4 - 5: bei schenkweisem Verzicht des kaufenden Ehegatten auf Gewährleistungsansprüche ist nur das pactum de non petendo, nicht der gesamte Kaufvertrag unwirksam. Ergebnis also auch hier: Aufrechterhaltung des Vertrages unter Abspaltung der unwirksamen Klausel.

[58] Anders Misera, Fs. Wahl, S. 38 ff., der offenbar die Lösung des Neraz favorisiert.

[59] Zu diesem Erfordernis des römischen Kaufrechts (Gai. Inst. III, 140; Ulp. D. 18, 1, 7, 1 - 2) de Zulueta, S. 18 f.; Kaser, RP I, § 130 IV 2 (Fn. 44 m. w. N.).

[60] So jedoch Misera, Fs. Wahl, S. 40 ff.

[61] So auch Seiler, Fs. Kaser, S. 139, Fn. 48.

[62] Überblick bei Misera, Fs. Wahl, S. 25 ff.

[63] So bei Verstoß gegen die lex Iulia repetundarum: Paul. D. 48, 11, 8, 1.

[64] So in Ulp. D. 38, 5, 1, 12 (ein Freigelassener verkauft einen Gegenstand in fraudem patroni zu einem „Freundes“preis).

4. Darüber hinaus sind in den Quellen weitere Fälle überliefert, in denen Rechtsgeschäfte nur zu einem Teil von einem Unwirksamkeitsgrund erfaßt werden, wenngleich, wie jüngst erst Seiler gezeigt hat, die Teilunwirksamkeit von Rechtsgeschäften nicht als generelles Problem gesehen und mit Hilfe einer allgemeinen Regel gelöst worden ist[65]. Mustert man die einschlägigen Fragmente unter dem Gesichtspunkt durch, ob von den römischen Juristen so etwas wie eine quantitative Teilunwirksamkeit anerkannt worden ist, so fällt vor allem die mehreren Stellen zugrundeliegende Regel des „in maiore minus inest" auf.

a) Mit dieser Maxime begründen etwa Ulpian[66] und Paulus[67] (beide unter Berufung auf Proculus) die Reduktion einer testamentarischen Verfügung auf den dem wahren Erblasserwillen entsprechenden Teil: quoniam inest quadrans in semisse. Daß es sich hier jedoch keinesfalls um ein starres Prinzip handelte, sondern um eine nur je nach der spezifischen Konstellation im Einzelfall anwendbare Richtlinie zur Erzielung eines interessegemäßen, dem mutmaßlichen Willen der Parteien entsprechenden Ergebnisses, zeigen insbesondere die folgenden einander in einem Fragment gegenübergestellten Fälle

Pomp. D. 19, 2, 52 (31 ad Quint. Muc.)[68]: Si decem tibi locem fundum, tu autem existimes quinque te conducere, nihil agitur: sed et si ego minoris me locare sensero, tu pluris te conducere, utique non pluris erit conductio, quam quanti ego putavi.

In beiden Fällen fehlt es an einer Übereinstimmung über den Pachtzins. Will der Verpächter für eine höhere Summe verpachten, während der Pächter von einem niedrigeren Pachtzins ausgeht, kommt kein gültiger Vertrag zustande. In dem Angebot des Verpächters über zehn ist nicht etwa ein Angebot über fünf enthalten; in diesem Sinne bedeutet hier der Pachtzins von fünf nicht ein bloßes minus, sondern ein aliud[69]. Anders, wenn — ausnahmsweise — der Verpächter von einem niedrigeren Pachtzins (fünf) ausgegangen ist als der Pächter (zehn); hier kommt der Vertrag zu dem von dem Verpächter angenommenen Zins von fünf zustande: es ist evident, daß der bereits zu einem größeren Opfer bereite Pächter erst recht zufrieden ist, wenn er weniger zu bezahlen hat. Ent-

---

[65] Fs. Kaser, S. 128 ff., bes. S. 141 ff.; unzulässig verallgemeinernd demgegenüber etwa Dahmen, S. 72 f.; Lang, S. 1; Lappe, S. 5 f. („Grundprinzip ... : Utile per inutile non vitiari") und Spiro, ZBJV 88, 466, 518; Mazzola, S. 115 (im römischen Recht sei die Anwendbarkeit der Parömie utile per inutile non vitiatur auf wegen ihres Umfangs unzulässige Verpflichtungen, z. B. bei Verstoß gegen die Wuchergesetzgebung, anerkannt gewesen).

[66] Ulp. D. 28, 5, 9, 3.

[67] Paul. D. 30, 15 pr.

[68] Zu diesem Fragment vgl. bes. Seiler, Fs. Kaser, S. 129 f.; Wunner, S. 199 ff.; über seine Echtheit vgl. Seiler, Fs. Kaser, S. 129, Fn. 8 m. w. N.

[69] Vgl. (für höchstpreiswidrige Geschäfte) später ebenso Oertmann, JW 17, 256 r. Sp.

scheidend ist für Pomponius, daß keine der Vertragsparteien zu mehr verpflichtet sein darf, als mit ihrem erklärten Willen zu vereinbaren ist.

b) Fraglich ist, ob der Gedanke des „in maiore minus inest“ auch bei Stipulationen angewendet wurde, wenn die von stipulator und promissor abgegebenen Zahlenangaben nicht miteinander übereinstimmten. Gaius[70] verneint das. Die von ihm befürwortete Lösung (Unwirksamkeit) entspricht dem für Stipulationen geltenden Gebot der formalen Kongruenz von Frage und Antwort. Demgemäß spricht vieles dafür, mit der überwiegenden Ansicht in dem Fragment

> Ulp. D. 45, 1, 1, 4 (48 ad Sab.): Si stipulanti mihi „decem“ tu „viginti“ respondeas, non esse contractam obligationem nisi in decem constat. ex contrario quoque si me „viginti“ interrogante tu „decem“ respondeas, obligatio nisi in decem non erit contracta: licet enim oportet congruere summam, attamen manifestissimum est viginti et decem inesse

die Worte „nisi in decem“ und die Passage von licet bis inesse für interpoliert zu halten[71]. Läßt man hier die Vereinbarung über das vermeintlich nur Geringere, also über die Summe von zehn zustandekommen, so hätte für Ulpian in diesem Falle die Interessegerechtigkeit des Ergebnisses nicht in der Weise im Mittelpunkt gestanden, wie es bei der Anwendung der Maxime „in maiore minus inest“ gerade typisch war. Anders als der von einem zu hohen Pachtzins ausgehende Pächter braucht ein Stipulationspartner, der mehr haben will, mit einem Weniger nicht unbedingt zufrieden zu sein. Der Eingriff in die Gestaltungshoheit der Parteien ist hier stärker: der Pächter will einen möglichst niedrigen Pachtzins zahlen, auch wenn er mit zehn einverstanden wäre, der stipulator, der sich zehn versprechen läßt, will unter Umständen nur und gerade zehn (evtl. mehr, jedenfalls nicht weniger) erhalten. Wäre das Ulpianfragment echt, so müßte eigentlich auch in der von Pomponius zunächst mitgeteilten Fallalternative anders entschieden worden sein: denn wenn es interessegerecht sein sollte, den stipulator wenigstens an einer Stipulation über eine niedrigere Summe festzuhalten, dürfte man nicht anstehen zu erklären, daß dann auch der Verpächter mit einem Pachtvertrag zu einem niedrigeren Pachtzins einverstanden sein sollte.

c) Kann somit auch Ulp. D. 45, 1, 1, 4 nicht für die Klassizität des Gedankens gleichsam mechanischer Teilung einheitlicher Erklärungen und Vereinbarungen in quantitativer Hinsicht in Anspruch genommen werden, so ergibt sich weiterhin insbesondere aus zwei Pomponiusfragmenten, daß die Regel des in maiore minus inest nicht die Vorstellung einer Teilbarkeit nach quantitativen Gesichtspunkten impliziert.

[70] Gai. Inst. III, 102; vgl. weiterhin I. 3, 19, 18.

[71] Nachw. im I. Itp. (III, Sp. 372); daneben bes. Wunner, S. 204 und die bei Seiler, Fs. Kaser, S. 131, Fn. 16 Aufgeführten. Kaser, RP I, § 58 II 2 (S. 239, Fn. 28) erwägt, daß die Stelle evtl. auf eine singuläre Klassikermeinung zurückgehen könnte; vgl. auch Seiler, Fs. Kaser, S. 131 f.

Pomp. D. 45, 1, 109 (3 ad Quint. Muc.)[72]: Si ita stipulatus fuero: „decem aut quindecim dabis?“, decem debentur. item si ita: „post annum aut biennium dabis?“ post biennium debentur, quia in stipulationibus id servatur, ut quod minus esset quodque longius, esse videretur in obligationem deductum.

Wird auf eine alternativ gestellte Frage nur einfach mit „spondeo“ geantwortet, so gilt nach der Auffassung des Pomponius das Geringere oder *Längere* (!) als Inhalt der Stipulation. Bei einer alternativen Mengenabgabe[73] ließe sich diese Entscheidung noch damit erklären, zehn sei eben ein „Teil“ von fünfzehn und damit in jedem Falle vom Stipulator gewollt; jedoch versagt diese simple Vorstellung in dem zweiten von Pomponius gegebenen Beispiel: denn die Erklärung „Hingabe des Geldes in zwei Jahren“ ist sicherlich nicht in der Erklärung „Hingabe des Geldes in einem Jahr“ enthalten.

5. Eine weitere in diesem Zusammenhang interessante Stelle ist

Ulp. D. 45, 1, 1, 5 (48 ad Sab.)[74]: Sed si mihi Pamphilum stipulanti tu Pamphilum et Stichum spoponderis, Stichi adiectionem pro supervacuo habendam puto: nam si tot sunt stipulationes, quot corpora, duae sunt quodammodo stipulationes, una utilis, alia inutilis neque vitiatur utilis per hanc inutilem.

Die Frage des Stipulationsgläubigers bezieht sich nur auf den Leistungsgegenstand Pamphilus, die Antwort des Schuldners hingegen auf Pamphilus und Stichus. Auch hier greift der Jurist zu einer Fiktion, um zum Ergebnis eines gültigen Vertragsschlusses wenigstens über Pamphilus zu kommen und damit die völlige Unwirksamkeit des Geschäftes zu vermeiden: unter Anwendung der Regel „tot stipulationes quot res“[75] wird davon ausgegangen, daß für jeden Leistungsgegenstand separate und eigenständig zu beurteilende Stipulationen zustandekommen. Die Erwähnung des Stichus in der Erklärung des Schuldners ist damit überflüssig und kann als nicht geschehen angesehen werden: eine diesbezügliche Frage des Gläubigers fehlt, so daß eine wirksame Stipulation nicht zustandekommen kann. Hinsichtlich des Pamphilus ist dem Gebot der formalen Kongruenz der Erklärungen hingegen Genüge getan.

6. Jedoch ist dies Fragment damit ebensowenig ein „eindeutiger Beleg“[76] für die Vorstellung einer „quantitativen Teilnichtigkeit“[76] im klassischen römischen Recht wie

---

[72] Ganz ähnlich Pomp. D. 45, 1, 12.

[73] Hierzu auch Paul. D. 45, 1, 83, 3.

[74] Der letzte Halbsatz — in der Begründung Ulpians eher ein obiter dictum — hat in späteren Jahrhunderten in der Privatrechtsgeschichte eine bedeutende Rolle gespielt; er war Ausgangspunkt der berühmten gemeinrechtlichen Regel des „utile per inutile non vitiatur“. Hierzu Mayer-Maly, Gs. Gschnitzer, S. 281 f.; Seiler, Fs. Kaser, S. 144 f.; Lappe, S. 6 ff.

[75] Hierzu Schmidlin, S. 73 f.

[76] So hinsichtlich Jav. D. 24, 3, 66, 4 Wunner, S. 207.

Jav. D. 24, 3, 66, 4 (6 ex post. Lab.): Mulier, quae centum dotis apud virum habebat, divortio facto ducenta a viro errante stipulata erat. Labeo putat, quanta dos fuisset, tantam deberi, sive prudens mulier plus esset stipulata sive imprudens: Labeonis sententiam probo.

Der Ehemann hatte sich hier im Irrtum über die Höhe der von seiner Frau eingebrachten dos befunden und deshalb nach der Scheidung, dem Verlangen seiner Frau entsprechend, eine zu hohe Summe herauszugeben versprochen. Labeo und mit ihm Javolen sind der Ansicht, daß in jedem Falle der Ehemann nur in Höhe des Wertes der dos verpflichtet sei.

Von Unwirksamkeit oder gar teilweiser Unwirksamkeit ist in dem gesamten Fragment nicht die Rede; die Entscheidung beruht auf einfacher Auslegung der Stipulation. Da der Ehemann schon aufgrund der actio rei uxoriae zur Herausgabe der dos verpflichtet gewesen wäre[77], handelt es sich bei der Stipulation aller Wahrscheinlichkeit nach um eine novatio. Daraus folgt, daß in die förmliche Erklärung der Schuldgrund mit aufgenommen worden ist, diese also nicht abstrakt gefaßt war[78]. Hatte damit der Ehemann die zweihundert ausdrücklich als das „dotis nomine" Geschuldete zu leisten versprochen, führt Labeo, wenn er nur hundert als geschuldet gelten läßt, die Verpflichtung lediglich durch Auslegung auf das primär und übereinstimmend Gewollte zurück, das in der Erklärung auch hinreichend deutlich zum Ausdruck gekommen ist[79].

7. Ebensoweng, wie das römische Recht überhaupt eine systematische Lehre von der Unwirksamkeit ausbildete, wurde die Teilunwirksamkeit als solche problematisiert. Auch mit einer „quantitativen Teilnichtigkeit" haben die Römer nicht gearbeitet. Vielmehr hat man ganz undogmatisch von Fall zu Fall Lösungen zu finden versucht, die den Interessen der Beteiligten gerecht werden[80]. Dabei führte die allgemein zu beobachtende Tendenz, das einmal abgeschlossene Rechtsgeschäft soweit wie möglich aufrechtzuerhalten[81], die römischen Juristen in einzelnen Fällen im Ergebnis zur Aufrechterhaltung auch in quantitativ herabgesetztem Umfang. Hilfsmittel waren dabei von allem Fiktionen. Im übrigen wurden zum Teil bereits ältere regulae adaptiert, zum Teil entwickelte man neue Maximen, ohne diese jedoch rein mechanistisch zu verstehen oder starr zu handhaben. Vorrangig und alle derartigen Bestrebungen be-

---

[77] Hierzu Kaser, RP I, § 81 mit weiterführenden Hinweisen.

[78] Vgl. insoweit Kaser, RP I, § 152 I 2.

[79] So im Ergebnis auch Zilletti, S. 36; a. A. Wunner, S. 207. Riccobono, SZ 43, 279 ff. hält das Fragment für verfälscht: „La riduzione parziale applicata nel fr. 66 § 4 cit. è fuori le norme del ius civile." Nach seiner Auffassung hat Labeo angenommen, daß eine wirksame Stipulation über 200 zustandegekommen ist, während Javolen für Nichtigkeit plädiert haben soll.

[80] Vgl. in diesem Zusammenhang etwa auch die differenzierte Rechtsfolge in Ulp. D. 23, 3, 12, 1 (zur res minoris aestimata in dotem data, wobei die Schätzung unter Übervorteilung der Frau zu niedrig ausgefallen ist).

[81] Seiler, Fs. Kaser, S. 141 f.; Lappe, S. 6.

grenzend wurde aber darauf geachtet, daß die Aufrechterhaltung nicht zu willkürlichen Eingriffen in das Rechtsgeschäft führt[82]. Damit hängt zusammen, daß der Gedanke einer derartigen Teilaufrechterhaltung nur bei eindeutig praefixierter Abgrenzbarkeit begegnet; so ist er in dem besonders wichtigen Bereich des Kreditwuchers von Anfang an mit dem Vorhandensein gesetzlicher Zinsschranken verbunden. Ausgangspunkt ist hier möglicherweise schon die nur auf den „supra statutum modum" hinausreichenden Satz bezogene Berechnung der poena quadrupli gewesen.

Ähnlich wie Marcian in D. 22, 1, 29 verfuhr man auch in späterer Zeit bei Verstößen gegen eine Höchstgrenze aufstellende Verbote: so, nachdem Schenkungen bis zu dreihundert Solidi von der von Konstantin eingeführten Registrierungspflicht befreit worden waren[83], gemäß C. 8, 53, 34, 1[84] bei nichtregistrierten Schenkungen über eine diesen Betrag übersteigende Summe[85].

8. Bei den im wesentlichen stabilen wirtschaftlichen und sozialen Verhältnissen während der Zeit des Prinzipats[86] konnte es der freien Willensbildung des seiner Stellung gewachsenen pater familias überlassen werden, bei Vertragsabschlüssen für einen vernünftigen Interessenausgleich zu sorgen. Die unter den Bedingungen einer gesunden und ausgeglichenen Marktlage auf diese Weise erzielte subjektive Äquivalenz der Leistungen bedurfte nicht der Überprüfung auf ihre „objektive" Richtigkeit. Preistaxen waren offensichtlich nur in Ausnahmefällen, nämlich in den Bereichen erforderlich, in denen durch obrigkeitlich eingeräumte Monopole die Vertragsgestaltungsfreiheit faktisch aufgehoben wurde[87].

All dies änderte sich während der tiefgreifenden Krise, in die das römische Reich im dritten nachchristlichen Jahrhundert hineingeriet und

[82] Hierzu vgl. bes. auch Marci. D. 18, 1, 44 (3 reg.): Si duos quis servos emerit pariter uno pretio, quorum alter ante venditionem mortuus est, neque in vivo constat empto.

[83] Hierzu Kaser, RP II, § 265 I.

[84] (Imp. Iustinianus A. Demostheni pp) Si quid autem supra legitimam definitionem fuerit donatum, hoc quod superfluum est tantummodo non valere, reliquam vero quantitatem quae intra legis terminos constituta est in suo robore perdurare, quasi nullo penitus alio adiecto, sed hoc pro non scripto vel intellecto esse credatur.

[85] Ein weiteres Beispiel bieten Basiliken, Buch XXIII, Tit. III, 29 a. E.: Σημείωσαι, ὅτι ἐκ τούτου εἴπῃ τις ἄν, καὶ τὰς ἐκδόσεις τὰς ὑπὲρ πενταετίαν τῶν μοναστηρίων τῶν τελούντων ὑπὸ πατριάρχου ἐπιτήρησιν ἄνευ πατριάρχου εἰδήσεως, μὴ εἰς τὸ παντελὲς ἀκυροῦσθαι, ἀλλ' εἰς τὸ ὑπὲρ πενταετίαν.

[86] Hierzu etwa Bengtson, S. 298 ff.; Rostovtzeff, S. 53 ff.; Genzmer, S. 29 ff.

[87] Hierzu Genzmer, S. 32; dort auch zu den gegen die zwecks einseitiger Preisdiktate vorgenommenen Ringbildungen (societatem coire quo annona carior fiat) ergriffenen Maßnahmen; zu staatlichen Maßnahmen im Hinblick auf die Versorgung mit Getreide (und später auch anderen lebensnotwendigen Artikeln) vgl. schon oben Fn. 35.

die das gesamte politische, geistig-kulturelle und wirtschaftliche Leben betraf[88]. So führten der allgemeine Verfall der Wirtschaft, insbesondere aber auch die staatliche Münzverschlechterung schon seit dem Regime der Severerkaiser zu einer Geldentwertung, die neben den Lohnarbeitern vor allem auch die trotz zunehmender Umstellung auf Naturalentlohnung vielfach noch in Geld besoldeten Beamten und Soldaten hart traf[89]: so kostete z. B. eine Artabe Weizen, für die man im ersten Jahrhundert n. Chr. 7 - 8 Drachmen hatte bezahlen müssen, am Ende des dritten Jahrhunderts nicht weniger als 120 000 Drachmen[90]. Um ihnen zu helfen, erließ Diocletian im Jahre 301 ein Edikt (de pretiis rerum venalium)[91], in dem für eine große Zahl von Waren und Dienstleistungen Höchstpreise festgelegt wurden[92]. Im vorliegenden Zusammenhang ist hieran vor allem bemerkenswert, daß die zivilrechtliche Wirksamkeit höchstpreiswidriger Geschäfte nicht angetastet wurde; vielmehr waren drakonische Strafen[93] angedroht, ohne daß dadurch freilich dem Edikt ein durchschlagender Erfolg beschieden gewesen wäre[94].

VIII. Zivilrechtliche Folgen des Wuchers bis zum BGB

1. a) Ebenfalls mit dem Namen des Diocletian verbunden ist eine Invention, die Privatrechtsgeschichte gemacht hat:

C. 4, 44, 2 (Impp. Diocletianus et Maximianus AA. Aurelio Lupo) Rem maioris pretii si tu vel pater tuus minoris pretii distraxit, humanum est, ut vel pretium te restituente emptoribus fundum venditum recipias auctoritate intercedente iudicis, vel, si emptor elegerit, quod deest iusto pretio recipies. minus autem pretium esse videtur, si nec dimidia pars veri pretii soluta sit.

aa) Damit war dem „invicem se circumscribere"[1] — freilich nur für eine bestimmte Konstellation — eine gewisse Grenze gesetzt: war bei

---

[88] Vgl. etwa Bengtson, S. 378 ff. (395 f.); Rostovtzeff, S. 433 ff., bes. S. 469 ff.; Genzmer, S. 47 f.; Visky, RIDA 16, 380 ff.

[89] Vgl. Mickwitz, RE Supplementband VI, Sp. 132 (Inflation).

[90] Rostovtzeff, S. 471.

[91] Ausg.: Lauffer, S. 90 ff.; Blümner, Maximaltarif; erschöpfende Literaturübersicht bei Lauffer, S. 63 ff.; zur Nachwirkung vgl. die Angaben bei Trusen, S. 73, Fn. 34.

[92] Dabei sollte offenbar die Güterverteilung zugunsten der wirtschaftlich Schwachen beeinflußt werden; denn im Gegensatz zu den wichtigen Konsumartikeln wurden für Luxusgegenstände recht hohe Preise angesetzt.

[93] Praef. 18: Todesstrafe; hierzu Laktanz, de mortibus persecutorum 7, 6.

[94] Das Edikt darf nicht isoliert, sondern muß als (etwa durch planmäßige Kontrolle von Erzeugung und Marktbelieferung flankierter) Teil der diocletianischen und nachdiocletianischen Wirtschafts- und Währungspolitik gesehen werden. Man wird insoweit heute nicht mehr von einem totalen Mißerfolg sprechen können (hierzu bes. Schönbauer, JJP IX - X, S. 53 ff.; Lauffer, S. 5); auch dürfte das Edikt länger gegolten haben, als früher oft angenommen wurde (vgl. z. B. Blümner, S. 55; Braßloff, S. 120; Genzmer, S. 49).

[1] Vgl. oben Kap. VII, Fn. 13.

einem Grundstückskauf der vereinbarte Preis geringer als die Hälfte des Wertes des Grundstücks, sollte der Verkäufer berechtigt sein, den Kaufvertrag aufzulösen und Rückgabe des Kaufgegenstandes zu verlangen; doch konnte der Käufer bei Nachzahlung bis zum vollen Wert der Sache den Kauf aufrechterhalten. — Schon seit langem hat man erkannt, daß sowohl dies, als auch jenes andere, mit ihm in engem Zusammenhang stehende und angeblich aus dem Jahre 293 stammende Reskript C. 4, 44, 8[2] interpoliert ist[3]. Freilich ist damit noch nicht erwiesen, daß der hier überlieferte Gedanke einer Anfechtung wegen Verkürzung über die Hälfte (sog. laesio enormis)[4] seinem sachlichen Gehalt nach nicht wenigstens als Maßnahme für Einzelfälle bereits unter Diocletian anerkannt gewesen sein kann[5]; angesichts der klassizistisch und rückwärtsgewandt-romanitätsgläubigen Grundhaltung dieses Kaisers wäre jedoch ein derartiger Eingriff in das klassische Privatrecht[6] sehr unwahrscheinlich[7]. Vielmehr scheint Diocletian, der den Vertrag noch nicht einmal zur Durchsetzung des Maximaltarifs antastete[8], die Preisbildungsfreiheit lediglich durch öffentlich-rechtliche Maßnahmen[9] beschränkt zu haben[10]. Im übrigen finden sich auch bis Justinian keine weiteren Erwähnungen

---

[2] (Impp. Diocletianus et Maximianus AA. et CC. Aureliae Euodiae.) Si voluntate tua fundum tuum filius tuus venumdedit, dolus ex calliditate atque insidiis emptoris argui debet vel metus mortis vel cruciatus corporis imminens detegi, ne habeatur rata venditio. hoc enim solum, quod paulo minori pretio fundum venumdatum significas, ad rescindendam emptionem invalidum est. quod videlicet si contractus emptionis atque venditionis cogitasses substantiam et quod emptor viliori comparandi, venditor cariori distrahendi votum gerentes ad hunc contractum accedant vixque post multas contentiones, paulatim venditore de eo quod petierat detrahente, emptore autem huic quod obtulerat addente, ad certum consentiant pretium, profecto perspiceres neque bonam fidem, quae emptionis atque venditionis conventionem tuetur, pati neque ullam rationem concedere rescindi propter hoc consensu finitum contractum vel statim vel post pretiiquantitatis disceptationem: nisi minus dimidia iusti pretii, quod fuerat tempore venditionis, datum est, electione iam emptori praestita servanda.

[3] Kaser, RP II, § 264 III 2 (Fn. 33); Franke, S. 33; Genzmer, S. 57 f.; Ossipow, S. 30 ff.; Scheuer, S. 78, 82 ff., 95 ff.; Schulze, S. 6 f. (alle m. w. N.); a. A. neuerdings wieder Visky, RIDA 16, 374 ff., 385 ff.

[4] Zur Terminologie Schulze, S. 3, Fn. 2.

[5] So Kaser, RP II, § 264 III 2; vgl. weiterhin die bei Ossipow, S. 34 ff. im einzelnen aufgeführten und zitierten Autoren.

[6] Vgl. auch oben, Kap. VII, Fn. 3.

[7] Für originär justinianisch (jedenfalls nach-diocletianisch) halten die laesio enormis Braßloff, S. 125; Genzmer, S. 58 f., 64; Levy, § 88; Ossipow, S. 30 ff. (34), 35 ff.; Scheuer, S. 88 ff.; Schulz, CRL, Rdz. 913; Schulze, S. 6 f.; de Zulueta, S. 19 f.; vgl. auch die von Ossipow, S. 36 f. Genannten.

[8] Vgl. Kap. VII, 8.

[9] „Polizeimaßregeln" im Sinne von Jhering, Geist II, S. 152.

[10] Dafür sprechen auch die weiteren, im Titel C. 4, 44 enthaltenen Konstitutionen des Diocletian, die zu einem nicht geringen Teil ähnliche Fälle des „Bauernlegens" betreffen; vgl. insbes. die genau entgegengesetzte Entscheidung C. 4, 44, 4; weiterhin etwa C. 4, 44, 3.

oder Belege des Verbots der laesio enormis[11]. Insbesondere drei im Codex Theodosianus enthaltene Konstitutionen[12] lassen es als so gut wie ausgeschlossen erscheinen, daß es bereits existiert haben sollte.

Christliche Ethik[13] und stoische Moralphilosophie[14] sind zwei wesentliche Faktoren, die Justinian die Übernahme des ethischen Gesichtspunkts der Preisgerechtigkeit in das Privatrecht nahegelegt haben: es sind die Begriffe des verum und des iustum pretium, auf denen das Verbot der laesio enormis beruht. Es fügt sich im übrigen gut in das Konzept des wohlfahrtsstaatlichen Absolutismus[15] justinianischer Prägung ein. Geholfen werden sollte den kleinen Grundeigentümern, die, vor allem wohl durch die ungemein harte und rücksichtslose Steuerpolitik gezwungen[16], ihr Land veräußerten und nun erleben mußten, wie sich der infolge der bei Wirtschaftskrisen beinahe regelmäßig vorliegenden Ausnutzung einer Notlage sowieso bereits unzureichende Preis durch die durch Münzverschlechterung und stark inflationistische staatliche Ausgabenpolitik verursachte Geldentwertung laufend weiter verminderte.

bb) Das Verbot der laesio enormis war eine typische Krisenmaßnahme und betraf einen in mehrfacher Hinsicht eng umgrenzten Sonderfall. Die Reskripte zeichnen sich stilistisch und inhaltlich sicherlich nicht eben durch eine „clarté parfaite"[17] aus[18, 19]. Gleichwohl hat sich aus dieser unscheinbaren Wurzel später ein umfassendes und allenthalben anerkanntes Rechtsinstitut entwickelt[20]. Eine derartige Wertschätzung und För-

[11] Kaser (RP II, § 264 III 2 [bei Fn. 40]) sieht sich denn auch genötigt zu behaupten, es sei in der Zwischenzeit „verschollen" gewesen und erst von Justinian wieder aufgenommen worden.

[12] Cod. Theod. 3, 1, 1 (a. 319); 3, 1, 4 (a. 383); 3, 1, 7 (a. 396).

[13] Vgl. Genzmer, S. 60 ff.; Kaser, RP II, § 264 III 2 (bei Fn. 37); Levy, § 88 (Fn. 263); Scheuer, S. 94.

[14] Vgl. Genzmer, S. 37 ff., 60.

[15] Scheuer, S. 94; vgl. auch Genzmer, S. 60.

[16] Hierzu Jones, S. 114 (hier auch zu dem von Justinian eingeführten ἀερικόν), S. 154 ff. (165 ff., 175 ff.); vgl. auch S. 304 ff.

[17] So z. B. Blond (zit. bei Ossipow, S. 30, Fn. 34).

[18] Schulz, CRL, Rdz. 913 spricht temperamentvoll von „fatal rules"; zu beanstanden dürfte an dieser Formulierung nur der Ausdruck „rule" sein; vgl. weiter Ossipow, S. 30 („d'une grande obscurité"); Scheuer, S. 78; interessant auch schon die (allerdings z. T. affekthaften) Äußerungen von A. D. Weber, § 41, S. 116 f. („Abgeschmackte", „in heiliger Einfalt" erlassene Vorschrift, „die so sehr relativistisch und so schwierig in der Anwendung ist, an sich aber gar keinen weiteren Rechtsgrund für sich hat").

[19] Um einiges klarer die Basiliken, Buch XIX, Tit. X, 66, 1, die der Lex Secunda im übrigen bereits größere Allgemeingültigkeit zuschreiben: 'Εάν τις τὸ ἴδιον πρᾶγμα ἐλαχίστου τιμήματος πωλήσῃ, δύναται τὸ τίμημα ἀναδιδοὺς λαμβάνειν τὸ ἴδιον πρᾶγμα. ἐλάχιστον δὲ τίμημά ἐστι τὸ μηδὲ εἰς ἡμίσειαν διατίμησιν ἀναφερόμενον. ἐὰν δὲ ὁ ἀγοραστὴς ἐπιλέξηται τὸ λεῖπον τῷ δικαίῳ τιμήματι δοῦναι, ἔχειν αὐτὸν τὸ πεπραμένον πρᾶγμα. τὸ αὐτὸ δὲ δίκαιον καὶ ἐπὶ τοῖς παισὶ τοῦ πράτου προβαινέτω.

[20] In den Volksrechten waren keine Läsionsbestimmungen enthalten (vgl. Schulze, S. 10 ff.). Erst mit den Glossatoren begann die intensive wissenschaftliche Bearbeitung und Erweiterung; bereits seit den Stadt- und Land-

derung dieses Rechtssatzes ist freilich nur für Zeiten erklärlich, in denen das Gebot der Einhaltung des iustum pretium zu einem Hauptkriterium erlaubter Kaufverträge, ja nachgerade zu einer lex divina erhoben und volkswirtschaftlich von der Bestimmbarkeit einer Äquivalenz im objektiven Sinne ausgegangen wurde[21, 22]: erkennt man doch andernfalls ziemlich rasch, daß hinter der rechnerisch-mechanistischen Fassade[23] des Läsionsverbots gleich an zwei Stellen[24] eine die Kunst des Richters überfordernde Untiefe verborgen ist[25].

b) Die „Karriere" der laesio enormis ist schon mehrfach beschrieben worden[26], so daß sich an dieser Stelle eine eingehende Darstellung erübrigt. — Im Laufe der Zeit sind alle Beschränkungen des justinianischen Verbots der laesio enormis aufgegeben worden: es wurde auf Geschäfte über Häuser und bewegliche Sachen ausgedehnt[27], auch[28] bei Verletzung des Käufers angewandt[29] und auf bestimmte andere Vertragstypen er-

rechten des 14. Jhs. fand die laesio enormis Eingang in die deutschen Gesetzgebungen (vgl. v. a. die Nachw. bei Trusen, Fg. Küchenhoff, S. 262 f.), um erst im 19. Jh. allmählich zurückgedrängt zu werden. Für das kanonische Recht (Ausgangspunkt Lib. III, Tit. XVII, Cap. III u. VI d. Dekretalen Gregor IX.) vgl. Wolter, S. 113 ff.

[21] Vgl. insbesondere die unter dem Einfluß von Thomas von Aquin (Summa II, II, Qu. 77, art. 1; Qu. 78) stehende (spät-)scholastische Wirtschaftsmoral; hierzu Endemann, II, S. 6 ff., 14, 30 ff., 34 ff.; Noonan, passim, etwa S. 82 ff.; Dekkers, Nr. 101 ff.; Franke, S. 38 f. (m. w. N. in Fn. 28); Ossipow, S. 45 ff.; Wolter, S. 105, 113 ff. Zur Preis- und Werttheorie des 14. Jhs. Trusen, S. 71 ff.; Zusammenfassung der v. a. von Conrad Summenhart von Calw genannten Preisbildungsfaktoren bei Trusen, Fg. Küchenhoff, S. 259 ff. Interessant später (vgl. aber auch bereits für das 14./15. Jh. die Angaben bei Trusen, Fg. Küchenhoff, S. 250 ff.) die liberaleren Züge in der Preislehre Francisco de Vitorias: Marktpreis ausschlaggebend; Ausnahme allerdings etwa bei Monopolen oder Preiskartellen!; hierzu Otte, S. 81 ff.

[22] z. T. wurde im Mittelalter das iustum pretium durch Preistaxen festgesetzt (Nachweise bei Schulze, S. 19 ff.; vgl. auch Endemann, II, S. 38 ff.; Trusen, S. 75; ders., Fg. Küchenhoff, S. 254 ff.).

[23] Vgl. in diesem Zusammenhang auch z. B. die justinianische Festsetzung einer Höchstgrenze für den Schadensersatz (doppelter Sachwert): C. 7, 47, 1.

[24] Das iustum pretium ist sowohl im Tatbestand als auch in der Rechtsfolge zu berücksichtigen.

[25] Vgl. schon die Argumente der Naturrechtslehrer seit dem 17. Jh. (hierzu Schulze, S. 36 f., 63 ff.). Hingegen hielt beispielsweise noch der Abgeordnete Haussmann bei der Debatte im Reichstag um § 138 II BGB die Vorschriften über die laesio enormis für „objektive Normen". Der neue Wuchertatbestand lasse hingegen „alle objektiven Anhaltspunkte vermissen". (2. Beratung im Plenum des Reichstags, Sitzung v. 20. 6. 1896, Mugdan I, S. 1011.)

[26] Neuerdings siehe v. a. Schulze; daneben etwa Ossipow, Dekkers, auch Franke und Wolter, S. 113 ff.

[27] Wormser Reformation (1498) V 1 III (QPR I, S. 170 f.); Frankfurter Reformation von 1578 (s. Schulze, S. 29, Fn. 2); Lauterbach, Zoesius und die meisten anderen Juristen des usus modernus (s. Schulze, S. 42, 67); die Pandektisten des 19. Jhs. (Nachw. bei Schulze, S. 115 f.).

[28] Oder nur: s. 59 I 11 i. V. m. 69 I 11 PrALR.

[29] So schon die Glossatoren und Konsiliatoren (Nachw. bei Schulze, S. 13,

streckt[30]. Man diskutierte die Frage, warum die dimidia pars pretii als Limit gewählt worden war und legte zum Teil andere Grenzen fest[31]. Es wurde darüber gestritten, ob der Vertragspartner bis zum vollen iustum pretium oder nur bis zur Läsionsgrenze (in der Regel also bis zur Hälfte des Wertes der Sache) nachzuzahlen hätte[32]. Und mitunter sind auch überhaupt andere Rechtsfolgen festgesetzt worden[33].

c) Seit der Mitte des 17. Jahrhunderts ist dann aber das Läsionsverbot zunehmend Gegenstand der Kritik geworden[34]; vor allem die Naturrechtslehrer haben seine Abschaffung gefordert. In den großen Kodifikationen an der Wende vom 18. zum 19. Jahrhundert vermochten sich ihre Forderungen jedoch nur teilweise durchzusetzen. Sowohl das ABGB, als auch der code civil und das PrALR regeln die laesio enormis, doch hat sich nur das ABGB[35] in diesem Punkte eng an die Lehre des usus

Fn. 4) unter Befürwortung der sog. arithmetischen Berechnungsweise (laesio enormis schon bei Kauf einer Sache im Wert von 100 zu einem Kaufpreis von mehr als 150) im Gegensatz zur „geometrischen" Berechnung (laesio enormis im gleichen Beispiel erst bei einem Kaufpreis ab 201 (so in der Regel die Gesetzgebungen und die Lehre des 16. - 18. Jhs. [s. Schulze, S. 30 f., 50 f., 61 Fn. 4, 72 ff.; vgl. weiterhin die bei Dias, S. 52, Fn. 4 Zitierten]).

[30] Azo, Accursius, Bartolus, Baldus (Nachw. b. Schulze, S. 14, Fn. 3): laesio enormis bei allen bonae-fidei-Verträgen, nicht bei Kontrakten stricti iuris (z. T. wurde sogar eine Anwendung auf die Schenkung [!] vertreten); noch weitergehend das kanonische Recht (vgl. Dekkers, Nr. 120); ferner die meisten Gesetzgebungen des 16., 17. und 18. Jhs. (s. Schulze, S. 29 f., 60); unter den Rechtslehrern des usus modernus und den Pandektisten sehr str. (Nachw. b. Schulze, S. 42 ff. [vgl. S. 67 ff., 114 f.]); Cod. Theres., 3. Theil, Caput IX, § XXII, Nr. 376; ABGB § 934; vgl. auch Dias, S. 52 ff.

[31] Besonders interessant ist die im kanonischen Recht entwickelte laesio enormissima (Verletzung über zwei Drittel, Rechtsfolge: Totalnichtigkeit [vgl. Dekkers, Nr. 110; Dias, S. 51, Fn. 2]); Württemb. Landrechte von 1555 und 1610: Läsionsgrenze schon bei 1/3 des wahren Werts (s. Schulze, S. 31, 33); P. N. Mozzius (1614): 1/6 (s. Schulze, S. 33); code civil: 7/12 (art. 1674); Gesetz über den Verkauf von Futtermitteln v. 1907 (Frankreich): 1/4 (s. Franke, S. 66 f.).

[32] Hierzu Dias, S. 55 m. w. N.; vgl. auch Schulze, S. 52, 61.

[33] Zur laesio enormissima vgl. schon F. 31. — Nichtigkeit bei der laesio enormis nach dem Münchner Stadtrecht v. 1347 (s. Schulze, S. 23, Fn. 2), demgegenüber Purgoldts Rechtsbuch (ca. 1503): (nur) Rückgabe der vom Käufer über den wahren Wert hinaus bezahlten Summe (d. h. kein Wahlrecht des Verletzers) (s. Schulze, S. 23, Fn. 3). — Das Gesetzbuch von Friedberg-Scheer aus dem Jahre 1792 (hierzu Schulze, S. 62) verweigerte ebenfalls dem Schädider das Wahlrecht, stellte es aber dem Ermessen des Richters anheim, den Vertrag aufzuheben oder den Preis dem wahren Wert der Sache anzugleichen. — Nach dem umgearbeiteten Entwurf Martinis (dem sog. Urentwurf zum ABGB) sollte das Wahlrecht nicht der verletzenden, sondern der verletzten Vertragspartei zustehen. Kein Wahlrecht, sondern Unwirksamkeit des Vertrags nach 59 I 11, 75 I 4 PrALR. — Nach dem code civil (art. 1681) kann der Käufer, wenn er Nachzahlung wählt, 10 % vom wahren Wert abziehen; Napoleon war es unbillig erschienen, den Käufer, der bis zur Läsionsgrenze seinen Vertragspartner sanktionslos übervorteilen dürfe, bei Überschreitung derselben plötzlich das volle iustum pretium nachzahlen zu lassen.

[34] Nachw. bei Schulze, S. 36 f., 63 ff.; Ossipow, S. 53 ff.; Landau, S. 132 ff.

[35] s. § 934 ABGB: Hat bei zweiseitig verbindlichen Geschäften ein Theil

modernus angelehnt[36]. Die Regelung des art. 1674 cc[37] ist demgegenüber stark restriktiv: so wurde im Anschluß an die Lex Secunda die laesio enormis wieder nur bei Kaufverträgen über Immobilien und auch nur zugunsten des Verkäufers zugelassen[38]. In Österreich und Frankreich[39] fristet das Verbot der laesio enormis damit noch heute ein freilich bescheidenes Dasein: insbesondere durch nach dem ABGB zulässige[40] (formularmäßige) Verzichtserklärungen[41] wird dies Institut im Geschäftsleben unterlaufen; die mit ihm verbundenen Probleme werden heute in der gerichtlichen Praxis faktisch kaum mehr akut. Die (dogmatisch von allem Bisherigen stark abweichende) Regelung des PrALR[42] schließlich ist ein Beispiel für das diese Kodifikation auch an anderen Stellen prägende Mißtrauen gegen die staatsbürgerliche Selbstverantwortung[43]. Obwohl man die Kritik an der laesio enormis grundsätzlich als berechtigt anerkannte[44], sah man doch aus wohlfahrtsstaatlichen Erwägungen von einer konsequenten Durchführung der naturrechtlichen Forderungen ab.

Zwar erlebte die Lehre vom Verbot der laesio enormis in der Behandlung durch die Pandektisten noch eine letzte Blüte[45]; doch Urteile,

---

nicht einmal die Hälfte dessen, was er dem anderen gegeben hat, von diesem an dem gemeinen Werthe erhalten, so räumt das Gesetz dem verletzten Theile das Recht ein, die Aufhebung und die Herstellung in den vorigen Stand zu fordern. Dem anderen Theile steht aber bevor, das Geschäft dadurch aufrecht zu erhalten, daß er den Abgang bis zum gemeinen Werthe zu ersetzen bereit ist. Das Mißverhältniß des Werthes wird nach dem Zeitpunkt des geschlossenen Geschäftes bestimmt. — Vgl. im übrigen auch §§ 1059, 1060 ABGB.

[36] Zur Entstehungsgeschichte des § 934 ABGB Schulze, S. 99 ff.

[37] Si le vendeur a été lésé de plus de sept douzièmes dans le prix d'un immeuble, il a le droit de demander la rescision de la vente, quand même il aurait expressément renoncé dans le contrat à la faculté de demander cette rescision, et qu'il aurait déclaré donner la plus-value. Zum französischen Recht vgl. weiterhin den Überblick bei Franke, S. 46 f.; Ossipow, S. 111 ff.

[38] Zur Entstehungsgeschichte des art. 1674 cc Franke, S. 48 f.; Schulze, S. 91 ff.; Ossipow, S. 101 ff.; vgl. auch Dekkers, Nr. 245 ff.

[39] Vgl. weiterhin für Italien Art. 1448 cod. civ. (hierzu Franke, S. 177 ff. m. w. N.) und die Länderübersicht bei Ossipow, S. 360 ff.; Rabel, Warenkauf II, § 67, 2 b. In Südafrika ist die Lehre von der laesio enormis seit 1879 sukzessive abgeschafft worden, zuletzt 1952 in den Provinzen Natal und Transvaal; hierzu Dias, S. 46 ff.

[40] § 935; anders freilich art. 1674 cc.

[41] Offenbar waren vertragliche Ausschlußklauseln schon im Mittelalter gang und gäbe: vgl. Franke, S. 40.

[42] 58 I 11: Der Einwand, daß der Kaufpreis mit dem Werthe der Sache in keinem Verhältnisse stehe, ist für sich allein den Vertrag zu entkräften nicht hinreichend.

59 I 11: Ist jedoch dieses Mißverhältniß so groß, daß der Kaufpreis den doppelten Betrag des Werths der Sache übersteigt, so begründet dieses Mißverhältniß, zum Besten des Käufers, die rechtliche Vermuthung eines den Vertrag entkräftenden Irrthums. Hierzu Schulze, S. 83 ff.; Hucko, S. 43 ff.

[43] Wieacker, PrgNz, S. 333; vgl. im übrigen allgemein Hucko, S. 12 ff.

[44] Vgl. die bei Koch, PrALR I, Anm. 59 (ad 58 I 11), S. 730, 731 wiedergege-

in denen eine Klage aus laesio enormis Erfolg gehabt hätte, sind aus dem 19. Jahrhundert nicht bekannt.

d) In das BGB schließlich wurden entsprechende Vorschriften nicht mehr aufgenommen. Für diese vor allem bereits durch die Abschaffung des Verbots der laesio enormis im ADHGB von 1861[46], im sächsischen BGB von 1863[47] und im Dresdner Entwurf eines Obligationenrechts von 1865 vorgezeichnete Entscheidung war eine ganze Palette von Gründen maßgeblich[48]: ein derartiges Rechtsinstitut sei „in den heutigen Rechtsanschauungen"[49] nicht mehr begründet; wo es gesetzlich noch anerkannt sei, sei es ganz verschiedenartig ausgestaltet. Auch fehle für die Einführung dieses mit vielen kontrovers beurteilten Problemen verbundenen Rechtsmittels, auf das ohnedies in den „weitaus meisten"[49] Fällen verzichtet werde, jedes praktische Bedürfnis. Ferner fehle es an der „inneren juristischen Begründung"[50]: wo Betrug obgewaltet habe, werde durch die allgemeinen Vorschriften ein ausreichender Schutz gewährleistet; und ein Motivirrtum, der möglicherweise einmal in Betracht kommen könne, sei unbeachtlich. Im übrigen lasse sich ein Irrtum über den Wert des Kaufobjekts gerade bei Grundstücken leicht vermeiden und „wäre ... regelmäßig schwer verzeihlich"[51]. Eine große Rolle hat für die BGB-Väter darüber hinaus besonders der Gesichtspunkt der Rechts- und Verkehrssicherheit gespielt: die Zulassung des Rechtsmittels der laesio enormis sei insoweit „mit den größten Gefahren verknüpft"[52]. Auch wird angemerkt, daß die Entscheidung darüber, ob Kaufpreis und Wert des Kaufobjekts in richtigem Verhältnis zueinander stehen, mangels eines sicheren objektiven Maßstabs „eine mißliche und unsichere"[52] sei. — Interessant ist, daß jedenfalls der Redaktor von Kübel einem Läsionsverbot nicht jede Berechtigung absprach: in Zeiten allgemeiner

---

benen Ausführungen von Suarez und die dort ebenfalls abgedruckte Fassung des ersten ungedruckten Entwurfs zum ALR.

[45] Nachw. bei Schulze, S. 114 ff.

[46] Vgl. bes. die Protokolle der Kommission zu Berathung eines allgemeinen deutschen Handelsgesetzbuches, III. Theil, 1314.

[47] Hierzu die Speciellen Motiven, S. 141 f.

[48] Ausweislich Mot. II, 321 und der ausführlichen und interessanteren Begründung des Redaktors von Kübel zu seinem Teilentwurf des BGB, 2. Buch, Recht der Schulverhältnisse, B. Besonderer Teil, II. Abschnitt, Tit. 1, I, 1 (zu § 3) (Maas Nr. 136), S. 8 f.

[49] Mot. II, 321.

[50] von Kübel (o. A. 48), S. 8; das gleiche ist wohl gemeint, wenn in den Motiven davon die Rede ist, es fehle an der „Grundlage in den allgemeinen Grundsätzen des Entwurfes".

[51] von Kübel (o. A. 48), S. 9; zum Grundsatz des „ius vigilantibus scriptum" im Schuldrecht des BGB Wieacker, PrgNz, S. 481 f.

[52] von Kübel (o. A. 48), S. 9; in den Protokollen zum ADHGB (III. Theil, 1314) wird demgegenüber gerade das „äußerliche, mathematische ... Merkmal" kritisiert.

Not oder eines Notstands könne es gegenüber der Ausbeutung durch gewissenlose Käufer geradezu als „Wohlthat" erscheinen[53]. Eine Aufnahme in den Entwurf kam für von Kübel aber letztlich deshalb nicht in Betracht, weil sich das Rechtsmittel nicht auf derartige Notverkäufe beschränken lasse, unbeschränkt aber weit über diesen berechtigten Zweck hinaus reiche[54].

2. Gänzlich verzichtete das BGB jedoch nicht auf eine Wucherbekämpfung. Mit § 138 II, der in letzter Minute noch in das Gesetzbuch aufgenommen wurde, knüpfte man jedoch nicht an die laesio enormis, sondern an eine Gesetzgebung an, die erst jüngst Teile des von der laesio enormis geräumten Sachwucherbereichs zu erfassen begonnen hatte, in ihrem Ursprung aber auf die Bekämpfung des Zinswuchers zurückging. Wenn das BGB wucherische Verträge schlankweg für total unwirksam erklärt, so wird diese in diesem Augenblick (zu Recht) schon gar nicht mehr problematisierte Entscheidung im Lichte der historischen Entwicklung sehr deutlich und verständlich; sie kann daher methodisch auch schon von diesem Ausgangspunkt her nicht als unbedachte und gleichsam zufällige legislatorische (Fehl-)Entscheidung beiseite geschoben, sondern muß als wohlbedachter Endpunkt in der wechselvollen Geschichte der Wucherbekämpfung[55] angesehen werden.

a) Das gemeine Recht war zunächst dem kanonischen Recht gefolgt[56], das das „mutuum date nihil inde sperantes"[57] zum Grundsatz erhoben und ein allgemeines Zinsverbot aufgerichtet hatte[58]. Als seit dem Ende

[53] von Kübel (o. A. 48), S. 9.

[54] Der jüngste (bislang [!] aber lediglich auf die Tatbestandsseite beschränkte) Wiederbelebungsversuch der laesio enormis stammt von Hackl, BB 77, 1412 ff.: regelmäßig Nichtigkeit (weil Sittenwidrigkeit i. S. d. § 138 I BGB) bei Verkürzung über die Hälfte (= „flexible laesio enormis" [S. 1413]).

[55] Hierzu v. a. Endemann, I, S. 9 ff., 423 ff.; II, S. 161 ff., 359 ff.; v. Gierke III, § 198 II 2; Neumann; Richenbach, S. 21 ff.; Schmelzeisen, S. 461 ff., bes. S. 475 ff.; Stobbe III, S. 295 ff.; zur neueren Geschichte auch Caro, S. 17 ff.; vgl. weiterhin die Nachweise bei Trusen, S. 49 f. Zur usura-Literatur der frühen Neuzeit s. besonders die Quellenangaben von Holthöfer und Troje, in Coing, Handbuch II 1, S. 360 bzw. 711 ff.

[56] Das zeigen auch etwa die romanisierenden Stadt- und Landrechtsreformationen aus dem Zeitalter der praktischen Rezeption: vgl. die Belegstellen bei Kunkel, QPR I, 2, S. 409 sub „Wucher"; vgl. auch Neumann, S. 45, 74 ff., 77.

[57] Vgl. Lukas 6, 35; neben der Berufung auf diese und andere (aus dem AT z. B. Psalm 15, 5; Nehemia 5, 6 - 11; Hesekiel 18, 17) Bibelstellen wurden für das Wucherverbot auch ökonomische (verzinsliches Darlehen führt zur Ausbeutung der Not und Verarmung des Schuldners) und dogmatische (die letztlich schon auf Aristoteles zurückgehende Lehre von der Unfruchtbarkeit des Geldes) Erwägungen angeführt; hierzu etwa Otte, S. 92 ff. m. w. N.

[58] z. B. Lib. V, Tit. XIX, Cap. IV der Dekretalen Gregor IX. (weitere Nachweise bei Otte, S. 90, Fn. 1 und Wolter, S. 19); zum kanonischen Zinsverbot v. a. Noonan, S. 11 ff.; Endemann, I, S. 9 ff.; Otte, S. 90 ff.; Neumann, S. 1 ff., 11 ff.; Hermann Lange, Fs. Bärmann, S. 103 ff.; Wolter, S. 105 ff.; vgl. auch Goldschmidt, S. 230 ff.; Kulischer, S. 347 ff.; Richenbach, S. 13 ff.; Schmelzeisen, S. 480 f.

des Mittelalters mit der Zurückdrängung der Naturalwirtschaft auch das kirchlich anerkannte Institut des Rentenkaufs[59] das wirtschaftliche Bedürfnis nach entgeltlicher Kreditgewährung nicht hinreichend befriedigen konnte und sich eine Fülle von Umgehungsgeschäften entwickelt hatte[60], ferner auch die päpstliche Kurie selbst Darlehenszinsen zahlte und forderte[61], ließ sich im weltlichen Recht ein totales Zinsverbot nicht mehr halten[62]. Als durch den Jüngsten Reichsabschied von 1654[63] zum ersten Mal reichsgesetzlich die Zulässigkeit von Vertragszinsen anerkannt wurde, waren verzinsliche Darlehen in der Praxis schon weit verbreitet[64]. Freilich sind die Zinsen nicht völlig freigegeben worden; mit der Aufhebung des Zinsverbots war eine Beschränkung des erlaubten Zinssatzes verbunden. Als zulässiges Maximum sind zumeist 5 %[65], in Anlehnung an die justinianische Gesetzgebung mancherorts aber auch 6 %[66] festgesetzt worden[67]. Zum Teil versuchte man auch die bislang

---

[59] Das Rentengeschäft war zwar nicht zur Umgehung des Zinsverbotes „erfunden" worden, hatte aber faktisch in der Zeit seiner größten Blüte eine derartige Wirkung; allgemein hierzu Endemann, II, S. 103 ff.; v. Gierke II, S. 753 f.; Neumann, S. 212 ff.; Otte, S. 103 ff.; Trusen, S. 111 ff.; ders., Fs. Heimpel II, 140 ff.

[60] Vgl. Kulischer, S. 348 f.; Neumann, S. 440 ff. (vgl. auch schon S. 6 f.); Otte, S. 102 ff.; Stobbe III, S. 297; Trusen, S. 60 ff.; interessant in diesem Zusammenhang weiterhin Stryk, S. 798 ff., §§ 1 - 7 des XVII. Titels der RPO v. 1577 (in QPR II 1, S. 57 ff.); WürttLO v. 1621, Titel LVI, 4 (in QPR II 1, S. 423 ff.); dazu Schmelzeisen, Anm. 59 (QPR II 1, S. 534); (zur kasuistischen Methode der Wucherbekämpfung in den Gesetzen jener Zeit v. a. H. Schmidt, S. 35 ff.); zum „contractus mohatrae" auch etwa Stryk, S. 799 f.; Schmelzeisen, QPR II 1, S. 85, Anm. 9. Über die schon von der kanonischen Lehre anerkannten Ausnahmen vom Zinsverbot bes. Endemann, II, S. 366 ff.; Neumann, S. 109 ff.; Noonan, S. 100 ff.; Otte, S. 98 ff.; Richenbach, S. 15 ff. Zum Widerstreit zwischen Dogma und praktischer Realität und den Harmonisierungsversuchen in Gesetzgebung und Literatur v. a. Endemann, I, S. 43 ff.

[61] Kulischer, S. 350; Neumann, S. 520 ff.; zum System der „montes", insbesondere den von der Kirche seit der Mitte des 15. Jahrhunderts errichteten „montes pietatis" Endemann, I, S. 431 ff., 460 ff.; Neumann, S. 412 ff.; Trusen, Fs. Bärmann, S. 115 ff., 130 ff.

[62] Allgemein zur Abwendung von der scholastischen Wucherdoktrin besonders Wolter, S. 107 ff. m. w. N. Zur gegenseitigen Abhängigkeit der Entwicklung von Städtewesen, Geldwirtschaft und Geldkredit Müller-Büchi, S. 69 ff., der die Entwicklung anhand der savoyischen Stadtrechte des ausgehenden 12., des 13. und 14. Jahrhunderts demonstriert.

[63] § 174 (NS III, 673); hierzu Neumann, S. 555 ff.; Schmelzeisen, QPR II 1, S. 84, Fn. 7 (dort auch zur Rspr. des Reichskammergerichts).

[64] Hierzu Kulischer, S. 350 f.; Goldschmidt, S. 231; Neumann, S. 506 f.; 511 ff., 537 f.; vgl. auch S. 266 ff.; Richenbach, S. 24 f.

[65] So in § 174 JRA (o. A. 63); vgl. ferner z. B. SachsGothLO v. 1666, II. Teil, IV. Cap., Tit. XX, 10 (in QPR II 1, 571 ff.); später auch Cod. Maximil. Bav. § 21 II 3; PrALR 804 I 11; weitere Nachw. bei Stobbe III, S. 299, Fn. 30; Neumann, S. 545 ff.; für die Schweiz vgl. Richenbach, S. 26.

[66] Nachw. bei Stobbe III, S. 299, Fn. 31; insbesondere Kaufleuten gestattete man mehr als 5 % Zinsen: vgl. v. Gierke III, S. 586, Fn. 98 (dort auch zu weiteren Modifikationen); Stobbe III, S. 299, Fn. 32.

[67] Vgl. auch den Überblick bei Neumann, S. 545 ff.

durch das kanonische Recht ja nicht gebundenen Juden[68] an Maximalsätze zu binden[69] oder sonst als Kreditgeber auszuschalten[70]. Bei dieser Zinstaxenpolitik blieb es bis ins 19. Jahrhundert.

b) Die Vereinbarung höherer als der erlaubten Zinsen wurde in den meisten Gesetzgebungen mit Strafe bedroht; daneben finden sich zumeist Bestimmungen, daß wucherische Verträge für unwürdig, kraftlos und unbündig[71], für nicht kräftig oder nichtig zu halten seien. Dabei sollte jedoch vielfach der Vertrag nicht insgesamt, sondern gerade nur insoweit hinfällig sein, als er dem Wucherverbot zuwiderlief[72]. So zeigen etwa die Bestimmungen, die den Wucherer zur Strafe eines Viertels der „Hauptsumma" für verlustig erklären[73], daß ihm seine Rechte am Kapital im übrigen nicht genommen werden[74]. Wie früher Wucher ein Synonym für (ja insgesamt verbotene) Zinsen gewesen war[75], so bezeichnet der Begriff Wucher nun nicht das Rechtsgeschäft insgesamt, auch nicht die Zinsstipulation, sondern nur die übermäßigen, verbotenen Zinsen[76]. Wenn deshalb Kontrakte als wucherisch und mithin ungültig erklärt wurden, bedeutete das bei diesem Wucherbegriff vielfach, daß die Zinsvereinbarung, *soweit* sie wucherisch war, wirkungslos sein sollte. So setzte etwa die RPO 1577 für Wiederkaufsgülten fest, daß die Rente 5 % der Kaufsumme nicht übersteigen dürfe und bestimmte dann hinsichtlich dessen, „was darüber gegeben, genommen oder gehandelt. ... (daß) dasselbig und alle andere unziemliche Pacta oder Geding für wucherlich und unkräftig geacht, gehalten und von dem Richter nicht darüber erkennt oder geurteilt, sondern, wie obgemelt, gestraft werden solle"[77, 78].

---

[68] Zum Judenwucher im Mittelalter Endemann, II, S. 383 ff.; Neumann, S. 292 ff.; Stobbe I, § 46 IV; Trusen, S. 90 ff. (m. w. N.).

[69] z. B. RPO v. 1577 Tit. XX, 6.

[70] Allgemein hierzu Schmelzeisen, S. 475 ff.; vgl. z. B. die in QPR II 2 abgedruckten Judenordnungen und WürttLO v. 1621, Tit. XXVII.

[71] So z. B. RPO v. 1577, XVII, 8; BaiLO v. 1553, III. Buch, IV. Tit., 1. Art. (in QPR II 1, 161 ff.); WürttLO v. 1621 Tit. LVI, 116.

[72] Hierzu Coing, Frankf. Ref., S. 53, aber auch Schmelzeisen, S. 486 f.

[73] z. B. RPO v. 1577, XVII, 8; WürttLO v. 1621, Tit. LVI, 9; Verordnung gegen den Wucher d. Erzbsm. Köln v. 1590 (QPR II 2, 47); Edikt Erzbsm. Bremen v. 1580 (s. u. Fn. 80), S. 2.

[74] Vgl. schon Paul. D. 22, 1, 20. Ausdrücklich auch etwa Vitriarius III, 15, 64 (S. 464); Mevius, Part. I, Cap. 5, X a. E.; Pothier, S. 330.

[75] Hierzu Benecke / Müller / Zarncke III (T-Z), S. 452 f.; vgl. auch Neumann, S. 53 ff.

[76] Dieser Begriff des Wuchers liegt auch z. B. den Ausführungen von Mevius zugrunde; vgl. etwa Part I, Cap. 5, II.

[77] Tit. XVII, § 9.

[78] Sehr deutlich ordnen Unwirksamkeit nur der Übermaßzinsen an z. B. SachsGothLO v. 1666, II. Teil, IV. Cap., Tit. XX, 10; Verordnung gegen den Wucher d. Erzbsm. Köln v. 1590; Ratsbeschluß gegen den Wucher der RSt Nürnberg v. 1638, 3 (QPR II 2, 86); wohl auch Verordnung gegen den Wucher

Als repräsentativ für die geschilderte Einstellung kann im übrigen die Kommentierung eines der bedeutendsten Juristen des usus modernus, David Mevius[79], zum Edikt „Von den Wucherlichen Contracten" des Erzbischofs Heinrich von Bremen aus dem Jahre 1580[80] gelten, das insoweit lediglich bestimmte, daß „wuecherliche Contract und Pacta" „unwürdig, krafftloß und unbündig seyn sollen" bzw. von allen geistlichen und weltlichen Richtern für unbündig zu erklären seien[81]. Dazu Mevius[82]: „Es werden allein die Pact und Geding / so weit sie wucherlich zernichtet und unbündig erkläret / vernichten aber nicht die Contract, welchen solche angefügt / dahero betrifft die Cassation oder Erklärung der Nichtigkeit und Unwürdigkeit allein dasjenige was an den Contracten und Verschreibungen wucherlich und den Gesetzen oder guten erbahren Sitten entgegen ist / außer dem bestehen dieselbe und was daran nicht verboten und rechtmäßig ist / gültig und beständig / darauf mag der Gläubiger wohl sprechen und erhalten[83, 84]."

c) Auf der Grundlage, daß der Begriff des Wuchers in der Überschreitung bestimmter Zinstaxen bestand, haben spätere Gesetzgebungen noch bis ins 19. Jahrhundert hinein ausdrücklich die Zinsvereinbarung nur insoweit für nichtig erklärt, als der Höchstbetrag überschritten war bzw. die Rückforderung des Schuldners auf die zuviel bezahlten Zinsen beschränkt[85]. Zu dieser Zeit neigte sich allerdings die Ära der Zinstaxenpolitik bereits ihrem Ende entgegen. Schon das PrALR hatte für ohne besondere Sicherheit auf eine nicht längere Zeit als sechs Monate gegebene Darlehen an Großhändler die Bestimmung des Zinssatzes in das freie Belieben der Vertragspartner gestellt[86]. In immer stärkerem Maße wurden nun unter dem Einfluß der Lehren des wirtschaftlichen Liberalismus die Wuchergesetze als willkürliche und ungerechtfertigte Beschränkungen der Vertragsfreiheit, unter rechtstatsächlichem Aspekt auch geradezu als „konventionelle Lüge"[87] empfunden und in vielen

des Hzm Kleve, Gft. Mark v. 1661 (QPR II 2, 104) („in dieser Rücksicht"); Verordnung betr. wucherische Verträge und Mäklerlohn d. Ldgft. Hessen-Kassel v. 1773, 2 (QPR II 2, 374).

[79] Zu ihm Wieacker, PrgNz, S. 218 f.

[80] Abgedr. bei Mevius, S. 1 ff.

[81] S. 2 r. Sp.

[82] Part I, Cap. 5, X (S. 54).

[83] Mevius nimmt übrigens ausdrücklich auf Marci. D. 22, 1, 29 Bezug!

[84] Vgl. weiterhin etwa Zoesius, S. 458 (Rdz. 12); Vitriarius, III, 15, 64 (S. 465); Voet, S. 938 (Ziff. 5) (m. w. N.); Lauterbach, S. 192 („... stipulatio est ipso iure nulla quoad quantitatem scil. excedentem ..."); Pothier, S. 329 f. (sub. XXXIV, XXXVI).

[85] z. B. PrALR 1271/1272 II 20; Sächs. BGB § 684; zur parallelen Situation der Überschreitung von Höchstpreisvorschriften s. etwa ABGB § 1059 (zu dessen Entstehung vgl. Klang / Mayer-Maly, § 1059, V 4 [sub. a]).

[86] § 692 II 8.

[87] So Goldschmidt, S. 233; zur Umgehung der Zinsbeschränkungen durch

Partikularrechten beseitigt[88]. Eine Vereinheitlichung erfolgt zunächst bei kaufmännischen Darlehen durch Art. 292 II ADHGB, ehe das norddeutsche Bundesgesetz vom 14. 11. 1867[89], das hernach zum Reichsgesetz erhoben wurde[90], den Zinsfuß für das ganze Zivilrecht freigab. Damit war man nun von dem „gedankenlosen Glauben, daß staatliche Bevormundung gegen den Mangel wirthschaftlicher Energie ... genügenden Schutz gewähre“[91] abgerückt und hatte mit der Abschaffung der „echt romanischen Schranke des polizeilich-gesetzlichen Zinsmaximums“[92] der „zwingende(n) Gewalt der wirthschaftlichen Verhältnisse“[91] Rechnung getragen.

3. a) Zwar hatte das Gesetz vom 14. 11. 1867 nicht auf jeglichen Schuldnerschutz verzichtet; bei über 6 % verzinslichen Darlehen sollte der Schuldner nach Ablauf von 6 Monaten zur Kündigung befugt sein[93]. Von dieser Möglichkeit ist aber offensichtlich kaum Gebrauch gemacht worden, was angesichts des in der Regel dringenden Kapitalbedürfnisses des Schuldners auch nicht verwunderlich ist. In den folgenden Jahren häuften sich die Klagen über wucherische Ausbeutung; jedenfalls wurden die Mißstände nicht geringer[94]. Man erkannte nun zunehmend, daß die (gleichwohl auch heute noch vielfach von Abolitionisten propagierte) Hoffnung, mit der Beseitigung der Strafbarkeit (hier: des Wuchers) erledige sich dieser, durch die Beschränkungen geradezu herangezüchtet, gewissermaßen von selbst, ein Fehlschluß gewesen war. Vom Volke, so wurde nun vielfach betont, werde ein bestimmtes Verhalten als wucherisch und mithin kriminell verurteilt, auch wenn entsprechende Gesetze fehlten. Als besonders beunruhigend wurde im übrigen der Autoritätsverlust der Obrigkeit vermerkt, seien doch die staatlichen Gerichte den Wucherern bereitwillig zur Hand zu gehen und selbst exorbitant hohe Zinsen zuzusprechen verpflichtet[95, 96].

---

den Handel vgl. Goldschmidt, S. 232 f., 238 f.; für das 16./17. Jahrhundert auch die interessante Zusammenstellung bei Schmelzeisen, S. 487 ff.

88 Nachw. b. Goldschmidt, S. 251 ff. (253); Stobbe III, S. 300, Fn. 36; rechtsvergleichend Hedemann, Fortschritte I, S. 9 ff.; Goldschmidt, S. 244 ff., 248 ff.; Caro, S. 23 ff.; zur Entwicklung in Österreich bes. Urfus, S. 575 ff.

89 BGBl (Nordd. Bd.) 1867, 159.

90 BGBl (Nordd. Bd.) 1870, 647, 656 (Ausnahme: Bayern).

91 Goldschmidt, S. 234.

92 Neumann, S. 477.

93 § 2; vgl. heute § 247 BGB.

94 Vgl. z. B. die Ausführungen der Abgeordneten Reichensperger (S. 739 f., 742), v. Kleist-Retzow (S. 746 f.); Dreyer (S. 756) und Freiherr v. Marschall (S. 765) in der 30. Sitzung des Reichstages am 31. 3. 1879 (Stenogr. Ber., 4. Lp., II. Session 1879, 1. Band), den Antrag des Fürsten zu Hohenlohe-Langenberg (Nr. 67 in Stenogr. Ber. RT, 4. Lp., II. Session 1879, 4. Band) und den Bericht der XII. Kommission (Nr. 265 in Stenogr. Ber. RT, 4. Lp., II. Session 1879, 6. Band), S. 1598; Caro, S. 36 ff.

95 Ähnlich auch später in der Begründung zu dem Entwurf von 1892; vgl. Stenogr. Ber. RT, 8. Lp., II. Session 1892/93, 1. Anlagenband, Nr. 70, S. 424 r. u.

b) Gleichwohl ist man in der Folge nicht mehr zu der Wucherpolitik der vergangenen Jahrhunderte zurückgekehrt[97]. Einig war man sich im Reichstag darüber, daß jedenfalls die Strafbarkeit nicht an die Überschreitung von Höchstgrenzen gebunden werden könne[98], hätte es doch nicht der vielzitierten volkstümlichen Anschauung entsprochen, noch nicht die Vereinbarung von 5, wohl aber in jedem Falle von 5,5 % Darlehenszinsen als unbedingt verwerflich zu brandmarken[99]. Vielmehr könne die Vereinbarung höherer Zinsen als nicht strafwürdig erscheinen, während andererseits auch die Vereinbarung niedrigerer Zinsen im Einzelfall möglicherweise vorwerfbar sei. Ersteres Bedenken hätte sich durch die Festsetzung eines hohen Maximalsatzes beseitigen lassen; hiervor scheute man jedoch u. a. wegen der von einer derartigen Maßnahme ausgehenden Signalwirkung zurück: zu befürchten sei dann eine Hebung des allgemeinen Zinsniveaus in Richtung auf den Maximalzins.

c) Immerhin sollte gemäß dem ersten, im Reichstag eingebrachten Antrag[100] grundsätzlich noch ganz im Sinne der überkommenen Weise der Wucherbekämpfung ein Maximalzins festgesetzt werden. Dabei differenzierte der Antrag Reichensperger[101] noch zwischen „gewöhnlichen" und Handelsgeschäften[102] und versuchte eine allzu große Starre dadurch zu überwinden, daß ein Zinssatz bis zu 8 % zugelassen werden sollte, sofern der am Schuldnerwohnsitz zuständige Einzelrichter die Angemessenheit bescheinigte.

Anders der Antrag von Kleist-Retzow[103], von Flottwell, Freiherr von Marschall[104]: hier findet sich zum ersten Mal[105] der tatbestandsmäßig „be-

---

96 Auch schon vor 1880 scheinen aber wucherische Verträge in der richterlichen Praxis z. T. als sittenwidrig behandelt worden zu sein; vgl. die Mitteilung des Abgeordneten Witte über seine eigene richterliche Tätigkeit (Stenogr. Ber. RT, 4. Lp., III. Session 1880, 2. Band, S. 1220); ROHGE 21, 72 f.

97 Zur Entwicklung in Österreich vgl. H. Schmidt, S. 136, 137 f.; für die Kantonalgesetzgebung in der Schweiz bis zum Inkrafttreten des Art. 157 SchwStGB vgl. Richenbach, S. 32 ff.; ausführlich auch Ossipow, S. 205 ff.

98 So auch ausdrücklich der ansonsten am Maximalzins festhaltende Abgeordnete Reichensperger: vgl. Stenogr. Ber. RT, 4. Lp., III. Session 1880, 2. Band; 34. Sitzung am 20. 4. 1880, S. 834 f.

99 Bedenken gegen eine derart willkürliche Unterscheidung hatte bereits v. Savigny (zit. bei Goldschmidt, S. 239 f.) geäußert.

100 Des Abgeordneten Reichensperger: Nr. 40 in Stenogr. Ber. RT, 4. Lp., II. Session 1879, 4. Band.

101 Peter Franz Reichensperger (1818 - 1892), Jurist und Politiker, gemeinsam mit seinem Bruder August einer der Begründer der Zentrumspartei; vgl. G. Kaufmann in ADB 53, 281 i. V. m. 276 ff.

102 Dagegen ausdrücklich z. B. v. Kleist-Retzow, S. 748 (o. A. 94).

103 Hans-Hugo von Kleist-Retzow (1814 - 1892), Vorsitzender des sog. Junkerparlaments (18./19. 8. 1848), langjähriger enger Freund Bismarcks, Mitglied der Konservativen Partei; zu ihm H. v. Petersdorff in ADB 51, 191 - 202.

104 Nr. 55 in Stenogr. Ber. RT, 4. Lp., II. Session 1879, 4. Band.

105 Über Vorläufer in einzelnen Partikularstrafrechten (§ 533 I StGB Baden

wegliche", nämlich mit unbestimmten Rechtsbegriffen arbeitende Normtyp, der über die Zwischenstadien des ersten Vorschlags der vom Reichstag eingesetzten XII. Kommission[106], des Regierungsentwurfs[107] und des diesen nur unwesentlich verändernden Ergebnisses der abermaligen Beratungen der Reichstagskommission[108] schließlich Gesetz[109] geworden ist.

d) Gegen mehrfach auftretenden Widerstand[110] entschied sich die Mehrheit damit für eine primär strafrechtliche Behandlung des Problems im Sinne des soeben (b) kurz skizzierten vorrechtlichen Konsenses der billig und gerecht Denkenden, — für die Abkehr von der Zinsgesetzgebung zugunsten eines Wuchergesetzes. Daß die vielfach beklagten Mißstände im Kreditwesen auf das Gesetz von 1867 zurückzuführen seien, war nicht beweisbar und wurde zumeist verneint. Dieses erschien vielmehr rückblickend weiterhin als wohldurchdachter Endpunkt einer langen, zu immer stärkerer Liberalisierung tendierenden Entwicklung, nicht als legislatorische Fehlentscheidung, die nunmehr einfach rückgängig zu machen gewesen wäre. Die Zinsfreiheit sollte im Kern nicht angetastet werden: nur war mittlerweile klar geworden, daß ein Mißbrauch dieser Freiheit verhindert werden mußte[111]. Als Mittel war hierfür zunächst allein eine Ergänzung des insoweit als lückenhaft empfundenen Strafgesetzbuches ins Auge gefaßt. Gegenüber diesem vorrangigdrängenden Ziel stand die zivilrechtliche Behandlung des Wuchers zu-

---

[1845] [hierzu auch Richenbach, S. 28 f.], Art. 401 StGB Hessen-Darmstadt [1841], Art. 395 StGB Nassau [1849], Art. 287 StGB Sachsen-Weimar-Eisenach [1850] [letztere drei allerdings gleichzeitig auch noch am Zinsmaximum festhaltend]) Caro, S. 51 ff.

[106] Nr. 265 in Stenogr. Ber. RT, 4. Lp., II. Session 1879, 6. Band, S. 1605.

[107] Nr. 58 in Stenogr. Ber. RT, 4. Lp., III. Session 1880, 3. Band.

[108] Vgl. die synoptische Darstellung unter Nr. 116, Anlage A, in Stenogr. Ber. RT, 4. Lp., III. Session 1880, 4 .Band.

[109] Gesetz, betr. d. Wucher vom 24. 5. 1880, RGBl. 109 ff.; gem. Art. 1 wurden in das StGB die §§ 302 a - d eingeführt. § 302 a lautete: „Wer unter Ausbeutung der Nothlage, des Leichtsinns oder der Unerfahrenheit eines Anderen für ein Darlehen oder im Falle der Stundung einer Geldforderung sich oder einem Dritten Vermögensvortheile versprechen oder gewähren läßt, welche den üblichen Zinsfuß dergestalt überschreiten, daß nach den Umständen des Falles die Vermögensvortheile in auffälligem Mißverhältnisse zu der Leistung stehen, wird wegen Wuchers mit Gefängniß bis zu sechs Monaten und zugleich mit Geldstrafe bis zu dreitausend Mark bestraft. Auch kann auf Verlust der bürgerlichen Ehrenrechte erkannt werden."

[110] Vgl. z. B. den Bericht d. Frhr. v. Marschall über die Kommissionsberatungen (Stenogr. Ber. RT, 4. Lp., III. Session 1880, 2. Band; 34. Sitzung am 20. 4. 1880), S. 828; Graf v. Bismarck in der gleichen Debatte, S. 828 ff.; weiterhin etwa Abg. Boeckel (Stenogr. Ber. RT, 8. Lp., I. Session 1890/92, 5. Band; 120. Sitzung v. 17. 11. 1891, S. 2903 f.); Caro, S. 67 ff.; noch in der vom RT eingesetzten Kommission zur Beratung des BGB wurde beantragt, ein Zinsmaximum von 8 % festzusetzen: vgl. Kom.-Ber. Mugdan II, S. 1272.

[111] Hedemann, Fortschritte I, S. 132 bringt die Entwicklung auf die Formel: „Nicht bloß Freierklärung, sondern auch Reinerhaltung des Verkehrslebens."

nächst ganz im Hintergrund. Lediglich der Antrag Reichensperger[112] folgte auch in diesem Punkt dem traditionellen Muster: die über den gesetzlich zugelassenen Zinssatz hinaus abgezogenen oder gezahlten Beträge sollten vom Kapital abzuziehen und innerhalb von drei Jahren mit Zinsen zurückgefordert werden können. Demgegenüber enthielt weder der Antrag von Kleist-Retzow[113], noch der Vorschlag der XII. Kommission des Reichstages eine Aussage über die zivilrechtlichen Folgen[114]. In der Reichstagsdebatte vom 31. 3. 1879[115] wurde hierzu geltend gemacht, daß dies Problem der Jurisprudenz überlassen werden könne, die, sei erst einmal die Strafbarkeit des Wuchers bestimmt, sich von Amts wegen auch mit der zivilrechtlichen Seite auseinanderzusetzen haben würde. Ausdrücklich wurden jedoch schon hier die §§ 51, 68 I 5 PrALR in Betracht gezogen[116], nach denen Verträge über unerlaubte Handlungen nichtig seien. Von anderer Seite wurde hingegen eine Analogie zur laesio enormis vorgeschlagen, auf Art. 484 cc hingewiesen und es im übrigen als sehr schwierig bezeichnet, eine angemessene zivilrechtliche Regelung zu treffen[117]. Umstritten war zunächst, ob nicht in vielen Fällen bereits die Anfechtung wegen Irrtums oder Zwanges ein geeignetes Hilfsmittel sei[118].

e) Während auch noch der Kommissionsbericht den Standpunkt vertrat, eine gesetzliche Regelung auf zivilrechtlichem Gebiet sei verfrüht[119], brachte erstmals der Regierungsentwurf[120] in seinem Art. 3[121] einen diesbezüglichen Vorschlag, in dem aus dem veränderten Wucherbegriff die Konsequenzen gezogen worden sind und der, nur um einen die Verjährung betreffenden Passus ergänzt, hernach auch Gesetz geworden ist. Gegen die Strafvorschriften verstoßende Verträge sollten danach nichtig sein und *sämtliche* vom Schuldner geleisteten Vermögensvorteile zurückgewährt werden müssen. Weiter war bestimmt, daß der Gläubiger seinerseits das aus dem ungültigen Vertrag Geleistete zurückfordern könne[122]. Auch der Straftatbestand wurde im übrigen in einem für den vorliegenden Zusammenhang nicht unwesentlichen Punkt verändert[123]:

---

[112] Vgl. Fn. 100.

[113] Vgl. Fn. 104.

[114] Vgl. Fn. 106.

[115] Stenogr. Ber. RT, 4. Lp., II. Session 1879, 1. Band, S. 739 ff.

[116] v. Kleist-Retzow, S. 752 (wie Fn. 115).

[117] Dreyer, S. 758 (wie Fn. 115).

[118] So Dreyer, a.a.O.; a. A. Bericht der XII. Kommission (Nr. 265 in Stenogr. Ber. RT, 4. Lp., II. Session 1879, 6. Band), S. 1602.

[119] S. 1611 (wie Fn. 118).

[120] Vgl. Fn. 107.

[121] Hierzu eingehend C. Raiser, S. 48 ff.

[122] Hierzu C. Raiser, S. 81 ff.

[123] Nicht ganz zutreffend insofern Frhr. v. Marschall (Stenogr. Ber. RT,

während nach der — wahrscheinlich unbewußt — von der alten Vorstellung geprägten Formulierung des Kommissionsentwurfs für die Strafbarkeit erforderlich war, daß nach den Umständen des Falles die *Überschreitung* in auffälligem Mißverhältnis zu der Leistung stehe, sollte sich nunmehr — konsequent — das auffällige Mißverhältnis aus einem Vergleich der gesamten versprochenen oder gewährten Vermögensvorteile mit der Leistung bemessen.

Daß angesichts der neuen Konzeption der Wucherbekämpfung nicht mehr, wie früher, nur die Zinsstipulation, soweit sie über ein bestimmtes Maß hinausging, für ungültig erklärt werden konnte: dessen war sich der Gesetzgeber wohl bewußt[124, 125]. Mißbilligt wurde, sowohl in seinem die Zinsen, als auch das Kapital betreffenden Inhalt, das gesamte Geschäft, das — einheitlich — nicht als in wucherische und nicht anstößige Bestandteile zerlegbar erschien. Mit dem Wegfall einer Zinstaxe seien die zivilrechtlichen Folgen von Wuchergeschäften nach den allgemeinen Vorschriften des Bürgerlichen Rechts über die Folgen einer unerlaubten Handlung zu beurteilen. Wenn demnach überhaupt eine ausdrückliche gesetzliche Regelung für notwendig erachtet wurde[126], so vor allem, um einzelne Zweifelsfragen zu klären und insbesondere hinsichtlich der näheren Ausgestaltung, d. h. der kondiktionsrechtlichen Folgen[127] des Grundsatzes der Unwirksamkeit für eine Rechtsvereinheitlichung zu sorgen. Sowohl in der Begründung der Regierungsvorlage als auch in den Reichstagsdebatten vom 20. 4., 22. 4. und 7. 5. 1880 sind insoweit die Belange des Wucherers und des Bewucherten sorgfältig gegeneinander abgewogen worden. Zum einen sollten dem Wucherer seine Rechte am Kapital erhalten bleiben, da andernfalls einerseits dem Wucherer eine unverhältnismäßige Härte auferlegt würde, ohne daß andererseits die spiegelbildliche Bereicherung zugunsten des Schuldners rechtspolitisch wünschenswert wäre. Als eine unverdiente Härte erschien es weiterhin aber auch manchem, dem Schuldner die Rückforderung sämtlicher Zinsen zu

4. Lp., III. Session 1880, 2. Band), S. 827: Regierungsvorlage und Kommissionsbeschlüsse seien vollkommen identisch.

[124] Vgl. insbes. Regierungsentwurf (o. A. 107), S. 375 ff., Staatssekretär v. Schelling, S. 841 sowie die Abg. v. Kleist-Retzow (S. 843 ff.) und Frhr. v. Marschall (S. 853 f.); a. A. Abg. Wolffson, S. 852 (alle in der 34. [20. 4. 1880] bzw. 35. [22. 4. 1880] Sitzung des Reichstages, Stenogr. Ber., 4. Lp., III. Session 1880, 2. Band).

[125] In der Schweiz wurde bei der Debatte um den neu einzuführenden Art. 21 OR (Übervorteilung) von der Expertenkommission (vgl. den Nachweis bei Spiro, ZBJV 88, 517, Fn. 3) ein Antrag auf bloße Herabsetzung abgelehnt (hierzu bes. Ossipow, S. 268 f.; auch Schweingruber, S. 203 ff.).

[126] Ausdrücklich dagegen Abg. Witte (wie Fn. 96), S. 1219 ff.; vgl. auch Abg. Lasker (Stenogr. Ber. RT, 4. Lp., III. Session 1880, 2. Band; 35. Sitzung v. 22. 4. 1880), S. 848.

[127] Hierzu v. a. der Regierungsentwurf (wie Fn. 107), S. 375 f.

gestatten. Ein Antrag des Abgeordneten Lasker[128] ging deshalb dahin, den Anspruch des Schuldners auf die Zinsen, soweit sie den gesetzlichen Zinsfuß, und wo ein solcher nicht bestehe, den üblichen Zinsfuß übersteigen, zu beschränken. Wenn dem im Ergebnis nicht gefolgt wurde, so überwiegend nicht deshalb, weil der Verlust der sämtlichen Zinsen als eine Komposition gedacht gewesen wäre, die man dem Wucherer an Stelle einer öffentlichen Geldstrafe auferlegt hätte[129], sondern weil dies als eine notwendige Konsequenz des grundsätzlich gewählten Systems der Totalungültigkeit erschien. Die Zinsen sind ohne Rechtsgrund bezahlt worden, und für eine Verpflichtung zur Entrichtung der gesetzlichen oder üblichen Zinsen kann jedenfalls der Vertrag keine Grundlage mehr bieten. Eine Abweichung von dieser „strengen juristischen Konsequenz“[130] wäre nur aus Billigkeitsgründen in Betracht gekommen, die man zugunsten des Wucherers aber nicht anerkennen wollte. Befürchtungen, daß auf diese Weise die Bewucherung prämiiert und folglich ein Anreiz geschaffen werde, sich bewuchern zu lassen, wurden unter Hinweis auf die hiermit (d. h. dem sich-bewuchern-Lassen) verbundenen Schwierigkeiten, Schäden und Risiken abgetan. Auch hielt man es nicht für richtig, den Wucherer aus dem strafbaren Geschäft einen wie auch immer gearteten Gewinn ziehen zu lassen.

Damit war im Ergebnis ganz eindeutig das mit der Aufstellung von Zinstaxen verbundene System nur auf das Übermaß beschränkter Ungültigkeit bei Wirksamkeit des Vertrages im übrigen verworfen[131]: eine Entscheidung, die auch für den letztlich auf das Wuchergesetz vom 24. 5. 1880 zurückgehenden § 138 II BGB von Bedeutung ist. Die bei Totalnichtigkeit sich ergebenden bereicherungsrechtlichen Folgen sind, wie noch zu zeigen sein wird[132], heute freilich in zwei wesentlichen Punkten anders zu beurteilen[133].

4. All diese Rechtssätze galten bislang allerdings nur für Geldkreditgeschäfte[134]; im Sinne der Lehren von Adam Smith wurde zwischen Geld

---

[128] Nr. 129 in Stenogr. Ber. RT, 4. Lp., III. Session 1880, 4. Band, sub 2; hierzu Lasker (Stenogr. Ber. RT, 4. Lp., III. Session 1880, 2. Band, 34. [20. 4. 1880] bzw. 35. [22. 4. 1880] Sitzung), S. 838 ff., 846 ff.

[129] So jedoch Graf v. Bismarck (wie Fn. 110), S. 831; vgl. auch Kiefer (Stenogr. Ber. RT, 4. Lp., III. Session 1880, 2. Band, 47. Sitzung v. 7. 5. 1880), S. 1222.

[130] Frhr. v. Marschall (wie Fn. 124), S. 854.

[131] Für eine bloße Teilunwirksamkeit unter Anwendung der Regel „utile per inutile non vitiatur“ hat während der 3. Lesung nur der Abg. Witte (wie Fn. 96, S. 1221) plädiert.

[132] Vgl. Kap. IX, bes. 7 - 10.

[133] Kritisch ist zu den Debatten um das Wuchergesetz zu bemerken, daß die grundsätzliche Frage (Totalnichtigkeit oder bloßer Abstrich der übermäßigen Zinsen) und die Spezialerörterungen hinsichtlich der Ausgestaltung der Rückabwicklung im einzelnen (bei vorausgesetzter Totalnichtigkeit) nicht immer sehr deutlich auseinandergehalten wurden.

und „gewöhnlichen Waren“ ein grundlegender Unterschied gesehen; im übrigen stünden sich z. B. bei Kaufgeschäften zwei gleich mächtige Kontrahenten gegenüber, während nur beim Darlehen der Darlehensnehmer typischerweise in der schwächeren Position sich befinde[135]. Zwar verkannten schon die Verfasser des Regierungsentwurfs nicht, daß auch bei der Verpflichtung zur Lieferung von Waren eine Ausbeutung des Schuldners stattfinden könne. Einer Strafvorschrift bedürfe es hier jedoch in viel geringerem Maße[136].

Schon bald wurde jedoch deutlich, daß das Gesetz von 1880 für eine wirksame Mißbrauchsbekämpfung zu eng war. Ein Entwurf von 1892[137], der in den hier interessierenden Punkten im wesentlichen unverändert Gesetz geworden ist[138], ergänzte deshalb zum einen den § 302 a StGB, um zu verhindern, daß das Wucherverbot durch die Wahl anderer Gestaltungsformen umgangen werden konnte. Zum anderen wurde gemäß dem neu eingeführten § 302 e StGB nunmehr auch der Sachwucher unter Strafe gestellt[139]. Man hatte jedoch starke Bedenken, daß dieser Tatbestand lähmend auf den Verkehr und das wirtschaftliche Leben einwirken könnte. Entsprechende Befürchtungen, die auch schon anno 1880 geäußert worden waren, hatten sich im Geldkreditgewerbe zwar nicht erfüllt. Doch war hier, so argumentierte man, dem Richter ja auch mit dem üblichen Zinsfuß ein allgemeiner Maßstab zur Beurteilung des Verhältnisses von Leistung und Gegenleistung an die Hand gegeben, der beim Sachwucher fehlte. Hinsichtlich des neuen § 302 e StGB setzte sich daher die Ansicht durch, daß nur gewerbs- oder gewohnheitsmäßiges Handeln unter Strafe gestellt werden sollte[140]. Über die zivilrechtlichen

---

[134] Zu dem engen Wucherbegriff in der Literatur der damaligen Zeit Caro, S. 77 ff.

[135] Vgl. z. B. die Abg. Reichensperger, S. 741 und v. Kleist-Retzow, S. 747, 750 (beide in Stenogr. Ber. RT, 4. Lp., II. Session 1879, 1. Band; 30. Sitzung v. 31. 3. 1879); auch noch Abg. Lenzmann in der Debatte v. 20. 6. 1896, Mugdan I, S. 1015; vgl. demgegenüber aber bereits Abg. Kayser (Stenogr. Ber. RT, 4. Lp., III. Session 1880, 2. Band; 34. Sitzung v. 20. 4. 1880), S. 835 f.

[136] Regierungsentwurf (o. A. 107), S. 374.

[137] Nr. 70 in Stenogr. Ber. RT, 8. Lp., II. Session 1892/93, 1. Anlagenband; hierzu die Debatten vom 23. 1. und 24. 1. 1893 (Stenogr. Ber. RT, 8. Lp., II. Session 1892/93, 1. Band; 28. und 29. Sitzung, S. 642 ff., 655 ff.) sowie v. 14. 4. und 17. 4. 1893 (Stenogr. Ber. RT, 8. Lp., II. Session 1892/93, 3. Band, 75. und 76. Sitzung, S. 1841 ff., 1860 ff.) und den Bericht der X. Kommission, Nr. 141 in Stenogr. Ber. RT, 8. Lp., II. Session 1892/93, 2. Anlagenband.

[138] Gesetz, betr. Ergänzung der Bestimmungen über den Wucher, v. 19. 6. 1893, RGBl 197 ff.; hierzu im einzelnen C. Raiser, S. 8 ff.

[139] Vgl. schon das Badische StGB v. 6. 3. 1845, das in § 534 übrigens ausdrücklich bestimmte, daß der Wucherer in eine Geldstrafe verfalle, „nebstdem, daß er dem Anderen den *ganzen* Betrag des von ihm bezogenen Gewinnes zurückzuerstatten hat.“ (Hervorhebung R. Z.); ganz ähnlich das StGB v. Schaffhausen v. 3. 4. 1859 (§ 230).

[140] Hierzu bes. der Kommissionsbericht (o. A. 137), S. 762 f.; a. A. in der De-

Folgen machte man sich nur mehr wenig Gedanken. Durch eine nicht näher problematisierte[141] Ergänzung des Art. 3 wurden die zivilrechtlichen Folgen auf alle gegen § 302 e StGB verstoßenden Rechtsgeschäfte ausgedehnt. Diskutiert wurde in der Kommission und im Reichstag lediglich darüber, ob nicht bereits im Rahmen des Strafverfahrens dem Wucherer zugunsten des Bewucherten eine Buße auferlegt werden könne. Ferner wurde bereits die Frage aufgeworfen[142], ob nicht auch bei Rechtsgeschäften, in denen ein Merkmal des Straftatbestands nicht erfüllt sei, insbesondere bei nicht gewohnheits- oder gewerbsmäßigem Sachwucher, zivilrechtlich Ungültigkeit eingreifen könne. Im Wuchergesetz von 1893 wollte man demgegenüber aber über die Ungültigkeit der Verträge nur insoweit bestimmen, als die Ungültigkeit „eine natürliche Folge"[143] des strafbaren Wuchers sei und weitergehende Regelungen dem in Vorbereitung befindlichen BGB überlassen.

5. Auch die Väter des BGB[144] hielten aber zunächst an der Kongruenz von Strafbarkeit und zivilrechtlicher Nichtigkeit des Wuchergeschäftes fest. Erst die vom Reichstag am 6. 2. 1896 eingesetzte XII. Kommission setzte eine Trennung beider Begriffe durch und beschloß mit großer Mehrheit[145, 146], im BGB ausdrücklich die Nichtigkeit wucherischer Verträge auszusprechen. Die neue Bestimmung, die sich in der Formulierung eng an die §§ 302 a und 302 e StGB anlehnte, nun jedoch, ohne für den Sachwucher weiterhin gewerbs- oder gewohnheitsmäßige Begehung zu verlangen, sämtliche Formen des Wuchers in einer Vorschrift erfaßte, wurde zunächst dem späteren § 138, dann dem heutigen § 134, endgültig jedoch wiederum dem § 138 als 2. Absatz angefügt[147]. Gleichzeitig wurde

---

batte v. 23. 1. 1893 (vgl. Fn. 137) z. B. der Abg. Giese, S. 642 ff.; vgl. auch die Äußerungen des Staatssekretärs Hanauer, S. 649.

[141] Vgl. den Kommissionsbericht (o. A. 137), S. 761 f., 768; aus der ersten Lesung vgl. Abg. Giese (wie Fn. 140); für die 2. Lesung vgl. die Abstimmung in der 76. Sitzung am 17. 4. 1893 (vgl. Fn. 137), S. 1860.

[142] Kommissionsbericht (Fn. 137), S. 768 f.; vgl. auch Abg. v. Dziembowski, Mugdan I, S. 1017 f.

[143] Kommissionsbericht, a.a.O.

[144] Vgl. § 358 E I, § 211 I E II, § 241 Reichstagsvorlage; hierzu Mot. II, S. 195 f. (vgl. auch Mot. II, S. 15 f.), Prot. Mugdan II, S. 628 ff., Denkschrift Mugdan II, S. 1234; Kom.-Ber. Mugdan II, S. 1272.

[145] Kom.-Ber. Mugdan I, S. 970.

[146] In der Reichstagsdebatte war die Frage hingegen recht kontrovers; vgl. die Ablehnung der Wucherklausel durch die Abgeordneten Haussmann, S. 1010 f.; v. Buchka, S. 1041 f.; Lenzmann, S. 1015 f. („Sie müssen den Schwachen, dessen Schwachheit oft nur in Denkträgheit besteht, nicht überall mit dem Richter schützen wollen; der Einzelne muß im wirtschaftlichen Leben sich selbst schützen und sich vor Leichtsinn hüten ..."); zustimmend dagegen Abg. Gröber, S. 1013 f., 1020 f.; Gebhard, S. 1017; v. Dziembowski, S. 1017 f.; Stadthagen, S. 1019 f.; Enneccerus, S. 1022 f. (alle in der Debatte vom 20. 6. 1896, Mugdan I, S. 1003 ff.).

[147] Hierzu etwa noch Abg. Gröber (wie Fn. 146), S. 1014; C. Raiser, S. 24 ff.

Art. 3 des Reichswuchergesetzes aufgehoben[148]: übrigens in voller Erkenntnis der Tatsache, daß sich nach den nunmehr eingreifenden bereicherungs- und deliktsrechtlichen Bestimmungen des BGB zum Teil unterschiedliche Folgen ergeben würden[149].

6. Ein wenig anders verlief die Entwicklung in der Schweiz. Zwar findet sich auch hier in Art. 21 OR ein „moderner" Wuchertatbestand[150], der sich von § 138 II BGB vor allem darin unterscheidet, daß er dem Bewucherten binnen Jahresfrist die Möglichkeit gibt, den Vertrag anzufechten. Art. 73 II OR hat es aber ausdrücklich dem öffentlichen Recht vorbehalten, (weitere) Bestimmungen gegen Mißbräuche im Zinswesen aufzustellen. Mehrere Kantone haben von dieser Möglichkeit Gebrauch gemacht; so ist beispielsweise durch ein Interkantonales Konkordat über Maßnahmen zur Bekämpfung von Mißbräuchen im Zinswesen[151] für Darlehen und Kredite jeder Art ein Zinsmaximum von jährlich 18 % festgesetzt worden. Beide Formen der Wucherbekämpfung bestehen mithin nebeneinander, und ein Darlehensvertrag kann demzufolge heute unter dreifachem Aspekt beanstandet werden: Besteht eine kantonale Vorschrift, die ein Zinsmaximum vorsieht, ist eine dagegen verstoßende Zinsvereinbarung widerrechtlich im Sinne des Art. 20 I OR. Im übrigen kann der Vertrag unsittlich sein (Art. 20 I OR) und drittens, sofern die dort aufgezählten engen Voraussetzungen erfüllt sind, eine Übervorteilung i. S. d. Art. 21 bedeuten[152].

7. Sucht man abschließend noch in der höchstrichterlichen Rechtsprechung der 2. Hälfte des 19. Jahrhunderts nach einem Beispiel für die Behandlung wucherähnlicher Rechtsgeschäfte, so lassen sich mit den Fällen des Bierlieferungsvertrages mit überlanger Bezugsbindung[153] die Abreden recht gut vergleichen, in denen sich Angestellte für den Fall ihres Ausscheidens ihrem Prinzipal gegenüber unter Vereinbarung einer Vertragsstrafe verpflichten, zu ihrem ehemaligen Unternehmen nicht in Konkurrenz zu treten. Auch hier besteht die Gefahr, daß die wirtschaftliche und persönliche Freiheit des Einzelnen in bedenklicher Weise beschränkt wird, indem durch einmal übernommene, in ihrer Auswirkung nicht überschaute, angesichts der wirtschaftlichen (und sozialen) Unterschiede faktisch oktroyierte Verpflichtungen das Fortkommen des mög-

---

[148] Durch Art. 47 EGBGB.

[149] Vgl. Kom.-Ber. zum EGBGB, Mugdan I, S. 314 f. Vgl. oben Fn. 132.

[150] Zur Geschichte dieser Regelung Mazzola, S. 10 ff.; Ossipow, S. 216 ff.; zur Vorgeschichte vgl. ferner die oben Anm. 97 a. E. Genannten.

[151] AS 1958, 374; beteiligt sind die Kantone Bern, Zug, Freiburg, Schaffhausen, Vaud, Wallis, Neuchâtel und Genf.

[152] Zum Verhältnis und der Abgrenzung von Art. 20 und 21 vgl. ausführlich Mazzola, S. 42 ff., 46 ff. und passim.

[153] Zur älteren Rechtsprechung zu den Bezugsverträgen v. a. Kohler, ArchBürgR 31, 241 ff.

lierweise (z. B. durch seine Ausbildung) auf einen Berufszweig angewiesenen Angestellten übermäßig erschwert werden kann, ohne daß dies durch anerkennenswerte geschäftliche Interessen des Prinzipals geboten wäre. Nach der Rechtsprechung des Reichsoberhandelsgerichts und dann auch des Reichsgerichts waren derartige Übereinkommen nicht prinzipiell unzulässig; eine absolute Schranke ergebe sich jedoch daraus, daß die Erwerbsfreiheit des Einzelnen nur beschränkt, nicht aber für immer im Ganzen oder in einzelnen Richtungen vernichtet werden dürfe[154]. In den meisten hier einschlägigen Urteilen wurden nach genauer Würdigung aller Umstände des Einzelfalles die Vereinbarungen für sittenkonform (bzw. dem öffentlichen Interesse im Sinne der Gewerbeordnung nicht zuwiderlaufend) angesehen[155]; mitunter half man, indem ihnen durch „Auslegung" eine räumliche oder sachliche Beschränkung „entnommen" wurde[156]. Erschien auch dies jedoch unmöglich und waren somit die Grenzen des Sittenkonformen[157] oder der öffentlichen Ordnung[158] überschritten, so führte das zur Unwirksamkeit des gesamten Vertrages[159]. Eine (quantitative) Zerlegung kam nicht in Betracht[160]. Den Vertrag jedoch „durch Anwendung des richterlichen Ermessens" so zu beschränken wie er gültig hätte geschlossen werden dürfen, sei nicht zulässig. Amt des Richters seien Auslegung und rechtliche Beurteilung des Vertrages, nicht dessen eigenmächtige Abänderung[161].

Ganz ähnlich werden noch heute in England übermäßige Wettbewerbsbeschränkungen behandelt[162]. In Deutschland ist heute § 74 a HGB einschlägig[163]. Auch in der Schweiz hat, nachdem zunächst auch hier eindeutig im Sinne der Totalnichtigkeit judiziert worden war[164], der Gesetzgeber eingegriffen. Art. 340 a II OR[165] bestimmt, daß der Richter übermäßige arbeitsvertragliche Konkurrenzverbote unter Würdigung

---

154 RGZ 31, 97 (99).

155 ROHGE 7, 418 (419 ff.); 12, 29 (30); 15, 163 (164); 16, 160 (161 ff.); ROHG SeuffArch 31, Nr. 217; RGZ 1, 22 (23); 2, 118 (121); RG Bolze III, Nr. 656; Bolze XIII, Nr. 400.

156 RG Bolze VII, Nr. 531; Bolze XIII, Nr. 398; vgl. auch ROHGE 16, 160 (161); ROHG SeuffArch 31, Nr. 217; vgl. auch Haefliger, S. 29.

157 ROHGE 18, 101 (103 ff.); 21, 262 (263); RGZ 2, 118; RG Bolze VII, Nr. 531; Bolze XIII, Nr. 398; Bolze XIII, Nr. 400.

158 RG Bolze IV, Nr. 671; ROHGE 15, 163 (164) (hins. art. 1133 c. c.).

159 RGZ 31, 97 (98 ff.); RG Bolze IV, Nr. 671; vgl. auch ROHGE 18, 101 ff.; 21, 262 f.; RG Bolze XIII, Nr. 398.

160 Vgl. z. B. BGE 23 I 739 (744): die Regel des utile per inutile non vitiatur treffe auf derartige Fälle nicht zu.

161 RGZ 31, 97 (100); prononciert in diesem Sinne auch BGE 23 I 739 (744 f.).

162 Vgl. oben Kap. IV, 8 (a. E.).

163 Vgl. oben Kap. V, Fn. 68.

164 BGE 23 I 739 (743 ff.); 25 II 450 (456).

165 Früher (vor der Revision von 1971): Art. 357 OR.

aller Umstände nach seinem Ermessen einschränken darf[166]. Auf Konkurrenzverbote in anderen als Arbeitsverträgen ist diese Norm wegen der Unterschiedlichkeit der Abhängigkeits- und Interessenlage[167] nicht analog anwendbar; hier gelten damit auch heute noch die allgemeinen Schranken (Art. 27 II ZGB, Art. 20 I OR) mit der Folge der Totalnichtigkeit[168].

8. Die Entscheidung des BGB-Gesetzgebers allein für die Totalnichtigkeit wucherischer oder wucherähnlich-sittenwidriger Geschäfte kann damit keineswegs als historisch fehlsam bezeichnet werden. Sie ergibt sich zwanglos aus dem veränderten Wucherbegriff, steht im Einklang mit der Praxis der damaligen Zeit und fügt sich insgesamt konsequent in die historische Entwicklung ein. Römisches und Gemeines Recht können für die Modifikation von unter dem Gesichtspunkt des § 138 I oder II bzw. der speziellen Mietwuchernormen beanstandeten Verträgen auch im Sinne legitimen kodifikationsüberspannenden Kontinuitätsnachweises nicht in Anspruch genommen werden. Gerade bei der Wucherbekämpfung ist die Möglichkeit modifizierter Aufrechterhaltung immer mit der Zinstaxenpolitik verbunden gewesen. Daß die Abkehr von dem starren Verbotssystem früherer Zeiten als Kehrseite nahezu zwangsläufig (nämlich weil damit auch die praefixierte Reduktionsmarke wegfiel) eine Veränderung auf der Rechtsfolgenseite mit sich brachte, ist kaum bezweifelt worden[169]. Das Rechtsinstitut, das auf der Rechtsfolgenseite (auch) eine Reduktion auf das Angemessene vorgesehen hatte, die laesio enormis, stand man damals, nachdem es im Laufe der Zeit mit seinem nur scheinbar mechanischen Kalkül als immer unbefriedigender empfunden worden war, im Begriffe abzuschaffen.

IX. Die Totalnichtigkeit in ihren Konsequenzen

1. Nachdem quantitative Teilunwirksamkeit bzw. Vertragsmoderation in der praktischen Anwendung zu sehr problematischen Judikaten geführt haben und nach geltendem Recht dogmatisch nicht begründet werden können (ein Befund, der auch unter historischen und systematischen Gesichtspunkten bestätigt worden ist), ließe sich ein Bedürfnis nach Anerkennung einer derartigen Rechtsfigur allenfalls konstatieren, wenn anders tragbare Ergebnisse schlechthin nicht erzielt werden können[1].

---

[166] Hierzu etwa BGE 43 II 660 (662); 61 II 90 (93 f.).

[167] Vgl. BGE 51 II 438 ff.; Haefliger, S. 23 ff. m. w. N.

[168] BGE 67 II 221 (224 f.); 96 II 129 (132 f.); Haefliger, S. 28. Eine Anwendung des Art. 20 II OR (so z. B. Spiro, ZBJV 88, 459 ff. [S. 453 w. N. zum Streitstand]) kommt richtigerweise nicht in Betracht.

[169] Vgl. lediglich etwa den Abg. Wolffson, Stenogr. Ber. RT, 4. Lp., III. Session 1880, 2. Band (35. Sitzung am 22. 4. 1880), S. 852.

[1] In diese Richtung etwa die oben, Kap. III, nach Fn. 2 bzw. 16 wieder-

Das ist im folgenden zu prüfen. Dabei kann keine Kasuistik aller bei der Abwicklung auftauchender Rechtsfragen gegeben werden, die sich — sofern man nicht in großem Umfang mit dem Gedanken des „faktischen Vertragsverhältnisses" zu arbeiten bereit ist[2] — allgemein bei nichtigen Dauerschuldverhältnissen ergeben[3] und die mit den vom BGB zur Verfügung gestellten bzw. praeterlegal entwickelten, heute allgemein anerkannten[4] Regeln zu lösen sind[5]. So ergäbe sich etwa, daß im Hinblick auf schadensersatzrechtliche Konsequenzen von Schutzpflichtverletzungen z. B. der Mieter ohne Vertragsgrundlage nicht schlechter gestellt ist als bei wirksamem Vertrag: hat die Hauswartfrau das Treppenhaus schuldhaft unsachgemäß gebohnert[6], so kann der bewucherte Mieter, der infolgedessen stürzt, den Vermieter auch aus culpa in contrahendo — ein Institut, das zunehmend[7] sowieso gemeinsam mit der positiven Forderungsverletzung und dem Vertrag mit Schutzwirkung zugunsten Dritter[8] als Teil eines umfassenden einheitlichen gesetzlichen Schuldverhältnisses angesehen wird — für erlittene Schäden in Anspruch nehmen[9]: mit der Folge, daß ihm z. B. der Vorteil des § 278 BGB zugute kommt. — Demgegenüber sind im folgenden die spezifisch für die in der vorliegenden Arbeit behandelte Konstellation (Nichtigkeit bei wucherischen bzw. wucherähnlich-sittenwidrigen Verträgen) sich ergebenden Probleme zu erörtern, an die die in Fn. 1 Bezogenen auch anknüpfen.

2. Geht man zunächst einmal für den Mietwucher davon aus, daß die Mietverträge gem. §§ 138 I, II, 134 BGB i. V. m. § 5 WiStG bzw. § 302 a StGB nichtig sind, so müssen bei der Abwicklung vor allem zwei Interessenkonflikte berücksichtigt werden: der Vermieter wird Herausgabe der Mietsache verlangen, während der Mieter zumeist ein starkes In-

gegebene Argumentation; vgl. auch Kap. IV, Fn. 59, Kap. II, bei Fn. 68; Kap. V, Fn. 27.

[2] Hierzu oben Kap. V, 4.

[3] Daß Bierlieferungs- und Mietverträge nichtig sein können (jedenfalls, wenn sie nicht „bloß" wegen Übermaßes einer Leistungsverpflichtung mißbilligt werden, sondern unter anderen Defekten leiden), ist allgemein unbestritten.

[4] Die culpa in contrahendo hat neuerdings indirekt sogar der Gesetzgeber „in seinen Willen aufgenommen": vgl. § 11 Nr. 7 AGBG.

[5] Hinsichtlich des fehlerhaften Arbeitsverhältnisses zeigt dies Beuthien, RdA 69, 170 ff.

[6] Vgl. den Sachverhalt in BGH NJW 67, 154.

[7] z. B. Canaris, JZ 65, 475 ff.; Gerhardt, JuS 70, 597 ff. (m. w. N.); Nirk, S. 73.

[8] Neuerdings auch: den „laufenden Geschäftsverbindungen": Müller-Graff, JZ 76, 155 f.

[9] Das für das Eingreifen der Haftung aus culpa in contrahendo erforderliche rechtsgeschäftliche Näheverhältnis, eine gegenüber den Allgemeinbeziehungen verdichtete und intensivierte Vertrauensbeziehung, ist natürlich nicht nur beim Eintritt in Vertragsverhandlungen, sondern erst recht bei der Durchführung eines (wenn auch nichtigen) Vertrages gegeben.

teresse an der Vermeidung eines derart plötzlichen und intensiven Eingriffs in seinen engeren Daseinsbereich[10] hat. Zum anderen wird der Mieter den bislang aufgrund des nichtigen Vertrages gezahlten Mietzins zurückfordern, während der Vermieter diesem Begehren gegebenenfalls entgegenhalten wird, daß der Mieter bislang immerhin in seinen Räumen gewohnt habe, was schließlich im Ergebnis auch nicht habe kostenlos geschehen dürfen.

Wendet man sich dem ersten Problemkreis zu, so hält das BGB selbst mit der Norm des § 817, 2 eine Regelung bereit[11], die zur Lösung des angedeuteten Interessenkonflikts geeignet ist[12].

3. Der Anwendung dieser Vorschrift scheint zunächst entgegenzustehen, daß dem Leistenden „gleichfalls" ein Verstoß gegen ein gesetzliches Verbot oder gegen die guten Sitten zur Last fallen muß. Erfaßt sind folglich nur die Fälle beiderseitigen Verbots- oder Sittenverstoßes, während im Falle des Wuchers der Sittenverstoß der einen Partei sich vielfach gerade gegen die andere richtet[13]. Man wird deshalb dem Bewucherten, der sich in einer Zwangslage befunden oder gar aus Not gehandelt hat, nicht auch seinerseits den Vorwurf sittlich anstößigen Verhaltens machen wollen. Gleichwohl ist nach ganz überwiegender Ansicht § 817, 2 BGB auch auf Fälle der vorliegenden Art anwendbar[14].

---

[10] Aus der besonderen Bedeutung, die das Mietverhältnis für die gesamte Existenz des Mieters hat, folgt dessen besonderes Schutzbedürfnis, dem der Gesetzgeber seit Inkrafttreten des BGB in immer stärkerem Maße Rechnung getragen hat; vgl. Schmidt-Futterer, WohnraumschutzG, A 1 ff.; Larenz, SchR II, § 48 I.

[11] Bereits im Ansatzpunkt nicht von richtigen Voraussetzungen ausgehend daher etwa die Argumentation von Heinrich Lange, S. 51: daran, daß die Vernichtung dem wirtschaftlich Schwachen den lebensnotwendigen Vertragsgegenstand entziehe und ihn noch schlechter stelle, als er unter der Last des sittenwidrig harten Vertrages gestanden habe, zeige sich ein weiterer Fehler der Härte der Nichtigkeitswaffe.

[12] Für Sozialwohnungen vgl. die Sonderregelung in § 8 II WohnungsbindG: „Soweit das vereinbarte Entgelt die Kostenmiete übersteigt, ist die Vereinbarung unwirksam. Soweit die Vereinbarung unwirksam ist, ist die Leistung zurückzuerstatten und vom Empfang an zu verzinsen."

[13] Die Leistung des Wucherers an den Bewucherten ist deshalb sittenwidrig, weil (auch) sie der Erlangung des wucherischen Vorteils dient: vgl. RGZ 151, 70 (71); 161, 52 (55 f.); Erman / H. P. Westermann, § 817, Rdz. 20; RGRK / Heimann-Trosien, § 817, Rdz. 26; Soergel / Mühl, § 817, Rdz. 21; Larenz, SchR II, § 69 III b (S. 498); Medicus, Gs. Dietz, S. 69 f.; a. A. Flume, AT, § 18, 10 f.

[14] RGZ 151, 70 (71 ff.); 161, 52 (55); BGHZ 36, 395 (399); 50, 90 (91); BGH WM 71, 857 (858); BAG BB 63, 348; LG Bonn, WM 77, 1341 (1342); Erman / H. Westermann, § 817, Rdz. 11; Oertmann, BGB § 817, 6 c; Palandt / Thomas, § 817, 1 a; Planck / Landois, § 817, 4; RGRK / Heimann / Trosien, § 817, Rdz. 12; Soergel / Mühl, § 817, Rdz. 6; Enneccerus / Lehmann, § 226, 3; Esser, SchR II, § 103 IV a. A.; Fikentscher, SchR, § 99 III 4 c; Flume, AT, § 18, 10 a; Larenz, SchR II, § 69 III b; Medicus, BürgR, Rdz. 696; Boehmer I, S. 52 (ff.); Hammes, JR 50, 11 f.; Koppensteiner / Kramer, S. 74; R. Kramer, S. 81; Philippsen, S. 9; C. Raiser, S. 91 ff.; Reeb, S. 68; gegen früher vereinzelt vertretene Versuche der Einschränkung (Nachw. bei Honsell, S. 32, Fn. 2) vgl. Honsell, S. 32 ff. In

Bei der Begründung ist von der Erkenntnis auszugehen, daß § 817, 1 BGB heute jede selbständige Bedeutung verloren hat, da kein Fall denkbar ist, in dem nicht daneben auch die Kondiktion des § 812 I, 1 BGB eingreift[15]. Beschränkt man § 817, 2, wie es Wortlaut und systematische Stellung gebieten, auf § 817, 1 BGB, könnte der Kondiktionsausschluß durch Wahl der konkurrierenden Anspruchsgrundlage umgangen werden und liefe im Ergebnis leer. Soll die Vorschrift des § 817, 2 BGB mithin nicht vollständig gegenstandslos sein[16], muß sie auch auf die Leistungskondiktionen des § 812 BGB anwendbar sein[17]. Daß die Ausschlußklausel damit auch in Fällen eingreift, in denen, weil mangels Verstoßes des Empfängers gegen ein gesetzliches Verbot oder gegen die guten Sitten die Voraussetzungen des § 817, 1 BGB nicht gegeben sind, der Anspruch nur auf § 812 BGB gegründet werden kann, wird zusätzlich durch eine Vergleichsbetrachtung plausibel: es wäre schlechthin unverständlich, wenn die Leistung soll behalten dürfen, wer durch ihre Annahme sittlich anstößig gehandelt hat, während der Leistungsempfänger, dem kein Vorwurf gemacht werden kann und der insoweit unbemakelt dasteht, dem Rückforderungsanspruch ausgesetzt sein soll.

4. a) Gegen die Anwendung des § 817, 2 BGB scheint weiterhin die Placierung dieser Norm im Bereicherungsrecht zu sprechen, während doch der Mieter hier der Vindikation durch den Vermieter ausgesetzt ist, ohne — infolge der Nichtigkeit des Mietvertrages — sich ihm gegenüber weiterhin auf ein Recht zum Besitz i. S. d. § 986 BGB stützen zu können. In der Tat lehnt die Rechtsprechung eine Ausdehnung des § 817, 2 BGB auf den Vindikationsanspruch ab[18]. Dieser Auffassung ist die

---

neuerer Zeit hat allein Rost (S. 77 ff.) die These vertreten, § 817, 2 BGB greife nur gegenüber § 817, 1 BGB ein, also nicht in Fällen der turpitudo solius dantis. (Realistisch in diesem Zusammenhang seine Einschätzung S. 84: „... fast aussichtslos ..., (zur h. L.) erneut kritisch Stellung zu nehmen"). Bei turpitudo utriusque ist nach Ansicht von Rost nur der Tatbestand des § 817, 1 BGB gegeben, während eine Kondiktion gem. § 812 BGB gar nicht eingreift.

[15] Auch die h. M. räumt § 817, 1 BGB nur einen kleinen, wenig bedeutenden und drei Fallgruppen umfassenden eigenständigen Anwendungsbereich ein: vgl. z. B. RGRK / Heimann-Trosien, § 817, Rdz. 4; Staudinger / Seufert, § 817, Rdz. 1 b, 29; Enneccerus / Lehmann, § 226, 1; Larenz, SchR II, § 69 III a; Medicus, BürgR, Rdz. 694; Koppensteiner / Kramer, S. 73; Reeb, S. 64 f.; dagegen zutreffend Honsell, S. 10 f., 32 ff.; im gleichen Sinne wohl auch Erman / H. P. Westermann, § 817, Rdz. 6; nur z. T. gegen die h. L. Rost, S. 24 ff.

[16] Nach Heck, AcP 124, 24 würde ein derartiges Ergebnis als „Gesetzesvereitelung" anzusehen sein.

[17] Das gleiche Ergebnis folgt nach Ansicht von Siber, Schuldrecht, 434, daraus, daß § 817, 1 BGB als lex specialis in seinem Anwendungsbereich § 812 BGB ausschließt. Ähnlich Heck, AcP 124, 1 ff., der aber den Anwendungsbereich des § 817 als lex specialis nur auf einen Teil der in Betracht kommenden Fälle beschränken will; hierzu kritisch Honsell, S. 37 ff.; Wilburg, Entwicklung, S. 25 (Fn. 9).

[18] RG LZ 23, 565 (566 f.); 24, 329; OGHZ 4, 57 (65); OGHBZ DNotZ 51, 85 (86); BGH NJW 51, 643; BGH LM Nr. 20 zu § 817; vgl. auch BGHZ 63, 365 (369);

herrschende Lehre[19] aber bereits — im Ergebnis zu Recht — seit langem unter Berufung auf die dadurch erzielten gerechtigkeitsfremden Ergebnisse entgegengetreten. Es könne nicht angehen, daß bei besonders schweren[20] Sittenverstößen, die nach herrschender Ansicht auch das Verfügungsgeschäft erfassen, der Anspruch aus § 985 BGB durchgreifen soll, während bei leichteren, nur auf das Verpflichtungsgeschäft beschränkten Verstößen die Rückforderung ausgeschlossen sein soll.

Zudem würde im ersteren Falle das unsittliche Geschäft vielfach einseitig zu Lasten des Käufers rückabgewickelt, da dem Lieferanten noch identifizierbarer Waren die Vindikation zustehen würde, die Kaufpreiskondiktion aber ausgeschlossen wäre.

b) Gleichwohl läßt sich in diesem Meinungsstreit bis zu einem weitgehenden Maße vermitteln. Die zumindest in systematischer Auslegung naheliegende einschränkende Ansicht der Rechtsprechung reicht im praktischen Ergebnis für eine befriedigende Lösung zumeist aus. Da nach richtiger Ansicht die dinglichen Rechtsgeschäfte weder bei sittenwidrigem Handel im allgemeinen[21], noch beim Spezialfall des Wuchers[22] im

zustimmend RGRK / Heimann-Trosien, § 817, Rdz. 13; Enneccerus / Lehmann, § 226, 2 d; Westermann, SachenR, § 30 I 4; Hammes, JR 50, 13; R. Kramer, S. 107 f.; Rost, S. 118 ff.; wohl auch Erman / H. P. Westermann, § 817, Rdz. 11; gleicher Ansicht auch bereits Jacoby, JhJb 60, 241.

[19] Palandt / Bassenge, Einl. v. § 854, 5 a cc; Soergel / Mühl, § 817, Rdz. 12; Baur, SachenR, § 5 IV 3 a a. E.; Esser, SchR II, § 103 IV 3; Fikentscher, § 99 III 4 b γ; Larenz, SchR II, § 69 III b; Medicus, BürgR, Rdz. 697; Wolff / Raiser, § 84 IV 4; Boehmer I, S. 52; Bufe, S. 230 ff.; v. Caemmerer, SJZ 50, 650; Heck, AcP 124, 6 Fn. 15; Honsell, S. 57; Köbl, S. 213 ff.; Koppensteiner / Kramer, S. 76; Niederländer, S. 637; Philippsen, S. 47 ff.; Prölss, ZHR 132, 54; L. Raiser, JZ 51, 718.

[20] Hiergegen Rost, S. 134 ff.

[21] Im Bereich des § 138 I BGB wird der Abstraktionsgrundsatz (allerdings meist unter Zulassung von Ausnahmen) recht ernst genommen: vgl. RGZ 63, 179 (184 f.); 109, 201 (202); BGH(St) NJW 54, 1292; Erman / H. Westermann, § 138, Rdz. 21; Palandt / Heinrichs, § 138, 1 e; RGRK / Heimann-Trosien, § 817, Rdz. 4; Staudinger / Coing, § 138, Rdz. 22; Staudinger / Seufert, § 817, Rdz. 1 b; Baur, SachenR, § 5 IV 3 a; Flume, AT, § 18, 8 c; Larenz, AT, § 22 III c; Lehmann / Hübner, § 25 III 2 b; Honsell, S. 53 ff.; Philippsen, S. 8 f.; Rost, S. 130 ff.; vgl. auch Mölders, S. 37 ff. (m. w. N.) (45).

[22] Daß sich die Nichtigkeit nicht auf das Erfüllungsgeschäft des Wucherers erstreckt, ist vielfach anerkannt: Erman / H. Westermann, § 138, Rdz. 69; Oertmann, BGB, § 138 C 4 b; Palandt / Heinrichs, § 138, 4 b; Soergel / Hefermehl, § 138, Rdz. 33; Staudinger / Coing, § 138, Rdz. 37, 38, 41; Flume, AT, § 18, 7 d; Larenz, AT, § 22 III d; a. A. Enneccerus / Nipperdey, § 192 III 1; Jacoby, JhJb 60, 229 ff. (239 f.); Philippsen, S. 63. Aus der Klausel „oder gewähren läßt" wird dagegen fast einhellig geschlossen, daß das Verfügungsgeschäft des Bewucherten nichtig ist: RGZ 57, 95 (97); 109, 201 (202); BGH WM 74, 774; Erman / H. Westermann, § 138, Rdz. 69; Oertmann, a.a.O.; Palandt / Heinrichs, a.a.O.; Soergel / Hefermehl, a.a.O.; Staudinger / Coing, § 138, Rdz. 37, 41; Baur, SachenR, § 5 IV 3 a; Flume, AT, a.a.O.; Larenz, AT, § 22 III c, d; Rüthers, AT, Rdz. 241; v. Tuhr, II 2, S. 46; Philippsen, a.a.O.; Rost, S. 137; Nachw. aus der ält. Lit. bei Jacoby, JhJb 60, 249, Fn. 1, 230, Fn. 4. M. E. ist diese Berufung auf den Wortlaut jedoch nicht haltbar. Der heutige § 138 II wurde erst durch die XII. Kom-

Grundsatz von dem das Kausalgeschäft vernichtenden Makel mitbetroffen werden, sind Vindikationsansprüche bei der Rückabwicklung nur selten gegeben. Anders ist dies in praktisch bedeutendem Umfang allein beim Mietwucher, einer Form sittenwidrigen Handelns, die weder im römischen Recht, noch im gemeinen Recht, noch auch in den ersten Jahrzehnten seit Inkrafttreten des BGB Bedeutung gehabt hat. Hier scheint mir auch ein methodischer Ansatzpunkt für eine teleologische[23] Extension[24] der Norm des § 817, 2 BGB zu liegen. Ist für den Regelfall, in dem sich infolge des Abstraktionsprinzips die Rückabwicklung auf schuldrechtlicher Ebene vollzieht, die Lokalisierung einer Ausschlußnorm im Bereicherungsrecht ausreichend und zutreffend, so gilt dies doch nicht für den erst seit relativ kurzer Zeit problematischen und praktisch relevanten Spezialfall des Mietwuchers. Auch für ihn gelten die Gründe, die dem Gesetzgeber in den übrigen Fällen eine Anwendung des § 817, 2 BGB haben angebracht erscheinen lassen[25]. Es würde deshalb der

mission, an die der Reichstag nach der ersten Plenarberatung den Entwurf eines BGB überwiesen hatte, eingefügt (vgl. hierzu Kap. VIII, 5). Über die Alternative des „gewähren-Lassens" hat man sich ausweislich der Materialien keine näheren Gedanken gemacht; vielmehr hielt man sich lediglich an die Wuchervorschriften des StGB. Entscheidend für die schon im ursprünglichen § 302a StGB enthaltene Alternativformulierung scheint mir zu sein, daß das Darlehen nach gemeinem Recht Realkontrakt war. Von der Strafbarkeit erfaßt sein sollten auch die vielen Fälle, in denen es an einem vorangehenden Darlehensversprechen fehlte, der Darlehensvertrag vielmehr mit der Hingabe der Valuta: dem „gewähren-Lassen" zustande kommt. Nachdem heute das Darlehen als Konsensualkontrakt anzusehen ist, kann nicht ohne weiteres unter Berufung auf den Wortlaut geschlossen werden, auch das auf der Grundlage des Darlehensvertrags, aber theoretisch abstrakt von ihm abgeschlossene Erfüllungsgeschäft des Bewucherten sei nichtig. Gegen die h. M. auch Wolf, AT, S. 352; früher bereits Hedler, S. 55 ff. Nichts spricht im übrigen dafür, daß in § 138 II BGB, was die Wirksamkeit des abstrakten Erfüllungsgeschäftes angeht, von dem unter dem Reichswuchergesetz (Art. 3 des Gesetzes vom 24. 5. 1880 in der Fassung des Art. II des Gesetzes vom 19. 6. 1893) anerkannten Rechtszustand abgewichen werden sollte; hierzu v. a. C. Raiser, S. 41 ff.

[23] Sprachlich korrekt (aber unüblich) wäre „telologische": vgl. Fikentscher, Methoden IV, S. 367 f.

[24] Hierzu Larenz, Methodenlehre, S. 384 ff.; Canaris, Lücken, S. 89 ff.

[25] Der historische Gesetzgeber hat laut Honsell (S. 98 ff.) die vom römischen und gemeinen Recht vorgezeichnete materielle Begrenzung des Kondiktionsausschlusses unbewußt und ungewollt aufgegeben. Zur Begründung des Kondiktionsausschlusses im römischen Recht vgl. Honsell, S. 88 ff. Zweck und Grundgedanke des § 817, 2 BGB sind heute sehr streitig. Zu den insoweit vertretenen „Theorien" (Straftheorie, Lehre von der Rechtsschutzverweigerung, Schuldkompensation) vgl. bes. Honsell, S. 58 ff.; Medicus, Gs. Dietz, S. 67 f.; Philippsen, S. 17 ff.; Rost, S. 41 ff.; Seiler, Fs. Felgentraeger, S. 379 f.; Erman / H. P. Westermann, § 817, Rdz. 4 f.; Esser, SchR II, § 103 IV 2. Zuzustimmen ist Seiler, der anmerkt (a.a.O., S. 380, Fn. 5), daß gesetzliche Vorschriften, die eine rechtsethische Wurzel haben und gleichzeitig teleologischen Anforderungen genügen müssen, zumeist nicht „monokausal" erklärt bzw. unter einen einheitlichen Leitgedanken gestellt werden können (vgl. auch Niederländer, S. 622 und bes. Medicus, Gs. Dietz, S. 68 ff., der aus diesem Befund die berechtigten Folgerungen zieht).

„immanenten Teleologie des Gesetzes“[26] widersprechen, § 817, 2 BGB zwar beim Wucherdarlehen anzuwenden (in diesem Falle ist der Bewucherte Eigentümer der Darlehensvaluta geworden), nicht aber ihn auf den Mietwucher zu erstrecken. Nicht überzeugend ist demgegenüber das immer wieder gegen eine Ausdehnung des § 817, 2 BGB auf die Vindikation vorgebrachte Argument, § 817, 2 BGB sei eine wegen ihres Strafcharakters im Zivilrecht als Fremdkörper zu betrachtende und infolgedessen in jedem Fall eng auszulegende Ausnahmevorschrift. Die ratio iuris des § 817, 2 BGB ist nicht, wie besonders[27] die Rechtsprechung[28] meint, in der Bestrafung des Leistenden zu sehen[29]. Seit der Säkularisierung des Gottesfriedensgedankens und der damit verbundenen Ausbildung des peinlichen Strafensystems liegt die Strafrechtspflege in staatlicher Hand[30]. Jedes staatliche Strafen ist eine — auf den einzelnen Täter bezogen — geradezu sinnlose[31] Übelszufügung[32]. Seine Legitimation gewinnt es daher nur, weil dem allgemeinen Wohlergehen ein wertmäßiger Vorrang vor dem Glück des einzelnen eingeräumt wird: durch die Strafe wird dem Täter um der Gemeinschaft willen ein Opfer auferlegt[31]. Angesichts dessen wäre eine in der geschilderten Weise genuin öffentlich-rechtliche (Straf-)Norm in dem in besonderer Weise am Ausgleichsgedanken orientierten Bereicherungsrecht, aber auch im Zivilrecht allgemein „systemfremd“[33]. Hinzu kommt, daß § 817, 2 BGB nur eine ganz ungleichmäßige und willkürliche Bestrafung bewirken

[26] Larenz, Methodenlehre, S. 377.

[27] Vgl. weiter auch Planck / Landois, § 817, 5 d; R. Kramer, S. 73; Heinrich Lange, S. 53, 65; Siller, S. 181; sowie die Nachw. bei Philippsen (S. 23, Fn. 36) aus der Rspr. des Schweizerischen Bundesgerichts.

[28] RGZ 161, 52 (58); neuerdings etwa: BGHZ 63, 365 (369); vgl. weiter die Nachweise bei Honsell, S. 58, Fn. 2, 3 und RGRK / Heimann-Trosien, § 817, Rdz. 10.

[29] So auch die in Fn. 17 Genannten; vgl. weiterhin RGRK / Heimann-Trosien, § 817, Rdz. 10; Soergel / Mühl, § 817, Rdz. 5; Larenz, SchR II, § 69 III b; Bufe, AcP 157, 252 ff.; v. Caemmerer, SJZ 50, 649; Heck, AcP 124, 57; Koppensteiner / Kramer, S. 75; Magg, S. 149 f.; Niederländer, S. 622; Prölss, ZHR 132, 42; Reeb, S. 66; vgl. auch die Nachw. aus der Rspr. bei RGRK / Heimann-Trosien, a.a.O.

[30] Zur geschichtlichen Entwicklung vgl. Eberhard Schmidt, §§ 34 ff.

[31] Zu dieser generalpräventiven Sicht der Strafe vgl. Schmidhäuser, Vom Sinn, passim (v. a. S. 74 ff.); dens., EvStL, Sp. 2564 ff.; bei ihm auch Nachweise zu und Auseinandersetzung mit den anderen Theorien; zu den absoluten Theorien: Vom Sinn, S. 19 ff., 43 ff.; zur Theorie der Spezialprävention: Vom Sinn, S. 26 ff., 59 ff.; vgl. zum gesamten Komplex auch etwa Maurach / Zipf, S. 70 ff. mit vielen Nachweisen aus der Literatur.

[32] Vgl. schon Hugo Grotius, De jure belli ac pacis libri tres, lib II, cap. XX, I: poena est malum passionis, quod infligitur propter malum actionis.

[33] Auch z. B. die Versuche, das Schadensersatzrecht bereits de lege lata zur Bekämpfung des Ladendiebstahls zu „aktivieren“, müssen als gescheitert gelten: Fangprämien, Vorhaltekosten und Bearbeitungsgebühren sind keine erstattungsfähigen Schadensposten: vgl. v. a. Wollschläger, NJW 76, 12 ff. Allgemein zu den „Zwecken des Haftungsrechts“ Deutsch, JZ 71, 244 ff.

würde: zum Teil unter gleichzeitiger Prämiierung eines anderen „Schurken“. Nicht berücksichtigt wäre auch der Grundsatz einer schuldangemessenen Strafe. Und schließlich liefe der Strafzweck dem im Strafrecht starken Trend zur Liberalisierung und Entkriminalisierung gerade etwa „unmoralischen“ Verhaltens zum Teil diametral zuwider.

Damit ist einer Anwendung des § 817 BGB freilich erst der Boden bereitet, die Skala der durch diese Norm aufgeworfenen, sich um sie herumrankenden Probleme aber bei weitem nicht abgeschritten. Die Vorschrift ist als „gesund und notwendig“[34] bezeichnet worden, während sie nach anderer Ansicht „wie das Werkzeug im Märchen, ihr eigenes unheilstiftendes Treiben führt“[35, 36]. Nach Auffassung des BGH bleibt „der Gesichtspunkt der Gerechtigkeit . . . bewußt unberücksichtigt“[37]. Daß angesichts dessen vielfache Versuche unternommen worden sind, die Wirkung der Vorschrift in Einzelbereichen zu umgehen[38], ist verständlich.

5. In einer eingehenden Studie hat in jüngster Zeit nun Honsell die aufgeworfenen Probleme durch umfassende Analyse der „Problemfälle“ und Würdigung der verschiedenen in Rechtsprechung und Lehre vorgeschlagenen Lösungsversuche untersucht. Er selbst kommt auf der Grundlage historischer und dogmengeschichtlicher Betrachtung[39] zu dem Ergebnis, daß § 817 BGB nur auf einseitige Zuwendungen zugeschnitten ist, denen als Gegenleistung eine sittenwidrige Handlung des Empfängers gegenübersteht. § 817, 2 BGB sei deshalb auf zwei Fallgruppen zu beschränken, die Honsell im Anschluß an Wilburg[40] als „Deliktsanstiftung“ und „Deliktsvermeidung“ bezeichnet[41]. Gerade für Fälle des Mietwuchers würde damit § 817, 2 BGB nicht gelten.

---

[34] v. Caemmerer, SJZ 50, 649; vgl. auch Heck, AcP 124, 64; Niederländer, S. 622; Prölss, ZHR 132, 43; Rost, S. 240; Siber, Schuldrecht, 431 ff.

[35] Wilburg, Entwicklung, S. 11; überwiegend wird die Norm heute als verfehlt, bedenklich und mißglückt betrachtet: BGHZ 39, 87 (91); 41, 341 (344); 63, 365 (369); Palandt / Thomas, § 817, 3 a; RGRK / Heimann-Trosien, § 817, Rdz. 11; Soergel / Mühl, § 817, Rdz. 5; Staudinger / Seufert, § 817, Rdz. 11; Esser, SchR II, § 103 IV 2; Flume, AT, § 18, 10 a; Larenz, AT, § 22 III c a. E.; ders., SchR II, § 69 III b; Dahmen, S. 42, 61. Ihre Abschaffung de lege ferenda fordern Reeb, 67 f.; Enneccerus / Lehmann, § 226, 4 (S. 908). Auch in der Schweiz und in Frankreich wird der Rückforderungsausschluß (im französ. Recht gewohnheitsrechtlich mit der Maxime des „nemo auditur . . .“ [zu ihr Honsell, S. 93 ff.] begründet; in der Schweiz in Art. 66 OR enthalten) kritisiert: vgl. die Nachw. bei Philippsen, S. 36 f.

[36] Rechtsvergleichender Überblick hins. des Ausschlusses der Rückforderung bei Klang / Wilburg, § 1174 B II und Honsell, S. 109 ff.

[37] BGHZ 8, 348 (373).

[38] Übersicht bei Honsell, S. 32 ff.; Erman / H. P. Westermann, § 817, Rdz. 13 ff.

[39] S. 65 ff.; die herrschende Interpretation beruhe auf falschverstandenen und (nicht zuletzt im Zuge der Ausarbeitung des BGB [unbewußt]) unzutreffend verallgemeinerten römisch-rechtlichen Regeln.

[40] In Klang, § 1174, B III 3.

6. Wenn der von Honsell vorgeschlagenen Restriktion vorliegend nicht gefolgt wird, so vor allem aus folgenden Erwägungen:

a) War die dem § 817, 2 BGB zugrunde liegende condictio ob turpem causam auf die datio ob turpem rem beschränkt[42], so braucht man aus diesem historischen Befund nicht unbedingt die Folgerung zu ziehen, § 817, 2 BGB sei heutzutage innerhalb eben dieses Bereichs auf die condictio sine causa zu beschränken. Gegenseitige Verträge über Sachleistungen etwa waren im römischen Recht offenbar nur in seltenen Ausnahmefällen nichtig und auch für wucherische Rechtsgeschäfte fehlte vielfach die Nichtigkeitssanktion[43]. Auch auf derartige Fälle mag der Grundsatz des § 817, 2 BGB in gewissem Rahmen passen, ohne daß er hierfür freilich von den Römern hätte entwickelt und angewendet werden können. Beachtenswerter als der sich aus historischen Eigentümlichkeiten des römischen Kontrakts- und Kondiktionssystems ergebende ursprünglich enge Anwendungsbereich scheint mir demgegenüber der methodische Aspekt einer von der Fallgerechtigkeit her bestimmten recht großzügigen und flexiblen Handhabung derart ethisch motivierter regulae iuris zu sein[44].

b) Honsell ist zwar zuzugeben, daß bei seiner Lösung die von ihm unter rechtsethischem Aspekt deutlich kritisierten[45] Widersprüchlichkeiten und Wertungsantinomien (zunächst) vermieden werden. Doch ist zum einen bereits, an den gleichen ethischen Maßstäben gemessen, die Anwendung des § 817, 2 BGB in dem von ihm noch zugebilligten Rahmen nicht über alle Anfechtung erhaben[46]. Daß so z. B. der zu einer unerlaubten Handlung Angestiftete den Lohn auch dann behalten darf, wenn er das Delikt hernach nicht ausführt[47], ist eine Konsequenz, über deren innere Berechtigung man sicherlich geteilter Meinung sein kann. Immerhin ist nicht zu übersehen, daß dadurch in der Regel wahrscheinlich „der größere Gauner“ prämiiert wird. Honsell selbst hält das in anderem Zusammenhang für paradox[48]. — Geht man umgekehrt von der rechtsethischen Berechtigung der Anwendung des § 817, 2 BGB auf derartige Fälle aus, ist nicht recht deutlich, warum bei Verleitung zu nicht per se sittenwidrigen Handlungen[49] eine andere Bewertung Platz greifen soll[50].

---

[41] Grundsätzlich zustimmend Reeb, S. 67.

[42] Honsell, S. 80 ff.

[43] Vgl. Kap. VII, 1 ff. (v. a. Fn. 13).

[44] Diesen Aspekt betont Seiler, Fs. Felgentraeger, S. 381 ff., 387 ff.; zur Bedeutung der regulae im römischen Recht P. Stein, S. 49 ff., 90 ff.; Schmidlin, Die römischen Rechtsregeln (hierzu D. Nörr, SZ 89, S. 18 ff.).

[45] S. 7 ff.

[46] Vgl. auch Reeb, S. 67.

[47] Honsell, S. 139 f.

[48] S. 2.

[49] Beispiele mit Nachw. aus der Rechtsprechung bei Honsell, S. 142, Fn. 18

Die bei Honsell auf S. 139 unten genannten Gründe treffen jedenfalls auch hier zu.

c) Zum zweiten verfährt Honsell beim Aufweisen der mit der von ihm abgelehnten herrschenden Konkurrenzlehre verbundenen Unzuträglichkeiten mitunter etwas pauschal. Dies gilt gerade auch für Wucherdarlehen und überhaupt wucherische Rechtsgeschäfte. Daß § 817, 2 BGB keine angemessene Regelung biete, wird den weiteren Erörterungen zugrundegelegt[51], ist aber meines Erachtens nicht überzeugend nachgewiesen.

An der vom Reichsgericht entwickelten Lösung über den eingeschränkten Leistungsbegriff[52] wird bemängelt, daß dem nichtigen Vertrag die Laufzeit des Darlehens entnommen werde, dieser damit aber doch zumindest teilweise für gültig gehalten werde[53]. Dem ist entgegenzuhalten, daß es in diesem Rahmen nur um die Bestimmung der vom Wucherer an den Bewucherten gegebenen Leistung geht. Will man dies nach allgemeinen Auslegungsgrundsätzen ermitteln, so ist in der Tat die nichtig vereinbarte Darlehensdauer das beste und definitive Zeugnis für den Willen der Parteien. Die Vereinbarung wird damit nicht als solche, sondern nur als Anhaltspunkt für die Feststellung verwendet, in welchem Umfang der Rückgabeanspruch blockiert ist. Daß die Nichtigkeit hinsichtlich der Primärleistung im Ergebnis außer Betracht bleibt, scheint man mir angesichts des — zumindest für den Mietwucher — erklärten Zieles, den Mieter vor dem Rückgabeverlangen des Vermieters und damit vor den ihm ungünstigen Folgen der Vertragsnichtigkeit zu schützen, nicht kritisch als „eigenartige Situation“[54] würdigen zu können.

Wieso die Ansicht der herrschenden Lehre sich als bloße „Fehlerkompensation“[55] darstellen soll, ist angesichts dessen nicht ersichtlich. So bleibt letztendlich am praktischen Ergebnis denn auch nur die Kritik, vom Standpunkt der Gerechtigkeit aus sei nicht zu billigen, daß der Bewucherte das Darlehen zinslos behalten dürfe[56]. Fraglich ist aber, ob dies bei Anwendung des § 817, 2 BGB tatsächlich der Fall ist[57]. Entsprechende Ansätze in der Literatur bleiben unerörtert. Wenn Honsell schließlich (rechtspolitisch wertend) bedauert, daß die Gerichte aus Scheu

bis 24 (Schweige- und Schmiergelder, Geldzuwendungen für Religionswechsel, für die Nichtbeteiligung an Sportwettkämpfen etc.).

[50] So Honsell, S. 141 ff.

[51] S. 152.

[52] Vgl. unten sub 7.

[53] Honsell, S. 21.

[54] Honsell, S. 21.

[55] Heck, AcP 124, 11 (Fn. 20); zust. Honsell, S. 23; vgl. auch Rost, S. 116 f.

[56] Honsell, S. 23.

[57] Dazu unten sub 10.

vor den rigorosen Konsequenzen des § 817, 2 BGB in der Anwendung der Wuchervorschriften immer zurückhaltender würden[58], so ist diese bloße Behauptung angesichts der generell eher zunehmenden Bereitschaft zu ausweitender Anwendung von Generalklauseln mit skeptischer Zurückhaltung zu betrachten. Selbst wenn die Karriere der Wuchernorm aber stagnieren sollte, möchte ich dies nicht für bedenklich halten. Die Gefahr einer restriktiv formulierte Voraussetzungen nicht mehr ernst nehmenden Ausdehnung wäre demgegenüber bei Postulierung eines richterlichen Moderationsrechtes sehr viel größer.

d) aa) Am stärksten ins Gewicht aber fällt meines Erachtens, daß Honsell die von ihm aufgezeigten Probleme nicht löst, sondern nur verlagert. § 817, 2 BGB wird zwar konsequent auf zwei Fallgruppen beschränkt, doch muß nunmehr für die ausgeklammerten Problembereiche nach anderen, eine rechtsethisch befriedigende Lösung gewährleistenden Konstruktionen gesucht werden[59]. Honsel verweist in diesem Zusammenhang auf § 242 BGB. Dagegen wäre nichts einzuwenden, würde diese Norm in einem ihrer „rechtstheoretisch präzisierten"[60] Bereiche angewendet und nicht als bequeme Notlösung für unbequeme Probleme eingesetzt werden. Für die Wucherfälle hülfe, so Honsell, letztlich nichts anderes, als aus § 242 BGB ein richterliches Moderationsrecht „herzuleiten". Damit ist nicht nur die Funktion des § 242 BGB verkannt[61], sondern die Kapitulation der Rechtsdogmatik und der Verzicht auf rationale Rechtsanwendung erklärt: was mir zumal im Hinblick auf die dann auftretenden, oben beispielhaft geschilderten[62] Unstimmigkeiten und Folgeprobleme nicht sehr überzeugend zu sein scheint.

bb) Für die Fälle, in denen der Geber den Empfänger durch die Zuwendung zu einem an sich nicht sittenwidrigen Tun veranlaßt, in denen der Vorwurf also bloß durch die Verknüpfung von Handlung und materieller Gegenleistung begründet wird, hält Honsell abermals die Vorschrift § 242 BGB parat, die einer späteren Rückforderung hier in Gestalt des venire contra factum proprium entgegenstehen soll[63]. Gleiches

---

[58] S. 23.

[59] Dies gilt z. B. auch für die remuneratorischen Schenkungen. Honsell (S. 148) hält es für unschädlich, daß § 817, 2 BGB nicht eingreift, weil aus sittenwidrigem Anlaß gemachte Schenkungen regelmäßig gültig seien, eine Kondiktion gar nicht bestehe. Das gilt aber nicht, wenn man, wofür die besseren Gründe sprechen, annimmt, daß bei der Schenkung „le motif tient lieu de cause" (Flume, AT, § 12 II 4 c unter Berufung auf Domat; dagegen Larenz, AT, § 18 II d [S. 274 f.]).

[60] Vgl. den Titel der Schrift von Wieacker.

[61] Vgl. Canaris, Vertrauenshaftung, S. 289; Esser, Enzykl., S. 11 f.; und oben, Kap. V, 6 a.

[62] Vgl. oben Kap. II und III.

[63] Honsell, S. 144.

wird beim beiderseits erfüllten Vertrag als Ausweg vorgeschlagen[64], wo verhindert werden müsse, daß den Vertragspartnern praktisch ein Reurecht zustehe[65]. Jedoch genügen die genannten Fälle bei genauerem Hinsehen den für die Anwendung des Verbots des venire contra factum proprium aufgestellten Voraussetzungen nicht, lassen sich im übrigen auch nicht in die zum Teil gebildeten Unterfallgruppen einordnen. Die Anwendung des § 242 BGB geschieht damit auch hier nicht „kunstgerecht", sondern ist eine unsachgemäß pauschalisierende Notlösung[66]. In einer die üblicherweise genannten Kriterien zusammenfassenden Formulierung läßt sich das venire contra factum proprium als Ausübung eines zwar ohne pflichtwidriges Verhalten entstandenen Rechts kennzeichnen, die aber deshalb unzulässig ist, weil die jetzige Geltendmachung mit dem früheren, nach der Entstehung gezeigten Verhalten des Berechtigten nicht vereinbar ist. Als schutzwürdig erscheint hier der Vertragspartner, der in der berechtigten Erwartung der Stabilität der gegnerischen Handlungsweise einschneidende Dispositionen vorgenommen oder unterlassen hat[67]. Nimmt man etwa die erste der von Honsell genannten Fallgruppen[68], so ist es zwar sicherlich widersprüchlich, zunächst z. B. Schmiergelder zu bezahlen, sie dann aber wieder zurückzuverlangen. Von den üblichen Fällen unterscheidet sich diese Situation aber bereits dadurch, als der Kläger sich damit zu einem den Anspruch erst herbeiführenden Verhalten in Widerspruch setzt. Weder erscheint hier mangels guten Glaubens an die Wirksamkeit des Vertrages das Vertrauen des gleichfalls sittenwidrig handelnden Vertragspartners schützenswert, noch kann überhaupt das Einstreichen eines bekanntermaßen nicht geschuldeten Betrages als eine Vertrauensinvestition, eine dem Gegner zurechenbare, irreversible und schwerwiegende Disposition angesehen werden, durch deren Fehlgehen dem Beklagten unzumutbare Nachteile entstehen würden.

---

[64] Honsell, S. 153.

[65] Daß der Sinn des § 817, 2 BGB in der Verhinderung eines dreißigjährigen Reurechts liege und diese Norm deshalb in ihrem Anwendungsbereich auf den beiderseits erfüllten gegenseitigen Vertrag zu begrenzen sei, hat (unter Rückgriff auf die römischen Rechtsquellen) Bufe, AcP 157, 215 (240 ff., 256 ff.) behauptet. Gegen diese Auffassung, mit der er allein geblieben ist (zust. neuerdings nur Reeb, S. 67), wenden sich zu Recht etwa Honsell, S. 39 f.; Medicus, Gs. Dietz, S. 68 f.; Niederländer, S. 623, Fn. 9; Prölss, ZHR 132, 43 f.; Rost, S. 186 ff.

[66] Vgl. in diesem Zusammenhang Canaris, Vertrauenshaftung (S. 287) mit seiner berechtigten Mahnung, daß das venire contra factum proprium dringend tatbestandlicher Verfestigung bedürfe. Ein bloßer Hinweis auf einen „Selbstwiderspruch" ist in keinem Falle ausreichend.

[67] Erman / Sirp, § 242, Rdz. 79; RGRK / Alff, § 242, Rdz. 93 ff.; Soergel / Siebert / Knopp, § 242, Rdz. 228 ff.; Staudinger / Weber, § 242, D 323 ff.; Esser / Schmidt, SchR I 1, § 5 III 1; Fikentscher, SchR § 27 II 3 a α; Canaris, Vertrauenshaftung, S. 287 ff. (bes. S. 291 ff., 294 ff.); Wieacker, Zur rechtsth. Präz., S. 27 ff.

[68] Vgl. soeben vor Fn. 55.

Doch auch etwa in den Fällen, in denen auf ein gegen ein Verbotsgesetz verstoßendes Rechtsgeschäft geleistet worden ist, das Verbot sich aber nur gegen die Vornahme des Geschäfts und nicht gleichzeitig gegen seinen Erfolg richtet[69], sind unter ähnlichen Gesichtspunkten wie in den Fällen der Erfüllungshaftung bei Vertrauen auf eine „freiwillige" Leistungserbringung die Merkmale des venire contra factum proprium in der Regel nicht gegeben[70].

cc) Insgesamt handelt es sich bei dieser Rechtsfigur um einen ungeeigneten Einsatzpunkt zur Problemlösung. Weder ist das Vorliegen der „tatbestandlichen" Voraussetzungen für die von Honsell aufgeführten Fallgruppen überzeugend dargetan, noch ist andersherum ersichtlich, warum dann nicht auch weitere Fälle erfaßt sind, in denen Rückforderungsansprüche gemäß § 812 BGB geltend gemacht werden. In einem rein äußerlichen Sinn können etwa auch bei einem Verstoß gegen Bewirtschaftungsgesetze Erfüllung und späteres Rückforderungsbegehren als einander widersprechende Verhaltensweisen zu würdigen sein. Honsell erklärt denn auch[71], das Verbot des venire contra factum proprium stehe einer Rückabwicklung im Interesse Dritter oder des Staates nicht entgegen. Wie diese Gegenausnahme näher zu begründen ist, bleibt freilich offen: daß eine mit einseitiger Interessendurchsetzung einhergehende gröbliche Vernachlässigung der Belange des Vertragspartners[72] durch der Nichtvornahme einer Rückabwicklung entgegenstehende Interessen Dritter gerechtfertigt oder geheilt werden könnte, ist herkömmlich jedenfalls nicht anerkannt. Im übrigen ergibt sich denn auch aus den von Honsell bisweilen gewählten Formulierungen[73], daß die Figur des venire contra factum proprium gleichsam nur eingeschaltet, die rechtsethisch als erforderlich empfundenen Differenzierungen aber aus dem Schutzzweck der Verbotsgesetze abgeleitet werden[74].

e) Es erscheint damit im Ergebnis sinnvoller, mit der herrschenden Lehre von einem weiten Anwendungsbereich des § 817, 2 BGB auszugehen und unter Verzicht auf die Annahme eines einheitlichen Normzwecks[75] jeweils nur hinsichtlich einzelner Fallgruppen teleologisch zu

[69] Vgl. die Fallgruppe 2 b bei Honsell, S. 151.

[70] Hierzu Canaris, Vertrauenshaftung, S. 356 f.

[71] S. 153.

[72] Vgl. Esser / Schmidt, SchR I 1, § 5 III pr.

[73] S. 151 f.

[74] Vom Schutzzweck der verletzten Norm her entscheiden die Frage, ob eine Rückabwicklung stattfinden soll, Fabricius, JZ 63, 85 ff.; Esser, SchR II, § 103 IV 1; Koppensteiner / Kramer, S. 74; Magg, S. 151 ff.; Beuthien, RdA 69, 169.

[75] So bereits Medicus, Gs. Dietz, S. 68 ff. Ihm ist auch darin zuzustimmen, daß in den Wucherfällen der Sinn des § 817, 2 BGB darin besteht, dem Bewucherten die Deckung seines dringenden Bedarfs an Geld oder Wohnung für die ursprünglich vereinbarte Zeit zu sichern (vgl. zu diesem Problem auch

werten[76], als unter eindeutiger Verletzung des (einvernehmlich korrigierten) Wortlauts die Norm generell zu restringieren, wobei diese Restriktion sich m. E. methodengerecht auch übrigens nicht begründen läßt[77]. Entgegen Honsell[78] ist nämlich an der gedanklichen Trennung von einschränkender oder ausdehnender Auslegung einer- und Analogie bzw. teleologischer Reduktion andererseits festzuhalten[79]. Nicht nur nach außen, sondern auch nach innen bildet der mögliche Wortsinn eine Grenze der Auslegung. Er eröffnet einen Bereich, innerhalb dessen der Exeget sich in einer durch hinreichende Gründe zu motivierenden Wahl für eine engere oder weitere Deutungsmöglichkeit entscheiden kann. Fügt man dem Gesetz jedoch eine in ihm nicht enthaltene Einschränkung hinzu, wird der Bereich der Auslegung über- oder wenn man so will: unterschritten. Wiewohl die Grenzen „flüssig"[80] sind, ist dies bei der von Honsell empfohlenen Gesetzeskorrektur recht eindeutig der Fall. Die Berufung auf „eine Reihe von Kriterien des hergebrachten *Auslegungs*-Kanons"[81] hilft daher nicht weiter. Auch hier wäre übrigens zweifelhaft, ob Honsell sich tatsächlich auf systematische Kriterien bzw. auf das historische Argument im herkömmlichen Sinne[82] stützen könnte. Und „allgemeine Gerechtigkeitserwägungen"[83] ersetzen nicht die objektiv-teleologischen Kriterien[84]. Aus diesem Grunde kann das Vorgehen von

schon die Gedanken des Abg. Lasker, Stenogr. Ber. (Reichstag), 4. Lp., III. Session 1880, 2. Bd., 35. Sitzung am 22. 4. 1880, S. 847 r. u.). Unter diesem spezifischen Aspekt wird damit dem Wucherer der Rechtsschutz versagt. A. A. Jacoby, JhJb 60, 242 f., nach dessen Ansicht kein praktisches Bedenken dagegen besteht, dem Rückforderungsanspruch des Wucherers stattzugeben. Neuerdings gibt auch Rost (S. 114 ff.) dem Wucherer einen sofort durchsetzbaren Bereicherungsanspruch auf Rückgewähr der Valuta.

[76] Vgl. zu den Fällen des Verstoßes gegen sittlich indifferente Gesetze mit rein ordnender Funktion Seiler, Fs. Felgentraeger, S. 381 ff., 391 f.

[77] Gegen Honsell auch Larenz, SchR II, § 69 III b (S. 497 f.). Die Neigung zu derart rigorosen, methodisch aber nicht begründbaren „Gebotsberichtigungen" ist neuerdings nicht ganz selten anzutreffen. Ein anderes Beispiel bietet Harder, Die Leistung an Erfüllungs Statt, S. 173 ff., der selbst einräumt, daß von einer Regelungslücke keine Rede sein könne (S. 178), den „legislatorischen Fehlgriff" des § 365 BGB aber dennoch korrigieren will.

[78] S. 138, Fn. 6.

[79] Vgl. Larenz, Methodenlehre, z. B. S. 351 ff., 377; Engisch, Einf., S. 82; vgl. auch Fikentscher, Methoden III, S. 690 und besonders Methoden IV, S. 219, 236 ff., 285, 288 ff., 294 ff., 298 ff.

[80] Larenz, Methodenlehre, S. 377; Wieacker, Gesetz und Richterkunst, S. 6 f.; vgl. auch Fikentscher, Methoden IV, S. 219 f., 316; Göldner, S. 74; Esser, GuN, S. 255.

[81] Honsell, S. 138, Fn. 6 a. E. (Hervorhebung R. Z.).

[82] Das auf den Willen des historischen Gesetzgebers abstellt!; vgl. Larenz, Methodenlehre, S. 315 ff.; Engisch, Einf., S. 74 ff., 81 f.; Fikentscher, Methoden III, S. 674 f., Methoden IV, S. 359 ff. Die Entscheidung des BGB-Gesetzgebers wird aber von Honsell gerade kritisiert (vgl. oben, Fn. 17).

[83] Honsell, S. 138.

[84] Zum teleologischen Argument bei der Auslegung Larenz, Methodenlehre,

Honsell auch nicht als teleologische Reduktion bezeichnet werden. Der „gesetzgeberische" Sinn und Zweck, der wandelbar und anpassungsfähig, insbesondere aber umfassender als die Vorstellungen des historischen Gesetzgebers sein kann, gebietet einen derart einschneidenden Radikaleingriff nicht. Da es auch eine restrictio in partem tralaticiam bislang nicht gibt, beruht Honsells Vorschlag — methodisch unbefriedigend — letztlich allein auf rechtsethischen Prämissen.

7. Daß die damit gebotene Anwendung des § 817, 2 BGB in Wucherfällen nicht zu einer endgültigen Perpetuierung des status quo führen kann, hat, freilich erst[85] in einer Entscheidung vom 30. 6. 1939, bereits das Reichsgericht erkannt[86]. § 817, 2 BGB schließe den Rückforderungsanspruch nur während der für die Überlassung der Darlehensvaluta vereinbarten Zeit aus; danach könne kondiziert werden. Unter Berücksichtigung des zum Anwendungsbereich des § 985 BGB Ausgeführten[87] gilt gleiches für die Vindikation des Vermieters beim Mietwucher. Dies Ergebnis ist heute allgemein anerkannt[88]: Leistung des Wucherers ist nicht die Übertragung der Darlehensvaluta bzw. der Mietwohnung zum dauernden Behalten, sondern nur die Überlassung zu zeitlich begrenzter Nutzung[89].

8. a) Folge eines derartigen Rückforderungsausschlusses ist nun freilich nicht, daß der Mieter etwa bei zeitlich unbegrenzten Mietverträgen beliebig lange (gegebenenfalls sogar unentgeltlich) soll wohnen bleiben können[90]. „Leistung" des Vermieters ist in derartigen Fällen nicht die Gebrauchsüberlassung der Wohnung in aeternum, sondern als (durch

---

S. 322 ff.; Engisch, Einf., S. 74 f., 78 ff. (vgl. auch die Nachw. S. 219, Fn. 78 a); Fikentscher, Methoden IV, S. 364 ff., vgl. auch die kritischen Bemerkungen insbes. zu Larenz in Methoden III, S. 676 ff.

[85] Im entgegengesetzten Sinne hatte das RG noch in RG LZ 22, Sp. 461, RGZ 151, 70 (72 ff.) entschieden (ebenso C. Raiser, S. 93 ff.); zur älteren Literatur vgl. weiter Honsell, S. 17, Fn. 4; Jacoby, JhJb 60, 243; Rost, S. 96 ff.

[86] RGZ 161, 52 (53 ff.); vgl. auch schon OLG Dresden SeuffA 59, Nr. 81.

[87] Vgl. oben sub. 4.

[88] Vgl. (bei leichter Variation der Begründung im einzelnen) BGH WM 62, 606 (608); WM 69, 857 (858); OLG München, MDR 77, 228; LG Bonn, WM 77, 1341 (1342); Erman / H. P. Westermann, § 817, Rdz. 20; Oertmann, BGB, § 817, 6 b; Palandt / Thomas, § 817, 3 c bb; RGRK / Heimann-Trosien, § 817, Rdz. 26, 25; Soergel / Mühl, § 817, Rdz. 21 (i. V. m. 30); Enneccerus / Lehmann, § 226, 2 e; Esser, SchR II, § 103 IV 1; Fikentscher, SchR, § 99 III 4 c; Flume, AT, § 18, 10 f.; Larenz, SchR II, § 69 III b (S. 498 f.); Boehmer, I, S. 55 f.; Bufe, AcP 157, 227 ff.; Koppensteiner / Kramer, S. 76 f.; Medicus, Gs. Dietz, S. 63; Philippsen, S. 63 f.; Prölss, ZHR 132, 47. Anerkennend im Ergebnis selbst Rost, S. 85: „wenigstens einigermaßen zufriedenstellend"; vgl. aber seine Kritik, S. 104 ff. Bedenken auch bei Hammes, JR 50, 13; ablehnend Jacoby, JhJb 60, 233 ff.

[89] Die Übereignung etwa der Darlehensvaluta ist bloß das erforderliche rechtstechnische Mittel zur Bewirkung dieser Leistung.

[90] Vor allem die Absurdität dieses Ergebnisses ist es, die vielfach den Stein des Anstoßes bildet: vgl. Honsell, S. 23; Bufe, AcP 157, 228 f.

Ausübung des gesetzlichen Kündigungsrechts) potentiell beschränkbar. Mit einer Kündigung kann zwar der Vermieter nicht mehr den schon nichtigen Vertrag vernichten, wohl aber die Gebrauchsüberlassung zeitlich beschränken[91].

Allerdings darf auf diesem Wege nicht faktisch der vom Gesetzgeber detailliert geregelte Kündigungsschutz des Mieters umgangen werden. Ein „Kündigungs"recht ist dem Vermieter m. E. daher nicht generell, sondern nur unter den Mieterschutz genügend berücksichtigenden Voraussetzungen einzuräumen. In Betracht kommt eine Analogie zu § 564 b II, Ziffer 1 BGB. Im Ergebnis ist damit ein richterlicher Vertragseingriff vermieden; die Parteien haben sich über neue Konditionen selbst zu einigen. Im Zugzwang ist der Vermieter: rührt er sich nicht, kann er seinem Mieter nicht kündigen und muß ihn wegen § 817, 2 BGB wohnen lassen. Macht er hingegen dem Mieter ein Angebot zu einem Mietvertrag und schlägt dabei einen nunmehr unterhalb der Grenze des Wuchers liegenden Mietzins vor, so ist der Mieter zu einer Reaktion verpflichtet. Sperrt er sich gegenüber Verhandlungen, kann ihm gemäß § 564 b II, Ziffer 1 BGB analog gekündigt werden.

b) Das gleiche muß m. E. auch gelten, wenn der Mietvertrag ursprünglich befristet abgeschlossen worden war. Auch solche Verträge sind nach Art. 2 des 2. WKSchG potentiell unbefristet; nur obliegt es hier dem Mieter, zwei Monate vor der Beendigung des Mietverhältnisses durch schriftliche Erklärung gegenüber dem Vermieter die Fortsetzung des Mietverhältnisses zu verlangen. Dies gilt nicht, wenn der Vermieter ein berechtigtes Interesse an der Beendigung des Mietverhältnisses hat, wobei zur Bestimmung des berechtigten Interesses auf § 564 b BGB verwiesen wird. Damit hat der Gesetzgeber den Bestandsschutz unter gleichen Voraussetzungen auch auf durch Zeitablauf endende Wohnraummietverhältnisse ausgedehnt[92]. Auch hier ist dem Vermieter analog § 564 b II Ziffer 1 BGB ein Kündigungsrecht einzuräumen, wenn sich der Mieter nach Ablauf der ursprünglich (nichtig) vereinbarten Frist nicht zu einem Vertragsschluß bereitfindet.

9. Der Anspruch des Mieters gegen den Vermieter auf Rückzahlung des wucherischen Mietzinses wird in aller Regel durchgreifen. Zwar kann in Einzelfällen auch das Handeln des Bewucherten als verwerflich anzusehen sein, doch wird ihm hinsichtlich der Hingabe des Mietzinses in der Regel nicht der Vorwurf des Verstoßes gegen die guten Sitten gemacht werden können[93]; das Verbot des § 5 WiStG richtet sich nur gegen

[91] Medicus, BürgR, Rdz. 699; ders., Gs. Dietz, S. 63; Esser, SchR II, § 103 IV 1; zustimmend Koppensteiner / Kramer, S. 77.

[92] Der Kündigungsschutz soll nicht durch Abschluß befristeter Mietverträge umgangen werden können.

[93] BGH LM Nr. 12 zu § 817; LG Ulm, ZMR 64, 111; Erman / H. P. Wester-

den Wucherer. § 817, 2 BGB wird dem Rückforderungsbegehren daher meist nicht entgegenstehen. Auf Wegfall der Bereicherung gemäß § 818 III BGB kann sich der Wucherer nicht berufen, da er nach §§ 819 II, 818 IV BGB verschärft haftet[94].

10. Problematisch ist hingegen, ob der Wucherer nicht seinerseits von dem Bewucherten eine Vergütung verlangen kann. Immerhin hat der Mieter die Wohnung zumeist schon einige Zeit bewohnt, ehe sich die Nichtigkeit des Vertrages herausstellt, und weiterhin ist bei befristet abgeschlossenen Mietverträgen, wie soeben gezeigt wurde, die Überlassung bis zum Ablauf der vereinbarten Frist fortzugewähren. Folgt man der herrschenden Meinung[95], erwiese es sich für den Mieter im Ergebnis als außerordentlicher Glücksfall[96], bewuchert worden zu sein: er dürfte nämlich unentgeltlich wohnen. Dies Ergebnis läßt sich freilich „teleologisch" nicht einmal mit dem Strafgedanken[97] rechtfertigen: so würde zum Beispiel, wer immerhin wenigstens noch eine einigermaßen wertvolle Wohnung vermietet, härter bestraft, als wer seinem Vertragspartner eine besonders minderwertige Gegenleistung andient. Dem schamloseren Wucherer entginge insofern nur ein geringeres Entgelt, er würde weniger hart „bestraft"[98].

a) Derartige Unbilligkeiten und Ungereimtheiten sind denn auch als Argument gegen die angeblich bereits im Ansatzpunkt unzutreffende

mann, § 817, Rdz. 20; Palandt / Thomas, § 817, 3 c bb; Planck / Landois, § 817, 3; RGRK / Heimann-Trosien, § 817, Rdz. 21; Fikentscher, SchR, § 99 III 4 c; Glaser, ZMR 66, 99; Rost, S. 140, 177; vgl. weiterhin Weimar, ZMR 63, 195; dens., Betr. 63, 440; vgl. auch C. Raiser, S. 69 f. Anders BGH WM 56, 459 (460); zu einer Ausnahmesituation vgl. Weimar, ZMR 63, 195 über Fn. 11; vgl. weiterhin die Regelung des Codex Theresianus III 20 § 3 Nr. 24, wo auch das Verhalten des Bewucherten als verwerflich angesehen und die gezahlten Wucherzinsen für verfallen erklärt wurden. Auch im Gnomon des Idios Logos (Regelbuch über einen Zweig der ptolemäischen Finanzverwaltung: hierzu Heichelheim, Kl. Pauly, Bd. 2, Sp. 1339 m. w. N.) scheinen sowohl der Darlehensgeber als auch der Darlehensnehmer bestraft worden zu sein: dieser mit Einziehung eines Viertels, jener der Hälfte seines Vermögens; vgl. Herrmann, JJP XIV, 25.

[94] Der Anspruch ist allerdings mit dem sogleich zu behandelnden Gegenanspruch des Wucherers zu saldieren.

[95] RGZ 161, 52 (57 f.); BGH WM 62, 606 (608); WM 69, 857 (858); WM 75, 128 (129); KG BB 74, 1505; LG Bonn WM 77, 1341 (1342); Erman / H. P. Westermann, § 817, Rdz. 20; Oertmann, BGB, § 817, 6 b; Palandt / Thomas, § 817, 3 c bb; Soergel / Mühl, § 817, Rdz. 21; Esser, SchR II, § 103 IV 1; Fikentscher, SchR, § 99 III 4 c; Dahmen, S. 60; Lindacher, AcP 173, 130; Prölss, ZHR 132, 47; Sandrock, AcP 159, 536.

[96] Hierzu z. B. Medicus, Gs. Dietz, S. 61 f.: fehlte es nicht an der Ausbeutung der Unerfahrenheit oder des Leichtsinns beim Wucherer, wäre § 138 II BGB nunmehr vielfach in umgekehrter Richtung anwendbar! Bemerkenswert hierzu auch schon die Erwägungen des Regierungsentwurfs zum Wuchergesetz von 1880: Nr. 58 in Stenogr. Ber. (Reichstag) 4. Lp. III. Session 1880, 3. Bd., S. 376 r. Sp.

[97] Vgl. hierzu jedoch oben in und nach Fn. 21.

[98] Medicus, Gs. Dietz, S. 62.

ausdehnende Anwendung des § 817, 2[99] verwendet worden. Auf der anderen Seite finden sich aber in der Literatur auch Stimmen, die eine Vergütungspflicht des Bewucherten bejahen. Während Flume meint, der Bewucherte haben den Vorteil der Nutzung gegenüber dem Wucherer ohne rechtlichen Grund „in sonstiger Weise" erlangt[100], ist nach der Auffassung von Medicus[101] § 818 II BGB einschlägig. § 817, 2 BGB schließe zwar die Leistungskondiktion des Geleisteten selbst aus, lasse aber Raum für eine Leistungskondiktion des Wertes[102, 103].

b) Bei einer Lösung dieser Frage scheint man mir davon ausgehen zu müssen, daß der Bewucherte das Eigentum an der Darlehensvaluta bzw. den Besitz an der Mietwohnung und die für die Zeit der Überlassung damit verbundenen Gebrauchsvorteile durch Leistung erlangt hat. Der Wucherer hat seine aus dem Darlehens- oder Mietvertrag bestehende Verpflichtung erfüllen wollen und deshalb unter Bezug auf diesen Zweck das Vermögen seines Vertragspartners bewußt gemehrt[104]. Daß dieser die Leistung des Wucherers jedoch endgültig soll behalten dürfen, ist eine weitergehende vorteilhafte Rechtsposition, die nicht durch die Leistung des Wucherers, sondern nur durch das Eingreifen der Bestimmung des § 817, 2 BGB erlangt worden ist. Flume ist daher zuzustimmen: *diesen* Vermögensvorteil darf der Bewucherte „von Rechts wegen"[105] behalten, um ihn ist er „in sonstiger Weise" bereichert. Hiergegen läßt sich auch nicht einwenden[106], die Leistungskondiktion sei ge-

---

[99] Vgl. die in Fn. 82 Genannten.

[100] AT, § 18, 10 f.; es handele sich „um einen besonders interessanten Fall" der Nichtleistungskondiktion. Daß § 817, 2 BGB auf diese nicht anwendbar ist, ergibt sich bereits aus dem das Vorliegen einer „Leistung" erfordernden Wortlaut und ist auch überwiegend anerkannt: Erman / H. P. Westermann, § 817, Rdz. 3; Palandt / Thomas, § 817, 1 b; RGRK / Heimann-Trosien, § 817, Rdz. 1, 12; Esser, SchR II, § 103 IV pr.; Jacoby, JhJb 60, 244; Koppensteiner / Kramer, S. 74; Medicus, Gs. Dietz, S. 65; Reeb, S. 68.

[101] Gs. Dietz, S. 68 ff.; BürgR, Rdz. 700. Zurückhaltender als Flume, will Medicus nur aufweisen, daß eine Vergütungspflicht angenommen werden *könne*. Die von der h. L. für die gegenteilige Ansicht gegebene Begründung überzeuge jedenfalls nicht; die Anerkennung seines eigenen Lösungswegs hänge von der (unbeweisbaren) Prämisse hinsichtlich des Normzwecks ab (dazu schon oben Fn. 67).

[102] Zustimmend jetzt auch Larenz, SchR II, § 69 III b (S. 499, Fn. 1); Koppensteiner / Kramer, S. 77.

[103] Staudinger / Coing, § 138, Rdz. 41 ist wohl so zu interpretieren, daß der Bewucherte, wenn er die Nutzung des Darlehensbetrages weiterhin in Anspruch nehmen will, die Wucherzinsen soll zahlen müssen. Der Klage des Wucherers auf vorzeitige Rückzahlung könne er durch Erhebung der exceptio doli begegnen.

[104] Zu dem Begriff der „Leistung" in der modernen Dogmatik des Bereicherungsrechts bes. BGHZ 58, 184 (188); Weitnauer, NJW 74, 1729; Esser, SchR II, § 101 I, II.

[105] AT, § 18, 10 f. (Fn. 94).

[106] So jedoch Soergel / Mühl, § 817, Rdz. 21; Medicus, Gs. Dietz, S. 73 f.

genüber den Nichtleistungskondiktionen anerkanntermaßen vorrangig[107]: ist doch zwischen den Parteien des Leistungsverhältnisses jede Nichtleistungskondiktion nur im Hinblick auf das gerade durch die Leistung Erlangte ausgeschlossen! Das ist hier nur der Besitz bzw. das Eigentum an der Darlehenssumme bzw. Mietsache, nicht das die Leistung-endgültig-behalten-Dürfen. Um diese sich dadurch im Ergebnis einstellende Ausgabenersparnis ist der Bewucherte auf Kosten des Wucherers bereichert: ob diese Bereicherung nämlich als materiell gerechtfertigt gewollt ist oder im Verhältnis zum Wucherer eines rechtfertigenden Grundes entbehrt, ist nach Sinn und Zweck der Rechtsnorm, die die Vermögensverschiebung bewirkt hat, zu entscheiden[108]. Insoweit ist aber Medicus beizupflichten: Sinn des § 817, 2 BGB ist in diesen Fällen nur die Sicherung des beim Bewucherten vorhandenen Bedarfs[109]. Eine Rechtfertigung des Wegfallens jeglicher Vergütungspflicht ist damit nicht verbunden. Sie wäre — und auch dies nur unter Inkaufnahme von Ungereimtheiten — allenfalls dann anzunehmen, wenn § 817, 2 BGB eine Straffunktion zugesprochen werden könnte, was aber nicht der Fall ist[110]. — Der Umfang der Bereicherung bestimmt sich in diesen Fällen zwanglos nach der ortsüblichen Vergleichsmiete.

c) Bei dieser Lösung erübrigt sich auch eine Stellungnahme zu einem sehr umstrittenen Konkurrenzproblem. Nach Auffassung des BGH[111] kann nämlich ein Anspruch auf Herausgabe der Nutzungen aus §§ 987, 990 I[112] hergeleitet werden, ohne daß dem § 817, 2 BGB entgegenstünde. Folgt man der Ansicht, daß die Ansprüche aus den §§ 987 ff. BGB und aus den §§ 812 ff. BGB nebeneinander bestehen[113], würde — käme man mit der herrschenden Lehre für das Bereicherungsrecht zu dem Ergebnis

---

[107] Zum Subsidiaritäts„grundsatz" vgl. v. a. H. P. Westermann, JuS 72, 18 ff.; Erman / H. P. Westermann, § 812, Rdz. 83 ff. m. w. N.; Koppensteiner, / Kramer, S. 114 ff.; über seine Anwendbarkeit kann nur für je konkrete Fallgruppen entschieden werden (diskutiert werden in diesem Zusammenhang v. a. Fälle des Bereicherungsausgleichs in Dreipersonenverhältnissen und des gutgläubigen Erwerbs); vgl. auch Reeb, S. 48 ff.

[108] Palandt / Thomas, § 812, 6 B c; RGRK / Heimann-Trosien, § 812, Rdz. 48; Staudinger / Seufert, § 812, Rdz. 52, 52 a; Koppensteiner / Kramer, S. 101 f.

[109] S. oben Fn. 67.

[110] Vgl. oben sub. 4 b (bei Fn. 21); daneben speziell Medicus, Gs. Dietz, S. 75 f.

[111] BGHZ 63, 365 (367 ff.); vgl. auch Hans, Anh. zu § 535, B 7 e.

[112] Der BGH geht dabei offenbar von der heute kaum mehr vertretenen Ansicht aus (vgl. RGZ 137, 206 [210]; BGHZ 32, 76 [94]; 41, 157 [158]; RGRK / Johannsen, § 987, 2, 3; Wieling, AcP 169, 140 [156]), die Ansprüche aus dem Eigentümer-Besitzer-Verhältnis seien hinsichtlich der Herausgabe der Nutzungen leges speciales.

[113] Erman / Hefermehl, Vorbem. §§ 987 ff., Rdz. 17, 28; Staudinger / Berg, § 987, Rdz. 10; Baur, SachenR, § 11 B II 3; Berg, JuS 71, 637 f.; Esser, SchR II, § 105 IV 1 b; Fikentscher, SchR, § 101 IV 3; Medicus, BürgR, Rdz. 600; Westermann, SachenR, § 31 III 1 b; Wolff / Raiser, § 85 II b.

des Ausschlusses einer Vergütungspflicht des Bewucherten — ein schwer erklärbarer Widerspruch in der Behandlung von Wuchermiete und Wucherdarlehen auftauchen. Will man ihn vermeiden, müßte man entweder — entgegen dem BGH — § 817, 2 BGB auch auf die Ansprüche aus dem Eigentümer-Besitzer-Verhältnis anwenden oder aber sich hinsichtlich des Konkurrenzverhältnisses der Ansicht anschließen, daß die Abwicklung von Schuldverhältnissen mittels der Leistungskondiktion den Vorrang vor der Abwicklung nach den §§ 987 ff. hat[114].

11. Die Abwicklung nichtiger Bierlieferungsverträge bewegt sich in ähnlichen Bahnen. Auch hier kann wegen § 817, 2 BGB die Brauerei das Darlehen bzw. (und) das Mobiliar für die nichtig vereinbarte Laufzeit des Bierlieferungsvertrages nicht zurückverlangen[115]. Auch hier besteht aber gegen den Gastwirt ein Anspruch aus Kondiktion in sonstiger Weise auf Entgelt für die Kapital- bzw. Sachnutzung[116].

Hinsichtlich der bereits abgewickelten Bierlieferungen ist zweifelhaft, ob diese Leistungen der Brauerei nicht tadelfrei sind. Dann müßte nach den allgemeinen Grundsätzen rückabgewickelt werden: die Brauerei könnte den Wert des Bieres (§ 818, II BGB) kondizieren, der Gastwirt den bezahlten Kaufpreis; beide Kondiktionen würden saldiert. Mehr spricht freilich dafür, das Verdikt der Sittenwidrigkeit auch auf die Leistungen der Brauerei zu erstrecken: auch sie bezweckten die Knebelung des Vertragspartners, dienten der Erfüllung eines dessen wirtschaftliche Bewegungsfreiheit in unvertretbarer Weise einengenden, in seinem Gesamtcharakter sittenwidrigen Vertrages. Dann wäre die Kondiktion auch hier durch § 817, 2 BGB ausgeschlossen. Im Gegensatz zu den Fällen des Wuchers wird dann freilich auch dem Gastwirt im Hinblick auf die Erbringung seiner Gegenleistung der Vorwurf sittenwidrigen Handelns gemacht werden müssen: der unmittelbare Zweck, dem auch diese Leistung dienen soll, ist anstößig. § 817, 2 BGB muß deshalb hier im Ergebnis zumeist zu einer Aufrechterhaltung des status quo führen. Nur in

[114] So v. Caemmerer, Ges. Schr. I, S. 308/9, Fn. 42; Köbl, S. 265; w. N. bei Emmerich, JuS 75, 396/7, Fn. 7 (zu Nr. 7).

[115] Zu Unrecht führt deshalb Herzog (S. 152) als Argument für die Anerkennung der quantitativen Teilnichtigkeit an, daß bei der sonst eingreifenden Nichtigkeit des Darlehensvertrages der Gastwirt schweren Schaden erleiden könne.

[116] Anspruchsgegenstand ist hier die Nutzungs- bzw. Verwertungsmöglichkeit. Der Anspruchsumfang bestimmt sich gem. § 818 II. Zu diesen dogmatisch sehr umstrittenen Fragen (Bestimmung des Bereicherungsgegenstandes bei nicht-gegenständlichen Vermögensvorteilen und Ermittlung des Anspruchsumfangs) vgl. neuestens die die verschiedenen Meinungen ausführlich diskutierende und im Ergebnis überzeugende Arbeit von Törl, bes. S. 37 ff., 88 ff., 125 ff., 141 ff. — Die Schwierigkeiten, die die Wertermittlung bereiten kann, hat schon der BGB-Gesetzgeber gesehen und hingenommen (vgl. Mot. II, 831); zu den Problemen heute etwa Erman / H. P. Westermann, § 818, Rdz. 16 ff.; Soergel / Mühl, § 818, Rdz. 11 ff.; Koppensteiner / Kramer, S. 159 ff.

verhältnismäßig wenigen Fällen wird sich sagen lassen, daß der Gastwirt etwa durch Not gezwungen worden und daß deshalb seine Kondiktion nicht durch § 817, 2 BGB versperrt ist. Dann gilt auch hier das zum Mietwucher Ausgeführte.

12. Insgesamt hat sich damit gezeigt, daß jedenfalls für den in der vorliegenden Arbeit behandelten Problemkreis an einem Alles-oder-Nichts festgehalten werden kann, auch ohne daß verfeinertes Rechtsempfinden sich über atavistische Grausamkeiten[117] zu beschweren hätte.

[117] Vgl. oben Kap. I 1.

Vierter Teil

Das Ergebnis

X. Gesetz und richterliches Billigkeitsempfinden

1. Sicherlich bestehen zwischen der Konkretisierung der vom Gesetzgeber bewußt offengelassenen Räume in wertausfüllungsbedürftigen Klauseln und der Auslegung einerseits, den methodisch anerkannten Schlußverfahren zur Lückenfüllung andererseits und der Rechtsfortbildung extra (praeter oder contra) legem dritterseits keine eindeutigen Grenzen. Im Vorstehenden ist jedoch zu zeigen versucht worden, daß es vorliegend nicht um einen jener Fälle geht, in denen sich das Gesetz gemäß seiner eigenen Absicht und Teleologie als lückenhaft erweist. Insbesondere lassen sich daher die Nichtigkeitswirkungen nicht durch teleologische Reduktion beschränken, müßte dann doch zunächst das Vorliegen einer „verdeckten" Lücke nachgewiesen werden können[1]. Die in Betracht kommenden Fälle haben aber eine Regelung erhalten, durch deren Anwendung dem Grundgedanken des Gesetzes keineswegs planwidrig Abbruch geschehen würde. Eine Diskrepanz zwischen gesetzgeberischem Zweck der Norm und dem tatsächlich erfaßten Regelungsbereich, der nun auf den der Grundabsicht des Gesetzes entsprechenden Bereich zurückgeführt werden müßte, ist nicht ersichtlich[2]. — Will man die Einführung des Moderationsrechts bei wucherischen und wucherähnlichen Verträgen unbedingt als Lückenproblem betrachten, so könnte allenfalls das Vorliegen einer „Rechtslücke"[3] behauptet werden, die dann (unter den Vorausetzungen eines „Rechtsnotstands" bei Versagen des Gesetzgebers) im Einzelfall von der Rechtsprechung geschlossen werden könnte. Doch zum einen hat Larenz[4] darauf hingewiesen, daß auf den Begriff einer Rechtslücke, die nicht zugleich Gesetzeslücke ist, der Gedanke einer planwidrigen Unvollständigkeit nicht paßt. Zum anderen

---

[1] Hierzu Larenz, Methodenlehre, S. 362 ff., 377 ff.; Fikentscher, Methoden III, S. 720, 723 f.; auch Methoden IV, S. 311 f.

[2] Nicht als Schließung einer (hier: offenen) Lücke, sondern nur als gesetzesübersteigende Rechtsfortbildung kann, um ein Parallelbeispiel zu nennen, auch etwa die Anwendung der §§ 74, 74 a HGB auf Arbeitnehmer jeder Art (BAG SAE 71, 106) angesehen werden (hierzu Larenz, Methodenlehre, S. 365).

[3] Vgl. Canaris, Lücken, S. 35 ff., 141 u. ö.; Engisch, Einführung, S. 134 ff.; Göldner, S. 78 f.; Larenz, Kennzeichen, S. 3.

[4] Methodenlehre, S. 361 f.

würde so das Problem des extralegalen Richterrechts nur terminologisch von einem anderen Ende her aufgezäumt.

Unter Anknüpfung insbesondere an die Ausführungen des V. Kapitels kann nunmehr abschließend resümiert und auch unter Einbeziehung übergreifender methodischer Aspekte die Frage beurteilt werden, ob die von der herrschenden Meinung bzw. der Rechtsprechung für den Mietwucher und die Bierlieferungsverträge mit übermäßig langer Ausschließlichkeitsbindung vorgeschlagene Rechtsfortbildung legitim und überhaupt zweckmäßig ist.

2. Diese Frage läßt sich zunächst unter einem (nur vordergründig) gleichsam methoden-ästhetischen Blickwinkel beantworten. Auch abgesehen vom verfassungsrechtlichen Legitimitätsproblem sollte man vor mißglückten richterlichen Rechtsfortbildungen warnen. Wann eine Rechtsfortbildung als geglückt charakterisiert werden kann und wann sie als mißglückt bezeichnet werden muß, läßt sich im Rückblick auf das höchstrichterliche Entscheidungsmaterial einigermaßen deutlich erkennen. Larenz hat aufgrund einer derartigen Betrachtung die maßgeblichen Kriterien zusammengestellt. Danach ist eine geglückte richterliche Rechtsfortbildung durch eine bruchlose Einfügung in das vorhandene Ganze der Rechtsordnung gekennzeichnet[5]. Es müssen ferner Maßstäbe aufgestellt werden, nach denen die Rechtsfolge bestimmt werden kann; die Entscheidungen müssen insofern nachprüfbar und dürfen nicht in das unkontrollierte subjektive Ermessen des Richters gestellt sein[6]. Zum dritten darf aber diese Regel nicht den Charakter einer willkürlichen Festsetzung tragen, sondern muß aus rechtlichen Erwägungen ableitbar sein[7].

---

[5] Kennzeichen, S. 6 ff., 13; nicht geglückt insofern z. B. die Entwicklung der Sicherungsübereignung (hierzu auch Methodenlehre, S. 403 f., 419).

[6] Kennzeichen, S. 8 ff., 13; nicht geglückt etwa die Lehre von der Geschäftsgrundlage (hierzu auch z. B. Flume, Fs. DJT, S. 207 ff.) und von der Beschränkung der Formstrenge durch § 242 BGB (hierzu besonders Gernhuber, Fs. Schmidt / Rimpler, 151 ff.; aus der Rspr. zuletzt BGH NJW 77, 2072 f.), wohl auch die eben kein „Rechtsinstitut" darstellende Inhaltskontrolle der ABG vor dem 1. 4. 1977. Es hat sich hier um eine reine Billigkeitskontrolle gehandelt, wobei in den einschlägigen Judikaten eine Generalklausel durch eine andere ersetzt wurde. Allerdings wird man bezweifeln müssen, daß die Rechtsprechung überhaupt eine auch nur maßvollen Anforderungen genügende Konkretisierung und Fixierung hat leisten können, da es sich um eine Problematik handelt, die rechtspolitisch von großer Bedeutung ist, die weite Teile des BGB überspannt und sich bei der großen Vielzahl der von AGB erfaßten Regelungsbereiche einer dogmatischen Verfestigung durch den mit notwendig kasuistischem Ansatz vorgehenden, noch dazu mit vielen Regelungskomplexen und Klauseln nicht einmal befaßten BGH entzieht. Es hat sich hier also wohl um den bemerkenswerten Fall einer legitimen (vgl. Kap. V, Fn. 138 a. E.), aber notwendig vor den erwähnten Anforderungen zum Scheitern verurteilten Rechtsfortbildung gehandelt.

[7] Kennzeichen, S. 11 f., 13; vgl. auch BVerfGE 34, 269 (287); Heusinger, S. 100;

All diese Grundsätze sind im vorliegenden Zusammenhang mißachtet. Daß eine bruchlose Einfügung in das Rechtssystem nicht gewährleistet ist, zeigt sich bereits an den vielfältigen Konstruktionsschwierigkeiten: die Frage, ob der Vertrag wirksam oder (teilweise?) unwirksam ist, wird zumeist nicht genau beantwortet; es ist von Modifikation, Herabsetzung, Umschaffung, Aufrechterhaltung die Rede. Weiterhin ist nicht einsichtig, warum das Modifikationsrecht nur in einigen der einschlägigen Fallgruppen angewendet wird, bzw. warum gerade in diesen[8]. Insbesondere das Zusammenspiel der §§ 134, 138 I, 138 II BGB wird in empfindlicher Weise gestört, wenn für den Anwendungsbereich etwa des § 134 BGB oder des § 138 I BGB andere Rechtsfolgen anerkannt werden, als man bei § 138 II BGB für zwingend vorgeschrieben erachtet. Diese Anwendungsbereiche sind nicht nach materiellen Gesichtspunkten strikt voneinander abgrenzbar (so daß sie jeweils wertungsmäßig nicht vergleichbare Fallgruppen beträfen), sondern ergeben sich lediglich aufgrund von Subsidiaritäts- und Spezialitätsüberlegungen. § 134 BGB greift ein, wenn die Vornahme oder der Inhalt[9] eines Rechtsgeschäfts gesetzlich ausdrücklich verboten ist; eine möglicherweise[10] außerdem vorhandene Anstößigkeit von insoweit schon gemäß § 134 BGB verbotenen Rechtsgeschäften unter dem Aspekt der Sittennorm tritt gegenüber der vom Gestzgeber vollzogenen Aufnahme in den Bereich des von der geschriebenen Rechtsordnung Verbotenen zurück[11]. Mit der immer stärker abnehmenden Konkordanz des Wertempfindens in einer pluralistischen Gesellschaft, die in immer weniger Bereichen einen nicht problematisierten allgemeinen Konsens über das sittlich Gebotene bzw. Mißbilligte erzielt und mit der (zu einem guten Teil damit zusammenhängenden) stark zunehmenden legislatorischen Aktivität unserer Tage verkleinert sich der ausschließliche Anwendungsbereich des § 138 I BGB[12]. Ob es angesichts dessen ein besonders glücklicher Gedanke war, den Wucher in § 138 II BGB als Spezialfall des sittenwidrigen Geschäfts zu regeln[13], ist zweifelhaft. Immerhin liegt bei einem Verstoß

---

nicht geglückt insofern z. B. die Rechtsprechung des BAG über die Zulässigkeit von Rückzahlungsklauseln bei Gratifikationen und Treueprämien.

[8] Das distinguishing des BGH (z. B. in NJW 77, 1233 [1234]) beanstandet zu Recht (aber von einem anderen Ausgangspunkt her) auch Lindacher, JR 77, 413; vgl. im übrigen oben Kap. I, 3, Kap. II, 3, Kap. I, Fn. 61, Kap. III, Fn. 84.

[9] Prot. Mugdan I, 725 (anders noch § 105 des E I).

[10] Wenn Erman / H. Westermann, § 134, Rdz. 2 behauptet, ein Gesetzesverstoß sei in der Regel auch ein Sittenverstoß, so kann dem nicht gefolgt werden; es gibt heute eine große Zahl sittlich indifferenter Gesetze mit rein ordnender Funktion (z. B. auf wirtschaftspolitischem Gebiet).

[11] Vgl. auch Mazzola, S. 41 f.

[12] Ähnliches ist im öffentlichen Recht bei der Anwendung der polizeilichen Generalklausel im Verhältnis von öffentlicher Ordnung und öffentlicher Sicherheit zu beobachten.

[13] Vgl. oben Kap. VIII, Fn. 147.

gegen eine Norm des Strafrechts, und das heißt heute: immer, gleichzeitig ein Gesetzesverstoß vor. Anerkennt man für § 134 BGB ein Modifikationsrecht, ergeben sich große Schwierigkeiten der Harmonisierung des gesetzlichen Regelungssystems, die durch eine wenigstens einigermaßen am Postulat der Gesetzestreue orientierte Interpretation kaum gelöst werden können und ständig neue Folgeprobleme aufwerfen. So könnte, will man nicht beispielsweise radikal entweder durch Streichung des Worts „insbesondere" die Verknüpfung zu § 138 I BGB aufheben[14] (womit im übrigen wenig gewonnen wäre) oder in § 138 II BGB die Klausel „abgesehen von den strafrechtlich geregelten Fällen" hineininterpretieren[14] (womit man im Ergebnis eine Norm ohne Anwendungsbereich hätte), § 138 II BGB gegenüber § 134 BGB i. V. m. § 302 a StGB als lex specialis aufgefaßt werden; dann wäre jedoch seltsamerweise eine Subsidiärnorm für einen speziellen Bereich der vorrangigen Norm gegenüber ihrerseits für vorrangig erklärt. — Auch könnte man nicht beispielsweise lediglich bei Verstößen gegen das Verbot der Mietpreiserhöhung (§ 5 WiStG i. V. m. § 134 BGB) eine modifizierte Aufrechterhaltung anerkennen. Zwar hat der Gesetzgeber in diesem Bereich eine Angemessenheitskontrolle statuiert, doch wäre es eine seltsame Konsequenz, wollte man den ärger betroffenen (nämlich im Sinne des § 138 II BGB bewucherten) Mieter demgegenüber der (legt man die Wertung der herrschenden Lehre zugrunde) unangemesseneren Rechtsfolge aussetzen.

Doch auch den anderen beiden eine geglückte Rechtsfortbildung kennzeichnenden Anforderungen genügt, obwohl diese Kriterien in antagonistischer Spannung zueinander stehen, die Anerkennung des Modifikationsrechts nicht. Als Beispiel sei hier noch einmal an die Unsicherheit erinnert, die darüber herrscht, bis zu welcher Dauer bzw. welchem Preis das Übermaß reduziert werden solle[15]. Man ist sich hier z. T. noch nicht einmal abstrakt über die Grenze im klaren; und das „angemessene" Maß, auf das insoweit alles zuzusteuern scheint[16], ist kein Maßstab, der auch nur den mindesten Anhaltspunkt zu bieten vermöchte. Stärker können rechtliche Entscheidungen nicht dem nicht näher erfaßbaren Gutdünken des jeweils entscheidenden Richters anheim gegeben werden[17].

---

[14] C. Raiser, S. 26 f.

[15] Vgl. oben Kap. III, 4.

[16] Vgl. auch Kap. II, 6 e.

[17] Ein weiteres eindrucksvolles Beispiel bietet OLG Stuttgart, JZ 75, 572 ff. Das Gericht hat hier den von ihm *insgesamt* für nichtig gehaltenen Vertrag zwar umgedeutet, aber nur im Hinblick auf konkrete Formulierungseigentümlichkeiten der mißbilligten Vereinbarung. Prinzipiell hätte es eine Anwendung des § 138 BGB in Betracht gezogen. Warum soll dann aber gerade die Aufrechterhaltung von Ziffer 2 des Vertrages rechtens sein? Die nicht näher erfaßbare Beliebigkeit liegt hier in der Auswahl einer (oder einzelner) von mehreren,

Wenn die Rechtsprechung andererseits die Grenze, ab welcher eine Reduktion jedenfalls Platz zu greifen habe, beim Bierlieferungsvertrag abstrakt festzulegen versucht hat, so handelt es sich hier um eine weitgehend beliebige Festsetzung[18]. Daß gerade diese Norm ein materiales Rechtsprinzip in einer sich aus diesem zwingend bzw. intersubjektiv nachvollziehbar ergebenden Weise verwirklicht, läßt sich nicht sagen. Es fehlt an rechtlichen Erwägungen, mit denen die Fixierung der Zwanzig-Jahres-Norm begründet, aus denen sie einsichtig gemacht werden könnte. „Der Sprung von dem materialen Rechtsgedanken ... zu der festen Einzelregel (ist hier) gar zu groß[19]."

Im Gegensatz zu den von Larenz aufgeführten Beispielen, die jeweils nur in einer Hinsicht „gescheitert" waren, kann die hier untersuchte Rechtsfortbildung vor allen Kriterien gleichzeitig nicht bestehen und steht im Widerspruch zu allem, was „geglückte" Rechtsschöpfungen kennzeichnet. Wenn man ferner beachtet, daß die angedeuteten Mängel nicht auf leicht auszumerzenden Zufälligkeiten oder Begründungsunsauberkeiten beruhen, sondern strukturell und unweigerlich mit der Anerkennung eines derartigen Modifikationsrechts verbunden bleiben werden, erscheint schon unter diesem Aspekt — zurückhaltend formuliert — ein Fortfahren auf dem einmal eingeschlagenen Wege nicht ratsam.

3. Soeben wurde auf die Flut von Gesetzen hingewiesen, die der Bundestag Jahr für Jahr nach Art fließbandmäßiger Massenproduktion gleichsam „ausstößt"[20]. In eklatantem Widerspruch dazu scheint es zu stehen, wenn vielfach das Versagen des demokratischen Gestzgebers kritisiert und seine „Flucht aus der politischen Verantwortung"[21] beklagt wird. Gleichwohl sind bis zu einem gewissen Grade beide Aussagen nebeneinander berechtigt. Der erstgenannten Kritik wäre durch eine stärker an der repräsentativen Funktion, an den Kategorien der Transparenz und Partizipation orientierte Parlamentsreform Rechnung

---

zu dem beanstandeten Übermaß gerade in ihrer Gesamtheit führenden Klauseln; ebenso Krampe, JZ 75, 575 in seiner Anmerkung.

[18] Vgl. oben Kap. III, 3.

[19] Vgl. Larenz, Kennzeichen, S. 12; vgl. in diesem Zusammenhang auch Forsthoff, Industriegesellschaft, S. 136 f. (zu BVerfGE 24, 300 ff.).

[20] In der 4. Wahlperiode wurde zu 260 von insgesamt 429 beschlossenen Gesetzen im Bundestagsplenum kein einziges Wort der Begründung vorgebracht (Hennis, S. 130 f.). Auswertung der Bundesgesetzblätter von 1965 - 1975: Die Seitenzahl hat um 46 %, die Zahl der Gesetze und Verordnungen um 48 % zugenommen. (Zum Vergleich: 1900 - 1910 verabschiedete der Reichstag durchschnittlich 27 Gesetze pro Jahr, das Reichsgesetzblatt war etwa 1882 141 Seiten stark) (s. Zweigert, Die rechtsstaatliche Dimension, S. K. 6 ff.). Zum „Niedergang" des Gesetzgebungsverfahrens vgl. schon Esser, GuN, S. 26, 289 ff. m. w. N.; H. Schneider, Fs. G. Müller, S. 421 ff.

[21] Vgl. v. a. Diederichsen, Flucht.

zu tragen[22]. Was hingegen das Versagen des Gesetzgebers anlangt, so zeigen die von Diederichsen aus den verschiedensten Bereichen angeführten Beispiele[23], daß es sich auch bei diesem Vorwurf nicht um an der tatsächlichen Problematik völlig vorbeigehendes „Gerede"[24] handelt. Zu kritisieren, daß der Gesetzgeber die klare Entscheidung von sozialen Konflikten vielfach durch Einfügung von Generalklauseln umgeht, in rechtspolitisch außerordentlich brisanten, zum Teil „geglückter" Rechtsfortbildung kaum zugänglichen Bereichen nicht oder erst außerordentlich spät[25] tätig geworden ist, gegen problematische Wucherungen des Richterrechts nicht einschreitet[26]: dies und manche andere Kritik[27] scheint mir weder ein illegitimes Maßnehmen an einem heute nicht mehr verbindlichen Kodifikationsideal zu implizieren, noch die Normalitäten einer demokratisch verfaßten Industriegesellschaft zu verkennen[28]. So richtig es ist, daß der Gesetzgeber angesichts der „Beschleunigung der Geschichte"[29], angesichts der großenteils unüberschaubaren und komplizierten, einer Vorausplanung mitunter jedenfalls in den Einzelheiten nicht zugänglichen Zusammenhänge und angesichts etwa außenpolitischer Prioritäten oft gar nicht in der Lage ist, den „Normenhunger einer ständig ausdifferenzierenden Sozialordnung"[30] zu stillen, so kann mit derartigen Überlegungen doch nicht die zwingende Notwendigkeit von Rechtsfortbildungsbefugnissen in Fällen dargetan werden, in denen der Gesetzgeber nun gerade einmal eine definitive Entscheidung getroffen hat. Das nicht selten gebrauchte Argument: hätte der Richter eine etwa von den Bedürfnissen des Geschäftsverkehrs geforderte Rechtsfortbildung verweigert, so hätte sich der Gesetzgeber einer Regelung nicht länger ent-

---

[22] Im Sinne vor allem von Hennis, S. 121 ff., 124, 126 ff.; vgl. auch Kißler, S. 384 ff., 511 ff., 620 ff. und passim.

[23] S. 25 ff., 35 ff., 41 ff.

[24] So D. Simon, Unabhängigkeit, S. 98.

[25] Das AGBG ist am 1. 4. 1977 in Kraft getreten. Die den Ausgangspunkt für die von der Rechtsprechung praktizierte offene Inhaltskontrolle bildende „Monopolrechtsprechung" setzte nach anfänglichem Zögern (RGZ 11, 100 [110]) schon mit einer Entscheidung vom 11. 2. 1888 ein (RGZ 20, 115 [116 f.]); vgl. weiterhin RGZ 48, 114 (127 f.); 32, 342 (343); 62, 264 (266) und die Ausweitung des Monopolbegriffs in RGZ 102, 396 (397); 103, 82 (83 f.); 115, 218 (219 f.); nähere Einzelheiten bei W. Weber, Die AGB, N. 345 - 351. Die berühmte Monographie von L. Raiser stammt aus dem Jahre 1935!

[26] Meist hat der Gesetzgeber richterrechtliche Rechtsfortbildungen unangefochten gelassen, mitunter hat er sie hernach in Gesetzesform umgegossen und damit gleichsam übernommen (vgl. Bertelmann, S. 82 ff.; Rüthers, Auslegung, S. 411 ff.), korrigiert hingegen so gut wie nie (für das AGBG vgl. etwa Ulmer in Ulmer / Brandner / Hensen, Einleitung, Rdz. 41; Einf. vor § 1, Rdz. 3; Brandner in Ulmer / Brandner / Hensen, § 9 Rdz. 2 - 4).

[27] Vgl. auch die Forderungen von Herschel, JZ 67, 736.

[28] Vgl. Kübler, JZ 69, 650 f.

[29] Gernhuber, Billigkeit, S. 217; vgl. auch Rheinstein, JuS 74, 416.

[30] D. Simon, Unabhängigkeit, S. 98.

ziehen können[31], mag in heutiger Zeit im Einzelfall schon zu optimistisch sein — für die Zeit vor dem Ersten Weltkrieg gibt es gerade im vorliegenden Zusammenhang zwei Beispiele, in denen der Gesetzgeber die Nichtigkeitsfolgen modifiziert hat[32] —; doch ist andererseits nicht zu verkennen, daß Flucht des Gesetzgebers und Aufmarsch des Richters nicht in einem einseitig-geradlinigen Folgeverhältnis, sondern in inniger Wechselbeziehung zueinander stehen. Jede allgemein anerkannte oder hingenommene Erweiterung der Rechtsetzungsbefugnisse der Judikative erleichtert dem Gesetzgeber den Rückzug aus seinem angestammten Territorium. Gerade in Fällen, in denen der Gesetzgeber eine gesetzliche Regelung bereitgestellt hat, mit der im Ergebnis auch auszukommen ist[33], sollte ihm die Gestaltungsprärogative[34] insofern nicht streitig gemacht werden.

4. Um aktive Sozialgestaltung handelt es sich aber, wenn der Richter nach seinem Gutdünken in Miet- und Bierlieferungsverträge eingreift. Insbesondere das Abhängigkeitsverhältnis von Gaststätten und Brauereien ist ein wirtschaftspolitisch außerordentlich problematischer Sachverhalt. Konkurrenzdruck im Brauerei- und Übersetzung im Gaststättengewerbe veranlassen die jeweiligen Verbände und Interessengruppen auf beiden Seiten, schwarz zu malen und von ihrem Standpunkt aus ganz unterschiedliche Forderungen an den Politiker zu stellen, ganz unterschiedliche Vertragsmodalitäten als „angemessen" zu propagieren[35]. Soll angesichts dieser stark divergierenden Ansichten eine verantwortlich-politische Entscheidung getroffen werden, bedarf es der Möglich-

---

[31] Larenz, Kennzeichen, S. 7; vgl. auch Herschel, JZ 67, 736; Hirsch, JR 66, 341.

[32] Vgl. Kap. V, 5 c (Fn. 68); Kap. VI, 4 c (bei Fn. 76); vgl. weiterhin etwa § 48 II TestG von 1938 sowie die bei K. Simitis, S. 37 und Kramer, S. 15 genannten Beispiele.

[33] In jedem Falle wäre es abwegig, das Ergebnis als „unerträglich" (i. S. v. Larenz, Methodenlehre, 2. Aufl., S. 401) zu bezeichnen; dies auch wenn man berücksichtigt, daß heute sehr viel eher als früher jedes Stückchen materialer Ungerechtigkeit im Einzelfall als „unerträglich" empfunden wird: vgl. Heusinger, S. 106 f. Zum Verhältnis des heutigen „Zeitgeistes" zur „Form" Gernhuber, Fs. Schmidt-Rimpler, S. 169 f.; Ebel, S. 6 ff., 33 („Dem deutschen Richter von heute scheint oftmals das Herz zu brechen, wenn er ein der gesetzlichen Form ermagelndes Rechtsgeschäft schlicht für ungültig erklären soll" [S. 9]).

[34] Bereits aus den gesetzlichen Zuständigkeitsanordnungen der Gerichte lassen sich Rechtsbildungskompetenzen ableiten; Ursprung des „gesetzesvertretenden" Richterrechts beispielsweise ist die Inkongruenz von Entscheidungsgrundlagen und Entscheidungskompetenzen. Dem Gesetzgeber kommt insofern kein Rechtsetzungsmonopol, sondern nur die Gesetzgebungsprärogative zu. Hierzu v. a. Germann, S. 279 ff., 288 ff.; J. Ipsen, S. 50 ff.; Kriele, S. 60 ff., 311; H.-P. Schneider, DÖV 75, 448.

[35] Interessant in diesem Zusammenhang auch die völlig gegensätzliche Beurteilung des Individualschutzes durch das Zivilrecht unter wettbewerbspolitischem Aspekt bei Emmerich, WettbewerbsR, S. 110 und Schwartz, Gemeinschaftskommentar, 3. Aufl., § 18, Rdz. 41.

keit der Beschaffung umfassenden Tatsachenmaterials, darauf und auf sozialwissenschaftlichen, sozial- und wirtschaftspolitischen Kenntnissen aufbauender gründlicher Würdigung des Folgenhorizontes und eines den Anforderungen demokratischer Grundsätze entsprechenden Verfahrens, das, politischer Einflußnahme zugänglich und offen, an den Prinzipien von Diskussion und Öffentlichkeit ausgerichtet ist. Dem entspricht das Gesetzgebungsverfahren, nicht das auf den Einzelfall bezogene, auf die beteiligten Parteien beschränkte, lediglich formalisierter Einflußnahme zugängliche und bei der Ermittlung genereller Tatsachen auf begrenzt generalisierbare Einzelfälle oder zumeist nicht näher problematisierte Alltagstheorien angewiesene, ferner vom Entscheidungszwang geprägte[36] richterliche Entscheidungsverfahren[37]. Damit wird nicht behauptet, der Richter sei nur „Rechtsbewahrer“[38] und fälle stets allein konditionalprogrammierte Entscheidungen[39]. Aber der *Befund*, daß der Richter mitunter „politischer“ Richter[40] ist (d. h.: in manchen gesetzlich nicht abschließend determinierten Bereichen Recht „schöpft“), braucht nicht dazu zu führen, ihn ganz unbeschränkt zum Sozialingenieur[41] zu befördern. Eine derart umfassende Kompetenzzuweisung ist Struktur und Verfah-

---

[36] Vgl. zu den Anforderungen an eine Verwirklichung effektiven richterlichen Privatrechtsschutzes v. a. Dütz, S. 193 ff.

[37] An (mitunter allerdings recht zufälliger) Einzelfallkenntnis und Sachnähe hat der Richter dem Gesetzgeber demgegenüber einiges voraus. Gesetzeskonkretisierung ist demgemäß legitimes officium iudicis (vgl. hierzu auch J. Ipsen, S. 188 f., 231 ff.).

[38] Vgl. z. B. Schneider, AöR 82, 12 ff.; H. H. Klein, DRiZ 72, 335; derartige „Wesens“begriffe sind aber zu vage und mit starken Unsicherheiten in den Grenzbereichen belastet, um als geeigneter Ausgangspunkt für eine Beurteilung zu dienen. Sie können allenfalls die Tendenz richterlicher Tätigkeit im allgemeinen charakterisieren. Vgl. hierzu auch Göldner, S. 154 f., 157, 164 ff.; Schlüter, S. 21 ff. Darstellung und Kritik weiterer Lehrmeinungen zur Abgrenzung von Legislative und Judikative bei J. Ipsen, S. 34 ff.; zu den „materiellen Rechtsprechungsbegriffen“ S. 32 f.; (demgegenüber wählt neuerdings aber wieder H.-P. Schneider, DÖV 75, 447, einen solchen als Ausgangspunkt [vgl. auch Hesse, S. 221; Starck, VVDStRL 34, 65 f.]: Rechtsprechung sei zu bestimmen als autoritative verselbständigte Entscheidung in Fällen bestrittenen oder verletzten Rechts nach einem besonderen Verfahren).

[39] Hierzu Luhmann, Rechtssoziologie 2, 227 ff.

[40] Hierzu D. Simon, Unabhängigkeit, S. 104 ff., kommentierte Literaturübersicht, S. 127 ff.; vgl. auch Zweigert, Die rechtsstaatliche Dimension, S. K 10 ff. Gegen die vielfach undifferenzierten, nicht nur, aber auch unter „justizpädagogischem“ Aspekt außerordentlich problematische Qualifizierung der Rechtsanwendung als „politisch“ hat sich jüngst eindringlich und zutreffend Zöllner, S. 132 ff. ausgesprochen; zum Problem der Gesetzesbindung, s. S. 152 ff. Aus staatsrechtlicher Sicht vgl. Stern, StR I, § 1 V 3, § 2 II 2, § 20 IV 4 a δ. Insbesondere Starck, VVDStRL 34, 60 ff. hat betont, daß, da zwischen Sprache und Wirklichkeit intersubjektiv nachprüfbar eine Brücke geschlagen werden kann, Normativität möglich ist.

[41] Hierzu etwa die Diskussion über das vom sog. „Wiesbadener Modell“ entworfene Leitbild des Juristen zwischen Coing (JuS 73, 797 ff.) und Lüderssen (JuS 74, 131 ff.).

ren des Organs Rechtsprechung nicht angemessen[42]. Wiederum soll mit diesen Aussagen keine (über das behandelte Thema hinausreichende) generelle Aussage zum Thema Richterrecht abgegeben werden. Doch sprechen derartige Überlegungen verfassungsrechtlicher Art, die im übrigen noch die gegenüber der Legislative höchst mittelbare demokratische Legitimation[43] des Richters[44] und die in Art. 97 GG garantierte, mit der Gesetzesbindung untrennbar verbundene richterliche Unabhängigkeit[45] zu berücksichtigen hätten, eindeutig gegen eine Überschreitung der äußersten der Richterwillkür gesetzten Schranke: des Normwortlauts[46]. Dies jedenfalls für einen Normalfall wie vorliegend, in dem von einem Rechtsnotstand keine Rede sein kann[47]. Das in Anwendung der

---

[42] Sehr instruktive vergleichende Untersuchung von Gesetzgebungs- und richterlichem Revisionsverfahren bei J. Ipsen, S. 138 ff. m. w. N.; vgl. weiterhin Heldrich, Jb. III, S. 337 ff.; Heusinger, S. 99; Luhmann, Rechtssoziologie 2, S. 234 ff.; Schlüter, S. 31 ff.; H.-P. Schneider, DÖV 75, 449, 451 f. (der von „faktischen Grenzen" der richterlichen Wertungsfreiheit spricht); Starck, VVDStRL 34, 67 ff.; zur Öffentlichkeitsfunktion des Bundestages v. a. die gründliche Analyse von Kißler, S. 128 ff., 283 ff. (297 ff., 335 ff.).

[43] Vgl. Art. 95 II GG i. V. m. dem Richterwahlgesetz.

[44] Hierzu J. Ipsen, S. 196 ff.; H. H. Klein, DRiZ 72, 338; Redeker, NJW 72, 414; H.-P. Schneider, DÖV 75, 447; vgl. auch Bertelmann, S. 158 ff., 161 ff.; Zöllner, S. 138 f., 146, Fn. 41.

[45] Forsthoff, Industriegesellschaft, S. 133; Habscheid, S. 17 f.; J. Ipsen, S. 207 ff.; H. H. Klein, DRiZ 72, 337; Luhmann, Rechtssoziologie 2, S. 233; Schlüter, S. 22 f.; Stein, NJW 64, 1748; vgl. auch Baur, JZ 57, 196 über die mit der schon vom Gesetzgeber in manchen Bereichen (zunächst in Kriegs- und Notzeiten) vollzogenen Übertragung sozial- und gesellschaftlicher Ausgleichsfunktion auf den Richter verbundenen Gefahren.

[46] Ferner muß in die Überlegungen einbezogen werden, daß alle Gerichte verpflichtet sind zu prüfen, ob die Rechtsnorm, auf die es für die Entscheidung des Falles ankommt, gültig ist. Halten sie sie für verfassungswidrig, gibt Art. 100 I GG bestimmte Verfahrensvorschriften; für nachkonstitutionelle (BVerfGE 2, 124 [128 ff.]; seither st. Rspr.: z. B. 4, 331 [339]; 7, 330 [335]; 18, 241 [252]) und vorkonstitutionelle Gesetze, die der Gesetzgeber nach Inkrafttreten des Grundgesetzes „in seinen Willen aufgenommen" hat (BVerfGE 6, 55 [65]; 11, 126 [129]), ist die Verwerfungskompetenz bei den Verfassungsgerichten monopolisiert. Es wäre deshalb unzulässig, ein für die Entscheidung des Falles maßgebliches Gesetz unter Hinweis auf Verfassungsnormen außer Betracht zu lassen bzw. zu korrigieren und der Sache nach eine Normenkontrolle außerhalb des von Art. 100 GG zur Verfügung gestellten Verfahrens vorzunehmen (hierzu — unter berechtigter Kritik an BVerfGE 34, 269 ff. [bes. 292] — v. a. H.-P. Schneider, DÖV 75, 448 f.; J. Ipsen, S. 190 ff., 236, 155 ff.; ders., NJW 77, 2290 f.; vgl. demgegenüber aber auch Göldner, S. 168 ff.). Freilich ist nicht sicher, ob in jedem Falle eines „Rechtsnotstandes" mit diesem Kontrollverfahren auszukommen, die Norm, gegen die entschieden werden soll, für verfassungswidrig zu halten ist. — Zur verfassungskonformen Auslegung Göldner, S. 43 ff.; J. Ipsen, S. 167 ff.; Skouris, S. 90 ff. (96 ff.).

[47] „Der Konflikt zwischen der Gerechtigkeit und der Rechtssicherheit dürfte dahin zu lösen sein, daß das positive, durch Satzung und Macht gesicherte Recht auch dann den Vorrang hat, wenn es inhaltlich ungerecht und unzweckmäßig ist, es sei denn, daß der Widerspruch des positiven Gesetzes zur Gerechtigkeit ein so unerträgliches Maß erreicht, daß das Gesetz als ‚unrichtiges Recht' der Gerechtigkeit zu weichen hat." (G. Radbruch [1950], zit. nach BVerfGE 3, 225 [233]).

vom BGB zur Verfügung gestellten Normen erzielte Ergebnis erfordert rechtliche und an der anerkannten Dogmatik des Bereicherungsrechts orientierte Überlegungen und ist mithin „komplizierter"; es hat gewisse Ecken und Kanten und ist insofern weniger „glatt" als die Vertragsmoderation. Die berechtigten Interessen des wirtschaftlich oder sozial schwächeren Vertragspartners erscheinen hinreichend geschützt; rechtsethische Grundprinzipien (etwa: der Wucherer darf nicht von der Nichtigkeit des Vertrages profitieren; es darf sich nicht lohnen, sich bewuchern zu lassen) werden nicht verletzt. Bei dieser Sachlage wäre das Operieren mit einem Modifikationsrecht nichts anderes als eine in ihren staatsrechtlichen Implikationen äußerst bedenkliche Bequemlichkeit. Von „Furcht und Zittern"[48] wäre bei dieser Grenzüberschreitung jedenfalls nichts zu bemerken, und das Verhalten eines „Luther in Worms oder Yorck in Tauroggen"[48] käme einem als Vergleichsfall ebenfalls nicht in den Sinn.

5. Zwar kann der Richter, billigt man ihm die Möglichkeit einer Vertragskorrektur zu, den Einzelfall durch eine seinem Wertempfinden[49] genau entsprechende Gestaltung einer „billigen" Lösung zuführen. Schrankenlose Billigkeit fordert aber als Preis eine gerade im Privatrecht[50] nicht akzeptable Einbuße an Rechtssicherheit. Grundsätzlich individualethische Einzelfallwürdigung wird den Bedürfnissen des auf Vorausberechenbarkeit der Entscheidungen vertrauenden Geschäftsverkehrs gerade in einer von „technischer Realisation"[51] geprägten Zeit nicht gerecht. Nicht nur der einzelne muß sein Verhalten nach möglichst klaren Maßstäben auszurichten in die Lage versetzt werden; in einem umfassenderen Sinne bedarf darüber hinaus der moderne Rechtsverkehr bindender Richtlinien, durch die Verhalten und Kalkulationsgrundlagen beeinflußt werden[52]. Dem entspricht es, wenn das Bundesverfassungsge-

---

[48] Wieacker, Präzisierung, S. 42.

[49] Vgl. Flume, Richter und Recht, K 8 f. (handelt „es sich um eine Entscheidung ..., zu welcher der Jurist als solcher nichts Besonderes beizutragen vermag". „Jeder Staatsbürger schließlich ist zu einer solchen Entscheidung ebenso berufen wie der Jurist.")

[50] Dazu, daß die Grenzen der richterlichen Rechtsfortbildung für die verschiedenen Rechtsgebiete unterschiedlich zu bestimmen sind vgl. BVerfGE 34, 269 [288]; Heusinger, S. 92 f. (Fn. 66); H.-P. Schneider, DÖV 75, 450; Starck, VVDStRL 34, 76 ff.

[51] Forsthoff, Industriegesellschaft, S. 30 ff.

[52] Zur Rechtssicherheit in diesem Zusammenhang v. a. Fischer, Die Rechtsprechung des BGH, S. 10 f.; Germann, S. 28 ff., 285 ff. u. ö.; Gernhuber, Billigkeit, S. 214 ff. (215); Habscheid, S. 15 (der zu Recht betont, daß zwar ein existentielles Interesse des Staates an der Berechenbarkeit richterlicher Entscheidungen besteht, daß aber die Realisierung von Rechtssicherheit keineswegs nur oder vornehmlich im Kollektivinteresse liege); Henkel, S. 436 ff.; Herschel, JZ 67, 727 ff. (728 f.: Begriff der Rechtssicherheit; 729 ff.: Gründe der bestehenden Rechtsunsicherheit; 731: Würdigung der Rechtssicherheit); J. Ipsen, S. 219 ff. (Verlagerung von der „individuellen Verhaltenssicherheit" zur

richt das Prinzip der Rechtssicherheit[53] als durch das aus Art. 20 III GG abgeleitete Rechtsstaatsprinzip[54] verfassungskräftig gewährleistet ansieht[55]. Indem andererseits aber auch die materiale Einzelfallgerechtigkeit tragendes Element der Rechtsstaatlichkeit ist, zeigt sich sogleich, daß hier ein Spannungsverhältnis besteht, das „saubere" Extremlösungen verbietet, statt dessen optimal-gleichzeitige Verwirklichung: die Herstellung eines Verhältnisses „praktischer Konkordanz"[56] im Einzelfall gebietet. Eine Rechtsentwicklung entspricht somit nur dann rechtsstaatlichen Anforderungen, wenn sie nicht eines der antagonistischen Prinzipien völlig vernachlässigt, sondern sich in einem Mittelbereich des beide auseinanderstrebende Elemente umfassenden Gefüges bewegt. Richterrecht ist damit keineswegs in jedem Falle rechtsstaatswidrig: bei der Konkretisierung unbestimmter Rechtsbegriffe und von Generalklauseln etwa steht es nicht nur im Dienst der Einzelfallgerechtigkeit, sondern dient ebenso der Rechtssicherheit[57]. Aber nicht einmal contra-legem-Entscheidungen müssen unter diesem Aspekt unbedingt deshalb als unzulässig angesehen werden, weil das Vertrauen auf den Bestand des Gesetzes soweit geschützt sein müsse, als das Gesetz nicht in einem verfassungsrechtlich vorgesehenen Verfahren abgeändert werde[58]: etwa bei der Legitimation der Inhaltskontrolle von AGB hätte sich vor Inkrafttreten des AGBG die Ansicht vertreten lassen, daß bei der, an heutigen Wertvorstellungen gemessen, material ungerechten, weil die rechtsethische Grundmaxime von Treu und Glauben kraß verletztenden Bevorzugung der Rechtssicherheit, die in einem strikten Festhalten am Normengeflecht gelegen hätte, die Wertvorstellungen des Grundgesetzes insoweit nicht verwirklicht worden wären. Das Rechtssicherheitsprinzip verbietet nicht gewisse Typen der Rechtsfortbildung schlechthin, setzt aber der Weise des Vorgehens in concreto Grenzen. Eröffnet sich der Richter ohne

„Verkehrssicherheit"); Meyer-Cording, S. 48; Schlüter, S. 39 ff.; Widmer, S. 102 ff.; im Hinblick auf ein spezielles Problem (Rspr. des BGH zur Teilunwirksamkeit von Mätressentestamenten: vgl. oben Kap. I, Fn. 18) vgl. Husmann, NJW 71, 410; Ramm, JZ 70, 130; D. Reinicke, NJW 69, 1345.

[53] Abgewogene Würdigung der Rechtssicherheit bei Herschel, JZ 67, 731 ff. (dort auch zu den „Kursschwankungen" [Esser, GuN, S. 376 u.] des Werts der Rechtssicherheit). Anders demgegenüber etwa D. Simon, Unabhängigkeit, S. 19 f. m. w. N.; Heinrich Lange, S. 37 f., 40, 42.

[54] BVerfGE 1, 14 (18, 45); 2, 380 (403); 6, 32 (41); 20, 323 (331); 25, 269 (290); 35, 41 (47); 39, 128 (143); BVerfG NJW 77, 1525 (1530); vgl. weiter Leibholz / Rinck, Art. 20, vor Rdz. 21 sowie Rdz. 21 ff.; Maunz / Dürig / Herzog, Art. 20, Rdz. 58 ff.; v. Münch / Schnapp, Art. 20, Rdz. 21; Hesse, S. 76 ff.; Stern, StR I, § 20 II - IV.

[55] BVerfGE 2, 380 (403); 3, 225 (237); 7, 89 (92); 13, 261 (271); 15, 313 (319); 20, 323 (331); 25, 269 (290); 35, 41 (47).

[56] Hesse, S. 28 f. u. ö.

[57] Über die Stabilitätsgarantien von Richterrecht Esser, GuN, 26, 300 ff. u. ö.; Germann, S. 246 ff., 253.

[58] So aber J. Ipsen, S. 236.

Not und contra legem einen Freiraum billiger Ermessensausübung, sind sie überschritten.

6. Die Rechtsprechung des BGH zum Bierlieferungsvertrag macht im übrigen zugleich auch noch eine weitere Bedenklichkeit von Richterrecht offenbar. Während das Reichsgericht (bei grundsätzlich-theoretischem Bekenntnis zu rein gesetzesorientierter Auslegung[59] allerdings in heutigen Anforderungen an Methoden- und Begründungsehrlichkeit nicht mehr genügender Weise unter Zuhilfenahme von Umwegen, Kryptoargumenten und Hilfskonstruktionen[60]) das Recht den gewandelten Be-

---

[59] Trotz des Aufwertungsurteils (RGZ 107, 78), das auf verschiedene (fadenscheinige) Argumente gestützt, eine ausdrückliche Stellungnahme zu dieser Frage nicht abgab (hierzu bes. Rüthers, Auslegung, S. 64 ff. [69 ff.]), trotz der hinhaltenden Wendung schon in RGZ 107, 376 und trotz der („rebellischen": Thoma, HDSt, S. 142, Fn. 79) Kundgebung des Richtervereins (hierzu aber Heusinger, S. 63/4, Fn. 20), d. h. trotz verschiedener Ansätze in der Krisenzeit um 1923 (vgl. auch die bemerkenswerte Wendung in RGZ 100, 129 [132]: „Der als wünschenswert oder nötig erachtete Anhaltspunkt im positiven Recht ..." [§ 242, 325 BGB]) hat das Reichsgericht die damals weitaus herrschende Meinung (Thoma, HDSt, S. 142 ff. [144]; vgl. auch Anschütz, S. 476 ff. [jew. m. w. N.]; demgegenüber etwa Goldschmidt, JW 24, 245 unter dem bezeichnenden Titel „Gesetzesdämmerung"), daß die Legislative hinsichtlich des Inhalts ihrer Gesetze schlechthin „summa sedes" sei und „a nemine iudicatur", stets geteilt (Nachw. etwa bei Thoma, HDSt, S. 144, Fn. 83; Rüthers, Auslegung, S. 82 ff. u. ö.).

[60] Wenngleich unter dem verstärkten Einfluß des naturwissenschaftlich — naturalistischen Denkens das Gefühl äußerer und innerer Sicherheit mit der Anzweiflung der bisher noch als selbstverständlich übernommenen, unproblematisch stillschweigend vorausgesetzten und nur selten aktualisierten moralisch-philosophischen Grundlagen insbesondere der kantischen Pflichtenethik (knapp zusammenfassend hierzu Wieacker, Sozialmodell, S. 5 f. m. w. N.) zu schwinden begann und wenngleich der Richter schon durch den Einbau verschiedener Generalklauseln freier gestellt wurde (vgl. oben Kap. V, bei Fn. 63, aber auch bei Fn. 81) als etwa in dem vom Vernunftrecht geprägten PrALR (hierzu Wieacker, PrgNz, S. 331 ff.: Verbot der Auslegung durch „gelehrte Spitzfindigkeiten" und gesetzliche Regelung bis in die kleinsten Details [vgl. 158 I 8]; nicht überzeugend Gernhuber, Billigkeit, S. 214), schien doch im Jahre 1900 nur die Anwendung der begriffsjuristischen Methode auf das BGB als angemessen und möglich (knappe und abgewogene Kritik und Charakterisierung bei Wieacker, PrgNz, S. 474 ff.). Scharfe und hochtechnische Begriffsbildung, grundsätzlich noch vorherrschende Vorstellung logischer Geschlossenheit des „Kodifikationswunders" und Gleichsetzung von Recht und Gesetz sollten den Richter auf die Rolle der bloßen Anwendung beschränken. Über die Ansichten Windscheids, der durch unmittelbare Beteiligung wie besonders durch den mittelbaren Einfluß seines Pandektenlehrbuchs maßgeblich an der Ausarbeitung des BGB beteiligt war, zur Aufgabe der Rechtswissenschaft und des Richters vgl. Coing, Rechtspolitik und Rechtsauslegung, S. B 5 ff.; Flume, Richter und Recht, S. K 17 ff.; Heusinger, S. 14 f.; Erik Wolf, S. 616 ff.; über seine Beziehung zu den sich wandelnden Gegebenheiten und Erfordernissen der Sozialgemeinschaft Erik Wolf, S. 606; allgemein zum geistigen Hintergrund der „Gesetzgeber" Wieacker, PrgNz, S. 472 f. — Die der neueren Privatrechtswissenschaft eigentümlichen Vorstellungen wurden aber in der richterlichen Praxis niemals realisiert, weil sie ihr durchaus inadäquat sind, üben aber bis heute eine kaum zu überschätzende Anziehungskraft aus, insbesondere, weil sie so „einfach" sind: so Rittner, S. 25 (m. w. N., Fn. 21, 22). Vgl. weiter Esser,

dürfnissen nur von Fall zu Fall und zögernd in einer Weise anpaßte, die zu nachfolgendem Aufgeben einer Rechtsprechung und weitreichenden Einschränkungen nur selten Anlaß geben konnte, Korrekturen und eine genau auf die Bedürfnisse des Falles abgestellte Fortentwicklung hingegen erleichterte, hat der BGH von Anfang an offen die Befugnis der Rechtsfortbildung für sich in Anspruch genommen[61], in seiner Rechtsprechung aber umgekehrt eher dazu geneigt, sich durch generelle Festlegungen und Grundsatzentscheidungen relativ weitgehend zu präjudizieren. Ein derartiges Vorgehen, wie es vorliegend bei der Fixierung der Zwanzig-Jahres-Grenze zu beobachten war, hat in der Regel nicht einmal der Rechtssicherheit gedient. Vielfach haben sich später Modifikationen und Einschränkungen als erforderlich erwiesen[62] und gerade in dem genannten Beispiel ist nicht mehr nur die Haltung des BGH in Einzelfällen durchaus unklar, sondern scheint die Regel auch als Regel zum Teil schon obsolet geworden zu sein[63]. In jedem Falle entspricht das vom Reichsgericht (und in vielen Fällen auch vom BGH) praktizierte schrittweise Vorgehen[64] den Bedingungen richterlicher Entscheidungsfindung besser als die weit in die Zukunft reichende Grundsatzentscheidung, bei der ein Gericht, von einem konkreten Fall ausgehend, den Risiken eines durch Fallnähe und innere Anteilnahme an den Sorgen und Bedürfnissen der Parteien abgefälschten Werterlebens ausgesetzt[65], typischerweise und funktional für derartige Sozialplanung viel weniger als der Gesetzgeber geeignet, noch größere Gefahren läuft als schon dieser. „‚Grundsatzentscheidungen', die am Einzelfall im voraus generelles Recht festlegen wollen, sind ein Mißverständnis unserer Gerichte[66]."

7. „Summum ius, summa iniuria": so die bekannte, von Cicero zitierte[67] Sentenz wahrscheinlich griechischen Ursprungs[68], die die prekäre Situation gerade auch des Rechtsanwenders gültig kennzeichnet. Summum ius kann insofern zwar heißen: starres Festhalten an einmal fixierten Regeln; — eine Vorstellung, die, wäre sie überhaupt realisierbar,

GuN, S. 4, 180 u. ö.; Heusinger, S. 10 ff. (auch hinsichtlich der Rechtsprechung während des 19. Jahrhunderts); Zöllner, S. 148 f.

[61] Nachweise in BVerfGE 34, 269 (288), bei Göldner, S. 153, Rüthers, Auslegung, S. 466 ff.; vgl. auch Heusinger, S. 79 ff.

[62] Vgl. z. B. BGHZ 35, 363 (368 f.) gegenüber BGHZ 26, 349 ff. (Ersatz auch immateriellen Schadens nur bei „schweren Verletzungen" des Persönlichkeitsrechts).

[63] Vgl. Kap. III, 3.

[64] Hierzu auch Fikentscher, Methoden IV, S. 377; Heusinger, S. 81 ff.

[65] Gernhuber, Billigkeit, S. 214, 221 f.; vgl. auch Heusinger, S. 106 f.; Diederichsen, Flucht, S. 49.

[66] Esser, GuN, S. 268; vgl. weiterhin J. Ipsen, S. 225 f.; Schlüter, S. 30, 37 f. u. ö.

[67] De officiis, I, 10, § 33.

[68] Über weitere Belege in der antiken Literatur und zur quellenmäßigen Interpretation vgl. Eisser, S. 1 ff.

für jede hochentwickelte und differenzierte Gesellschaft ein unzeitgemäßer Atavismus wäre, da sie in ihren Voraussetzungen einer durch Existenzkampf und militärische Zwänge zu versammelter Kraft und strenger Disziplin angehaltenen, in vertypten Verhaltensmustern lebenden archaischen Agrargesellschaft[69] entspricht[70], deren „Dynamik" sich sehr anschaulich etwa in den plastischen Darstellungen ausdrückt: mathematisch-strenges Koordinatensystem, das Bild des militärischen Stillstands als ursprünglich-symmetrische Formidee[71]. — Summum ius kann aber auch heißen: schrankenloses[72] Einfließen der Billigkeitsfunktion, „gerechte" Entscheidung für jeden Einzelfall, unbegrenztes und nicht normativ praefixiertes Ermessen des souveränen Richterkönigs. Den geistesgeschichtlichen Hintergrund einer derartigen Vorstellung[73] hat bereits am Ende der Weimarer Zeit Hedemann eindrucksvoll beschrieben[74]: Überfülle des Stoffes, innere Haltlosigkeit und geistige Ermüdung.

8. Hedemann ist es auch gewesen, der darauf hingewiesen hat, daß ein Spezifikum von Generalklauseln in ihrem „Weiterfressen" liegt[75]. Dies gilt in verstärktem Maße von einmal anerkannten, ungebundenen Billigkeitsreservaten und macht sich gerade in vorliegendem Zusammenhang in zweierlei Hinsicht bemerkbar. Zum einen wird die Rechtsprechung zum Mietwucher und zum Bierlieferungsvertrag mit überlanger Bindungsdauer zunehmend häufig auch auf andere Bereiche zu übertragen versucht, jedenfalls in die Argumentation an regelmäßig

---

[69] Oder einer in diesen Formen gleichsam versteinernden; vgl. z. B. Herodot, Historien, VII, 104: „... Über ihnen (sc. den Spartanern) steht nämlich das Gesetz als Herr ... Sie handeln stets, wie ihnen das Gesetz befiehlt. Es gebietet aber stets das gleiche ..."; vgl. auch Thukydides, Geschichte des Peloponnesischen Krieges, I, 70, 2 - 5.

[70] Vgl. hierzu etwa die Zwölftafelgesetzgebung; zur Würdigung ihrer Technik bes. Wieacker, Vom römischen Recht, S. 68 ff.; daß für das in alten Rechtsordnungen herrschende Wertempfinden und -bewußtsein derartiges Recht auch „billig", weil eben diese Werte verwirklichend ist bzw. daß diese (alten Rechtsordnungen) sich gerade durch eine besonders starke Konkordanz beider Bereiche auszeichnen, betont Gernhuber, Billigkeit, S. 206 f.

[71] Zu Form und Formalismus in „jugendlichen Rechten" Ebel, S. 10 ff., 13 ff. („Der Formalismus wurde gar nicht als solcher empfunden, weil ... [für das Volk] die Form selbst das Recht war" [S. 14]); Wieacker, Vom römischen Recht, S. 76.

[72] Gernhuber, Billigkeit, S. 208 f., weist allerdings darauf hin, daß schrankenlose Billigkeit (verstanden als unbedingte Konkordanz von Wertbewußtsein und Wertverwirklichung) utopisch sei.

[73] Anschaulich auch hier in der Kunstgeschichte: mit höchster artistischer und realistischer Perfektion einhergehende innere Sinnentleerung und Auflösung. Demgegenüber zum Begriff des „Klassischen" als Ausdruck einer Harmonisierung der Kulturwerte im Sinne einer coincidentia oppositorum auf höchster noch erreichbarer Ebene Schachermeyr, S. 145 ff.

[74] Die Flucht, v. a. S. 58 ff.; vgl. auch Gernhuber, Billigkeit, S. 209 u. 213; für die modernen Verhältnisse auch Forsthoff, zit. bei Esser, AcP 172, 102.

[75] Die Flucht, S. 7; vgl. auch S. 12 ff., 56.

prominenter Stelle mit einbezogen[76]. Noch sperrt sich zwar gerade der BGH vielfach gegen eine Ausdehnung, doch scheint mir, da eine systematische Abgrenzung hier kaum möglich ist, die Tendenz ganz eindeutig in die entgegengesetzte Richtung zu laufen. Noch bedenklicher ist aber zum zweiten, daß — dies gilt vorderhand nur für den Bierlieferungsvertrag — mit dem Abrücken von einer starren Rechtsfolgenalternative die Gefahr einer Aufweichung auch des Tatbestandes und damit einer unter der Hand vollzogenen[77] nicht ganz unwesentlichen Veränderung des Systems des BGB verbunden ist. Diese Entwicklung ist psychologisch sehr gut verständlich. Warum soll der Richter sich damit zufrieden geben, nur in jenen äußersten Fällen des § 138 BGB den Vertrag umzugestalten? Ist es nicht unbefriedigend, hier für einen rundum billigen Interessenausgleich sorgen zu dürfen, (bloß) unangemessene Verträge aber unverändert passieren lassen zu müssen, d. h.: in anstößigen Fällen zu einem besseren Ergebnis zu kommen als in weniger krassen Situationen? Zuweilen ist denn auch ganz unverkennbar, daß schon tatbestandsmäßig die Sittenwidrigkeitskontrolle durch eine Angemessenheitskontrolle abgelöst zu werden beginnt[78]. Im übrigen möchte ich bezweifeln, daß der BGH ohne die von ihm in Anspruch genommene Möglichkeit der Rechtsfolgenfestsetzung die gespaltene Sittenwidrigkeitsprüfung[79] eingeführt und die höchstzulässige Dauer mit zwanzig Jahren festgesetzt hätte[80]. Mit § 138 BGB werden zwar keine Strafzwecke verfolgt[81]; durch ihn soll aber ein Mißbrauch der Vertragsfreiheit verhindert, sollen die Grenzen zulässig-privatautonomer Gestaltungsmacht festgelegt werden. Diese Grenzen hat der Gesetzgeber sehr weit gezogen und damit der selbstherrlich-schöpferischen Gestaltungsfreiheit der einzelnen am Rechtsverkehr beteiligten Individuen ein weites Feld eingeräumt. Die wirtschaftlichen und sozialen Voraussetzungen für ein anstandsloses Funktionieren des Wirtschaftsablaufs allein auf dieser Basis der Privatautonomie[82] sind heute vielfach nicht mehr gewährleistet.

---

[76] Vgl. Kap. III, Fn. 84; ferner z. B. BGH NJW 77, 1233 (1234); Meincke, Fs. Kaser, S. 458 f.; Brandner, in: Ulmer / Brandner / Hensen, § 9, Rdz. 87.

[77] Giger, ZBJV 105, 309: „schleichende(r) Zersetzungsprozeß".

[78] Vgl. oben Kap. III, bei und in Fn. 81. Damit bahnt sich hier eine Entwicklung an, die in anderen Bereichen bereits vollzogen worden ist; zu der Schritt für Schritt ausgeweiteten Inhaltskontrolle von AGB vgl. bereits die Nachw. oben, Kap. V, Fn. 74; Kap. X, Fn. 25; ein weiteres Beispiel (Sicherungsübereignung) bei Heinrich Lange, S. 50 f.

[79] Kap. III, 2.

[80] Kap. I, 4 c; Kap. III, 3.

[81] Vgl. die oben in Kap. IV, Fn. 5 zunächst Genannten; vgl. auch Kap. V, 2 a.

[82] Hierzu Flume, AT, § 1; Fs. DJT, S. 135 ff.; vgl. auch BVerfGE 9, 3 (11); 12, 341 (347); Laufke, Fs. Lehmann, S. 145 ff., 162 ff.; einläßlich ferner gerade im Hinblick auf die richerlichen Vertragseingriffe in jüngerer Zeit zwei Schweizer Autoren: Widmer, S. 2 ff., 25 ff., 100 ff. und vor allem Giger, ZBJV 105, 309 ff., 331 ff.

Eklatantes Beispiel sind auch hier wieder die allgemeinen Geschäftsbedingungen. Der Kunde hat oft allenfalls die Freiheit des „take it or leave it“, wobei ihm aber die Alternative des „leave it“ auf immer weiteren Gebieten gar nicht zumutbar ist. In derartigen Bereichen ist den veränderten Verhältnissen (ganz vorrangig durch den Gesetzgeber[83]) Rechnung zu tragen. Zu diskutieren ist deshalb, ob und in welchem Bereich (etwa zum Zwecke des Verbraucherschutzes) die engen Voraussetzungen des § 138 BGB nicht ausreichen und statt dessen eine Angemessenheitskontrolle zu statuieren ist; wobei dann allerdings dem Richter auch handlichere Richtlinien zur Verfügung zu stellen sind als nur eine Generalklausel[84]. Zu prüfen wäre deshalb auch für Bierlieferungsverträge, ob hier auch bei Individualvereinbarungen typischerweise nicht von einer in beiderseitiger Selbstbestimmung vollzogenen Regelung ausgegangen werden kann, so daß die privatautonome Gestaltung keine Richtigkeitsgewähr böte[85]. Soweit derartige Fragen aber nicht offen und unter Erhebung der entsprechenden wirtschaftlichen und sozialen Befunde diskutiert und untersucht werden, bildet das scharfe Schwert der Nichtigkeitssanktion in § 138 BGB eine sehr nützliche Sperre gegenüber richterlicher Wirtschaftspolitik. Solange man im allgemeinen an einem einigermaßen restriktiven Begriff der „guten Sitten“ festzuhalten und der Durchsetzung richterlichen Wertempfindens, das vor dem aller übrigen Rechtsunterworfenen keinen Vorrang beanspruchen kann[86], in diesem Bereich Grenzen zu setzen geneigt ist, paßt hierzu nur die Rechtsfolge der Nichtigkeit. Eine gewisse Härte und Rigidität im Bereich der Rechtsfolgenbestimmung ist gerade bei Tatbeständen, die vor uferloser Ausweitung nicht gefeit sind, recht heilsam.

9. Die Tatsache, daß das BGB in dem skizzierten Sinne nur Mißbrauchsgrenzen statuiert hat, führt den reduktionswilligen Richter aber gerade auch auf der Rechtsfolgenseite in ein Dilemma. Die Grenze, ab wann eine Gegenleistung in einem sittenwidrigen Mißverhältnis zur Leistung steht, ist weder generell noch aber auch für den Einzelfall auch nur einigermaßen sicher fixierbar. Das Sittenempfinden kann nur im Einzelfall revoltieren; tut es das, so ist die Frage nach der Grenze aber

[83] Hins. des Bierlieferungsvertrages vgl. z. B. die oben, Kap. I, Fn. 32 a. E. mitgeteilten gesetzgeberischen Aktivitäten. Über die Vorteile spezialgesetzlich-kartellrechtlicher gegenüber der lediglich am allgemeinen Maßstab des § 138 I BGB vollzogenen Kontrolle Lehmpfuhl, GRUR 70, 197.

[84] Vgl. die nunmehr im AGBG festgelegten, sich aus Klauselkatalogen (§§ 10, 11) und flankierender Generalklausel (§ 9) ergebenden Inhaltsschranken für AGB.

[85] Ganz global behauptet etwa Klang / Gschnitzer, § 878 B II 2 b: „Vertragsänderung statt Vertragsvernichtung, Eingriff in den verbotenen Parteiwillen entspricht den Forderungen moderner Rechtspolitik.“ Zu den mit den überhandnehmenden „obrigkeitlichen“ Interventionen verbundenen Gefahren aber Widmer, S. 102 ff., 119 f.; Giger, ZBJV 105, 331 ff.

[86] Ähnlich Heusinger, S. 89 f.

auch müßig. Für den konkret zur Beurteilung anstehenden Sachverhalt reicht es aus, *daß* das Geschäft sittenwidrig ist; von welchem Punkt an eine derartige Bemakelung angenommen werden müßte, ist eine in dem Zusammenhang dann nicht mehr relevante, nur theoretische Frage[87]. Es ist mithin dem Richter gar nicht möglich, einen sittenwidrigen Vertrag auf ein sogenanntes äußerstes noch sittenkonformes Maß zu reduzieren[88]. Eine derartige Anforderung übersteigt auch die Möglichkeiten eines ideal-verfeinerten Individualgewissens: von dem groben Raster des vom Richter demgegenüber ja — wenigstens dem Anspruch nach — anzulegenden Maßstabes des Anstandsgefühls *aller* billig und gerecht Denkenden zu schweigen. — Ähnliches meint wohl auch Thielmann[89], wenn er im Hinblick auf Mätressentestamente ausführt[90], daß die maßgebenden Wertvorstellungen zwar für eine Teilaufrechterhaltung der Verfügung von Todes wegen sprechen könnten (indem sie z. B. nahelegten, die Ehefrau nicht leer ausgehen zu lassen), aber jedenfalls keinen feineren Verteilungsmaßstab hergeben könnten, als die vom BGB schon zur Lösung dieses Interessenkonfliktes bereitgestellten Institute (Pflichtteilsrecht, Ausgleichsanspruch gem. § 1371 BGB). Insofern kann aus den faktischen Wertvorstellungen allenfalls hergeleitet werden, daß die Ehefrau „überhaupt etwas“ bekommen muß; für eine exakte Quotelung können sie hingegen sicherlich nicht mehr in Anspruch genommen werden. Hier (spätestens) beginnt der Bereich freier richterlicher Dezision.

Es ist dem Richter darüber hinaus aber wohl auch psychologisch kaum zumutbar[91], auf ein von ihm gerade nur nicht mehr für sittenwidrig gehaltenes Maß zu reduzieren, zumal er in der Öffentlichkeit vielfach für die Richtigkeit nicht primär seiner Entscheidung, sondern des Entscheidungsresultats verantwortlich gemacht wird. Daß richterliche Gestaltung zu materiell (grob) unbilligen, äußerstenfalls noch tolerablen Ergebnissen führt, ist dem Ansehen der Justiz in den Augen der unterliegenden Partei, aber möglicherweise auch einer weiteren Öffentlichkeit sicherlich nicht zuträglich und wird das Vertrauen in das gerichtliche Verfahren nicht fördern. Zu erwarten, daß der Richter sich in diesem Punkt in konsequenter Weise restriktiv verhält und nicht — nimmt er schon einen Eingriff in den Vertrag vor — das sittenwidrige Übermaß stärker herabsetzt, wäre wohl illusorisch. Je mehr allerdings — für den Einzelfall befriedigend — dazu übergegangen wird, den sittenwidrigen in einen

---

[87] Vgl. in diesem Zusammenhang auch oben Kap. II, Fn. 72.

[88] Das Vorhandensein bzw. Nichtvorhandensein einer festen Grenze (hierzu sogleich im Text) erklärt denn auch die Spiro (ZBJV 88, 515; ebenso Mazzola, S. 104) so „stoßend“ erscheinende Ungleichbehandlung wucherischer und höchstpreiswidriger Verträge seitens der h. L.

[89] S. 180 ff.

[90] Hierzu oben, Kap. I, Fn. 18.

[91] Vgl. auch Heusinger, S. 106 f.

angemessenen Vertrag zu verwandeln, desto stärker stellt sich dann wiederum die schon mehrfach berührte Frage, warum zwar (z. B.) von zwanzig Jahren auf fünfzehn, nicht aber von sechzehn, siebzehn, achtzehn oder neunzehn Jahren aus sollte reduziert werden dürfen.

10. Alles in allem ist es insofern auch historisch nicht zufällig, daß die beweglichen Tatbestände der §§ 138 I, II BGB ausgleichsweise mit einer starren Rechtsfolge gekoppelt worden sind. Bewußt hat sich der Gesetzgeber in den achtziger Jahren des vorigen Jahrhunderts dazu durchgerungen, dem Richter einen recht weiten, für die damals herrschenden Anschauungen zur richterlichen Rechtsanwendung sogar erstaunlich weiten Raum zu lassen. So heißt es in den Motiven zu § 106 des E I[92]: „Die Vorschrift stellt sich als bedeutsamer gesetzgeberischer Schritt dar, der vielleicht nicht ohne Bedenken ist. Dem richterlichen Ermessen wird ein Spielraum gewährt, wie ein solcher großen Rechtsgebieten bisher unbekannt ist. Fehlgriffe sind nicht ausgeschlossen. Bei der Gewissenhaftigkeit des deutschen Richterstandes darf indessen unbedenklich darauf vertraut werden, daß die Vorschrift nur in dem Sinne angewendet werden wird, in dem sie gegeben ist." Ähnliche Äußerungen begegnen im Zuge der Wuchergesetzgebung[93, 94]. Nun ist im VII. und VIII. Kapitel gezeigt worden, daß in früheren Zeiten die Reduktion des Zinssatzes gerade bei Wuchergeschäften wohl bekannt gewesen ist. Der wesentliche Unterschied besteht hier aber in der Art der Wucherbekämpfung, d. h. in der Formulierung des Tatbestandes. Nur wo eine (gesetzlich) festgelegte Grenze vorhanden ist, kommt eine Kürzung der Gegenleistung unproblematisch in Betracht. Der Idee nach gilt das auch für die laesio enormis. Auch außerhalb des Bereichs der Wuchergesetzgebung sind einschlägige Fälle, in denen dem Richter ein derartiger Maßstab nicht zur Verfügung gestanden hätte, nicht überliefert. Insofern ist nicht nur die Einführung des § 138 I BGB, sondern auch die des § 138 II BGB und seiner primär strafrechtlichen Vorläufer in der Tat ein „bedeutsamer gesetzgeberischer Schritt". Daß mit dieser Abkehr von dem starren Verbotssystem als Kehrseite (nämlich weil damit die praefixierte Reduktionsmarke wegfiel) eine Veränderung auf der Rechtsfolgenseite verbunden war, ist oben[95] gezeigt worden.

---

[92] Mot. I, S. 211 f.

[93] Vgl. die Abgeordneten v. Geß, S. 763 und Freiherr v. Marschall, S. 765 in Stenogr. Ber. RT, 4. Lp., II. Session 1879, 1. Band (30. Sitzung am 31. 3. 1879); Bericht der XII. Kommission, Stenogr. Ber. RT, 4. Lp., II. Session 1879, 6. Band, Nr. 265, S. 1602 ff.; Abg. Freiherr v. Marschall, S. 828; Graf v. Bismarck, S. 829, Kiefer, S. 832 f.; Kayser, S. 836 f. in Stenogr. Ber. RT, 4. Lp., III. Session 1880, 2. Band (34. Sitzung am 20. 4. 1880); Bericht der X. Kommission, Stenogr. Ber. RT, 8. Lp., II. Session 1892/93, 2. Anlagenband, Nr. 141, S. 762 f.

[94] Vgl. ganz allgemein zu den „Rechten der Jurisprudenz" Mot. I, S. 6 ff.

[95] Kap. VIII, 2 - 8.

11. Wenn der Blick in die Rechtsgeschichte aber andererseits doch gezeigt hat, *daß* wucherische, höchstpreiswidrige Verträge etc. keineswegs immer für total nichtig erklärt worden sind, so spricht dies dafür, daß dem BGB-Gesetzgeber zumindest teilweise doch ein etwas überzogener Rigorismus vorzuwerfen sein könnte. Bei feste Grenzen fixierenden Verbotsnormen ist es ganz offenbar eine sich zwanglos aufdrängende Lösung praktischer Rechtsvernunft[96] und Zweckmäßigkeit, den Vertrag bis hin zu diesem Limit für wirksam anzusehen. Daß diese Vorstellung möglicherweise noch einmal brennend aktuell werden könnte, konnte der BGB-Gesetzgeber, der die ordnungsstaatlichen Verbotsgrenzen doch weitestgehend gerade abgeschafft hatte, freilich nicht ahnen: Eingriffe in den Wirtschaftsverkehr durch Statuierung von Höchstpreisvorschriften lagen noch in weiter Ferne. In derartigen Fällen der Höchstpreisüberschreitung wie auch bei Verstößen gegen andere (gesetzliche oder vertragliche) Verbote mit generell oder im Einzelfall bestimmter fester Grenze spricht rechtspolitisch nichts gegen eine Begrenzung der Nichtigkeit, wenngleich, wie zu zeigen versucht worden ist[97], diese Lösung auch hier nicht etwa durch zwingende Gründe oder Bedürfnisse geboten ist. — Die von der Rechtsprechung und der beinahe allgemeinen Meinung in der Literatur favorisierte Lösung kann in diesem Bereich als Wiederkehr nicht überwundener gemeinrechtlicher Vorstellungen[98] gewertet werden, wie sie sich gerade auch bei der Diskussion um die Auswirkung einmal festgestellter Teilnichtigkeit auf den Restvertrag sehr klar zeigt[99]. Auch hier wird deutlich, daß der Gesetzgeber nicht in der Lage ist, durch einen Federstrich eine jahrhundertelange Rechtsentwicklung einfach abzuschneiden. § 139 BGB mit seiner radikalen Absage an das gemeinrechtliche „utile per inutile non vitiatur"[100] ist bereits als „Relikt aus einer vergangenen Epoche"[101] bezeichnet worden, und in der Tat prävaliert heute ganz eindeutig eine auf vielerlei Wegen vollzogene Abkehr von der Gesamtnichtigkeitskonzeption. Dies gilt nicht nur für Versuche offener Ausschaltung des § 139 BGB[102], sondern bereits für die die Orientierung am hypothetischen Parteiwillen ersetzende Lehre vom Wertungscharakter der Restgültigkeitsvoraussetzungen[103]. — Auch im vorliegenden Zusammenhang sind vom Gesetzgeber noch nicht einmal spezifisch gemein-

---

[96] Für v. Büren (S. 118) etwa ist es denn auch ganz offen „die praktische Betrachtung", die (z. B. bei Höchstpreisverstößen) eine nur partielle Nichtigkeit fordert.

[97] Vgl. bes. Kap. VI.

[98] Mayer-Maly, JZ 71, 1 ff.

[99] Hierzu Mayer-Maly, Gs. Gschnitzer, S. 275 ff.; Seiler, Fs. Kaser, S. 145 ff.

[100] Vgl. oben, Kap. VII, Fn. 74.

[101] Seiler, Fs. Kaser, S. 147.

[102] Vgl. z. B. oben, Kap. IV, Fn. 19.

[103] Flume, AT, § 32, 5; Larenz, AT, § 23 II c.

rechtliche, sondern allgemein naheliegende Vorstellungen möglicherweise zu brüsk vernachlässigt worden; und es läßt sich nicht völlig von der Hand weisen, daß, hätte bereits der Gesetzgeber für derartige Fälle die Nichtigkeit beschränkt, hätte mit anderen Worten nicht bereits in diesem Bereich die Rechtsprechung eine Gesetzeskorrektur vornehmen müssen, um das traditionellen Grundsätzen entsprechende Ergebnis erzielen zu können, das Pendel nicht so weit in die andere Richtung hätte ausschwingen können. So aber ließ sich mit der richterrechtlich anerkannten Kürzung insbesondere bei Höchstpreisüberschreitung[104] und im Falle des § 1822 Nr. 5 BGB[105] trefflich und ohne allzu genaue Beachtung des Gesetzes auch für jene — was die Verknüpfung von Tatbestand und Rechtsfolge anbelangt — ganz anders gelagerten Fälle wucherischer und wucherähnlich-sittenwidriger Geschäfte argumentieren.

Insofern ist auch verständlich, warum gerade in der Schweiz vielfach die Möglichkeit der Herabsetzung überhöhter Darlehenszinsen vertreten wird[106]: hier ist die alte Art der Zinswucherbekämpfung durch Statuierung von Höchstzinsvorschriften noch lebendig[107], und diese Höchstsätze können vergleichsweise etwa bei einer Beanstandung unter dem Gesichtspunkt der guten Sitten sowohl zur Beurteilung der Sittenwidrigkeit als auch als Reduktionsmarke herangezogen werden[108]. So ist es nicht erstaunlich, daß das Bundesgericht bei gegen kantonale Höchstzinsvorschriften verstoßenden[109] oder sittenwidrigen[110] Darlehensverträgen eine bloße Teilnichtigkeit angenommen hat. Für den heute stark in den Hintergrund gedrängten Art. 21 OR jedenfalls hat es eine derartige Möglichkeit bis heute nicht zugelassen[111]. Auch die literarischen Stellungnahmen sind zum großen Teil vom Vorhandensein (bestimmter) erlaubter Grenzen inspiriert[112].

---

[104] Vgl. Kap. VI, 4.

[105] Vgl. Kap. III, 1 bei Fn. 15 und Kap. VI, 2.

[106] Vgl. Kap. IV, Fn. 119.

[107] Vgl. Kap. VIII, 6.

[108] Vgl. v. a. BGE 93 II 189 ff.

[109] BGE 80 II 327 (334).

[110] BGE 93 II 189 ff.

[111] Vgl. BGE 84 II 107 (112 f.); 92 II 168 (179); vgl. auch BGE 96 I 4 (9 f.), wo als der Teilnichtigkeit zugänglich nur sitten- oder höchstzinswidrige Zinsabreden aufgeführt sind. Das Bundesgericht verneint übrigens in der zuerst zitierten Entscheidung die Anwendbarkeit des Art. 20 II OR auf die Fälle des Art. 21 OR; gegen die Möglichkeit der Teilnichtigkeit bei Art. 21 OR auch etwa AppG Baselstadt, SJZ 25 (1928/29), 200; Ossipow, S. 267 ff. und die bei Spiro, ZBJV 88, 514, Fn. 1 Genannten.

[112] Vgl. besonders v. Büren, S. 117 f.; Engel, S. 207; v. Tuhr / Peter, § 29, S. 227 f.; aus der Rspr. vgl. weiterhin v. a. BGE 93 II 97 (105 ff.) (Teilnichtigkeit eines Pachtvertrages, der einen höheren als den von der zuständigen Kontrollbehörde bewilligten Pachtzins vorsieht) (vgl. in diesem Zusammenhang auch ObG Appenzell-Außerrhoden, SJZ 58 [1962] 186); BGE 75 II 293 (300); 78 II 216 (218).

Weiterhin mag angemerkt werden, daß eine derartige Differenzierung ihre Entsprechung auch im Verwaltungsprozeßrecht findet. Hier sind durch die §§ 113 II VwGO, 100 II 1 FGO (d. h. durch ausdrücklich-spezialgesetzliche Regelungen!) dem Gericht Reformationsbefugnisse eingeräumt. Dies gilt jedoch nur für gebundene Verwaltungsakte; der festzusetzende, neue Betrag (z. B. bei angefochtenen Abgabenbescheiden) muß sich exakt anhand des Gesetzes feststellen lassen. Sofern die Neufestsetzung eine eigene Ermessensbetätigung verlangen würde, ist nur die Kassation zulässig. Das Gericht ist auf die Rechtsprüfung beschränkt[113]. — Und um am Ende noch einmal auf die schon mehrfach vergleichsweise herangezogene Inhaltskontrolle von AGB[114] zurückzukommen: auch hier hat das Gesetz dem Richter keine Vertragsgestaltungskompetenzen gegeben. Maßgebend sind bei partieller Unwirksamkeit nur die gesetzlichen (Dispositiv-)Vorschriften; eine Ergänzung des Vertrages durch von ihm für richtig gehaltene Klauseln ist dem Richter verwehrt[115]. Auch eine quantitative Nichtigkeitsbeschränkung ist nach dem AGBG nicht statthaft: weder darf der Richter das beanstandete Klauselwerk insgesamt nach freiem Ermessen auf ein (in diesem Falle:) nach Treu und Glauben noch angemessenes Maß reduzieren, noch bei einzelnen mißbilligten Klauseln durch Rückführung auf das zulässige Maß die Unwirksamkeit auf das Übermaß zu beschränken versuchen[116]. In ähnlicher Weise hatte es die Rechtsprechung — jedenfalls in der Schlußphase vor dem Inkrafttreten des AGBG — abgelehnt, gegen Treu und Glauben verstoßende Klauseln nur soweit abzumildern und zu entschärfen, „daß sie gerade noch tragbar erscheinen"[117].

12. Wenn somit im Hinblick auf Verstöße gegen den Bereich des Unerlaubten fest begrenzende Verbote das mit großer Einmütigkeit[118] befürwortete Ergebnis anerkannt wird, so steht das keineswegs im Gegensatz zu der soeben abgegebenen Stellungnahme zur Problematik des Richterrechts. Dem Richter das Legitimitätsrisiko abzunehmen, besteht

---

[113] Hierzu Bettermann, Fs. Wacke, S. 238 f.; Redeker / v. Oertzen, § 113, 3.

[114] Übrigens eine Angemessenheitskontrolle!; vgl. in diesem Zusammenhang Kap. V, 5 b.

[115] Der Entwurf (vgl. Vorschläge, S. 30 [§ 10 II]) hatte demgegenüber noch vorgesehen, daß, soweit einzelne Bestimmungen nicht Vertragsbestandteil oder unwirksam seien, sich der Inhalt des Vertrages in Ermangelung von gesetzlichen Vorschriften „nach der Natur des Vertrages oder seinem von der Verkehrsanschauung geprägten Leitbild" richten solle; hierzu Ulmer, in Ulmer / Brandner / Hensen, § 6, Rdz. 3.

[116] In diesem Sinne Schlosser, in Schlosser / Coester-Waltien / Graba, § 6, Rdz. 9; Löwe, in Löwe / Graf v. Westphalen / Trinkner, § 6, Rdz. 2, 6 ff.; teilweise anders Ulmer, in Ulmer / Brandner / Hensen, § 6, Rdz. 18 (vgl. aber auch Rdz. 10 und 22 f.) und Brandner, in Ulmer / Brandner / Hensen, § 9, Rdz. 87.

[117] BGHZ 62, 83 (89).

[118] Vgl. Kap. VI, Fn. 4, 7, 8, 14, 26, 32, 33, 35, 36.

angesichts der verfassungsrechtlich abgesicherten Gesetzesbindung kein Anlaß. Hat eine Rechtsfortbildung jedoch einmal eine derart allgemeine Anerkennung und Zustimmung gefunden, so vermag hier (wie auch im Falle des Yorck von Tauroggen[119]) nur rückwirkend der tatsächliche Erfolg das auf eigenes Risiko begonnene Handeln zu rechtfertigen[120]. Erst dann ist der endgültige Nachweis erbracht, daß die Rechtsschöpfung zwingende Konkretisierung im allgemeinen Bewußtsein fest verankerter rechtsethischer Grundsätze oder — wie im Hinblick auf das vorliegende Beispiel ergänzt werden mag — (all-)gemeinrechtlicher, durch den Gesetzgeber nicht wirklich überwundener Vorstellungen ist.

Für den Bereich der wucherischen oder wucherähnlich-sittenwidrigen Rechtsgeschäfte ist dieser Nachweis nicht zu erbringen.

---

[119] Vgl. oben Fn. 48.

[120] Ähnlich Flume, Richter und Recht, S. K 23 f.

Zusammenfassung

Wucherische und allgemein sittenwidrige Rechtsgeschäfte erklärt das BGB in seinem § 138 I bzw. II für nichtig. Rechtsprechung und Lehre sind heute vielfach nicht mehr geneigt, diesen Rechtsfolgenausspruch in jedem Falle ernst zu nehmen. Vielmehr haben sich Differenzierungen herausgebildet, die aber, da als innovativ wirksame Kraft letztlich nur an einzelnen Fallsituationen ansetzende Praktikabilitäts- und Billigkeitserwägungen maßgebend sind, zu unsystematischer Diversifikation und nicht erklärbaren Wertungswidersprüchen führen.

In Frage stehen hier Verträge, die wegen des Übermaßes der einer Partei aufgebürdeten Verpflichtungen beanstandet werden; beispielhaft erörtert worden sind wucherische Mietverträge und Bierlieferungsverträge mit überlanger Bezugsverpflichtung. In dem ersten Falle hat sich bereits in Rechtsprechung und Lehre eine beinahe einheitliche Ansicht herausgebildet, die aber von angreifbaren Voraussetzungen ausgeht, erhebliche Begründungsunsicherheiten aufweist und einen dogmatisch überzeugenden Grund für die unterschiedliche Behandlung von Miet- und Kreditwucher nicht zu bieten vermag. Das vor allem, sofern man — wiederum einer ganz herrschenden Ansicht folgend — am Rechtsfolgenausspruch jedenfalls des § 138 II BGB nicht zu deuteln bereit ist. Im Hintergrund stehen bei dieser Sonderbehandlung des Mietwuchers zweifellos sozialpolitische Gesichtspunkte des Mieterschutzes: dem von seinem Vertragspartner übervorteilten Mieter soll nicht der — ihm aufgrund des Vertrages zustehende — Anspruch auf Wohnraumüberlassung genommen werden.

Wenn der Mieter somit vor der prekären Entscheidung bewahrt werden soll, sich entweder auf die Nichtigkeit des gesamten Vertrages berufen oder den wucherischen Mietzins weiter entrichten zu müssen, so wird dabei übersehen, daß das BGB das Bedarfsinteresse des Mieters (übrigens auch des Darlehensnehmers) keineswegs unberücksichtigt gelassen hat. § 817, 2 sorgt, auch ohne daß dem Richter ein Moderationsrecht eingeräumt werden müßte, im Ergebnis dafür, daß dem Mieter durch die Vertragsnichtigkeit keine Nachteile erwachsen. Zur „Kündigung“ (d. h. hier: zur zeitlichen Beschränkung der Gebrauchsüberlassung bzw. Konkretisierung seiner „Leistung“) ist der Vermieter analog § 564 II Ziffer 1 BGB berechtigt, sofern sich der Mieter auf Vertragsangebote des Vermieters nicht rührt. Andererseits darf der Mieter auch nicht unentgeltlich wohnen; er ist vielmehr einer Eingriffskondiktion des Vermieters ausgesetzt und damit gem. § 812 I 1 2. Alt. BGB zur Vergütung verpflichtet.

Auch im Falle der wegen überlanger Bezugsverpflichtung nichtigen Bierlieferungsverträge sorgt § 817, 2 BGB für eine angemessene Berücksichtigung der beiderseitigen Interessen. Auch hier ist die Aufrechterhaltung des Vertrages mit einer kürzeren Bezugsdauer zur Vermeidung unbilliger Ergebnisse nicht erforderlich. Gleichwohl ist dies der Weg, den der BGH in einer Serie neuerer Entscheidungen begeht. Gegen diese Rechtsprechung ist schon im einzelnen vieles einzuwenden: es ist eine absolut-äußerste Grenze „gesetzt" (und nicht eingehalten) worden, es besteht sowohl in abstracto als auch in concreto Unklarkeit über das Ziel der Reduktion, und es ist eine arbiträre und zu manchen Komplikationen Anlaß gebende Spaltung der Sittenwidrigkeitsprüfung eingeführt worden.

Hinzu kommt, daß in beiden Fällen die richterlichen Vertragseingriffe ohne gesetzliche Grundlage erfolgen und sich dogmatisch nicht begründen und erfassen lassen.

Zwar findet sich in § 139 BGB eine Norm zur Regelung der Teilnichtigkeit von Rechtsgeschäften. Sie bietet aber keine Handhabe zur Annahme einer sog. quantitativen Teilunwirksamkeit. Daß das BGB eine solche nicht kennt, ergibt sich schon aus dem Normwortlaut, ferner aus historischen Erwägungen. — Aus diesem Grunde ist eine ganze Reihe von Konstruktionen zur Erzielung des gewünschten Ergebnisses vorgeschlagen worden, die aber entweder auf Fiktionen beruhen oder sich als Gesetzesumgehung darstellen. Darüber hinaus kommt weder eine teleologische Reduktion des § 138 I BGB in Betracht, noch eine Umdeutung der unmäßigen Geschäfte gem. § 140 BGB. Die Lehre von den faktischen Vertragsverhältnissen ist ein ebenso ungeeigneter Anknüpfungspunkt wie § 242 BGB, und der Rückgriff auf die §§ 343, 655 BGB vermag eher einen Gegen- als einen Analogieschluß zu begründen.

Nun wird in der Argumentation mitunter Bezug genommen auf eine Reihe von Fallgruppen, in denen die Reduktion einer Verpflichtung fast allgemein anerkannt, obwohl aber auch hier dogmatisch nicht zu rechtfertigen ist. So wäre jedenfalls bei „subjektiver" Auslegung im Falle der Überschreitung der in § 1822 Ziffer 5 BGB genannten Frist eine Vertragskorrektur nicht zulässig, und insbesondere der Rechtsprechung zu den Folgen eines Verstoßes gegen Höchstpreisvorschriften fehlt es nicht nur an der legitimierenden Grundlage, sie ist auch in sich anfechtbar und teilweise inkonsequent. Wenn in diesen Fällen gleichwohl eine modifizierte Aufrechterhaltung mit geringeren Bedenken hingenommen werden kann, so deshalb, weil hier die Reduktionsmarken eindeutig feststehen. Hier spricht wenig dagegen (wenngleich andererseits jedenfalls auch nicht so viel dafür, wie für eine gesetzeskorrigierende Rechtsfortbildung erforderlich wäre), die so gut wie einhellig gebilligte Entscheidung hinzunehmen und somit „quieta non movere“. Dies zumal, da der historische Überblick gezeigt hat, daß gegen mit festen Verbotsgrenzen operierende Verbotsgesetze verstoßende Rechtsgeschäfte im erlaubten Umfang aufrechterhalten worden sind. So schon beim Verstoß gegen die gesetzlichen Zinsmaxima im römischen Recht, so z. B. im nachklassischen Recht bei über einen gewissen Betrag hinausgehenden nichtregistrierten Schenkungen, so im byzantinischen Recht bei der über einen längeren Zeitraum als fünf Jahre ohne Einwilligung des Patriarchen abgeschlossenen Verpachtung von diesem unterstehenden Klostergütern, so seit Beginn der Neuzeit wiederum bei Verstoß gegen die Zinsmaxima. — Hier dem Richter ein Modifikationsrecht einzuräumen hieße nur, auch über Kodifikations-Zäsuren hinauswirkende Kontinuitäten anzuerkennen.

Dieser Überblick hat aber weiterhin ergeben, daß die römischen Juristen willkürliche und in ihrem Umfang nicht genau begrenzbare Eingriffe in das Rechtsgeschäft nicht zugelassen haben. Insbesondere hat es nicht, wie vielfach behauptet wird, eine „quantitative Teilunwirksamkeit“ gegeben. Weiterhin hat sich ergeben, daß mit den Reichswuchergesetzen eine neue Ära der Wucherbekämpfung begonnen hat, in deren Tradition auch das BGB steht. Die alte Zinstaxenpolitik mit ihren festen Sätzen erschien nun als willkürlich und unbefriedigend; mit dem neuen „beweglichen“ Wuchertatbestand war zwanglos die Rechtsfolge der Totalnichtigkeit verbunden. Auch das alte und traditionsreiche Institut der laesio enormis mit seinem nur scheinbar mechanischen Kalkül wurde nunmehr abgeschafft. Der Geld- und Sachwucherbegriff war nicht mehr an die Überschreitung bestimmter praefixierter Quanten gebunden; im BGB ist der Wucher als Spezialfall des Sittenverstoßes geregelt worden. Für sittenwidrig-übermäßige Rechtsgeschäfte war aber auch schon in der Rechtsprechung des 19. Jahrhunderts, später sogar spezialgesetzlich-ausdrücklich die Totalnichtigkeit als Rechtsfolge anerkannt.—

Ob für bestimmte Bereiche des wirtschaftlichen Verkehrs das Prinzip des „pacta sunt servanda“ eingeschränkt und einmal abgeschlossene Vereinbarungen einer Billigkeitskontrolle, diese verbunden mit richterlichen Mäßigungsrechten, unterworfen werden sollen, mag diskutiert werden. Der BGB-Gesetzgeber hat jedoch den Spielraum privater wirtschaftlicher Betätigungsfreiheit in der Regel nur durch äußerste Grenzen des Mißbrauchs beschränkt. Was sich außerhalb ihrer bewegt, ist unwirksam. Geht man von dieser Konzeption aus, so ergeben sich de lege lata auch bei Übermaßgeschäften durchaus befriedigende Resultate. Zur Erzielung eines oft wünschenswerten Schuldnerschutzes ist ein Modifikationsrecht jedenfalls nicht notwendig. Wenn die Rechtsprechung sich dies in Teilbereichen dennoch einräumt, so überschreitet sie mit dieser Rechtsfortbildung unnötigerweise die ihr von der Verfassung gesetzten Schranken. Nicht Sozialgestaltung, sondern Gesetzesgehorsam ist hier ihre Aufgabe.

Das Modifikationsrecht ist daher abzulehnen, weil eine klare gesetzliche Regelung durch eine durchaus unklare und unsystematische Gestaltung aufgeweicht bzw. abgelöst wird. Zu beachten ist, daß es vorliegend um Fälle geht, die sicherlich nicht eben alltäglich sind; nur recht selten werden Verträge in der richterlichen Praxis tatsächlich einmal als wucherisch bzw. wucherähnlich sittenwidrig qualifiziert werden können. Für diese quantitativ gar nicht so erheblichen Fallsituationen werden aber nicht in irgendwelchen Randbezirken der Rechtsordnung, sondern im Kernbereich des BGB mehr oder weniger stillschweigend und unkontrolliert von verfassungsmäßig nicht dazu berufenen Organen Veränderungen vorgenommen, deren Implikationen nicht absehbar sind. Das gilt konkret etwa im Hinblick auf Folgerungen für die Tatbestandsseite der Übermaßkontrolle ebenso wie auch allgemeiner, was das „Weiterfressen" einmal — etwas verdeckt — in zentrale Bereiche des Privatrechts eingefügter, bequemer Billigkeitselemente, den „schleichenden Zersetzungsprozeß" der gesetzlichen Ordnung, anlangt. Auch für Rechtsgeschäfte, die wegen des Übermaßes einer Leistungsverpflichtung als anstößig zu bezeichnen sind, wie z. B. wucherische Miet- und Darlehensverträge sowie Bierlieferungsverträge mit überlanger Bezugsverpflichtung, muß daher nach wie vor die gesetzlich angeordnete Rechtsfolge maßgeblich sein.

Sint ut sunt aut non sint.

Literaturverzeichnis

Allgemeine Deutsche Biographie, 51. Band, Nachträge bis 1899: Kálnoky-Lindner, 1906; 53 Band, Nachträge bis 1899; Paulitschke-Schets, 1907.

Anderegg, Ilse, Mietwucher, 1969.

André, Fr., Einfache, zusammengesetzte, verbundene Rechtsgeschäfte. Ein Beitrag zu § 139 BGB, 1913.

Anschütz, Gerhard, Die Verfassung des Deutschen Reiches vom 11. August 1919, Nachdruck (1960) der 14. Aufl., 1933.

Apathy, Peter, Zur Folge unzulässiger Ablösevereinbarungen, Festschrift für H. Eichler, 1977, 1 ff.

Bartholomeyczik, Horst, Der maßgebende Zeitpunkt für die Bestimmung der Sittenwidrigkeit nichtiger Verfügungen von Todes wegen. Ein Beitrag zum Sinnverständnis des dogmatischen Verhältnisses von Willenserklärung und Rechtsgeschäft, Festschrift zum 150jährigen Bestehen des Oberlandesgerichts Zweibrücken, 1969, 26 ff.

Baur, Fritz, Lehrbuch des Sachenrechts, 9. Aufl., 1977 (zit.: Baur, SachenR).

— Sozialer Ausgleich durch Richterspruch, JZ 1957, 193 ff.

Baviera, Johannes (Hrsg.), Fontes iuris romani antejustitiani, pars altera, auctores, 1968.

Beer, Hubert, Die relative Unwirksamkeit, 1975.

Beitzke, Günther, Nichtigkeit, Auflösung und Umgestaltung von Dauerrechtsverhältnissen, 1948.

Benecke, Georg, *Müller,* Wilhelm, *Zarncke,* Friedrich, Mittelhochdeutsches Wörterbuch, Band III, 1963.

Bengtson, Hermann: Grundriß der Römischen Geschichte mit Quellenkunde, Erster Band, Republik und Kaiserzeit bis 284 n. Chr., 1970.

Berg, Hans: Ansprüche aus dem Eigentümer-Besitzer-Verhältnis, JuS 1971, 636 ff.

Berger, Adolf, Encyclopedic Dictionary of Roman Law, 1953.

Bernhard, W., Bierlieferungsverträge und ihre Respektierung, zugleich eine Besprechung des BGH-Urteils vom 28. 3. 1969 — DB 1969 S. 1010, in: Betr. 1969, 2021 ff.

— Ausschließliche Bezugsverpflichtung bei Bierbezugsverträgen, WRP 1970, 241 f.

— Oberlandesgerichte zum Bierlieferungsvertrag, Tageszeitung für Brauerei, 18. 1. 1972, Nr. 7.

Bertelmann, Manfred, Die ratio decidendi zwischen Gesetzesanwendung und Rechtssatzbildung an Hand höchstrichterlicher Rechtsprechung, Diss. Bonn, 1975.

Bettermann, Karl August, Grundfragen des Preisrechts für Mieten und Pachten, 1952 (zit.: Bettermann, Grundfragen).

— Teilanfechtung, Teilkassation und Reformation von Abgabenbescheiden — Beiträge zu § 113 Abs. 2 VwGO, § 100 Abs. 2 FGO, in: Verfassung, Verwaltung, Finanzen. Festschrift für Gerhard Wacke, 1972, 233 ff. (zit.: Bettermann, Fs. Wacke).

Beuthien, Volker, Das fehlerhafte Arbeitsverhältnis als bürgerlich-rechtliches Abwicklungsproblem, RdA 1969, 161 ff.

Billeter, Gustav, Geschichte des Zinsfußes im griechisch-römischen Altertum bis auf Justinian, 1898.

Blümner, Hugo, Der Maximaltarif des Diocletian, 2. Aufl., 1958.

Boehmer, Gustav, Grundlagen der bürgerlichen Rechtsordnung, Buch I, 1950.

Brandt, Hans, Die zivilrechtlichen Wirkungen von Schwarzmarktgeschäften, MDR 1948, 165 ff.

v. Brasch, Viktor, Die Konversion vom Standpunkt der Begriffs- und Interessenjurisprudenz aus, Diss. Münster, 1949.

Braßloff, Stephan, Sozialpolitische Motive in der römischen Rechtsentwicklung, 1933.

Bruns, Carl Georg, Fontes iuris romani antiqui, Band I, Leges et negotia, 1909.

Bühnemann, Bernt, Gedanken zum Alles- oder Nichts-Prinzip im deliktischen Haftungsrecht, in: Grundprobleme des Versicherungsrechts, Festgabe für Hans Möller, 1972, S. 135 ff.

Bürck, Harald, Umdeutung eines Vertrags bei Ausfall einer Vertragsbedingung — BGH, NJW 1971, 420, in: JuS 1971, 571 ff.

— Zur Umdeutung von Rechtsgeschäften nach § 140 BGB, SchlHA 1973, 37 ff.

v. Büren, Bruno, Schweizerisches Obligationenrecht, Allgemeiner Teil, 1964.

Bufe, Peter, § 817 Satz 2 BGB, AcP 157, 215 ff.

Busch, Die zivilrechtliche Wirksamkeit von Verträgen, die unter Überschreitung des Höchstpreises geschlossen sind, DJZ 1916, Sp. 127 f.

v. Caemmerer, Ernst, Gesammelte Schriften, Band I, Rechtsvergleichung und Schuldrecht, 1968 (zit.: v. Caemmerer, Ges. Schr. I).

— Preisverstöße und § 817 Satz 2 BGB. Bemerkungen zum Urteil des OGH f. d. Brit. Zone vom 10. 2. 1950, SJZ 1950, 646 ff.

Canaris, Claus-Wilhelm, Die Feststellung von Lücken im Gesetz, 1964.

— Die Vertrauenshaftung im deutschen Privatrecht, 1971.

— Ansprüche wegen „positiver Vertragsverletzung" und „Schutzwirkung für Dritte" bei nichtigen Verträgen, JZ 1965, 475 ff.

— Atypische faktische Arbeitsverhältnisse, BB 1967, 165 ff.

Caro, Leopold, Der Wucher. Eine socialpolitische Studie, 1893.

Chantraine, Heinrich, Zins, im Kleinen Pauly, Band 5, Sp. 1536 ff.

Cheshire, G. C., *Fifoot*, C. H. S., Cases on the Law of Contract, 6. Aufl., 1973.

Cheshire, G. C., *Fifoot*, C. H. S., *Furmston*, M. P., The Law of Contract, 9. Aufl., 1976.

Coing, Helmut, Handbuch der Quellen und Literatur der neueren europäischen Privatrechtsgeschichte, Zweiter Band, Neuere Zeit, Erster Teilband: Wissenschaft, 1977.

— Die Frankfurter Reformation von 1578 und das Gemeine Recht ihrer Zeit, 1935 (zit.: Coing, Frankf. Ref.).

— Rechtspolitik und Rechtsauslegung in hundert Jahren deutscher Rechtsentwicklung, in: Verhandlungen des 43. Deutschen Juristentages, Band II/A/B, 1960, S. B 1 ff.

Collier, Dieter, Nichtigkeit und Unwirksamkeit im System der bürgerlichen Rechtsordnung, Diss. Hamburg, 1967.

Dahmen, Stephan, Teilweise nichtige Rechtsgeschäfte — Beiträge zu §§ 139, 313 und 138 BGB, Diss. Göttingen, 1949.

Dekkers, René, La lésion énorme, 1937.

Demelius, Gustav, Die Rechtsfiktion in ihrer geschichtlichen und dogmatischen Bedeutung, 1858.

Derleder, Peter, Das System des sozialen Mietrechts und seine Grundprobleme, JA 1977, 337 ff.

Dernburg, Heinrich, *Sokolowski*, Paul, System des römischen Rechts, 1. Teil, 8. Aufl., 1910.

Deutsch, Erwin, Die Zwecke des Haftungsrechts, JZ 1971, 244 ff.

Dias, R. W. M., Laesio enormis: The Roman-Dutch Story, in: Studies in the Roman Law of Sale, dedicated to the memory of Francis de Zulueta, 1959, S. 46 ff.

Diederichsen, Uwe, Die Flucht des Gesetzgebers aus der politischen Verantwortung im Zivilrecht, 1974.

Dölle, Hans, Familienrecht, Band 1, 1964, Band 2, 1965.

v. Doemming, Klaus-Berto, *Füsslein*, Rudolf Werner, *Matz*, Werner, Entstehungsgeschichte der Artikel des Grundgesetzes, in: Jahrbuch des öffentlichen Rechts der Gegenwart, Neue Folge/Band 1, 1951.

Dreher, Eduard, Strafgesetzbuch, 37. Aufl., 1977.

Dürig, Günter, Grundrechte und Zivilrechtsprechung, in: Vom Bonner Grundgesetz zur gesamtdeutschen Verfassung, Festschrift zum 75. Geburtstag von Hans Nawiasky, 1956, S. 157 ff.

Dürstersiek, Günter, Der Bierlieferungsvertrag nach dem Gesetz gegen Wettbewerbsbeschränkungen, Diss. Köln, 1961.

Dütz, Wilhelm, Rechtsstaatlicher Gerichtsschutz im Privatrecht, 1970.

Ebel, Wilhelm, Recht und Form. Vom Stilwandel im deutschen Recht, 1975.

Eccius, Kondiktion des Wucherers nach Bürgerlichem Gesetzbuche, DJZ 1903, 41 f.

Eckstein, Ernst, Zur Lehre von der Nichtigkeit des Vertrages wegen Unsittlichkeit, ArchBürgR 38, 195 ff.

— Studien zur Lehre von den unsittlichen Handlungen, Rechtshandlungen und Rechtsgeschäften, insbesondere Verträgen, ArchBürgR 41, 178 ff.

Eisele, Fridolin, Beiträge zur Erkenntnis der Digesteninterpolationen, zweiter Beitrag, SZ 11, 1 ff.

Eisser, Georg, Zur Deutung von „summum ius summa iniuria" im römischen Recht, in: Summum ius summa iniuria, 1963, 1 ff.

Emmerich, Volker, Wettbewerbsrecht, Eine Einführung, 2. Aufl., 1976.

Endemann, Wilhelm, Studien in der romanisch-kanonistischen Wirtschafts- und Rechtslehre bis gegen Ende des siebzehnten Jahrhunderts, 1. Band, 1874, 2. Band, 1883 (zit.: Endemann I bzw. II).

Engel, Pierre, Traité des obligations en droit Suisse, Dispositions générales du CO, 1973

Engisch, Karl, Einführung in das juristische Denken, 5. Aufl., 1971.

Enneccerus, Ludwig, *Lehmann*, Heinrich, Recht der Schuldverhältnisse, 15. Aufl., 1958.

Enneccerus, Ludwig, *Nipperdey*, Hans Carl, Allgemeiner Teil des Bürgerlichen Rechts, 15. Aufl., 1. Halbband 1959, 2. Halbband 1960.

Erman, Walter, Handkommentar zum Bürgerlichen Gesetzbuch, 6. Aufl. 1975, 1. und 2. Band.

Esser, Josef, Schuldrecht, Allgemeiner und besonderer Teil, 2. Aufl., 1960; Schuldrecht, 4. Aufl., Band I Allgemeiner Teil, 1970, Band II Besonderer Teil, 1971 (zit.: Esser, SchR, 2. Aufl., bzw. Esser, SchR I bzw. II).

— Wert und Bedeutung der Rechtsfiktionen, 2. Aufl., 1969 (zit.: Esser, Wert und Bedeutung).

— Grundsatz und Norm in der richterlichen Fortbildung des Privatrechts, 2. Aufl., 1964 (zit.: Esser, GuN).

— Methodik des Privatrechts, in: Enzyklopädie der geisteswissenschaftlichen Arbeitsmethoden, 11. Lieferung, Methoden der Rechtswissenschaft Teil I, 1972, S. 3 ff. (zit.: Esser, Enzykl.).

— § 242 BGB und die Privatautonomie, Gedanken zu einem Vortrag von Franz Wieacker, JZ 1956, 555 ff.

— Möglichkeiten und Grenzen des dogmatischen Denkens im modernen Zivilrecht, AcP 172, 97 ff.

Esser, Josef, *Schmidt*, Eike, Schuldrecht, Band I Allgemeiner Teil, Teilband 1, 5. Aufl., 1975, Teilband 2, 5. Aufl., 1976.

Evangelisches Staatslexikon (Hrsg.: Kunst, Hermann, Grundmann, Siegfried, Herzog, Roman, Schneemelcher, Wilhelm), 2. Aufl., 1975.

Fabricius, Fritz, Einschränkung der Anwendung des § 817 S. 2 BGB durch den Zweck des Verbotsgesetzes?, JZ 1963, 85 ff.

Feuerbach, Paul J. A., Über Philosophie und Empirie in ihrem Verhältnisse zur positiven Rechtswissenschaft, 1804 (Neudruck der Ausgabe Landshut von 1969).

Fikentscher, Wolfgang, Schuldrecht, 6. Aufl., 1976 (zit.: SchR).

— Methoden des Rechts in vergleichender Darstellung, Band II, Anglo-amerikanischer Rechtskreis, 1975, Band III, Mitteleuropäischer Rechtskreis, 1976, Band IV, Dogmatischer Teil, 1977 (zit.: Methoden II bzw. III bzw. IV).

Fischer, Otto, Konversion unwirksamer Rechtsgeschäfte, Festschrift für Adolf Wach, Erster Band, 1913, S. 179 ff.

Fischer, Robert, Die Rechtsprechung des Bundesgerichtshofes, Ein Rückblick auf die ersten zehn Jahre, 1960.

Flume, Werner, Allgemeiner Teil des Bürgerlichen Rechts, Zweiter Band, Das Rechtsgeschäft, 2. Aufl., 1975 (zit.: Flume, AT).

— Rechtsgeschäft und Privatautonomie, in: Hundert Jahre deutsches Rechtsleben, Festschrift zum hundertjährigen Bestehen des Deutschen Juristentages, Band I, 1960, 135 ff. (zit.: Flume, Fs. DJT).

— Richter und Recht, 1967 (zit.: Flume, Richter und Recht).

Forsthoff, Ernst, Der Staat der Industriegesellschaft, dargestellt am Beispiel der Bundesrepublik Deutschland, 1971.

Franke, Wilhelm A., Rechtsvergleichende Beiträge zum Problem des Mißverhältnisses von Leistung und Gegenleistung bei Vertragsabschluß, Diss. Frankfurt/Main, 1969.

Friemann, Preisrecht und Vertrag, ZAkDR 1942, 177 ff.

Gebhard, vgl. bei Maas (unter Nr. 96 ff.).

Genzmer, Erich, Die antiken Grundlagen der Lehre vom gerechten Preis und der laesio enormis, in: Deutsche Landesreferate zum II. Internationalen Kongreß für Rechtsvergleichung im Haag, 1937, 25 ff.

Gemeinschaftskommentar, vgl. unter Müller / Henneberg / Schwartz.

Germann, Oscar Adolf, Probleme und Methoden der Rechtsfindung, 2. Aufl., 1967.

Gerhardt, Walter, Der Haftungsmaßstab im gesetzlichen Schutzverhältnis (Positive Vertragsverletzung, culpa in contrahendo), JuS 1970, 597 ff.

Gernhuber, Joachim, Lehrbuch des Familienrechts, 2. Aufl., 1971 (zit.: Gernhuber, FamR).

— Formnichtigkeit und Treu und Glauben, Festschrift zum 70. Geburtstag von Walter Schmidt-Rimpler, 1957, 151 ff. (zit.: Gernhuber, Fs. Schmidt-Rimpler).

— Die Billigkeit und ihr Preis, in: Summum ius summa iniuria, 1963, 205 ff. (zit.: Gernhuber, Billigkeit).

v. Gierke, Otto, Deutsches Privatrecht, Zweiter Band, Sachenrecht, 1905, Dritter Band, Schuldrecht, 1917 (zit.: v. Gierke II bzw. III).

— Die soziale Aufgabe des Privatrechts, 1889 (zit.: v. Gierke, Die soziale Aufgabe).

Giger, Hans, Grundsätzliches zum richterlichen Eingriff in den Vertrag, ZBJV 105, 309 ff.

Giuffré, Vincenzo, L'utilizzazione degli atti giuridici mediante „conversione" in diritto romano, 1965.

Glaser, Hugo, Mietwucher, ZMR 1966, 97 ff.

Glück, Christian Friedrich, Ausführliche Erläuterung der Pandecten nach Hellfeld, 4. Theil, Erste Abteilung, 1796.

Göldner, Detlef Christof, Verfassungsprinzip und Privatrechtsnorm in der verfassungskonformen Auslegung und Rechtsfortbildung, 1969.

Goldschmidt, Gesetzgebungsfrage, betr. die Aufhebung der Wuchergesetze, in: Verhandlungen des Sechsten Deutschen Juristentages, Erster Band, 1865, S. 227 ff.

Goldschmidt, Levin J., Gesetzesdämmerung, JW 1924, 245 ff.

Großkommentar zum Handelsgesetzbuch (begründet von Hermann Staub, weitergeführt von Mitgliedern des Reichsgerichts), 3. Aufl., Erster Band (§§ 1 - 104), 1967.

Grotius, Hugo, De jure belli ac pacis libri tres, 1. Aufl., 1625.

Gschnitzer, Franz, Schuldrecht, Besonderer Teil und Schadenersatz, 1963.

Guest, A. G., Anson's Law of Contract, 23. Aufl., 1969.

Guhl, Theo, *Merz*, Hans, *Kummer*, Max, Das Schweizerische Obligationenrecht mit Einschluß des Handels- und Wertpapierrechts, 6. Aufl., 1972.

Haberstumpf, Helmut, Die Formel vom Anstandsgefühl aller billig und gerecht Denkenden in der Rechtsprechung des Bundesgerichtshofs, 1976.

Habscheid, Walther J., Bericht über die Tagung der Zivilrechtslehrer in Bad Mergentheim am 9. und 10. Oktober 1957, AcP 157, 100 ff.

— Über das Verhältnis Richter und Recht, in: Beiträge zum Richterrecht, 1968, 7 ff.

Hackl, Karl, Äquivalenzstörung und Sittenwidrigkeit, BB 1977, 1412 ff.

Haefliger, Arthur, Das Konkurrenzverbot im neuen schweizerischen Arbeitsvertragsrecht, 1974.

Hahn, Hugo J., Über die Gewaltentrennung in der Wertwelt des Grundgesetzes, in: Zur heutigen Problematik der Gewaltentrennung (Hrsg. Heinz Rausch), 1969, 438 ff.

Hammes, Klaus, Das Problem des § 817 Satz 2 BGB, JR 1950, 11 ff.

Hans, Wilhelm, Das neue Mietrecht, Kommentar, Band I, Stand: 1. August 1977.

Hanau, Peter, *Adomeit*, Klaus, Arbeitsrecht, 4. Aufl., 1976.

Harder, Manfred, Die Leistung an Erfüllungs Statt (datio in solutum), 1976.

Hartung, Charly, Die Aufrechterhaltung des unter Überschreitung der Höchstpreise abgeschlossenen Kaufgeschäfts und die Aufrechterhaltung der Verträge in ähnlichen Fällen im deutschen und fremden Recht, Diss. Göttingen, 1918.

Haupt, Günter, Über faktische Vertragsverhältnisse, in: Festschrift der Leipziger Juristenfakultät für Dr. Heinrich Siber, Band II, 1943, 1 ff.

Hausmaninger, Herbert, Centesima, im Kleinen Pauly, Band 2, Sp. 1108 f.

Hauss, Fritz, Empfiehlt es sich, die Haftung für schuldhaft verursachte Schäden zu begrenzen? Kann für den Umfang der Schadensersatzpflicht auf die Schwere des Verschuldens und auf die Tragweite der verletzten Norm abgestellt werden? Referat auf dem 43. Deutschen Juristentag, in: Verhandlungen des 43. DJT, Band II 1962, C 23 ff.

Handbuch des Deutschen Staatsrechts (Hrsg. Gerhard Anschütz und Richard Thoma), Zweiter Band, 1932.

Heck, Philipp, Die Ausdehnung des § 817, S. 2, auf alle Bereicherungsansprüche, AcP 124, 1 ff.

Hedemann, Justus Wilhelm, Die Fortschritte des Zivilrechts im XIX. Jahrhundert, Erster Teil, Die Neuordnung des Verkehrslebens, 1910 (zit.: Hedemann, Fortschritte I).

— Werden und Wachsen im Bürgerlichen Recht, 1913 (zit.: Hedemann, Werden und Wachsen).

— Rechtsgutachten zur Frage der Knebelverträge (Schuhfabrik Kreuzlingen A. G./Vereinigte Schuhmaschinen A. G. [Zürich]), 1928 (zit.: Hedemann, Gutachten).

— Die Flucht in die Generalklauseln, Eine Gefahr für Recht und Staat, 1933 (zit.: Hedemann, Flucht).

Hedler, Wilhelm, Die zivilrechtlichen Wirkungen wucherischer Geschäfte, Diss. Halle, 1913.

Heichelheim, Fritz M., Idios Logos, im Kleinen Pauly, Band 2, Sp. 1339.

Heldrich, Andreas, Höchstrichterliche Rechtsprechung als Triebfeder sozialen Wandels, in: Jahrbuch für Rechtssoziologie und Rechtstheorie, Band III, 1972, 305 ff.

Hellmann, Friedrich, Vorträge über das bürgerliche Gesetzbuch für das Deutsche Reich. Allgemeiner Teil, 1897.

Henkel, Heinrich, Einführung in die Rechtsphilosophie, 2. Aufl., 1977.

Henle, Rudolf, Treu und Glauben im Rechtsverkehr, 1912.

Hennis, Wilhelm, Zur Rechtfertigung und Kritik der Bundestagsarbeit, in: Die mißverstandene Demokratie, Demokratie — Verfassung — Parlament, Studien zu deutschen Problemen, 121 ff. (1973).

Herrmann, Johannes, Anmerkung zum Urteil des BGH v. 30. 5. 1958 — V ZR 280/56 in MDR 1959, 116.

— Zinssätze und Zinsgeschäfte im Recht der gräko-ägyptischen Papyri, JJP XIV, 23 ff.

Herschel, Wilhelm, Rechtssicherheit und Rechtsklarheit, JZ 1967, 727 ff.

Herzog, Berthold, Quantitative Teilnichtigkeit, Zugleich Darlegungen zur Struktur des Rechtsgeschäfts und der rechtsgeschäftlichen Bestandteile, Diss. Göttingen, 1926.

Hesse, Konrad, Grundzüge des Verfassungsrechts der Bundesrepublik Deutschland, 9. Aufl., 1976.

Heusinger, Bruno, Rechtsfindung und Rechtsfortbildung im Spiegel richterlicher Erfahrung, 1975.

Hiddemann, Hans-Joachim, Teil A in: Hiddemann, Hans-Joachim, Braxmeier, Wolfram, Mormann, Josef, Aus der Rechtsprechung des VIII. Zivilsenats zu Kauf, Miete, Bürgschaft, Mobiliarsachenrecht und Zwangsvollstreckung, in: 25 Jahre Bundesgerichtshof, 1975, S. 131 ff.

— Die Rechtsprechung des Bundesgerichtshofs zum Bierlieferungsvertrag, WM 1975, 942 ff.

v. Hippel, Fritz, Die Perversion von Rechtsordnungen, 1955.

v. Hippel, Fritz, Zur Gesetzmäßigkeit juristischer Systembildung, in: Rechtstheorie und Rechtsdogmatik, 1964, 14 ff.

Hirsch, Hans Joachim, Richterrecht und Gesetzesrecht, JR 1966, 334 ff.

Holzapfl, W., Werden preisrechtswidrige Verträge durch die Preisfreigabe wirksam?, BB 1965, 569.

Honsell, Heinrich, Die Rückabwicklung sittenwidriger oder verbotener Geschäfte, 1974.

Hoppmann, Hans-Dieter, Die zivilrechtliche Seite des Mietwuchers, BlGrBWr 1965, 153 ff.

Huber, Emil, Gegen die Höchstpreisvorschriften verstoßende Verträge, 1919.

Huber, Ulrich, Normzwecktheorie und Adäquanztheorie — Zugleich eine Besprechung des Urteils des BGH vom 7. 6. 1968, JZ 1969, 677 ff.

Huber, Wolfgang, Brauereigröße und Kostengestaltung, Brauwelt 1977, Nr. 6 (S. 172 f.).

Hucko, Elmar, Der Kauf im allgemeinen Landrecht für die preußischen Staaten, Diss. Köln, 1969.

Hueck, Alfred, *Nipperdey*, Hans Carl, Lehrbuch des Arbeitsrechts, 7. Aufl., I. Band, 1963.

Husmann, Hermann, Die Testierfreiheit im Lichte der Grundrechte und des Sittengesetzes, NJW 1971, 404 ff.

Ipsen, Jörn, Richterrecht und Verfassung, 1975 (zit.: J. Ipsen).

— Funktionsspezifische Aspekte richterlicher Verfassungsgebundenheit, NJW 77, 2289 ff.

Jacoby, M. S., Das Wuchergeschäft, JhJb 60, 229 ff.

Jahrreiß, Hermann, Gesetz und Recht — Recht und Gesetz, NJW 1950, 3 ff.

v. Jhering, Rudolph, Geist des römischen Rechts auf den verschiedenen Stufen seiner Entwicklung, 4. Aufl., Band II, 1880.

Jörs, Paul, *Kunkel*, Wolfgang, *Wenger*, Leopold, Römisches Privatrecht, 3. Aufl., 1949.

Jones, A. H. M., The Decline of the Ancient World, 1966.

Justitiare der Brauindustrie, Der Bierlieferungsvertrag in der Diskussion, Der Biergroßhandel 1974, Heft 15, 457.

Kalb, Wilhelm, Roms Juristen, nach ihrer Sprache dargestellt, 2. Aufl., 1975 (Nachdruck).

Kaser, Max, Das römische Privatrecht, 1. Abschnitt: Das altrömische, das vorklassische und klassische Recht, 2. Aufl., 1971 (zit.: Kaser, RP I).

— Das römische Privatrecht, 2. Abschnitt: Die nachklassischen Entwicklungen, 2. Aufl., 1975 (zit.: RP II).

— Über Verbotsgesetze und verbotswidrige Geschäfte im römischen Recht, 1977 (zit.: Kaser, Verbotsgesetze).

— Zur Methode der römischen Rechtsfindung, 1962 (zit.: Kaser, Zur Methode).

— Rechtswidrigkeit und Sittenwidrigkeit im klassischen römischen Recht, SZ 60, 95 ff.

Kaser, Max, Der römische Anteil am deutschen bürgerlichen Recht, JuS 1967 337 ff.

Kißler, Leo, Die Öffentlichkeitsfunktion des Deutschen Bundestages. Theorie — Empirie — Reform, 1976.

Klaas, Christoph, Zur Dauer von Bierlieferungsverträgen unter besonderer Berücksichtigung der neueren Rechtsprechung des Bundesgerichtshofes, BB 1974, 1098 ff.

Klang, Heinrich, *Gschnitzer*, Franz, Kommentar zum Allgemeinen bürgerlichen Gesetzbuch, 2. Aufl., 4. Band, 2. Halbband, Lief. 105, 1973, 4. Band, 1. Halbband, 1968, 5. Band, 1954, 6. Band, 1951.

Klein, Hans H., Richterrecht und Gesetzesrecht, DRiZ 1972, 333 ff.

Klingmüller, Fritz, Fenus, in RE VI 2, Spalte 2187 ff.

Knütel, Rolf, Stipulatio poenae, 1976.

— Verfallsbereinigung, nachträglicher Verfall und Unmöglichkeit bei der Vertragsstrafe, AcP 175, 44 ff.

Koch, C. F., Allgemeines Landrecht für die preußischen Staaten, mit Kommentar in Anmerkungen, 8. Aufl., 1884.

Koebl, Ursula, Das Eigentümer-Besitzer-Verhältnis im Anspruchssystem des BGB, 1971.

Koffka, Soll die Conventionalstrafe im künftigen deutschen Gesetzbuch lediglich der freien Vereinbarung unterliegen, oder an gesetzliche oder richterliche Schranken gebunden werden? Gutachten in: Verhandlungen des 20. Deutschen Juristentages, Zweiter Band, 1889, S. 3 ff.

Kohler, Josef, Zwölf Studien aus dem Bürgerlichen Gesetzbuch. X. Bezugsverträge und § 138 BGB, ArchBürgR 31, 237 ff.

Koppensteiner, Hans-Georg, *Kramer*, Ernst A., Ungerechtfertigte Bereicherung, 1975.

Kramer, Rainer, Der Verstoß gegen ein gesetzliches Verbot und die Nichtigkeit von Rechtsgeschäften (§ 134 BGB), Diss. Mainz, 1976.

Krampe, Christoph, Anmerkung zum Urteil des OLG Stuttgart v. 21. 11. 1974 — 13 U 120/74, JZ 1975, 574 ff.

Kriele, Martin, Theorie der Rechtsgewinnung, entwickelt am Problem der Verfassungsinterpretation, 1967.

v. Kübel, vgl. bei Maas (unter Nr. 103 ff.).

Kübler, Friedrich, Kodifikation und Demokratie, JZ 1969, 645 ff.

Künstler, Leopold, Der Bierlieferungsvertrag unter besonderer Behandlung bedeutsamer Gegenwartsfragen und des Bierverlagsvertrages, 3. Aufl., 1957.

Kulischer, Josef, Allgemeine Wirtschaftsgeschichte des Mittelalters und der Neuzeit, Band I, Das Mittelalter, 5. Aufl., 1976.

Kunkel, Wolfgang, Quellen zur neueren Privatrechtsgeschichte Deutschlands, 1. Band, 1. Halbband, 1936, 1. Band, 2. Halbband, 1938.

Lackner, Karl, Strafgesetzbuch, 11. Aufl. 1977.

Landau, Peter, Hegels Begründung des Vertragsrechts, Archiv für Rechts- und Sozialphilosophie 1973, 117 ff.

Lang, Eduard, Teilweise Nichtigkeit der Rechtsgeschäfte. § 139 BGB, 1926.

Lange, Heinrich, Vom alten zum neuen Schuldrecht, 1934.

Lange, Hermann, Empfiehlt es sich, die Haftung für schuldhaft verursachte Schäden zu begrenzen? Kann für den Umfang der Schadensersatzpflicht auf die Schwere des Verschuldens und die Tragweite der verletzten Norm abgestellt werden?, Gutachten für den 43. Deutschen Juristentag, in: Verhandlungen des 43. DJT, Band I, 1960, 5 ff. (zit.: Hermann Lange).

— Das kanonische Zinsverbot in den Consilien des Alexander Tartagnus, in: Recht und Wirtschaft in Geschichte und Gegenwart, Festschrift für Johannes Bärmann, 1975, 99 ff. (zit.: Hermann Lange, Fs. Bärmann).

Langen, Eugen, Welche Bedeutung hat heutzutage der Ausdruck „gesetzliches Verbot" in § 134 BGB?, in: Beiträge zum Wirtschaftsrecht, Festschrift für Rudolf Isay, 1956, 321 ff.

Lappe, Liesel, Die Teilnichtigkeit des gesetz- oder sittenwidrigen Rechtsgeschäftes, Diss. Münster, 1950.

Larenz, Karl, Allgemeiner Teil des deutschen Bürgerlichen Rechts, 3. Aufl., 1975 (zit.: Larenz, AT).

— Lehrbuch des Schuldrechts, Allgemeiner Teil, 11. Aufl., 1976 (zit.: Larenz, SchR I).

— Lehrbuch des Schuldrechts, Besonderer Teil, 11. Aufl., 1977 (zit.: Larenz, SchR II).

— Methodenlehre der Rechtswissenschaft, 3. Aufl., 1975; 2. Aufl., 1969 (zit.: Larenz, Methodenlehre, bzw. Larenz, Methodenlehre, 2. Aufl.).

— Kennzeichen geglückter richterlicher Rechtsfortbildung, 1965 (zit.: Larenz, Kennzeichen).

— Grundsätzliches zu § 138 BGB, JurJb VII, 98 ff.

Lauffer, Siegfried, Diokletians Preisedikt, 1971.

Laufke, Franz, Vertragsfreiheit und Grundgesetz, Festschrift für Heinrich Lehmann, 1956, 145 ff.

Lauterbach, Wolfgang Adam, Collegium theoretico-practicum, Teil 2, 3. Ausg., Tübingen, 1723.

Lehmann, Heinrich, Mißbrauch der Geschäftsgrundlage, JZ 1952, 10 ff.

— Faktische Vertragsverhältnisse, NJW 1958, 1 ff.

Lehmann, Heinrich, *Hübner*, Heinz, Allgemeiner Teil des Bürgerlichen Gesetzbuches, 16. Aufl., 1966.

Lehmpfuhl, Anmerkung zu der Entscheidung des BGH GRUR 1969, 474 ff., in: GRUR 1969, 477 ff.

— Anmerkung zu der Entscheidung des BGH GRUR 1970, 195 ff., in: GRUR 1970, 197 f.

Leibholz, Gerhard, *Rinck*, Hans-Justus, Grundgesetz, Kommentar an Hand der Rechtsprechung des Bundesverfassungsgerichts, 5. Aufl., 1975.

Leipziger Kommentar zum Strafgesetzbuch (Hrsg.: Baldus, Paulheinz, Willms, Günther), 9. Aufl., 3. Band (§§ 263 - 370), 1977 (zit.: LK).

Leonhard, Rudolf, Der Verstoß gegen die guten Sitten, in: Aus römischem und bürgerlichem Recht, Festschrift für Ernst Immanuel Bekker, 1907, 87 ff.

Levy, Ernst, Weströmisches Vulgarrecht, Das Obligationenrecht, 1956.

Limbach, Jutta, Anmerkung zu dem Urteil des BGH NJW 1969, 1293 ff., in: NJW 1969, 1810.

Lindacher, Walter F., Phänomenologie der „Vertragsstrafe", 1972.

— Grundsätzliches zu § 138 BGB, AcP 173, 124 ff.

— Anmerkung zu der Entscheidung des BGH NJW 1977, 1233 f., in: JR 1977, 412 f.

Löwe, Walter, *Graf von Westphalen,* Friedrich, *Trinkner,* Reinhold, Kommentar zum Gesetz zur Regelung des Rechts der Allgemeinen Geschäftsbedingungen, 1977.

Luhmann, Niklas, Rechtssoziologie Band 2, 1972.

Lukes, Rudolf, § 315 als Ausgangspunkt für die Inhaltskontrolle allgemeiner Geschäftsbedingungen, NJW 1963, 1897 ff.

Lutz, Johannes, Probleme des Mietwuchers, DWW 1963, 134 f.

Lux, W., Das Rückforderungsrecht des Wucherers und die Nichtigkeitslehre, LZ 1919, 561 ff.

Maas, Georg, Bibliographie der amtlichen Materialien zum Bürgerlichen Gesetzbuch für das Deutsche Reich und zu seinem Einführungsgesetze, 1897.

Magg, Colin R., Die zivilrechtlichen Wirkungen von Bewirtschaftungsvorschriften, insbesondere von Verstößen gegen solche Vorschriften, Diss. Tübingen, 1971.

v. Mangoldt, Hermann, *Klein,* Friedrich, Das Bonner Grundgesetz, 2. Aufl., Band I, 1966.

Maunz, Theodor, *Dürig,* Günter, *Herzog,* Roman, *Scholz,* Rupert, Grundgesetz, Kommentar, Lieferungen 1 - 15 (Mai 1977) (zit.: Maunz / Dürig / Herzog).

Maurach, Reinhart, Deutsches Strafrecht, Besonderer Teil, 5. Aufl., 1969.

Maurach, Reinhart, *Zipf,* Heinz, Strafrecht, Allgemeiner Teil, Teilband 1, 5. Aufl., 1977.

Mayer-Maly, Theo, Über die Teilnichtigkeit, in: Privatrechtliche Beiträge, Gedenkschrift Franz Gschnitzer, 1969, 265 ff.

— Der gerechte Preis, Festschrift Heinrich Demelius, 1973, 139 ff.

Mazzola, Enrico, Verhältnis und Abgrenzung von Art. 20 und 21 OR, Diss. Basel, 1970.

Medicus, Dieter, Bürgerliches Recht, 7. Aufl., 1975 (zit.: Medicus, BürgR).

— Vergütungspflicht des Bewucherten?, Gedächtnisschrift für Rolf Dietz, 1973, 61 ff.

Meincke, Jens Peter, Die Scheidungsklausel im Testament, Ein Vergleich der Entscheidungen BGH LM § 138 BGB (Cd) Nr. 5 und Cod. Iust. 6, 25, 5, Festschrift für Max Kaser, 1976, 437 ff.

Mevius, David, Vollständiger Commentarius von wucherlichen Contracten, 1710.

Meyer-Cording, Ulrich, Kann der Jurist heute noch Dogmatiker sein?, 1973.

Mezger, Hans-Robert, Stipulationen und letztwillige Verfügungen „contra bonos mores“ im klassischen römischen und nachklassischen Recht, Diss. Göttingen, 1929.

Mickwitz, Gunnar, Inflation, in: RE, Supplementband VI, Sp. 127 ff.

Misera, Karlheinz, Der Bereicherungsgedanke bei der Schenkung unter Ehegatten, 1974.

— Der Freundeskauf unter Ehegatten im römischen Recht, in: Rechtswissenschaft und Gesetzgebung, Festschrift für Eduard Wahl, 1973, 25 ff.

— Die Zeugnisse zum Grund des Schenkungsverbots unter Ehegatten, Festschrift für Max Kaser, 1976, 407 ff.

Mölders, Hans, Nichtigkeit von Grund- und Erfüllungsgeschäft wegen Sittenwidrigkeit, Diss. Münster, 1959.

Möller, Hans, Summen- und Einzelschaden, Beiträge zur Erneuerung der Schadenslehre vom Wirtschaftsrecht aus, 1937.

Mommsen, Theodor, Abriß des römischen Staatsrechts, 2. Aufl., 1907 (zit.: Mommsen, Abriß).

— Römische Geschichte, 1932 (zit.: Mommsen, Römische Geschichte).

Motive zu dem Entwurf eines Bürgerlichen Gesetzbuches für das Deutsche Reich, Band I, Allgemeiner Teil, Band II, Recht der Schuldverhältnisse, Band IV, Familienrecht, 1888.

Müller-Büchi, Emil F. J., Geldleihe im mittelalterlichen Freiburg i. Ue., Zur Geschichte der Zinsfrage, des Wucher- und Hehlerrechts, in: Mélanges en l'honneur de Wilhelm Schönenberger, 1968, 69 ff.

Müller-Graff, Peter-Christian, Die Geschäftsverbindung als Schutzpflichtverhältnis — Am Beispiel unentgeltlicher Leistungen, JZ 1976, 153 ff.

Müller-Henneberg, Hans, *Schwartz*, Gustav, Gesetz gegen Wettbewerbsbeschränkungen und Europäisches Kartellrecht, Gemeinschaftskommentar, 3. Aufl., 7. Lieferung (§§ 18 und 19 GWB), 1974; dieselben: Novelle 1965 zum Gesetz gegen Wettbewerbsbeschränkungen, Nachtrag zur 2. Aufl. des Gemeinschaftskommentars, 1966.

v. Münch, Ingo (Hrsg.), Grundgesetz-Kommentar, Band 1: Präambel bis Art. 20, 1974.

Mugdan, B., Die gesammten Materialien zum Bürgerlichen Gesetzbuch für das Deutsche Reich, Band I, Einführungsgesetz und Allgemeiner Theil, Band II, Recht der Schuldverhältnisse, Band IV, Familienrecht, 1899.

Nacken, Gert, Teilleistung und teilbare Leistung, Diss. Köln, 1976.

Naendrup, Peter-Hubert, Die Teilnichtigkeit im Recht der Allgemeinen Geschäftsbedingungen, 1966.

Neumann, Max, Geschichte des Wuchers in Deutschland bis zur Begründung der heutigen Zinsgesetze (1654), 1865.

Nicklisch, Fritz, Der verbandsrechtliche Aufnahmezwang und die Inhaltskontrolle satzungsmäßiger Aufnahmevoraussetzungen, JZ 1976, 105 ff.

Niederländer, Hubert, Nemo turpitudinem suam allegans auditur, ein rechtsvergleichender Versuch, in: Ius et lex, Festschrift für Max Gutzwiller, 1959, 621 ff.

Nikisch, Arthur, Arbeitsrecht, I. Band, Allgemeine Lehren und Arbeitsvertragsrecht, 3. Aufl., 1961.

Nipperdey, Hans Carl, Freie Entfaltung der Persönlichkeit, in: Bettermann, Karl August, Nipperdey, Hans Carl, Die Grundrechte, IV, 2, 741 ff.

— Anmerkung zu der Entscheidung des RG JW 1927, 119 f., in: JW 1927, 119 f.

Nirk, Rudolf, Culpa in contrahendo — eine geglückte richterliche Rechtsfortbildung — Quo vadis?, in: Festschrift für Philipp Möhring zum 75. Geburtstag, 1975, 71 ff.

Nolden, Wilhelm, Der Grundsatz der Restgültigkeit, Diss. Köln, 1939.

Noonan, John T., The Scholastic Analysis of Usury, 1957.

Oertmann, Paul, Bürgerliches Gesetzbuch, Allgemeiner Teil, 3. Aufl., 1927; Bürgerliches Gesetzbuch, Zweites Buch, Recht der Schuldverhältnisse, 3./4. Aufl., 1910 (zit.: Oertmann, BGB).

— Privatrechtliche Folgen der Überschreitung von Höchstpreisen, JW 1917, 255 ff.

Oftinger, Karl, Bundesgerichtspraxis zum Allgemeinen Teil des Schweizerischen Obligationenrechts, 1969.

— Gesetzgeberische Eingriffe in das Zivilrecht, ZSR 1938, 481 a.

Ossipow, Paul, De la lésion, Étude de droit positif et de droit comparé, Thèse de licence et de doctorat (Lausanne), 1940.

Otte, Gerhard, Das Privatrecht bei Francisco de Vitoria, 1964.

Pagenstecher, Max, Sittenwidrige Lieferungsbedingungen, DR 1943, 976 f.

Palandt, Bürgerliches Gesetzbuch, 37. Aufl., 1978.

Partsch, Josef, Die Lehre vom Scheingeschäfte im römischen Rechte, SZ 42, 227 ff.

Der kleine Pauly, Lexikon der Antike (Hrsg. Konrat Ziegler, Walter Sontheimer), 5 Bände, 1964 ff.

Pauly-Wissowa, Realenzyclopädie der classischen Altertumswissenschaft, 1894 ff.

Peters, Hans, Die Gewaltentrennung in moderner Sicht, in: Zur heutigen Problematik der Gewaltentrennung (Hrsg. Heinz Rausch), 1969, S. 78 ff.

Peters, Karl-Heinz, Die Einwirkung der Preisstoppverordnung auf Grundstückskaufverträge, ZAkDR 1941, 17 ff.

Philippsen, Gerd, Der Rückforderungsausschluß bei gesetz- und sittenwidrigen Leistungen im deutschen, französischen und schweizerischen Recht, Diss. Mainz, 1963.

Pierer von Esch, Heinrich, Teilnichtige Rechtsgeschäfte, 1968.

Plancks Kommentar zum Bürgerlichen Gesetzbuch nebst Einführungsgesetz (Hrsg. E. Strohal), I. Band, Allgemeiner Teil, 4. Aufl., 1913; II. Band, 2. Hälfte, Recht der Schuldverhältnisse (Besonderer Teil), 4. Aufl., 1928 (zit.: Planck, Bearbeiter).

Planck, vgl. bei Maas (unter Nr. 154 ff.).

v. Pöhlmann, Robert, Geschichte der sozialen Frage und des Sozialismus in der antiken Welt, 2. Band, 3. Aufl., 1925.

Portz, Evelin, Das Gebot sittlichen Verhaltens im deutschen Privatrecht, Diss. Würzburg, 1974.

Pothier, Robert Josèphe, Pandectae Justinianeae, Band II, Paris, 1825.

Pringsheim, Fritz, Animus donandi, SZ 42, 273 ff.

Prölss, Jürgen, Der Einwand der „unclean hands“ im Bürgerlichen Recht sowie im Wettbewerbs- und Warenzeichenrecht, ZHR 132, 35 ff.

Protokolle der Kommission zur Berathung eines allgemeinen deutschen Handelsgesetzbuches (Hrsg. J. Lutz), III. Theil, 1858.

Quellen zur Neueren Privatrechtsgeschichte Deutschlands vgl. unter Kunkel und Schmelzeisen.

Rabel, Ernst, Das Recht des Warenkaufs, Eine rechtsvergleichende Darstellung, 2. Band, 1958.

Raiser, Carl, Die privatrechtliche Behandlung des Wuchers nach den Reichsgesetzen vom 24. 5. 1880 und 19. 6. 1893 und im Bürgerlichen Gesetzbuch, Diss. Tübingen, 1898.

Raiser, Ludwig, Das Recht der Allgemeinen Geschäftsbedingungen, 1961 (Neudruck) (zit.: Raiser, AGB).

— Anmerkung zu der Entscheidung des BGH, JZ 1951, 716 ff., in: JZ 1951, 718 f.

Ramm, Thilo, Abschied vom „Mätressentestament“, JZ 1970, 129 ff.

Rausch, Heinz (Hrsg.), Zur heutigen Problematik der Gewaltentrennung, 1969.

Redeker, Konrad, Legitimation und Grenzen richterlicher Rechtsetzung, NJW 1972, 409 ff.

Redeker, Konrad, *v. Oertzen*, Hans-Joachim, Verwaltungsgerichtsordnung, 5. Aufl., 1975.

Reeb, Hartmut, Grundprobleme des Bereicherungsrechts, 1975.

Referentenentwurf eines Gesetzes zur Änderung und Ergänzung schadensersatzrechtlicher Vorschriften, I Wortlaut, II Begründung, 1967.

Regelsberger, Ferdinand, Pandekten, 1. Band, 1893.

Reinhardt, Rudolf, Gesellschaftsrecht, 1973 (zit.: Reinhardt, GesR).

Reinicke, Dietrich, Anmerkung zu der Entscheidung BGH NJW 1969, 1343 ff., in: NJW 1969, 1343 ff.

RGRK: Das Bürgerliche Gesetzbuch, Kommentar herausgegeben von Reichsgerichtsräten und Bundesrichtern, 11. Aufl., I. Band, 1. Teil, 1959; III. Band, 1. Teil, 1959; 12. Aufl. II. Band, 1. Teil, 1976; 10. Lieferung (Bearbeiter Erich Steffen), §§ 158 - 185, 1974; 1. Lieferung (Bearbeiter Georg Heimann-Trosien), §§ 812 - 822, 1974.

Rheinstein, Max, Wer wacht über die Wächter?, JuS 1974, 409 ff.

Riccobono, Salvatore, Stipulatio ed instrumentum nel Diritto giustinianeo, SZ 43, 262 ff.

Richenbach, Victor, Der Wucher nach Art. 157 des Schweiz. Strafgesetzbuches und sein Verhältnis zum Art. 21 des Obligationenrechts, Diss. Basel, 1953.

Richter, Helmut, Das teilnichtige Rechtsgeschäft im Hinblick auf wirtschaftliche Gegebenheiten und Zusammenhänge, Eine Darlegung zu den §§ 139, 140 BGB, Diss. Nürnberg (oec), 1959.

Rinck, Gerd, Wirtschaftsrecht, 5. Aufl., 1977 (zit.: Rinck, Rdz.).

— Preisherabsetzung von Hoher Hand, Zivilrechtliche Folgen von Verstößen gegen das Preisrecht, AcP 152, 481 ff.

Rittner, Fritz, Ermessensfreiheit und Billigkeitsspielraum des Zivilrichters im deutschen Recht, in: Ermessensfreiheit und Billigkeitsspielraum des Zivilrichters, Bd. 24 der Arbeiten zur Rechtsvergleichung, 1964, S. 21 ff.

Roquette, Hermann, Das Mietrecht des Bürgerlichen Gesetzbuches, Systematischer Kommentar, 1966.

Rost, Friedhelm, Probleme der Kondiktion wegen mißbilligter Leistungsannahme und ihres Ausschlusses bei gleichfalls mißbilligter Leistungshingabe — § 817 BGB, Diss. Marburg, 1972.

Rostovtzeff, Michael, The Social and Economic History of the Roman Empire, 2. Aufl., 1957.

Rother, Werner, Haftungsbeschränkung im Schadensrecht, 1965.

Rüthers, Bernd, Die unbegrenzte Auslegung, Zum Wandel der Privatrechtsordnung im Nationalsozialismus, 1973 (Taschenbuchausgabe) (zit.: Rüthers).

— Allgemeiner Teil des BGB, 1976 (zit.: Rüthers, AT).

Sack, Rolf, Der rechtswidrige Arbeitsvertrag, RdA 1975, 171 ff.

Sandrock, Otto, Subjektive und objektive Gestaltungskräfte bei der Teilnichtigkeit von Rechtsgeschäften, AcP 159, 481 ff.

Sasserath, Günter, Die neue preisrechtliche Vorschrift des § 2 b Wirtschaftsstrafgesetz, WuM 1972, 21 ff.

— Anmerkung zu der Entscheidung des LG Darmstadt, NJW 1972, 1244 ff., in: NJW 1972, 1870 f.

Schachermeyr, Fritz, Die griechische Polis zur Zeit der frühen Klassik (510 bis 460), in: Forschungen und Betrachtungen zur griechischen und römischen Geschichte, 1974, 145 ff.

Scherrer, Albert, Das „Richterliche Ermäßigungsrecht“ bei Verträgen nach schweizerischem Obligationenrecht, Ein Beitrag zur Lehre von den privatrechtlichen Sanktionen, Diss. Freiburg (Schweiz), 1934.

Scheuer, Hans, Die Laesio enormis im römischen und im modernen Recht, in: Zeitschrift für vergleichende Rechtswissenschaft, XLVII. Band, 77 ff.

Scheuerle, Wilhelm A., Das Wesen des Wesens, Studien über das sogenannte Wesensargument im juristischen Begründen, AcP 163, 429 ff.

Schlegelberger, Handelsgesetzbuch (erläutert von Geßler, Hefermehl, Hildebrandt, Schröder), 5. Aufl., 2. Band (§§ 48 - 104), 1973.

Schlosser, Peter, *Coester-Waltjen*, Dagmar, *Graba*, Hans-Ulrich, Kommentar zum Gesetz zur Regelung des Rechts der Allgemeinen Geschäftbedingungen, 1977.

Schlüter, Wilfried, Das Obiter Dictum, 1973.

Schmelzeisen, Gustaf Klemens, Polizeiordnungen und Privatrecht, 1955.

— Quellen zur Neueren Privatrechtsgeschichte Deutschlands, Zweiter Band, Polizei- und Landesordnungen, Erster Halbband, Reich und Territorien, 1968, Zweiter Halbband, Einzelverordnungen, 1969.

Schmidhäuser, Eberhard, Strafrecht, Allgemeiner Teil, 2. Aufl., 1975 (zit.: Schmidhäuser, Lb.).

— Vom Sinn der Strafe, 2. Aufl., 1971 (zit.: Schmidhäuser, Vom Sinn).

— Strafe (II.), EvStL, Sp. 2563 ff.

Schmidlin, Bruno, Die römischen Rechtsregeln, Versuch einer Typologie, 1970.

Schmidt, Eberhard, Einführung in die Geschichte der deutschen Strafrechtspflege, 3. Aufl., 1965.

Schmidt, Helmut, Die Lehre von der Sittenwidrigkeit der Rechtsgeschäfte in historischer Sicht, 1973.

Schmidt-Futterer, Wolfgang, Wohnraumschutzgesetze, Kommentar, 2. Aufl., 1976.

— Miete und Pacht, 3. Aufl., 1977.

— Mietrecht, 8. Aufl., 1977.

— Die neuen Vorschriften über den Mietwucher in straf- und zivilrechtlicher Sicht, JR 1972, 133 ff.

Schmidt-Salzer, Joachim, Die „contrats d'adhésion" und die sogenannte Unterwerfung unter Allgemeine Geschäftsbedingungen, AcP 167, 504 ff.

Schneider, Hans, Der Niedergang des Gesetzgebungsverfahrens, Festschrift für Gebhard Müller, 1970, 421 ff.

Schneider, Hans-Peter, Richterrecht, Gesetzesrecht und Verfassungsrecht, 1969.

— Die Gesetzmäßigkeit der Rechtsprechung, Zur Bindung des Richters an Gesetz und Verfassung, DÖV 1975, 443 ff.

Schnyder, Bernhard, „Entgegen dem Wortlaut ...", in: Erhaltung und Entfaltung des Rechts in der Rechtsprechung des Schweizerischen Bundesgerichts, Festgabe der schweizerischen Rechtsfakultäten zur Hundertjahrfeier des Bundesgerichts, 1975, 29 ff.

Schönbauer, Ernst, Untersuchungen über die Rechtsentwicklung in der Kaiserzeit, JJP IX - X, 15 ff.

Schönke, Adolf, *Schröder*, Horst, Strafgesetzbuch, Kommentar, 18. Aufl., 1976.

Schricker, Gerhard, Gesetzesverletzung und Sittenverstoß, 1970.

Schüller, Alfred, Vermachtungserscheinungen im tertiären Sektor, ORDO XIX, 171 ff.

Schulz, Fritz, Principles of Roman Law, 1936 (zit.: Schulz, Principles).

— Classical Roman Law, 1951 (zit.: Schulz, CRL).

Schulze, Wolfgang Georg, Die laesio enormis in der deutschen Privatrechtsgeschichte, Diss. Münster, 1973.

Schweingruber, Edwin, Die wirtschaftlich schwächere Vertragspartei, insbesondere nach den allgemeinen Bestimmungen des schweiz. Obligationenrechts, 1930.

Schwerdtner, Peter, Maklerrecht, 1975.

Seiler, Hans Hermann, § 817 S. 2 BGB und das römische Recht, Festschrift für Wilhelm Felgentraeger, 1969, 379 ff.

— Utile per inutile non vitiatur, Zur Teilunwirksamkeit von Rechtsgeschäften im römischen Recht, Festschrift für Max Kaser, 1976, 127 ff.

Siber, Heinrich, Naturalis obligatio, 1925 (zit.: Siber, Nat. obl.).

— Schuldrecht, 1931 (zit.: Siber, Schuldrecht).

— Schuldverträge über sittenwidrige Leistungen, Studi in onore di Pietro Bonfante, Band 4, 1930, 103 ff.

Siebenhaar, Eduard, Lehrbuch des Sächsischen Privatrechts, 1872 (zit.: Siebenhaar, Lehrbuch).

— Commentar zu dem bürgerlichen Gesetzbuche für das Königreich Sachsen, 1. Band, 2. Aufl., 1869 (zit.: Siebenhaar, Commentar).

Siebert, Wolfgang, Faktische Vertragsverhältnisse — Abwandlungen des Vertragsrechts in den Bereichen der Daseinsvorsorge, des Gesellschaftsrechts und des Arbeitsrechts, 1958.

Sieg, Karl, Korrektur von Rechtsgeschäften durch den Prozeßrichter, NJW 1951, 506 ff.

Sievert, Karl-Heinz, Die Einschränkung der Sicherungsübereignung durch die §§ 138 und 242 BGB, Diss. Münster, 1968.

Siller, Robert, Die Konversion (§ 140 BGB), AcP 138, 144 ff.

Simitis, Konstantin, Gute Sitten und ordre public, 1960.

Simitis, Spiros, Die faktischen Vertragsverhältnisse als Ausdruck der gewandelten sozialen Funktion der Rechtsinstitute des Privatrechts, 1957.

Simon, Dieter, Die Unabhängigkeit des Richters, 1975.

Simon, Herman Veit, Soll die Conventionalstrafe im künftigen deutschen Gesetzbuch lediglich der freien Vereinbarung unterliegen, oder an gesetzliche oder richterliche Schranken gebunden werden? Gutachten in: Verhandlungen des 20. Deutschen Juristentages, Zweiter Band, 1889, S. 33 ff.

Simshäuser, Wilhelm, Zur Sittenwidrigkeit der Geliebten-Testamente, 1971.

Skouris, Wassilios, Teilnichtigkeit von Gesetzen, 1973.

Soergel-Siebert, Bürgerliches Gesetzbuch, 10. Aufl., Band 1, 1967; Band 2, 1967; Band 3, 1969; Band 5, 1971.

Specielle Motiven zu dem Entwurf eines bürgerlichen Gesetzbuchs für das Königreich Sachsen, o. J.

Speckmann, Werner, Zur Frage der Teilnichtigkeit einer sittenwidrigen testamentarischen Zuwendung, JZ 1970, 401 ff.

Spiro, Karl, Können übermäßige Verpflichtungen oder Verfügungen in reduziertem Umfang aufrechterhalten werden?, ZBJV 88, 449 ff., 497 ff.

Starck, Christian, Die Bindung des Richters an Gesetz und Verfassung, VVDStRL 34, 43 ff.

Staudinger, Kommentar zum Bürgerlichen Gesetzbuch, I. Band, 9. Aufl., 1925; I. Band, 11. Aufl., 1957; II. Band, Teil 1 a, 10./11. Aufl., 1967; II. Band, Teil 1 b, 11. Aufl., 1961; II. Band, Teil 1 d, Lieferung 1, 10./11. Aufl., 1969; II. Band, Teil 3, 11. Aufl., 1958; II. Band, Teil 4, 10./11. Aufl., 1975; III. Band, Teil 1, 11. Aufl., 1956; IV. Band, Teil 3 b, 10./11. Aufl., 1969 (zit.: Staudinger-Bearbeiter bzw. Staudinger-Bearbeiter, 9. Aufl.).

Stein, Erwin, Die verfassungsrechtlichen Grenzen der Rechtsfortbildung durch die Rechtsprechung, NJW 1964, 1744 ff.

Stein, Peter, Regulae iuris, 1966.

Stern, Klaus, Das Staatsrecht der Bundesrepublik Deutschland, Band I, Grundbegriffe und Grundlagen des Staatsrechts, Strukturprinzipien der Verfassung, 1977 (zit.: Stern StR I).

Sternel, Friedemann, Wohnraummietrecht, 1975.

Stobbe, Otto, Handbuch des Deutschen Privatrechts, 3. Band, 2. Aufl., 1885.

Stoll, Hans, Die Reduktionsklausel im Schadensrecht aus rechtsvergleichender Sicht, RabelsZ 1970, 481 ff.

Stratenwerth, Günter, Literaturübersicht, Strafrecht — Allgemeiner Teil, ZStW 85, 469 ff.

Stryk, Samuel, Continuatio altera usus moderni pandectarum, 6. Ausg., 1735 (Halle, Magdeburg).

Sturm, Richard, Die Neufassung des Wuchertatbestandes und die Grenzen des Strafrechts, JZ 1977, 84 ff.

Thielmann, Georg, Sittenwidrige Verfügungen von Todes wegen, 1973.

Thomas v. Aquin, Summa theologica (Hrsg. Albertus-Magnus-Akademie Walberberg bei Köln) 1953, 18. Band: Recht und Gerechtigkeit.

Törl, Günter, Die bereicherungsrechtliche Behandlung nicht-gegenständlicher Vermögensvorteile, Diss. Köln, 1977.

Treitel, G. H., The Law of Contract, 4. Aufl., 1975.

Trusen, Winfried, Spätmitelalterliche Jurisprudenz und Wirtschaftsethik, dargestellt an Wiener Gutachten des 13. Jahrhunderts, 1961 (zit.: Trusen).

— Äquivalenzprinzip und gerechter Preis im Spätmittelalter, in: Staat und Gesellschaft, Festgabe für Günther Küchenhoff, 1967, 247 ff. (zit.: Trusen, Fg. Küchenhoff).

— Zum Rentenkauf im Spätmittelalter, Festschrift für Hermann Heimpel, 1972, 2. Band, 140 ff. (zit.: Trusen, Fs. Heimpel).

— Die Anfänge öffentlicher Banken und das Zinsproblem, Kontroversen im Spätmittelalter, in: Recht und Wirtschaft in Geschichte und Gegenwart, Festschrift für Johannes Bärmann, 1975, 113 ff. (zit.: Trusen, Fs. Bärmann).

v. Tuhr, Andreas, Der Allgemeine Teil des Deutschen Bürgerlichen Rechts, Zweiter Band, 1. Hälfte, 1914, 2. Hälfte, 1918.

v. Tuhr, Andreas, *Peter*, Hans, Allgemeiner Teil des Schweizerischen Obligationenrechts, 3. Aufl., 1974.

Ulmer, Peter, *Brandner*, Hans Erich, *Hensen*, Horst-Diether, AGB-Gesetz, Kommentar zum Gesetz zur Regelung des Rechts der Allgemeinen Geschäftsbedingungen, 1977.

Urfus, Valentin, Die Wuchergesetzgebung in Österreich zwischen Josephinismus und Liberalismus, Festschrift Hans Lentze, 1969, 575 ff.

Visky, Károly, Die Proportionalität von Wert und Preis in den römischen Rechtsquellen des III. Jahrhunderts, RIDA 16 (Ser. 3), 1969, 355 ff.

Vitriarius, Philippus Reinhardus, Universum ius civile privatum ad methodum institutionum Justiniani compositum, 1697 (Lugduni Batavorum).

Voet, Johannes, Commentarius ad pandectas, 1734 (6. Aufl.), Hagae-Comitum.

Volkmar, Wandlung der Aufgaben des Richters und Erweiterung des Gebietes der freiwilligen Gerichtsbarkeit, ZAkDR 1937, 634 ff.

Vorschläge zur Verbesserung des Schutzes der Verbraucher gegenüber Allgemeinen Geschäftsbedingungen, Erster Teilbericht der Arbeitsgruppe beim Bundesminister der Justiz, März 1974.

Wadle, Elmar, Alles-oder-Nichts-Prinzip und Reduktionsklausel, VersR 1971, 485 ff.

Warneyer, Quantitative Teilnichtigkeit von Bierlieferungsverträgen, Arch. f. Rpfl. 1931, 257 ff.

Weber, Adolph Dietrich, Systematische Entwickelung der Lehre von der natürlichen Verbindlichkeit und deren gerichtliche Wirkung, 4. Aufl., 1811.

Weber, Werner, Spannungen und Kräfte im westdeutschen Verfassungssystem, 3. Aufl., 1970.

Weber, Wilhelm, Die Allgemeinen Geschäftsbedingungen, Eine rechtliche Gesamtdarstellung, 1967.

Weimar, Wilhelm, Der Mietwucher bei Wohn- und Geschäftsräumen, ZMR 1963, 193 ff.

— Der Mietwucher in seinen zivilrechtlichen Folgen, Betr. 1963, 439 f.

Weitnauer, Hermann, Bemerkungen zum Alles-oder-Nichts-Prinzip im Schadenersatzrecht, Karlsruher Forum 1961, 32 ff.

— Die bewußte und zweckgerichtete Vermehrung fremden Vermögens, NJW 1974, 1729 ff.

Werner, Fritz, Zum Verhältnis von gesetzlichen Generalklauseln und Richterrecht, 1966.

Westermann, Harm Peter, Bereicherungshaftung des Erwerbers gestohlener Sachen: Zur „Subsidiarität" der Eingriffskondiktion — BGHZ 55, 176, in: JuS 1972, 18 ff.

Westermann, Harry, Lehrbuch des Sachenrechts, 5. Aufl., 1966.

Weyl, Richard, Der Weltkrieg im Spiegel der „Entscheidungen des Reichsgerichts in Zivilsachen", in: Die Reichsgerichtspraxis im deutschen Rechtsleben, Festgabe der juristischen Fakultäten zum 50jährigen Bestehen des Reichsgerichts, 4. Band, 1929, S. 38 ff.

Widmer, Urs, Der richterliche Eingriff in den Vertrag, Diss. Zürich, 1971.

Wieacker, Franz, Privatrechtsgeschichte der Neuzeit, 2. Aufl., 1967 (zit.: Wieacker, PrgNz).

— Das Sozialmodell der klassischen Privatrechtsgesetzbücher und die Entwicklung der modernen Gesellschaft, 1953 (zit.: Wieacker, Sozialmodell).

— Zur rechtstheoretischen Präzisierung des § 242 BGB, 1956 (zit.: Wieacker, Präzisierung).

— Gesetz und Richterkunst, Zum Problem der außergesetzlichen Rechtsordnung, 1958 (zit.: Wieacker, Gesetz und Richterkunst).

— Vom römischen Recht, 2. Aufl., 1961.

— Willenserklärung und sozialtypisches Verhalten, in: Göttinger Festschrift für das Oberlandesgericht Celle, 1961, 263 ff. (zit.: Wieacker, Gött. Fs.).

Wieling, Hans Josef, Die Nutzungen des gutgläubigen Besitzers, insbesondere in fehlgeschlagenen Vertragsverhältnissen, AcP 169, 137 ff.

Wilburg, Walter, Entwicklung eines beweglichen Systems im bürgerlichen Recht, 1950 (zit.: Wilburg, Entwicklung).

— Empfiehlt es sich, die Haftung für schuldhaft verursachte Schäden zu begrenzen? Kann für den Umfang der Schadensersatzpflicht auf die Schwere des Verschuldens und die Tragweite der verletzten Norm abgestellt werden? Referat auf dem 43. Deutschen Juristentag, in: Verhandlungen des 43. DJT, Band II, 1962, C 3 ff. (zit.: Wilburg, Referat).

Wille, Hans-Rolf, Nichtige Bestimmungen in allgemeinen Geschäftsbedingungen und § 139 BGB, Diss. Kiel, 1966.

Windscheid, Bernhard, *Kipp*, Theodor, Lehrbuch des Pandektenrechts, 9. Aufl., 1906, Band 1 und 2 (Neudruck 1963).

Wolf, Erik, Große Rechtsdenker der deutschen Geistesgeschichte, 4. Aufl., 1963.

Wolf, Ernst, Allgemeiner Teil des bürgerlichen Rechts, 2. Aufl., 1976 (zit.: Wolf, AT).

— Anmerkung zu BAG, AP Nr. 1 § 611 BGB, Urlaub und Gratifikation, Bl. 4 ff.

Wolff, Martin, *Raiser*, Ludwig, Sachenrecht, 10. Aufl., 1957.

Wollschläger, Christian, Schadensersatzhaftung von Ladendieben, NJW 1976, 12 ff.

Wolter, Udo, Ius canonicum in iure civili, 1975.

Wunner, Sven Erik, Contractus, 1964.

Zeller, Anton, Bierlieferungsrecht, Sammlung gerichtlicher Entscheidungen 1951 - 1976, 1977.

Zilletti, Ugo, La dottrina dell' errore nella storia del diritto romano, 1961.

Zöllner, Wolfgang, Recht und Politik, Zur politischen Dimension der Rechtsanwendung, in: Tradition und Fortschritt im Recht, Festschrift, gewidmet der Tübinger Juristenfakultät zu ihrem 500jährigem Bestehen 1977 von ihren gegenwärtigen Mitgliedern, 1977, S. 131 ff.

Zoesius, Hendrik, Commentarius ad digestorum seu pandectarum iuris civilis libros L, 1656 (Lovanii).

de Zulueta, Francis, The Roman Law of Sale, 1945.

Zumpfe, Horst, Sind mehrere nacheinander geschlossene Bierlieferungsverträge eine Einheit?, Brauwelt 1976, Nr. 18, S. 539.

Zweigert, Konrad, Die rechtsstaatliche Dimension von Gesetzgebung und Judikatur, in: Verhandlungen des 51. Deutschen Juristentages, Band II, 1976, K 1 ff.

FSC
www.fsc.org
MIX
Papier | Fördert
gute Waldnutzung
FSC® C083411

Kolibri 360 GmbH
Ferdinand-Jühlke-Straße 7
99095 Erfurt, Deutschland
produktsicherheit@kolibri360.de

Druck:
CPI Druckdienstleistungen GmbH
im Auftrag der
Kolibri 360 GmbH
Ferdinand-Jühlke-Str. 7
99095 Erfurt